Soziologische Lebenslaufforschung

Matthias Wingens

Soziologische
Lebenslaufforschung

Matthias Wingens
BIGSSS – Bremen International
Graduate School of Social Sciences
Universität Bremen
Bremen, Deutschland

ISBN 978-3-658-28950-8   ISBN 978-3-658-28951-5 (eBook)
https://doi.org/10.1007/978-3-658-28951-5

Die Deutsche Nationalbibliothek verzeichnet diese Publikation in der Deutschen Nationalbibliografie; detaillierte bibliografische Daten sind im Internet über http://dnb.d-nb.de abrufbar.

© Springer Fachmedien Wiesbaden GmbH, ein Teil von Springer Nature 2020
Das Werk einschließlich aller seiner Teile ist urheberrechtlich geschützt. Jede Verwertung, die nicht ausdrücklich vom Urheberrechtsgesetz zugelassen ist, bedarf der vorherigen Zustimmung des Verlags. Das gilt insbesondere für Vervielfältigungen, Bearbeitungen, Übersetzungen, Mikroverfilmungen und die Einspeicherung und Verarbeitung in elektronischen Systemen.
Die Wiedergabe von allgemein beschreibenden Bezeichnungen, Marken, Unternehmensnamen etc. in diesem Werk bedeutet nicht, dass diese frei durch jedermann benutzt werden dürfen. Die Berechtigung zur Benutzung unterliegt, auch ohne gesonderten Hinweis hierzu, den Regeln des Markenrechts. Die Rechte des jeweiligen Zeicheninhabers sind zu beachten.
Der Verlag, die Autoren und die Herausgeber gehen davon aus, dass die Angaben und Informationen in diesem Werk zum Zeitpunkt der Veröffentlichung vollständig und korrekt sind. Weder der Verlag, noch die Autoren oder die Herausgeber übernehmen, ausdrücklich oder implizit, Gewähr für den Inhalt des Werkes, etwaige Fehler oder Äußerungen. Der Verlag bleibt im Hinblick auf geografische Zuordnungen und Gebietsbezeichnungen in veröffentlichten Karten und Institutionsadressen neutral.

Planung/Lektorat: Cori Antonia Mackrodt
Springer VS ist ein Imprint der eingetragenen Gesellschaft Springer Fachmedien Wiesbaden GmbH und ist ein Teil von Springer Nature.
Die Anschrift der Gesellschaft ist: Abraham-Lincoln-Str. 46, 65189 Wiesbaden, Germany

Inhaltsverzeichnis

1 **Der Lebenslauf als soziale Konstruktion** 1
2 **Was ist „Lebenslaufforschung"?** 13
   2.1 Eine kurze Geschichte der Lebenslaufforschung 14
   2.2 Zur theoretischen Konzeption der Lebenslaufforschung 31
      2.2.1 Lebenslauf: eine substanzielle Definition 31
      2.2.2 „Time matters!" 41
3 **Der Lebenslauf als Institution** 49
   3.1 Die Institutionalisierung des Lebenslaufs 50
   3.2 Institutionalisierter Lebenslauf und Biographisierung der Lebensgestaltung 63
4 **Kollektive Lebensläufe: Generationen, Kohorten und sozialer Wandel** 71
   4.1 Kohortenstudien und sozialer Wandel 71
      4.1.1 Inter- und intrakohortentheoretische Konzeption 71
      4.1.2 Von der Kohorten- zur Lebensverlaufsanalyse 80
   4.2 Historische Generationen und sozialer Wandel 90
      4.2.1 „Generation" – ein problematischer Begriff? 90
      4.2.2 Das soziologische Problem der Generationen 93
      4.2.3 Probleme und Potentiale des Generationskonzepts 103
5 **Strukturen des Lebenslaufs** 111
   5.1 Die dreigliedrige Grundstruktur des Lebenslaufs 111
   5.2 Gesellschaftliche Strukturierungsfaktoren des Lebenslaufs 122

   5.2.1 „Act your age!" – Altersangemessenheits-Vorstellungen und *timetables* 122
   5.2.2 Institutionelle Lebenslaufstrukturierungen 135
 5.3 „Normal-Lebenslauf" und De-Standardisierung des Lebenslaufs 152
   5.3.1 Der chronologisch standardisierte „Normal-Lebenslauf". 152
   5.3.2 „De-institutionalisierende" Individualisierung des Lebenslaufs?. 167

6 Lebenslaufforschung – eine konzeptionelle Perspektive 185
 6.1 Prinzipien der Lebenslaufforschung 186
 6.2 Analytische Konzepte der Lebenslaufforschung 195

7 Lebenslaufforschung, quo vadis? 223

Literatur. 235

Der Lebenslauf als soziale Konstruktion 1

Die soziologische Lebenslaufforschung hat sich – wie auch die Biographieforschung – seit Ende der 1960er Jahre zu einem eigenständigen und fruchtbaren Forschungsfeld entwickelt. Zwar hatten schon ein halbes Jahrhundert zuvor Thomas und Znaniecki in ihrer berühmten Studie über „The Polish Peasant in Europe and America" (1918–20) *life records* verwendet, um den Zusammenhang von sozialem Wandel, gesellschaftlichen Strukturen und den Lebensgeschichten der Individuen zu untersuchen. Eine solche Forschungsperspektive wurde allerdings durch andere methodisch-konzeptionelle Ansätze der empirischen Sozialforschung über fünfzig Jahre verdrängt. Erst im Verlauf der 1960er Jahre erwachte das soziologische Interesse an lebenslauf- und biographietheoretischen Fragen wieder. Heute gilt die Lebenslaufforschung als eine der wichtigsten konzeptionellen Innovationen der Soziologie in den letzten Jahrzehnten (Elder et al. 2003; Heinz et al. 2009). Dieses Einführungsbuch vermittelt einen Einblick in die soziologische Lebenslaufforschung und informiert über ihre theoretischen Annahmen, analytischen Konzepte und wichtigsten Resultate.

Ein Buch, das Studierende in die soziologische Lebenslaufforschung einführt, muss zunächst einmal die Frage beantworten, was eigentlich deren Gegenstand ist. Im Alltagsverständnis meint der Begriff „Lebenslauf" den Verlauf des Lebens eines Individuums als Strom von – mehr oder weniger verknüpften – Ereignissen, Zuständen und Prozessen von der Geburt bis zum Tod. Dabei folgt das alltagsweltliche Denken einem individualisierenden Begriffsverständnis: jeder Mensch hat einen Lebenslauf – aber jedes Leben verläuft anders, ist einzigartig. Dass jedem Menschen, gerade in modernen individualisierten Gesellschaften, ein unverwechselbarer Lebenslauf eignet, trifft sicherlich zu. Allerdings ist dieses Alltagsverständnis des Lebenslaufs als Individualphänomen kein soziologischer Lebenslaufbegriff. Gegenstand soziologischer Lebenslaufforschung sind nicht individuelle Lebensläufe als solche. Wie aber konzipiert die Soziologie den Begriff „Lebenslauf"? Die Erkenntnis- und Wissenschaftstheorie zeigt, dass es keinen a-theoretischen Blick auf die Welt und insofern auch keinen Forschungsgegenstand „an sich" gibt. Nur und überhaupt erst im Licht einer theoretischen Perspektive wird etwas zu einem Forschungsobjekt. Um diese methodologische Einsicht in die Theoriegeladenheit aller Beobachtung und Erkenntnis wenigstens anzudeuten: was etwa am Forschungsobjekt „Arbeitslosigkeit" problematisch ist und untersucht wird, hängt davon ab, ob man diesen Sachverhalt aus z. B. einer identitäts- oder humankapitaltheoretischen, einer familien- oder organisationssoziologischen, einer betriebs- oder volkswirtschaftlichen Perspektive betrachtet. Dass unsere Sicht der Dinge immer in einer theoretischen Perspektive erfolgt, trifft auch auf das alltagsweltliche Denken zu, dem allerdings sein Blick auf die Welt unreflektiert als selbstverständlich, als quasi einzig mögliche Sichtweise gilt. Im Unterschied dazu muss sich wissenschaftliches Denken seiner jeweiligen theoretischen Perspektive – und damit seiner Erkenntnisgrenzen – vergewissern.[1] Wenn also wissenschaftstheoretisch gilt, dass ein Forschungsgegenstand immer theoretisch konstituiert wird, ist zur Beantwortung der Frage nach dem Gegenstand soziologischer Lebenslaufforschung zu klären, was eine genuin soziologische Theorieperspektive ausmacht.

Die grundlegende Denkweise der Soziologie[2] lässt sich als „Sozio-Logik" charakterisieren, d. h.: die Soziologie beschreibt und erklärt ihren jeweiligen Forschungsgegenstand „sozio-logisch" (und eben nicht z. B. „bio-logisch" oder „theo-logisch"). Etwas soziologisch beschreiben und erklären heißt, es mittels sozialer Faktoren beschreiben und erklären (und eben nicht als Produkt z. B. natürlicher oder metaphysischer Faktoren) – kurz: es als sozial konstituiert zu begreifen. Dem entsprechend konzipiert ein genuin soziologischer Lebenslaufbegriff den Lebenslauf als soziale Konstruktion. Ganz im Sinne dieser grundlegenden disziplinären Perspektive schrieb Kohli schon in einer der ersten deutschsprachigen Lebenslaufpublikationen programmatisch: „Im Zentrum steht

---

[1]Um es mit dem bekannten Scheinwerfer-Modell der Erkenntnis zu illustrieren: unterschiedliche „Theorie-Scheinwerfer" beleuchten unterschiedliche Dinge und Bereiche – was der eine fokussiert und scharf konturiert, wird von einem anderen nur unscharf ausleuchtet (oder gar ausgeblendet).

[2]Es geht hier darum, was die Soziologie als wissenschaftliche Disziplin – die intern selbstverständlich Theorienvielfalt aufweist – ausmacht, d. h. um die „Geschäftsgrundlage" allen soziologischen Denkens: das, was für jede Theorie bzw. Perspektive, der das Prädikat „soziologisch" zukommt, konstitutiv ist.

1 Der Lebenslauf als soziale Konstruktion

die Frage der sozialen Konstruktion des Lebenslaufs" (1978a, S. 8). Der Gegenstand soziologischer Lebenslaufforschung ist also der Lebenslauf als soziale Konstruktion. Damit beschäftigt sich – historisch, kulturvergleichend oder in Bezug auf die Gegenwartsgesellschaft eines Landes – die soziologische Lebenslaufforschung. Analytisch lassen sich dabei drei Ebenen unterscheiden.

1. Auf der Ebene individueller Lebensläufe (Kap. 5) geht es zum einen um die Lebenslaufmuster und -strukturen, die sich in einer soziohistorischen Formation wie etwa der modernen Industriegesellschaft ausgebildet haben. Entsprechende Studien – so Back anschaulich – „search for systematical regularities in events of unique meaning" (1980, S. 2) und deren gesellschaftliche Konstitutionsfaktoren. Ein zweiter Forschungsstrang auf dieser Ebene thematisiert Lebensläufe differenzierungs- und ungleichheitstheoretisch als Element der Sozialstruktur. Da jeder Lebenslauf in Form altersbezogener Partizipation an sozialen Positionen und Rollen in gesellschaftliche Strukturen eingebettet ist, kann man Lebensverläufe als „patterned dynamic expressions of social structure" (Mayer 2004, S. 165) betrachten. Entsprechende Studien untersuchen die sozialstrukturellen Positionierungen der Individuen in den diversen Lebens- bzw. Gesellschaftsbereichen über die Lebensspanne.
2. Auf der Ebene kollektiver Lebensläufe (Kap. 4) geht es um Wechselbeziehungen zwischen Sozialstruktur und sozialem Wandel einerseits und Kohorten andererseits. Die historisch spezifischen soziokulturellen Gegebenheiten, in denen Menschen leben, bündeln Individuen zu charakteristischen Kollektiven. Solche Kohorten oder Generationen sind definiert durch eine prägende Erfahrung, die Individuen gemeinsam im gleichen Zeitintervall machen. Generationen werden aber nicht nur durch gesellschaftliche Umstände geprägt. Umgekehrt werden sozialstrukturelle Rahmenbedingungen auch durch kollektive Lebensverläufe verändert und fungieren Kohorten als Träger sozialen Wandels. Entsprechende Studien zu diesen Wechselbeziehungen thematisieren dabei nicht nur die Generationenabfolge und Unterschiede zwischen den Kohorten, sondern auch Intra-Kohortendifferenzen.
3. Schließlich ist auf einer dritten Ebene der Lebenslauf als Institution zu begreifen (Kap. 3). Der institutionalisierte Lebenslauf stellt ein Regelsystem der zeitlichen Dimension des Lebens dar, und zwar sowohl im Hinblick auf die Positionen und Rollen, die Individuen im Verlauf ihrer Leben einnehmen, als auch im Hinblick auf deren biographisches Planen und Handeln. Der Lebenslauf als Institution „has come to achieve social order by processing people through the social structure and articulating their actions, in other words, by providing the rules by which individuals unfold and conduct their lives" (Kohli 2007, S. 256).

Kap. 2 beantwortet die Frage, was „Lebenslaufforschung" eigentlich ist. Dazu wird ideengeschichtlich die Herausbildung dieses Forschungsfeldes nachgezeichnet und anschließend eine substanzielle Definition von „Lebenslaufforschung" präsentiert. Lebenslaufforschung befasst sich mit dem Lebenslauf bzw. Lebensläufen als ihrem Forschungsobjekt; davon handeln die gerade genannten vier Kapitel. Lebenslaufforschung versteht sich darüber hinaus aber auch im Sinn einer konzeptionellen Orientierung: als eine Art „Paradigma" empirischer Sozialforschung. Die Erörterung dieser theoretisch-konzeptionellen Perspektive erfolgt in Kap. 6.

Das Schlusskapitel skizziert die entscheidende Herausforderung, vor der die Lebenslaufforschung heute steht.

Dieser kurze Aufriss der soziologischen Lebenslaufforschung wird im Folgenden ausgeführt. Ihre wichtigsten Ergebnisse und Erkenntnisse werden präsentiert und ihre theoretischen Annahmen und analytischen Konzepte für empirische Studien vorgestellt und erörtert. Methoden der Lebenslaufforschung sind nicht Gegenstand dieses Buches, weil das dessen Rahmen sprengen würde (diesbezüglich sei auf die einschlägige Methodenliteratur verwiesen). Neben der Kenntnis wesentlicher Resultate der soziologischen Lebenslaufforschung sollte am Ende des Buches auch und vor allem ein Verständnis ihrer Arbeitsweisen und Möglichkeiten stehen – und vielleicht auch das Interesse, selbst einmal lebenslaufsoziologisch zu arbeiten. Zunächst aber wird der dem Alltagsdenken fremde Grundgedanke der soziologischen Lebenslaufforschung an drei Beispielen verdeutlicht.

Die soziologische Konzeption des Lebenslaufs als einer sozialen Konstruktion mag für das Alltagsdenken ungewohnt sein. Gleichwohl ist diese Auffassung in der alltäglichen Lebenswelt durchaus präsent und wirksam. Hier manifestiert sich das soziologische Begriffsverständnis z. B. in einem Dokument, das als „Lebenslauf" (CV, *curriculum vitae*) wesentlicher Bestandteil jeder Bewerbung ist. Ein „Lebenslauf" ist ein weitestgehend standardisiertes Dokument. Diese Standardisierung verweist darauf, dass es allgemein akzeptierte soziokulturelle Vorstellungen über den Verlauf eines Lebens gibt: es existieren gesellschaftliche Erwartungen an die Struktur von Lebensläufen, an denen sich Bewerber orientieren (müssen). So herrscht z. B. im Hinblick auf die zeitliche Struktur eines Lebenslaufs die Erwartung, dass man ein Studium innerhalb eines bestimmten Zeitrahmens bzw. bis zu einem bestimmten Lebensalter abgeschlossen hat. Die Darstellung des individuellen Lebensverlaufs in einem „Lebenslauf" folgt also gesellschaftlichen Konventionen, die vorgeben, welche Aspekte der eigenen Lebensgeschichte relevant und wie zu präsentieren sind.

1 Der Lebenslauf als soziale Konstruktion

Ein „Lebenslauf" dokumentiert weniger den Lebensverlauf eines Individuums in seiner Einzigartigkeit, sondern ist vielmehr um die Frage organisiert: „What employers want to see and how to say it" (Bright und Earl 2011). Wie dieser Untertitel eines englischsprachigen Bewerbungsratgebers verdeutlicht, geht es primär darum, Erwartungen seitens potenzieller Beschäftiger zu bedienen – über die bei Bewerbern oft Unklarheit herrscht. Zu diesem Problem unklarer Erwartungserwartungen existiert mittlerweile eine umfängliche Ratgeberliteratur, die dabei hilft, Erwartungsunsicherheiten zu minimieren und den eigenen Lebenslauf zu „optimieren" (Hesse und Schrader 2007; Schmich 2013).

- Werfen Sie einmal einen Blick in solche Ratgeber und denken Sie über das „Optimieren des Lebenslaufs" nach.
- Diskutieren Sie – falls zugänglich – unterschiedliche Bewerbungs-CVs.
- Sie bewerben sich nach Abschluss des Soziologiestudiums auf eine Stelle als wissenschaftlicher Mitarbeiter an der Universität: verfassen Sie Ihren Lebenslauf. Wie sähe dieser aus, wenn Sie sich auf eine Referentenstelle in der Sozialbehörde oder bei einer NGO oder kirchlichen bzw. arbeitgebernahen bzw. gewerkschaftlichen Stiftung bewerben würden?

Die Grundannahme soziologischer Lebenslaufforschung lässt sich auch an der „Erfindung" der Kindheit illustrieren. In modernen Industriegesellschaften ist das Leben in eine Kindheits-, Jugend-, Erwachsenen- und Altersphase unterteilt (Abels et al. 2008). Dem Alltagsdenken gelten diese abgrenzbaren Lebensphasen als quasi natürliche, universelle Gegebenheiten. Dabei handelt es sich aber keineswegs um anthropologische Universalien. So gab es Ariès grundlegender Arbeit zufolge im Mittelalter keine „Wahrnehmung der kindlichen Besonderheit, jener Besonderheit, die das Kind vom Erwachsenen, selbst dem jungen Erwachsenen, kategorial unterscheidet. Ein solches bewusstes Verhältnis zu Kindheit gab es nicht" (1975, S. 209). Die mittelalterliche Gesellschaft hatte nämlich „keine Vorstellung von Erziehung (…), weil es hier aus ihrer Sicht überhaupt keine Probleme gab: das Kind nahm sofort nach der Entwöhnung oder wenig später ganz selbstverständlich seinen Platz an der Seite der Erwachsenen ein" (ebd., S. 559 f.). Kinder gehörten, sobald sie ohne ihre Mütter oder Ammen auskamen, übergangslos der Gesellschaft der Erwachsenen an und galten als kleine, „unvollständige" Erwachsene. Es gab keine vom Erwachsenenleben getrennte und institutionalisierte Lebenswelt der Kinder. Die Idee, dass man Heranwachsende auf das Erwachsenenleben vorbereiten und es dafür eine von der Erwachsenenwelt separierte, spezifische Lebensform „Kindheit" geben sollte, war dem Mittelalter – anders als der Antike – fremd: es „sah keinen solchen Unterschied und hatte folglich auch keinen Begriff von einer solchen Übergangszeit. Das große Ereignis zu Beginn der modernen Zeit war also die Renaissance des erzieherischen Interesses. (…) Man stellt nun fest, dass das Kind für das Leben nicht reif ist, dass man es einer speziellen Einflussnahme, einer Quarantäne unterwerfen muss, ehe man es in die Welt der Erwachsenen entlässt" (ebd., S. 550 f.). Erst jetzt kommt es zur „Erfindung" der Kindheit als einer eigenständigen, gesellschaftlich institutionalisierten Lebensphase. „Kindheit" ist also – wie auch „Jugend"[3] – ein soziokulturell konstituiertes Phänomen der Neuzeit. Ariès 1960 erschienenes Buch löste eine umfangreiche Diskussion aus, die zu erheblicher Kritik an seiner These führte.[4] Gleichwohl hat seine zentrale Einsicht – wie Honig resümiert – Bestand: „Kindheit ist keine anthropologische Universalie; sie muss vielmehr als ein historisches, wandelbares Phänomen begriffen werden" (1999, S. 18).

- Schauen Sie sich Darstellungen von Kindern in der bildenden Kunst vom Mittelalter bis ins 17. Jh. an: was fällt Ihnen auf?
- Hat sich „Kindheit" als eigenständige, institutionalisierte Lebensphase mittlerweile global etabliert?
- Wann gilt ein Mensch als „alt"? Gibt es historisch oder interkulturell unterschiedliche Altersvorstellungen?

Einteilungen des menschlichen Lebens in eine Sequenz abgrenzbarer Altersphasen kennen alle Kulturen. Im europäischen Kulturraum finden sich solche Lebenslaufvorstellungen seit der griechischen Antike (Rosenmayr 1978;

---

[3]Eine abgrenzbare, gesellschaftlich institutionalisierte Jugendphase entstand erst viel später: beginnend in der zweiten Hälfte des 18. Jh., formierte sie sich im Zuge wachsender Arbeitsteilung und damit verbundener Qualifizierungsnotwendigkeiten bis zu ihrer allgemeinen Durchsetzung Ende des 19. Jh. und weitete sich im 20. Jh. dann mit der Bildungsexpansion stark aus (Gillis 1980; Mitterauer 1986).
[4]Einen Überblick bietet Cunninghams (2006) umfassende und lesenswerte Arbeit zur Geschichte der Kindheit.

1 Der Lebenslauf als soziale Konstruktion

Frühere Lebensphasen-Darstellungen waren linear (horizontale Aneinanderreihung) oder kreisförmig (Lebensrad). Anthonisz Holzschnitt ist zwar stufenförmig aufgebaut – in der Bildkomposition ist aber die Vorstellung eines Lebenskreislaufs noch insofern präsent, als sie das Auge des Betrachters zu einer Kreisbewegung motiviert: der den Stufen der Lebenstreppe folgende Blick wird an deren Ende über das Grab wieder zum Kindsbett, vom Tod wieder zur Geburt geleitet. Bezeichnenderweise spricht man diesbezüglich vom Lebenszyklus. Dieser Begriff wird manchmal synonym mit „Lebenslauf" verwendet – was aber nicht angemessen ist, weil der Begriff „Lebenszyklus" neben dem Aspekt von Reifung und Verfall auch den Aspekt der generationalen Reproduktion impliziert, d. h. eine Lebenszeit und Lebenslauf des Individuums transzendierende Vorstellung: „Strictly defined, life cycle refers to maturational and generational processes in natural populations. Alternative conceptions of life cycle, like life span and life course, do not share the same intrinsic reference to generation or reproduction that transcends the single lifetime of the individual" (O'Rand und Krecker 1990, S. 241).

Cornelis Anthonisz: De trap des levens. Holzschnitt, um 1540 (Wikimedia Commons)

Abb. 1.1 Die beiden frühesten Lebenstreppen-Darstellungen

Saake 2006, S. 98 ff.). So gliederte z. B. Solon schon um 600 v. Chr. das Leben in zehn Siebenjahres-Phasen.[5] In der Neuzeit fanden solche Altersphasenmodelle ihren populären Ausdruck im Bild der Lebenstreppe (Joerissen und Will 1984). Die Lebenstreppe, die vom 18. Jh. bis in die erste Hälfte des 20. Jh. verbreitet war, präsentiert das Leben als stufenförmigen Auf- und Abstiegsprozess, Reifung und Verfall. Abb. 1.1 zeigt die beiden ältesten, gegen Mitte des 16. Jh. entstandenen Lebenstreppen.

Neben dem Fehlen einer Kindheits- und Jugendphase – besonders augenfällig im Holzschnitt von Breu – fällt vor allem auf, dass den Altersphasen Tiere zugeordnet sind. Diese symbolisieren spezifische Verhaltenseigenschaften der Altersgruppen (so korreliert z. B. der dritten Altersstufe die Kraft des Stiers).

---

[5]Neben der Gliederung in Siebenjahresschritte (Hebdomaden) – die bis heute populär ist, z. B. bei den Anthroposophen – kannte schon die Antike eine ganze Reihe anderer Periodisierungen.

Jörg Breu d. J.: Die Lebensalter des Mannes. Holzschnitt, 1540 (Wikimedia Commons)

Abb. 1.1 (Fortsetzung)

Die den Zeitgenossen vertraute Tiersymbolik verweist auf die Existenz kulturell geteilter Vorstellungen über charakteristische Merkmale unterschiedlicher Altersgruppen. Dabei – und das ist der entscheidende Punkt – handelt es sich nicht bzw. nicht nur um „natürliche" Charakteristika verschiedener Lebensalter, sondern auch um soziokulturelle Zuschreibungen. Deutlicher als die Tiersymbolik, die eine rein naturalisierende Deutung noch erlauben mag, zeigen das die in Lebenstreppen häufig zu findenden Sinnsprüche zu den einzelnen Stufen: so mag – um aus einem verbreiteten Spruch zu zitieren – z. B. der Sachverhalt „60 Jahr gets Alter an" noch dem natürlichen Altern geschuldet sein; die Aussage aber mit „40 Jahr wolgethan" ist nicht mehr als Folge des Alterungsprozesses oder sonstiger Naturgegebenheiten zu erklären, sondern vielmehr eine soziokulturelle Zuschreibung. Besonders deutlich wird diese soziale Konstruktion von „Alter" anhand der geschlechtsspezifischen Lebenstreppen, denn „Geschlecht" ist nicht nur eine biologische, sondern auch soziale Kategorie (im Englischen: *sex* bzw. *gender*). Abb. 1.2 zeigt männliche und weibliche „Stufenalter" in einer um 1900 entstandenen Chromolithographie (geschlechtsspezifische Lebenstreppen gab es schon im 16. Jh.).

1 Der Lebenslauf als soziale Konstruktion

Entwurf: F. Leiber, Verlag: Gustav May Söhne
(Wikimedia Commons: http://www.dhm.de/ausstellungen/lebensstationen/1_177.htm)

Zehn Jahre alt, die schönste Zeit,
Ein Knab' voll Glück und Fröhlichkeit
Mit zwanzig Jahr den schmucken Freier
Beseelt das erste Liebesfeuer
Mit dreißig sieht er, voll Entzücken,
Auf Weib und Kind mit Liebesblicken
Mit vierzig Jahr am Ziel der Bahn,
Ohn' Furcht er sagt „'s ist wohl gethan"
Mit fünfzig Jahr gibt's stille Stand,
Er prüft was kommt und was entschwand

Mit sechzig Jahren, sagt die Welt,
Der Weg schon merklich abwärts fällt
Mit siebzig muss der Stock zur Hand,
Als Graukopf wandelt er durchs Land
Mit achtzig Jahr, das Haar gebleicht,
Des Lebens Tag zur Nacht sich neigt
Mit Neunzig schwach, gebeugt und lahm,
Das morsche Leben ist nur Gram
Und dann, wenn hundert Jahr vorbei,
Bet' er, dass Gott ihm gnädig sei

Entwurf: F. Leiber, Verlag: Gustav May Söhne
(Wikimedia Commons: http://www.dhm.de/ausstellungen/lebensstationen/1_178.htm)

Dem Kindlein ist fürs ganze Leben
Ein Engel Gottes beigegeben
Zehn Jahr, das Kind im Flügelkleid
Geniesst der Unschuld Seligkeit
Mit zwanzig Jahr, zur Maid erblüht,
In reiner Lieb ihr Herz erglüht
Mit dreißig dann die Mutterfreuden
Dem Weib die höchste Lust bereiten
Mit vierzig ruft der Kinder Glück
Die eigne Jugend ihr zurück
Mit fünfzig 'Stillstand' wie man sagt,

Ein Enkel sie jetzt glücklich macht
Mit sechzig geht es dann bergab
Langsamen Schrittes nach dem Grab
Mit siebzig Jahr Urenkelein
Das alte Mütterchen noch freun
Mit achtzig Jahren schwach sie ist,
Sich auf den treuen Enkel stützt
Mit neunzig Jahren längst schneeweiss,
Denkt sie nur an die letzte Reis
Und kommen hundert noch heran,
Fleht Gott sie um Erbarmen an

Abb. 1.2 Das „Stufenalter" des Mannes und der Frau (um 1900)

Vor allem im Gefolge der dritten, mit der Familiengründung assoziierten Altersstufe treten die Lebensläufe von Mann und Frau auseinander. Die resultierende Differenzierung der einzelnen Altersphasen, also von Gleichaltrigen-Gruppen, in typisch männliche bzw. weibliche „Stufenalter" ist weder als Folge chronologischen noch biologischen Alterns, sondern nur mittels sozialer Faktoren erklärbar. Die mit bestimmten Lebensaltern assoziierten Charakteristika sind keine „natürlichen" Altersmerkmale, sondern soziokulturelle Zuschreibungen, d. h.: die den Mitgliedern einer Altersgruppe zugeschriebenen Verhaltenseigenschaften spiegeln gesellschaftliche Verhaltenserwartungen wider. Die in der Lebenstreppe dargestellt Verknüpfung spezifischer individueller Verhaltenseigenschaften bzw. gesellschaftlicher Verhaltenserwartungen mit bestimmten Altersstufen zeigt, dass „Alter" auch im Alltagsdenken sozial „aufgeladen" und überformt ist.

1954 zeichnete der bekannte New Yorker Künstler Saul Steinberg diese Lebenstreppe.
• Vergleichen Sie die Karikatur mit den bisherigen Darstellungen: was fällt Ihnen auf?
• Wie würde eine Lebenstreppen-Karikatur aussehen, welche die Gegebenheiten in Deutschland heute aufs Korn nimmt?

© The Saul Steinberg Foundation / Artists Rights Society (ARS), New York (ink on paper, 14½ x 23 in. Private collection)

Der Begriff „Alter" hat umgangssprachlich unterschiedliche Bedeutungen. Das chronologische (kalendarische) Alter eines Individuums gibt die Zahl der seit dessen Geburt vergangenen Jahre an. Das biologische Alter bezieht sich – oft im Hinblick auf Normwerte – auf das Entwicklungsstadium eines Organismus und dessen biophysikalische und biochemische Beschaffenheit. Das psychologische Alter meint die subjektive Erfahrung, Bewertung und Bewältigung des eigenen Alters und Alterns. Das soziale Alter schließlich verweist auf die gesellschaftlichen Positionen und Rollen, die Individuen im Verlauf ihrer Lebensspanne von der Geburt bis zum Tod einnehmen, d. h. auf deren Zugehörigkeiten zu gesellschaftlich ausdifferenzierten Altersphasen und -gruppen. Diese Altersphasen und deren Abfolge sind soziokulturell formiert und konstituiert. Anders gesagt: „Alter" ist auch eine soziale Kategorie, der Lebenslauf auch eine soziale Konstruktion.

1 Der Lebenslauf als soziale Konstruktion

In diesem Einleitungskapitel wurde ein soziologischer Lebenslaufbegriff entwickelt und der Leser mit dem Grundgedanken soziologischer Lebenslaufforschung: den Lebenslauf als soziale Konstruktion zu verstehen, vertraut gemacht. Warum aber konzentriert sich das Buch auf die soziologische Lebenslaufforschung? Schließlich ist Lebenslaufforschung ein multidisziplinäres Untersuchungsfeld und -programm, an dem neben Soziologie insbesondere Psychologie und Demographie sowie Anthropologie, Ökonomie, Politikwissenschaft und Geschichte und auch naturwissenschaftliche Disziplinen beteiligt sind. Warum also, wenn bis heute immer wieder die Multi-, Inter- oder Transdisziplinarität der Lebenslaufforschung – gar als Notwendigkeit[6] – betont wird, diese Fokussierung? Der Hauptgrund ist didaktischer Art. Dieses Buch will Studierende des Fachs „Soziologie" in die Lebenslaufforschung einführen. Das Soziologiestudium soll die Theorien, Konzepte und Methoden der Disziplin vermitteln; Studierende sollen die Denkweise der Soziologie begreifen und deren theoretisches und methodisches Handwerkszeug beherrschen lernen – was in Bezug auf das Thema dieses Buchs heißt: das Phänomen „Lebenslauf" aus soziologischer Perspektive zu betrachten, also die soziologische Lebenslaufforschung zu behandeln. Nur darum geht es in diesem Buch (wobei im Folgenden aus stilistischen Gründen auf das Adjektiv „soziologisch" verzichtet wird, d. h. wenn fortan von „Lebenslaufforschung" die Rede ist, meint dieser Begriff die soziologische Lebenslaufforschung).

> Natürlich ignoriert die soziologische Lebenslaufforschung Ergebnisse und Argumente anderer Disziplinen nicht, sondern berücksichtigt in ihren Analysen z. B. persönlichkeitspsychologische Variablen, wenn die Fragestellung das erfordert. Nur hat diese Selbstverständlichkeit noch nicht viel mit (einem gehaltvollen Begriff von) Inter- und Transdisziplinarität zu tun. Deren Notwendigkeit und Überlegenheit gegenüber disziplinärer Forschung wird damit begründet, dass die Probleme dieser Welt und ihrer Gesellschaften nicht disziplinär strukturiert sind. Das stimmt wohl – nur: was heißt das für die wissenschaftliche Analyse dieser Probleme? Zu Beginn des Kapitels wurde auf die

---

[6] „The study of lives is, of necessity, an interdisciplinary and multi-method enterprise" (Settersten 1999, S. 1).

methodologische Einsicht in die Theoriegeladenheit aller Beobachtung und Erkenntnis verwiesen, der man nicht entkommen, sondern sich nur reflexiv vergewissern kann. Wenn man davon ausgeht, dass Disziplinen sich um eine grundlegende Denkweise oder Theorieperspektive herum konstituieren, ist Disziplinarität kein Aufsetzen intellektueller Scheuklappen, sondern schlicht unabdingbare Voraussetzung wissenschaftlicher Erkenntnis. Multidisziplinarität ist im Hinblick auf diese methodologische Einsicht insofern unproblematisch, als eine Frage hier lediglich von mehreren Disziplinen bearbeitet, d. h. aus unterschiedlichen Perspektiven betrachtet wird (ein – insbesondere praxisrelevantes – Problem ist aber die Gewichtung der diversen Resultate, zu denen diese disziplinären Perspektiven mit ihrer je spezifischen Problemsicht führen). Von diesem bloßen Perspektiven-Nebeneinander unterscheidet sich Inter- bzw. Transdisziplinarität – bezüglich beider Begriffe herrscht bis heute erhebliche Unklarheit – durch eine Integration unterschiedlicher disziplinärer bzw. auch nicht-wissenschaftlicher Perspektiven. Eine solche Fusion grundlegender Theorieperspektiven oder Denkweisen mag manchmal gelingen, manchmal aber – und wohl öfter – nicht möglich sein (s. dazu auch das Schlusskapitel). Zu dieser Thematik gibt es seit den 1970er Jahren eine umfängliche und kontroverse Diskussion (Kocka 1987; Klein 1990; Balsiger 2005; Jungert et al. 2010).

- Was meinen Sie: muss man erst einmal das theoretische und methodische Handwerkszeug seiner Disziplin beherrschen, ehe man überhaupt interdisziplinär arbeiten kann?
- Was bedeutet das Aufgeben eines disziplinär organisierten Studiums zugunsten interdisziplinärer Studiengänge in Bezug auf die Ausbildungsinhalte bzw. –ziele?
- Was bedeutet eine interdisziplinäre Wissenschaftsausbildung für die Tradierung von Wissen und Erkenntnis?

Was ist „Lebenslaufforschung"? 2

Das Kapitel beantwortet die Frage, was Lebenslaufforschung eigentlich ausmacht und wie dieses Forschungsfeld systematisch zu fassen ist. Um ein erstes Verständnis zu gewinnen, wird zunächst die Vorgeschichte der Lebenslaufforschung kurz referiert. Schließlich ist der lebenslauftheoretische Forschungsansatz gegen Ende der 1960er Jahre nicht einfach vom Himmel gefallen. Vielmehr hat die Lebenslaufperspektive theoretische Vorläufer in den Sozialwissenschaften. Ein ideengeschichtlicher Abriss der Entstehung der Lebenslaufforschung skizziert, wie sich dieses Forschungsfeld im sozialwissenschaftlichen Diskurs herausgebildet hat (Abschn. 2.1). Im Anschluss an diese wissenschaftshistorische Skizze geht es in systematischer Perspektive um die Frage, was Lebenslaufforschung eigentlich ausmacht (Abschn. 2.2). Zur Beantwortung dieser Frage wird der Grundgedanke und zentrale Forschungsgegenstand der Lebenslaufforschung substanziell präzisiert: Was genau ist unter dem Lebenslauf als sozialer Konstruktion zu verstehen? Es wird eine theoretisch gehaltvolle Lebenslaufdefinition präsentiert, die das Feld der Lebenslaufforschung substanziell begründet. Diese theoretische Konzeption von Lebenslaufforschung geht über das vor allem in Deutschland verbreitete Verständnis einer bloßen Lebensverlaufsforschung hinaus (Abschn. 2.2.1). Ein wesentliches Charakteristikum der Lebenslaufforschung ist deren prinzipiell dynamische Forschungsperspektive. Deshalb wird abschließend die zentrale Rolle des komplexen Faktors „Zeit" bzw. zeitlicher Strukturen in der Lebenslaufforschung thematisiert (Abschn. 2.2.2).

2.1 Eine kurze Geschichte der Lebenslaufforschung

Die Vorstellung von Lebenslauf und Alter als einer sozialen Konstruktion war in der Ethnologie schon im 19. Jh. präsent. So schrieb Schurtz in seiner grundlegenden, kurz nach der Jahrhundertwende erschienenen Arbeit, dass eine Einteilung in Altersklassen, mit denen spezifische Rechte und Pflichten verbunden sind, „schon früher von Sachkennern als die älteste Art der Gesellschaftsordnung aufgefasst worden" (1902, S. IVf) sei. Da die frühe Ethnologie die programmatische Strategie einer Aufdeckung universaler Strukturmuster von Gesellschaft vermittels des Studiums sog. primitiver Sozialformationen verfolgte, galt ihr „Alter" als zentrales Struktur- bzw. Strukturierungsmerkmal aller Gesellschaften: es fungiert – wie „Geschlecht" – als universales gesellschaftliches Ordnungsprinzip. Diese universale Ordnungsfunktion kann das Kriterium „Alter" erbringen, weil es als natürliches Merkmal des Menschen auftritt. Allerdings: den „einfachsten natürlichen Verbänden, die sich aus der Blutsverwandtschaft ergeben, stehen die Altersklassen als erster Versuch einer bewusst durchgeführten, wenn auch ebenfalls auf natürlichen Grundlagen beruhenden Einteilung gegenüber" (ebd., S. 83). Schon Schurtz verstand also die Strukturierung der Gesellschaft nach „Alter" nicht einfach als rein natürliche Ordnung, sondern auch als soziokulturelles Konstrukt.[1] Inzwischen haben kultur- und sozialanthropologische Studien nicht nur vielfach belegt, dass Altersgruppen und -phasen als Resultat soziokultureller Typisierungs- und Zuschreibungsprozesse konstituiert werden, sondern darüber hinaus auch gezeigt, dass diese gesellschaftliche Strukturierung des Lebenslaufs äußerst vielgestaltig ist, also interkulturell und historisch variiert (Kertzer und Keith 1984; Bernardi 1985; Elwert et al. 1990).

Diese Einsicht findet sich auch schon bei Linton, der – ganz in der universalistischen Perspektive der frühen Ethnologie – „Alter" (und „Geschlecht")

---

[1]Gleichwohl wirkt „Alter" als Strukturierungsprinzip naturalisierend: es lässt die bestehende gesellschaftliche Ordnung nicht als sozial konstituierte, sondern natürliche erscheinen – und entpolitisiert sie damit. Die soziale Konstruktion von „Alter" bzw. Altersgruppen ist – wie die von „Geschlecht" – eine der „möglichen Formen der Naturalisierung von Gesellschaft. Naturalisierung heißt, dass von Menschen geschaffene gesellschaftliche Ordnungen sich als etwas Natürliches präsentieren, anders gesagt, dass Selbstverständlichkeit durch den Rekurs auf Biologisches gewonnen wird. (…) Dass jede Naturalisierung auch ein natürliches Element enthält, ist offensichtlich und macht ihre Plausibilität aus … Aber es ist nur der Grundstoff für die gesellschaftliche Konstruktion" (Elwert und Kohli 1990, S. 4).

als sozialstrukturelles Ordnungsprinzip in die Soziologie einführte.[2] Sein Aufsatz mit dem bezeichnenden Titel „A Neglected Aspect of Social Organization" betont, dass „age-sex categories and their derivates are the building blocks of the society" (1940, S. 872).[3] Zwar behielt Linton jene Auffassung von „Alter" (und „Geschlecht") als universalen Kriterien zur Regelung von Rollenverhalten und Prinzipien gesellschaftlicher Strukturierung bei und übertrug diese universalistische Vorstellung in die Soziologie. Gleichzeitig aber formulierte er die bei Schurtz bereits angelegte Vorstellung von „Alter" als einem auch soziokulturellen Konstrukt deutlich: trotz der „close relation which age-sex categories bear to physiological facts, they are by no means divorced from cultural factors. (…) Societies have, therefore, a considerable range of choice with respect both to the number of age-sex categories to be distinguished and to the points in the lifecycle at which transitions from one category to another are supposed to take place" (1942, S. 591).[4]

Diese Vorstellung soziokulturell konstituierter Alterskategorien hebt sich ab von der in der Entwicklungspsychologie damals herrschenden Idee universaler Verlaufsmuster der Humanentwicklung (Bühler 1933). Deren Vorstellung universaler Entwicklungssequenzen des Individuums ging in lebenslaufthematischen Studien bis Anfang der 1940er Jahre noch umstandslos zusammen mit einer sozialstrukturell fundierten Lebenslaufperspektive. Erst in der Folgezeit kam es nach und nach zur analytischen Scheidung jenes entwicklungspsychologischen Ansatzes der Humanentwicklung von einer sozialstrukturell verankerten soziologischen Lebenslaufperspektive. In der Soziologie resultierte daraus zunächst der strukturfunktionalistische Ansatz der Altersdifferenzierung

---

[2]In diesem Zusammenhang wird oft auch Parsons genannt, der sich jedoch nur in einem einzigen Aufsatz (1942) direkt mit „Alter" (und „Geschlecht") als gesellschaftlichem Organisationsprinzip befasst hat.

[3]Die Vernachlässigung dieser Strukturierungskriterien erklärt Linton mit deren „deceptive appearance of simplicity. The existence of age-sex categories is so obvious that their importance to social structure is likely to be overlooked" (1940, S. 872 f.).

[4]Ein anschauliches Beispiel für diese soziokulturelle Überformung und Konstruktion von „Alter" bzw. Altersklassen lieferte Prins (1953), der in seiner Studie der Altersklassensysteme dreier ostafrikanischer Volksstämme zeigt, dass Übergänge zwischen Altersklassen nicht einfach vom – annähernd gleichen – chronologischen Alter der Individuen abhängen, sondern auch z. B. durch Patrilinearität (Eintritt in ein neues Altersklassensystem nur als Sohn eines aus der höchsten Altersklasse ausscheidenden Mannes), durch Heirat oder dadurch bestimmt sind, dass ein Mann keine Ehefrau mehr im gebärfähigen Alter und keine unbeschnittenen Kinder mehr hat.

bzw. –gruppen (s. u.). Innerhalb der Psychologie führte die wachsende sozialwissenschaftliche Kritik an der Idee allgemein-menschlicher, sich notwendig und unabänderlich entfaltender Entwicklungsstufen (Erikson 1959) zu einer stärkeren Berücksichtigung soziokultureller Einflussfaktoren.[5] Insbesondere die sog. *life span development psychology* versucht seit den späten 1960er Jahren, dem soziokulturellen Kontext angemessen Rechnung zu tragen (Baltes et al. 1998; Brandtstädter und Lindenberger 2007). Seit jener analytischen Scheidung im Verlauf der 1940er und 1950er Jahre haben sich eine entwicklungspsychologische *(life span development)* und eine soziologische Lebenslaufperspektive – wenn auch nicht völlig unabhängig voneinander, so doch weitgehend nebeneinander her – entwickelt (s. dazu auch das Schlusskapitel).

Zurück zu Linton, der – selbst Anthropologe – in seinem Artikel auf eine weitere Einsicht der frühen Ethnologie verwies: dass nämlich Transitionen zwischen Altersklassen, insbesondere der Übergang in den Erwachsenenstatus, in ritualisierter Form erfolgen. Wie auch immer „a given society's system of age-sex categories may be, the individual's transfer from certain of these categories to those next in the age series is usually marked by ceremonial observances. However, all the transitions within any system are rarely commemorated in this way. The one transition which is well nigh universally ritualized is that of entry into the adult group" (Linton 1942, S. 597). Zwar hatte sich die Ethnologie in der Tat vorwiegend mit den Initiationsriten beim Übergang in den Erwachsenenstatus beschäftigt. Allerdings lag mit van Genneps „Les rites de passages" schon 1909 eine Studie über die Ritualisierung auch anderer Statusübergänge und Lebensereignisse wie z. B. der „Zeremonien anlässlich der Geburt, der Kindheit, der sozialen Pubertät, der Verlobung, der Heirat, der Schwangerschaft, der Elternschaft, der Initiation in religiöse Gemeinschaften und der Bestattung" (1986, S. 15 f.) vor. Dabei richtete sich van Genneps grundlegendes Forschungsinteresse auf den Zusammenhang der diese Ereignisse rahmenden Übergangsriten, genauer: auf die universale „Abfolgeordnung der Zeremonien" (ebd., S. 20).[6]

---

[5]Dieser Versuch erfolgte zunächst noch „typically from the perspective of a maturing or aging organism. (…) This perspective views the social context as a 'scene or setting' through which the person – loaded with his or her 'natural predispositions' – must pass" (Elder und Shanahan 2006, S. 670).

[6]„In jeder Gesellschaft besteht das Leben eines Individuums darin, nacheinander von einer Altersstufe zur nächsten und von einer Tätigkeit zur anderen zu wechseln. (…) Zu jedem dieser Ereignisse gehören Zeremonien, deren Ziel identisch ist: Das Individuum aus einer genau definierten Situation in eine andere, ebenso genau definierte hinüberzuführen. Da das Ziel das gleiche ist, müssen auch die Mittel, … wenn nicht in den Einzelheiten identisch,

2.1 Eine kurze Geschichte der Lebenslaufforschung

Seine diesbezüglich entwickelte Dreiphasenstruktur von Trennungs-, Schwellen- bzw. Umwandlungs- und Angliederungsriten ist für die Geschichte der Lebenslaufforschung aber nicht von Interesse. Wichtig ist hier vielmehr, dass van Gennep konzeptionell die fragmentierte Betrachtung distinkter Altersgruppen und -status durch eine Perspektive auf den gesamten Lebensverlauf ersetzt und dabei den Zusammenhang unterschiedlicher Ereignisse, Status und Phasen über die Lebensspanne thematisiert. Indem er den Lebenslauf theoretisch als Abfolge ritualisierter Statusübergänge begreift und den analytischen Blick auf die Verknüpfungsprozesse der diversen Status lenkt, formuliert van Gennep – jedenfalls implizit – einen dynamischen Ansatz für die Lebenslaufforschung. Das Potential dieser dynamischen Perspektive blieb allerdings über fünf Jahrzehnte latent. Ein Grund dafür lag in der statischen Theorieperspektive des Strukturfunktionalismus, der die Soziologie bis in die 1960er Jahre dominierte.

> Gibt es in der deutschen Gegenwartsgesellschaft auch heute noch „ritualisierte Statuspassagen" und wenn ja: welche?

Parsons Strukturfunktionalismus übernahm die sozial- und kulturanthropologische Vorstellung einer universalen Strukturierung sowohl der Gesellschaft als auch des Lebenslaufs des Individuums nach Alterskategorien und etablierte sie in Form einer Altersgruppensoziologie. Jede Gesellschaft gruppiert demzufolge Mitglieder etwa gleichen chronologischen Alters zu einer Reihe von Altersgruppen, deren Abfolge das Individuum im Prozess seines Alterns durchläuft.[7] Dabei sind Altersgruppen für den auf Systemstabilität gerichteten Strukturfunktionalismus ein zentrales Element gesellschaftlicher Kontinuität: sie stellen nämlich eine funktionale Lösung des systembedrohenden Dauerproblems dar, das aus der begrenzten Lebenszeit der Gesellschaftsmitglieder resultiert.[8] Wieso ist der Umstand, dass Menschen altern und sterben, ein permanentes Kontinuitätsproblem? Für ihren Fortbestand muss jede Gesellschaft den Tod von Mitgliedern

---

so doch zumindest analog sein. (…) So weisen die Zeremonien … eine allgemeine Ähnlichkeit auf" (Gennep 1986, S. 15 f.).

[7]Linton hatte sieben universale Altersgruppen postuliert, die „appear to be basic to all systems of age-sex classification …: Infant, boy, girl, adult man, adult woman, old man, old woman" (1942, S. 593).

[8]Unter bestimmten Umständen allerdings können gerade Jugendaltersgruppen auch „deviantes" Verhalten entwickeln und sich damit als dysfunktional bzw. Problem für die Systemstabilität erweisen.

fortlaufend durch Geburten kompensieren. Diese neuen Mitglieder haben aber die zur Erfüllung der im Lauf ihres Lebens an sie gerichteten Rollenanforderungen, d. h. die für das Funktionieren der Gesellschaft notwendigen Werte und Verhaltensorientierungen nicht schon qua Geburt verinnerlicht. Insofern ist, wie Parsons anschaulich betont, „the ‚barbarian invasion' of the stream of new-born infants ... a critical feature of the situation in any society" (1951, S. 208). Die Gesellschaft muss folglich durch Sozialisation[9] dafür sorgen, dass ihre neuen Mitglieder die für die Aufrechterhaltung der gesellschaftlichen Stabilität essenziellen Werte und Orientierungen internalisieren. Dabei beschränkt sich ihre Sozialisierungsaufgabe nicht auf Kindheit und Jugend. Weil die Mitglieder der verschiedenen Altersgruppen jeweils spezifischen Rollenanforderungen genügen müssen, erfordern die mit dem Altern der Individuen einhergehenden Wechsel der Altersgruppen eine Vorbereitung auf die neu auszufüllenden Altersrollen durch lebenslange Sozialisation (Brim 1966).

Ein prominentes Beispiel strukturfunktionalistischer Altersgruppensoziologie, das die zentrale Rolle von Altersgruppen im Rahmen des gesellschaftlichen Sozialisierungserfordernisses zwecks Kontinuitätssicherung, insbesondere im Hinblick auf den wichtigen Übergang in den Erwachsenenstatus, verdeutlicht, ist Eisenstadts interkulturell und historisch vergleichende Studie des sozialen Phänomens der Jugendgruppen und -bewegungen. Eisenstadt wollte anhand unterschiedlich verfasster Gesellschaften die sozialstrukturellen Voraussetzungen der Entstehung und Existenz von Jugendaltersgruppen herausarbeiten. Dabei zeigte sich, dass diese ein Produkt moderner, arbeitsteilig komplexer Gesellschaften sind. In familialistischen Gesellschaften mit geringer Arbeitsteilung ist auch die Differenz zwischen familialer und gesellschaftlicher Rollenstruktur gering. Die familiale Sozialisation reicht in diesen Gesellschaften zur Einübung in die kulturell vorgegebenen Erwachsenenrollen. In modernen, arbeitsteilig komplexen Gesellschaften ist diese Erwachsenenwelt durch instrumentelles Verhalten, universale Orientierung, spezifische Rollen und Statuserwerb geprägt. Mit diesen Anforderungen sind die expressiven und partikularistischen Interaktionsmuster, diffusen Rollen und askriptiven Status, die Familien- und Verwandtschaftsbeziehungen dominieren, nicht kompatibel. Die familiale Sozialisation kann Heranwachsende deshalb nicht, jedenfalls nicht ausreichend, auf die Übernahme und das Ausfüllen der Erwachsenenrollen vorbereiten. Dieses familiale

---

[9]Der zweite kritische Aspekt ist – als Folge nicht gelungener Sozialisation – abweichendes Verhalten, das Parsons durch Sanktionierung korrigieren will.

2.1 Eine kurze Geschichte der Lebenslaufforschung

Sozialisierungsdefizit in modernen, hochdifferenzierten und individualisierten Gesellschaften kompensieren Jugendgruppen als wichtige Sozialisationsinstanz: aufgrund ihrer personellen Zusammensetzung und Rollenstruktur fungieren sie als zwischen der Geborgenheit des familialen Kontextes und der instrumentellen Anonymität der Erwachsenenwelt vermittelndes Bindeglied. Jugendaltersgruppen entstehen also „in societies in which the family (or kinship unit) does not constitute the main unit of the social and economic division of labor, and in which the individual must acquire and learn various role dispositions which cannot be learned within the family. Age groups, which are usually articulated during the period of transition from the family of orientation, may serve as channels for the learning (of some, at least) of these general role dispositions. Thus it may be said that age groups constitute an interlinking sphere between the family and other institutionalized spheres of society (political, economic, etc.)" (1956, S. 270).

Mitte der 1960er Jahre präsentierte Cain in einem viel zitierten Handbuchartikel einen Überblick über die frühen Ansätze einer Lebenslaufsoziologie und eine erste systematische Darstellung des Forschungsstands. Dieser Aufsatz wird manchmal als eine Art Gründungsdokument der Lebenslaufforschung angeführt, weil Cain explizit darauf abzielte „to identify, isolate, and systematize a life course, or age status, frame of reference" (1964, S. 273). Dabei ist der Lebenslaufbegriff allerdings nicht – wie das Zitat suggeriert – synonym mit dem des Altersstatus. Während der Begriff „Lebenslauf" sich auf das mit dem Altern des Individuums einhergehende, quasi automatische Durchlaufen der Abfolge unterschiedlicher Status bezieht, meint der Begriff „Altersstatus" das „system developed by a culture to give order and predictability to the course followed by individuals" (ebd., S. 278). Diese begriffliche Differenz ist im Sinn einer konzeptionellen Priorität des gesellschaftlich institutionalisierten Altersstatus-Systems gegenüber dem individuellen Lebensverlauf zu verstehen. Anders gesagt: Cain wollte einen altersstatus-, weniger einen lebenslauftheoretischen Rahmen formulieren. Dem entsprechend geht sein Theoretisierungsversuch (ebd., S. 287 f.) letztlich auch nicht über eine systematische und prägnante Darstellung des konzeptionellen Rahmens der strukturfunktionalistischen Altersgruppensoziologie hinaus.

Hinzuweisen ist in diesem Kontext noch auf den von Neugarten in den 1960er Jahren entwickelten normativen Ansatz der zeitlichen Lebenslaufstrukturierung (Neugarten et al. 1965), der eine große Nähe zur strukturfunktionalistischen Lebenslaufperspektive aufweist. Für Neugarten, eine Pionierin der Entwicklungspsychologie der zweiten Lebenshälfte und Gerontologie, fungieren Altersnormen in der Gesellschaft als ein soziales Kontrollsystem: sie legen das soziale Alter eines Individuums fest und konstituieren einen „Fahrplan" des Lebens, dessen Nichteinhaltung sanktioniert wird. Da die normative Strukturierung des Lebenslaufs durch Altersrollenerwartungen und –stereotype noch in einem eigenen Unterkapitel (s. Abschn. 5.2.1) behandelt wird, genügt hier der Verweis auf Neugartens Altersnormen-Ansatz.

Seit Ende der 1950er Jahren wuchs in der soziologischen Theoriediskussion die Kritik am Strukturfunktionalismus. Kritisiert wurde dessen statische, ahistorische Grundkonzeption, die sich am Stabilitätszustand einer invarianten gesellschaftlichen Ordnung orientiert, d. h. einem realhistorischen Ausnahmefall, während sie den fortlaufenden sozialen Wandel der Gesellschaft, d. h. den faktischen Normalfall, nicht erklären kann. Damit zusammenhängend wurde außerdem eine theoretische Vernachlässigung der – individuellen und kollektiven – Akteure und ihres Handelns moniert. Infolge dieser Theoriekritik verlor der Strukturfunktionalismus seine dominante Stellung in der Soziologie und wurde von dynamischen und handlungstheoretischen Ansätzen verdrängt, die konzeptionell der Dimension von Zeit und Geschichte wie auch des Akteurs Rechnung tragen. Die allgemeine Theoriekritik am Strukturfunktionalismus wurde auch auf dessen Altersgruppensoziologie übertragen. Kritisiert wurde zum einen, dass die (Mitglieder von) Altersgruppen nicht nur Rollen- und Funktionsträger, also bloße Objekte gesellschaftlicher Sozialisierung, sondern auch Handlungssubjekte sind: individuelle und kollektive Akteure, deren Handeln gesellschaftliche Folgen zeitigt. Vor allem aber wurde das von der frühen Ethnologie und deren Interesse an universalen Strukturmustern inspirierte Altersgruppenmodell als konzeptionell statisch kritisiert: als ein selbst zeitloses, ahistorisches Schema.

Im Kontext dieser Theoriekritik entstand in den 1960er und 1970er Jahren eine ganze Reihe lebenslaufsoziologischer Arbeiten, die versuchten, die konzeptionellen Defizite der strukturfunktionalistischen Altersgruppensoziologie zu überwinden.[10] Wichtig zu sehen ist dabei, dass diese Arbeiten nicht zu der einen soziologischen Lebenslaufforschung konvergieren, sondern vielmehr unterschiedliche Ansätze einer Altersdifferenzierungs- bzw. Lebenslaufsoziologie begründen. Was sie eint, ist allein eine sowohl akteurs- als auch zeit- und geschichtssensible Grundkonzeption, als deren Motto hätte dienen können, was Mills – einer der schärfsten Kritiker des Strukturfunktionalismus – in seinem hierzulande kaum

---

[10]Gleichwohl blieb das von der Ethnologie inspirierte universalistische Altersgruppenmodell des Strukturfunktionalismus noch geraume Zeit in der Soziologie verbreitet (Foner und Kertzer 1978).

2.1 Eine kurze Geschichte der Lebenslaufforschung

rezipierten Buch über „The Sociological Imagination" gesagt hatte: sie sollte es ermöglichen „to understand the larger historical scene in terms of its meaning for the inner life and the external career of a variety of individuals. It enables (...) us to grasp history and biography and the relations between the two within society" (1959, S. 5 f.). Die diversen lebenslaufsoziologischen Arbeiten jener Jahre lassen sich dabei zu vier relevanten Forschungssträngen bündeln.

Die wohl wichtigste lebenslaufsoziologische Perspektive jener Zeit: der Kohortenansatz geht auf Ryders Aufsatz über „The Cohort as a Concept in the Study of SocialChange" (1965) zurück.[11] Darin bezieht Ryder die Dimension der individuellen Lebenszeit systematisch auf die der gesellschaftlichen Zeit, d. h. er setzt die Individuen mit ihren jeweiligen Lebensaltern in Bezug zu den historisch spezifischen Gesellschaftskontexten, in die sie eingebettet sind. Aufgrund ihrer Verankerung in historisch unterschiedlichen soziokulturellen Situationen formieren sich Individuen annähernd gleicher Lebensaltersstufen zu voneinander unterscheidbaren Kohorten. Diese gelten Ryder insofern als zentrales Konzept zur Untersuchung sozialen Wandels. Ryders dynamischer Kohortenansatz hat einen eigenen lebenslaufsoziologischen Forschungsstrang begründet und wird ob seiner Bedeutung noch ausführlich in einem eigenen Unterkapitel (s. Abschn. 4.1) im Rahmen der Ausführungen über kollektive Lebensläufe behandelt.

Einen zweiten Forschungsstrang stellte – den Kohortenansatz aufgreifend – Rileys Weiterentwicklung der strukturfunktionalistischen Altersgruppensoziologie dar. Ihre „sociology of age stratification" (Riley et al. 1972; Riley 1985) basiert auf einem Modell, das von vier altersbezogenen Strukturelementen ausgeht. Die Gesellschaft besteht aus einer Reihe unterschiedlicher – jeweils von Individuen etwa gleichen Alters konstituierter – *age strata,* die in ihrer Größe und Zusammensetzung variieren. Die Mitglieder der diversen Altersschichten unterscheiden sich hinsichtlich ihrer Handlungsorientierungen und – kompetenzen. Während diese beiden altersbezogenen Merkmale sich auf die Ebene der Gesellschaftsmitglieder (Bevölkerung) beziehen, referieren die beiden anderen auf die Ebene des Rollensystems der Gesellschaft. Den diversen *age strata* korrespondiert eine altersbezogene gesellschaftliche Rollenstruktur, d. h. ein in Art und Umfang variierendes Gefüge von Rollen, die den Mitgliedern der diversen Altersgruppen offenstehen. Das vierte Element stellen altersbezogene

---

[11]In seinem Review der Forschungsarbeiten jener Jahre kam Elder zu dem Schluss, dass „the dynamic, cohort-historical perspective, with its lifespan framework, stands out as the single most important contribution in recent years to research on age differentiation in the life course" (1975, S. 187).

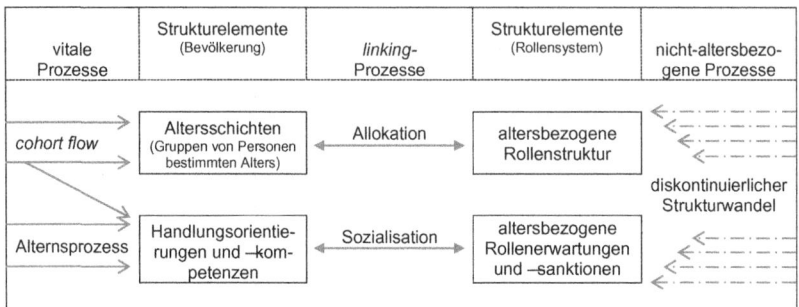

Abb. 2.1 Das *age stratification*-Modell von Riley. (eigene Darstellung, basierend auf Riley et al. 1972, S. 3–26)

Rollenerwartungen und –sanktionen der Gesellschaft dar. Riley begreift diese vier altersbezogenen Elemente als Resultat zwar unterschiedlicher, aber miteinander verflochtener Prozesse. In Bezug auf die Bevölkerung sind dies die beiden vitalen Prozesse des permanenten *cohort flow,* der die diversen Altersschichten formiert, sowie des individuellen Alterns als Durchlaufen dieser *age strata.* Ein zweites Set von Prozessen ist verbindender Art, „linking people with roles" (Riley et al. 1972, S. 8): Sozialisation gewährleistet, dass die Individuen die Anforderungen der diversen, im Lauf ihres Lebens gesellschaftlich für sie vorgesehenen Rollen erfüllen können; Allokation meint die Mechanismen der kontinuierlichen Zuweisung der Individuen zu diesen – jeweils geeigneten – Rollen.[12] Neben diesen altersbezogenen Prozessen gibt es noch ein drittes Set nicht-altersbezogener Prozesse, die sich als diskontinuierlicher Strukturwandel direkt auf das gesellschaftliche Rollensystem auswirken.

Rileys *age stratification*-Modell (Abb. 2.1) repräsentiert ein komplexes rückgekoppeltes System, in dem die Veränderung eines Parameters Auswirkungen auf alle anderen Parameter hat. Dabei – und das ist der zentrale Punkt in ihrem Ansatz – gibt es Unterschiede in der Dynamik der drei Sets von Prozessen, die „arise from the crucial fact that the life span of a society or of its population is far longer than the life span of its members. Not only do aging and cohort succession differ in their timing; but, still more important, there is a fundamental asymmetry or lack of synchronization between the sets of processes affecting people

---

[12]Diese beiden *linking*-Prozesse „enable the role structure to persist and the performance of age-specific functions to continue, despite the succession of role-incumbents" (Riley et al. 1972, S. 8) – eine zentrale Voraussetzung für Kontinuität und Fortbestand der Gesellschaft.

and those affecting roles. The wide range of factors influencing the role structure, though less clearly understood than the population processes, are patently less regular or definably in periodicity. Thus, a constant tension – a potential source of immanent change – inheres in the articulating processes whereby the rhythmic flow of people is channelled through an unpredictable structure of roles" (ebd., S. 12). Diese permanente Spannung existiert für beide Verbindungsprozesse, tritt als inter- oder intragenerationaler Konflikt aber vor allem bei Allokationen auf, in denen Akteure um knappe Güter konkurrieren. Rileys Altersschichtungstheorie trägt insofern beiden Kritikpunkten am Strukturfunktionalismus Rechnung: sie dynamisiert dessen Altersgruppensoziologie (ebd., S. 515 ff.) und macht Auseinandersetzungen zwischen Akteuren zum gesellschaftlichen Normalfall (ebd., S. 433 ff.). Ihr *age stratification*-Modell stellt insofern den avanciertesten Ansatz strukturfunktionalistischer Lebenslaufforschung dar (wurde aber – anders als das Kohortenkonzept und die beiden folgenden Perspektiven – nicht systematisch bis heute weitergeführt).

- Entwickeln Sie Beispiele dafür, wie aus der Veränderung eines Strukturmerkmals oder eines Prozesses ein inter- bzw. intragenerationaler Konflikt entsteht.
- Diskutieren Sie diese Beispiele inter- bzw. intragenerationaler Konflikte in Bezug auf Interventionsmöglichkeiten und nachhaltige politische Lösungsstrategien.

Seit Mitte der 1960er Jahre entstand mit der (Wieder-)Entdeckung biographischer Forschung (Fuchs-Heinritz 2009, S. 85 ff.) eine dritte Lebenslaufperspektive. In den USA hatte sich in der *Chicago School* ein biographischer Forschungsansatz etabliert (Thomas und Znaniecki 1918–20; Anderson 1923; Zorbaugh 1929; Cressey 1932; Shaw 1930), der in den 1940er Jahren dann aber von Verfahren zur Erhebung und Analyse massenstatistischer Daten verdrängt worden war.[13] In der deutschen Soziologie gab es – trotz einer bis ins späte 18. Jh. zurückreichenden biographischen Tradition in Deutschland (und anders als in der Pädagogik und Psychologie) – bis Anfang der 1970er Jahre keine biographischen Ansätze (Chanfrault-Duchet 1995). Die Gründe für die (Wieder-)Entdeckung biographischer

---

[13]Thomas und Znaniecki waren der Auffassung, dass „personal life-records, as complete as possible, constitute the perfect type of sociological material" (1919, S. 6). Nach dem Niedergang der *Chicago School* wurden biographische Verfahren nur in der (interaktionistischen) Devianzforschung weiter verwendet.

Forschung in der Soziologie jener Zeit sind hier nicht von Interesse.[14] Relevant ist hier, dass es dabei zunächst primär um eine methodische Biographie-Orientierung ging, d. h. den instrumentellen Einsatz biographischer Verfahren in der empirischen Sozialforschung. Schon bald setzte aber, insbesondere in Deutschland, ein Wandel „von der ‚biographischen Methode' zur Biographieforschung" (Fischer-Rosenthal 1990) ein: über das anfängliche methodische Interesse hinausgehend, wurde ein umfassender „Anspruch der Biographieforschung als einer allgemein-soziologischen Perspektive" (ebd., S. 23; Fuchs-Heinritz 1998; Rustin 2000) postuliert. Im Gefolge dieses Wandels kam es zur Institutionalisierung eines eigenständigen, wenn auch alles andere als klar umrissenen Forschungsfeldes. Einigkeit besteht darüber, dass Biographieforschung nicht auf die subjektive Deutung von Lebensgeschichten zu reduzieren ist. Vielmehr gilt die Biographie als soziales Konstrukt, in dem individuelle Erfahrungs- und Handlungszusammenhänge mit dem gesellschaftlichen Strukturzusammenhang in einer Einheit vermittelt sind – und aufgrund dieser Vermitteltheit ist biographische Forschung nicht auf das Individuum beschränkt, sondern kann auch soziale Prozesse und Sachverhalte analysieren. Allerdings steht eine theoretische Konsolidierung dieses verzweigten Forschungsfeldes nach wie vor aus.[15] Es liegt auf der Hand, dass Biographie- und Lebenslaufforschung inhaltliche Berührungspunkte aufweisen, teilweise sogar das gleiche Forschungsinteresse haben. Dennoch haben sich die Biographie- und die Lebenslaufforschung, insbesondere in Deutschland, eher in Abgrenzung voneinander entwickelt und in der Soziologie etabliert. Als einführende Darstellung der Lebenslaufforschung folgt das vorliegende Buch dieser gewachsenen Grenzziehung: Biographieforschung wird hier nicht als solche, d. h. als eigenständiges Forschungsfeld thematisiert, sondern nur in Bezug auf die Lebenslaufforschung. Wer sich ausführlicher über Biographieforschung als solche informieren möchte, sei auf die Einführung von Roberts (2001) oder Fuchs-Heinritz (2009) verwiesen.

---

[14]Obwohl diese (Wieder-)Endeckung biographischer Forschung in den verschiedenen Ländern „took place roughly at the same time …, it did not spread on the same ground. In each nation, it matched the fields of interest and the sociological – or, more broadly, intellectual – traditions of its practicioners" (Chanfrault-Duchet 1995, S. 209; Bertaux und Kohli 1984). Eine ungebrochene Kontinuität biographischer Forschung gab es übrigens nur in der polnischen Soziologie (Kohli 1981, S. 283 ff.).

[15]Noch immer wird Biographieforschung nicht theoretisch, sondern über spezifische Verfahren bzw. Daten, also bloß methodisch definiert: „alle Forschungsansätze …, die als Datengrundlage (oder als Daten neben anderen) Lebensgeschichten haben" (Fuchs-Heinritz 2009, S. 9).

2.1 Eine kurze Geschichte der Lebenslaufforschung

Die vierte, für die Entwicklung und Etablierung der Lebenslaufforschung grundlegende Perspektive eröffnete Elder mit seiner Studie über die „Children of the Great Depression" (1974). Elder war Anfang der 1960er Jahre in Kontakt gekommen mit drei Längsschnittdatensätzen, die gut dreißig Jahre zuvor von Entwicklungspsychologen initiiert worden waren: die *Oakland Growth Study* untersuchte Lebensverläufe und Persönlichkeitsentwicklung eines Samples der in Oakland aufwachsenden Geburtsjahrgänge 1920/21, die *Berkeley Guidance Study* und *Berkeley Growth Study* ein Sample der im benachbarten Berkeley aufwachsenden Geburtskohorten 1928/29. Die beiden Untersuchungsgruppen bestanden also aus Personen, die die Weltwirtschaftskrise in unterschiedlichen Phasen ihrer Kindheit durchlebten. Deren Lebensläufe dokumentierten die thematisch breiten Längsschnittdatensätze dieser Studien über mehrere Erhebungswellen bis weit ins Erwachsenenalter hinein, d. h. über mehr als ein halbes Jahrhundert.[16] Zwar waren die Oakland-/Berkeley-Studien zunächst für einen kürzeren Zeitraum und anderen Zweck konzipiert worden, nämlich für entwicklungspsychologische Fragestellungen hinsichtlich der Kindheits- und Jugendphase. Elder erkannte aber das lebenslaufsoziologische Potential ihrer informationsreichen Längsschnittdatensätze: diese ermöglichten es, die Auswirkungen der *Great Depression* auf das Leben jener Kinder aus Oakland und Berkeley auch langfristig – und unterschiedliche Lebensbereiche übergreifend – zu analysieren, d. h. die grundlegende soziologische Frage nach dem Verhältnis von Gesellschaft und Individuum auch in ihrer zeitlichen Dimension zu untersuchen. Wie ist der Zusammenhang zwischen gesellschaftlichem Kontext, sozialem Wandel und dem Leben der Individuen im Zeitverlauf? Wie verschränken sich gesellschaftliche und biographische Entwicklungsdynamiken im Verlauf des Lebens?

Elder selbst betont, dass „this exposure to longitudinal data encouraged me to think holistically about lives and development over time and across changing contexts" (Elder 1999, S. 304). Diese schlichte Aussage verweist auf eine für die Lebenslaufforschung grundlegende theoretische Veränderung der Forschungsperspektive. Elder lenkte den Blick weg von distinkten Altersgruppen und öffnete ihn konzeptionell auf den gesamten Lebenslauf in seinem internen Zusammen-

---

[16]Die ersten Daten wurden um 1930 bei Fünftklässlern erhoben, die letzte Erhebung fand Anfang der 1980er Jahre statt. Datengrundlage von Elders Buch über die „Children of the Great Depression" sind nur die Erhebungen der *Oakland Growth Study* bis Mitte der 1960er Jahre; Analysen, in die auch der Berkeley-Datensatz einging, publizierte Elder erst später (z. B. 1979).

hang und seiner Verschränkung mit sich wandelnden gesellschaftlichen Kontexten. Diese Perspektivverschiebung umfasste zwei konzeptionelle Innovationen. Zum einen vollzog Elder konzeptionell den Wechsel von einem fragmentierten, distinkte Lebensalter und -phasen betrachtenden Ansatz zu einer holistischen, auf den Lebensverlauf als Ganzen gerichteten Perspektive. Eine solche, ihrem Namen wirklich gerecht werdende „Lebenslauf"-Perspektive war schon, über ein halbes Jahrhundert zuvor, in van Genneps[17] Studie über ritualisierte Statusübergänge und deren Verknüpfungen im Lebensverlauf angelegt gewesen, aufgrund der Vorherrschaft strukturfunktionalistischen Denkens in der Soziologie aber latent geblieben. Elders Arbeiten ließen diese dynamische Lebenslaufperspektive mit ihrem Analysepotential virulent werden.[18] Die Aufsplitterung des Lebenslaufs in gegeneinander abgegrenzte Lebensphasen wich einem Blick auf den Lebensverlauf als Ganzen: also auf die gesamte Lebensspanne und damit vor allem auch auf den internen Zusammenhang der diversen Lebensabschnitte (dass es einen solchen Zusammenhang gibt dürfte jedem Menschen aufgrund eigener biographischer Erfahrung vertraut und unmittelbar einsichtig sein). Die zweite konzeptionelle Innovation von Elders Arbeiten bestand darin, dass sie im Gegensatz zu den bisherigen Längsschnittstudien, deren Analysen auf einen spezifischen Lebensbereich fokussierten, individuelle Lebensverläufe über die verschiedenen Felder hinweg analysierten: Elder lenkte den Blick auf die Wechselbeziehungen zwischen den diversen Lebensbereichen (wie z. B. des Familien- und Erwerbslebens) und deren Verschränkung mit dem gesellschaftlichen Kontext und Wandel. Elders konzeptionelle Innovationen markieren –

---

[17]Während Elder van Genneps „Les rites de passage" nicht erwähnte, verwiesen Glaser und Strauss gleich zu Beginn ihres Buchs „Status Passage" (1971) explizit darauf – obwohl dieses kaum etwas mit van Genneps Arbeit zu tun hat. Glaser und Strauss versuchten, eine formale Statuspassagentheorie zu entwickeln anhand einer Auflistung und Kategorisierung von Eigenschaften von Statuspassagen (wie z. B. Reversibilität, Zeitlichkeit oder Formung). Diese Theoretisierungsstrategie verfehlt letztlich aber gerade das, was van Genneps Arbeit konzeptionell interessant für die Lebenslaufforschung macht. Zwar taucht das Buch von Glaser und Strauss im Literaturverzeichnis vieler Lebenslaufstudien auf und ist der Begriff „Statuspassage" weit verbreitet. Ihr (unsystematischer) Theoretisierungsversuch hatte allerdings keinen mit Elders Arbeit vergleichbaren Einfluss auf die Lebenslaufforschung.

[18]Wobei die empirische Forschung allerdings – jedenfalls bislang – auf die Analyse längerer, einzelne Lebensphasen übergreifender Trajekte verwiesen ist, weil eine Untersuchung von Gesamtlebensverläufen voraussetzt, dass Längsschnittdatensätze existieren, in denen individuelle Leben über die gesamte Zeitspanne von der Geburt bis zum Tod erfasst sind.

2.1 Eine kurze Geschichte der Lebenslaufforschung

kurz gesagt – den Übergang von einer Altersgruppensoziologie zur dynamischen Lebenslaufforschung.

> Veranschaulichen Sie anhand konkreter – empirischer oder erdachter – Beispiele, etwa im Bereich sozialer Ungleichheit oder Mobilität, die Bedeutung der beiden konzeptionellen Innovationen Elders.

Ausgehend von differenten ökonomischen Beeinträchtigungen der Familien der Kinder durch die *Great Depression* untersuchte Elder anhand dieser Krise die grundlegende Frage nach den „linkages between socioeconomic change ... and its psychosocial effects within the life course" (ebd., S. 13).[19] Dabei zeigen die empirischen Resultate seiner Studien, dass die *Great Depression* sich auf das Leben der untersuchten Kinder unterschiedlich auswirkte und sowohl innerhalb der als auch zwischen den Kohorten divergierende Verlaufs- und Entwicklungsmuster zeitigte. Elders vielfältige empirische Ergebnisse sind hier im Einzelnen nicht von Interesse.[20] Ein besonders wichtiger Befund war, dass die Krise Lebensläufe und Persönlichkeitsentwicklung der Oakland- bzw. Berkeley-Kinder

---

[19] Weiter oben wurde gesagt, dass sich etwa seit Mitte des 20. Jh. die psychologische *life span development*-Forschung und die soziologische Lebenslaufforschung separiert und nebeneinander her entwickelt haben. Wie Elders gerade zitierte Rede von psychosozialen Lebenslaufeffekten zeigt (s. auch Elder 1999, S. 318), bedeutet das natürlich keine völlige Abschottung dieser beiden Lebenslaufperspektiven gegeneinander. Es gab und gibt bis heute Lebenslaufforscher, in deren Arbeiten sich psychologische und soziologische Konzepte und Konzeptionen verschränken (neben Elder selbst z. B. Alwin 1994, 1995; Clausen 1986, 1991; Diewald 2006; Diewald et al. 2006; Heinz 2003; Sampson und Laub 1997; Shanahan 2000).

[20] Einen informativen Überblick gibt ein ins Deutsche übersetzter Aufsatz von Elder und Caspi (1990). Zwei empirische Ergebnisse mögen die Intra- und Interkohortenvarianz der Lebenslaufeffekte infolge der *Great Depression* verdeutlichen. Innerhalb der Oakland-Kohorte z. B. veränderten starke ökonomische Einbußen des Haushalts die Beziehungs- und Rollenstruktur der Familie dergestalt, dass Mädchen vermehrt Haushaltsarbeit verrichten und Jungs (und Mütter) „dazuverdienen" mussten, was sowohl dazu führte, dass diese Kinder im Vergleich zu denen aus weniger deprivierten Familien früher selbständig wurden als auch dazu, dass die Jungs aus stark deprivierten Familien frühzeitig das *male breadwinner*-Familienmodell übernahmen und lebenslang beibehielten, während das Leben der Mädchen dem *female homemaker*-Modell folgte. Zwischen den beiden Kohorten zeigten sich unterschiedliche Lebenslaufeffekte z. B. in „consistently greater developmental handicaps of the Berkeley deprived men in adolescence, the more adverse effect of economic hardship on their education, and a more troubled sense of psychological well-being among these men up to the 50s" (Elder 1999, S. 318).

in ganz unterschiedlicher Weise prägte, obwohl die beiden Kohorten zeitlich nur wenige Jahre auseinanderlagen. Für diese divergierenden Lebenslaufeffekte spielte eine erhebliche Rolle, dass „when the economy collapsed, the Oakland children were beyond the years of family dependency and entered adulthood after the economy had begun to revive. By contrast, the Berkeley children ... remained dependent on the family through the worst years of the decade" (ebd., S. 317). Der Einfluss selbst eines so gravierenden Ereignisses wie der *Great Depression* auf das Leben der Individuen hing also entscheidend auch davon ab, in welcher Lebensphase ein Individuum betroffen wurde. Theoretisch verweist Elders Befund darauf, dass die (langfristigen) Auswirkungen gesellschaftlicher Kontexte und Veränderungen auf das Individuum ohne Bezug auf dessen jeweilige Lebensphase (Alter) nicht angemessen erfasst und konzipiert werden können. Positiv formuliert: in Untersuchungen zum Verhältnis von Gesellschaft und Individuum müssen die beiden Dimensionen der gesellschaftlichen und individuellen Zeit systematisch aufeinander bezogen werden – ein Bezug, den die soziologischen Klassiker in ihren Überlegungen zum Verhältnis von Gesellschaft und Individuum nicht thematisieren, weil sie ein gleichsam „altersloses" Individuum unterstellen. Elders Studien verdeutlichen demgegenüber empirisch, dass die soziologische Grundfrage nach dem Verhältnis von Gesellschaft und Individuum im Rahmen einer theoretischen und methodischen Konzeption zu beantworten ist, die der Verschränkung gesellschaftlich-institutioneller Kontexte und Dynamiken (Makro-/ Mesoebene) mit biographisch-individuellen Situationen und Dynamiken (Mikroebene) Rechnung trägt.

Elder versuchte auch, eine theoretische Grundlage für die Lebenslaufforschung zu formulieren, indem er aus seinen empirischen Ergebnissen generalisierende Folgerungen in Form von „paradigmatic principles" (ebd., S. 302) zog. Diese Lebenslaufprinzipien stellen allerdings keine elaborierte Theorie des Lebenslaufs dar (ausführlich zu diesen Prinzipien und ihrem problematischen Theoriestatus s. Abschn. 6.1). Elder redet zwar von *life course theory* – ohne diese je systematisch darzulegen –, will den Theoriebegriff in diesem Begriffskompositum aber in einem speziellen Sinn verstanden wissen: nämlich als „theoretical orientation that establishes a common field of inquiry by defining a framework that guides research in terms of problem identification and formulation, variable selection and rationales, and strategies of design and analysis" (ebd.). Wie auch immer sein Theoretisierungsversuch theoretisch zu bewerten sein mag – faktisch fungierten Elders Lebenslaufprinzipien als theoretischer Rahmen der sich entwickelnden Lebenslaufforschung. Seine *life course principles* waren, zusammen mit den analytischen Konzepten „transition" und „trajectory" (Elder 1985; s. Abschn. 6.2), die konzeptionelle Plattform, auf der die

2.1 Eine kurze Geschichte der Lebenslaufforschung

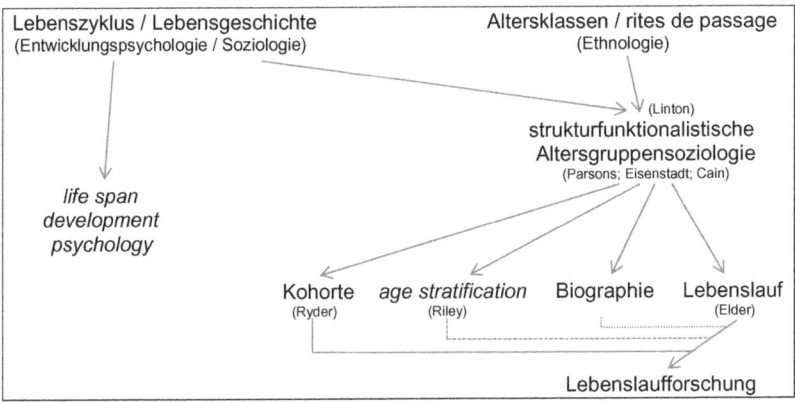

Abb. 2.2 Die Entstehung der Lebenslaufforschung. Quelle: eigene Darstellung

Lebenslaufforschung ihre Blütezeit bis zur Jahrtausendwende erlebte. Insofern gilt Elder zu Recht als Doyen der (nordamerikanischen) Lebenslaufforschung.

Die Ausführungen zu den sozialwissenschaftlichen Wurzeln und zur Herausbildung der Lebenslaufforschung lassen sich überblicksartig und schematisch in der folgenden Graphik veranschaulichen (Abb. 2.2).

Die Geschichte der Herausbildung der Lebenslaufforschung im sozialwissenschaftlichen Diskurs ist damit abgeschlossen: seit der zweiten Hälfte der 1970er Jahre ist die Lebenslaufforschung als soziologisches Forschungsfeld etabliert. Dieses wird mit seinen theoretischen Ansätzen, Erträgen und Defiziten, seinen analytischen Konzepten und empirischen Ergebnissen in den folgenden Kapiteln in substanzieller Hinsicht behandelt (Methoden der Lebenslaufforschung werden – wie schon im vorigen Kapitel gesagt – nicht behandelt). Insofern endet hier die Darstellung der ideengeschichtlichen Genese der Lebenslaufforschung.[21]

---

[21]Die wissenschaftshistorische Darstellung war in diesem Unterkapitel auf die Herausbildung der Lebenslaufforschung innerhalb des sozialwissenschaftlichen Diskurses, d. h. ideengeschichtlich fokussiert. Zu erwähnen sind in diesem Zusammenhang noch zwei weitere wissenschaftsinterne Aspekte, die bei der Entstehung der Lebenslaufforschung eine Rolle gespielt haben: zum einen Defizite in diversen Feldern der empirischer Sozialforschung, deren Beseitigung eine Lebenslaufperspektive nahelegte, wie z. B. in der Mobilitäts- und Ungleichheitsforschung (Mayer 1987, S. 55 ff.) oder der Sozialisationsforschung (Kohli

Die weitere Entfaltung dieses nunmehr etablierten Forschungsgebiets soll aber – das wissenschaftshistorische Unterkapitel abschließend – wenigstens kurz angedeutet werden.

Seit Mitte der 1970er Jahre entstand eine Vielzahl empirischer Lebenslaufstudien, die – zusammengenommen – die Vielgestaltigkeit von Lebensläufen und deren historisch und kulturell variierende Organisation zeigten. Insbesondere wurde die dreigeteilte Struktur des modernen „Normal-Lebenslaufs" gegenüber Lebensläufen in vormodernen Gesellschaften empirisch belegt und theoretisch in Bezug auf die institutionelle und kulturelle Verankerung dieser modernen Standardbiographie begründet. Gleichzeitig wurde aber auch – innerhalb moderner Gesellschaften wie im Gesellschaftsvergleich – eine erhebliche Varianz der Lebenslaufmuster herausgearbeitet und theoretisch in der These von der Erosion der Normalbiographie zugespitzt. Dabei erwies sich das Operieren mit abstrakten Kontextkonzepten wie z. B. der bekannten Wohlfahrtsstaatstypologie „liberal vs. konservativ-korporatistisch vs. sozialdemokratisch" letztlich als unzureichend für die Bestimmung der Strukturierungsfaktoren und –mechanismen von Lebensläufen. In der Konsequenz führten diese Befunde zur Einsicht in die Notwendigkeit einer detaillierten Spezifizierung der konkreten soziokulturellen Kontexte und institutionellen Regime, in die Lebensläufe jeweils eingebettet sind. Nach ihrer Blütezeit in den 1980er und 1990er Jahren ist es seit der Jahrtausendwende etwas ruhiger geworden um die Lebenslaufforschung. Das heißt jedoch nicht, dass diese an Relevanz verloren hat. Vielmehr sind Konzepte, Methoden und Ansätze der Lebenslaufforschung in alle möglichen Felder der empirischen Sozialforschung eingesickert und gehören dort mittlerweile – wie z. B. Längsschnittanalysen – zum Standardrepertoire. Diese Dissemination der Lebenslaufforschung ist zweifelsohne eine Erfolgsgeschichte (die aber auch eine Kehrseite hat – dieser Aspekt wird im Schlusskapitel thematisiert).

1980, S. 299 ff.), und zweitens Fortschritte und Innovationen im Bereich von Methodenentwicklung und Statistik im Hinblick auf die Berücksichtigung der Dimension „Zeit".
Bei der Herausbildung der Lebenslaufforschung im Verlauf der 1960er und 1970er Jahre spielten sicher auch wissenschaftsexterne Anstöße, d. h. gesellschaftliche Verhältnisse, Strukturen und Entwicklungen, eine Rolle: der im 20. Jh. zunehmend rapide soziale Wandel (1. Weltkrieg, Weltwirtschaftskrise, 2. Weltkrieg, Kalter Krieg, wirtschaftliche Prosperität, politisch-kulturelle Veränderungen im Gefolge etwa der Bürgerrechts-, Frauen-, Studenten- oder auch Hippiebewegung) mit seinen Auswirkungen auf das Leben der Individuen und die Gesellschaft sowie gravierende demographische Veränderungen, insbesondere die steigende Lebenserwartung und sinkende Fertilität, d. h. der Wandel der gesellschaftlichen Altersstruktur im Sinn einer alternden Bevölkerung (Elder et al. 2003, S. 5 f.).

2.2 Zur theoretischen Konzeption der Lebenslaufforschung

Der fundamentale Gegenstand soziologischer Lebenslaufforschung ist – wie im ersten Kapitel dargelegt – der Lebenslauf als soziale Konstruktion. Was aber meint diese Grundidee des Lebenslaufs als sozialer Konstruktion genau? Wie ist der Begriff „Lebenslauf" substanziell zu definieren und damit das Feld der Lebenslaufforschung theoretisch zu konzipieren?

Zunächst eine abgrenzende Vorbemerkung. Es gibt eine wachsende Tendenz, die Lebenslaufforschung nicht theoretisch, sondern einfach methodisch im Sinn eines mikroanalytischen Längsschnittdesigns zu begreifen.[22] Zweifellos stellt ein solches, mit Verlaufsdaten auf Individualebene und Methoden zu deren dynamischer, in ein Mehrebenen-Modell sozialer Prozesse eingebetteter Analyse operierendes Forschungsdesign ein zentrales Element für das Feld der Lebenslaufforschung dar. Allerdings ist diese nicht allein anhand eines spezifischen Forschungsdesigns, nicht bloß methodisch oder gar über eine bestimmte Art von Daten, zu definieren. Was Lebenslaufforschung ist, ist vielmehr theoretisch zu bestimmen. Es gibt nämlich einen entscheidenden Unterschied zwischen der Verwendung eines mikroanalytischen Längsschnittdesigns in der empirischen Lebenslaufforschung und dem eigenständigen Feld der Lebenslaufforschung: letztere impliziert wesentlich auch eine substanzielle Konzeption. Wie ist nun der Grundgedanke des Lebenslaufs als sozialer Konstruktion theoretisch zu präzisieren? Wie lässt sich der konstitutive Gegenstand der Lebenslaufforschung substanziell definieren? Dazu wird im Folgenden eine theoretisch gehaltvolle Definition vorgeschlagen und erläutert.

2.2.1 Lebenslauf: eine substanzielle Definition

In der einschlägigen Literatur existiert eine ganze Reihe von Lebenslaufdefinitionen. Diese weisen zwar eine inhaltliche Gemeinsamkeit auf: nämlich

---

[22]Symptomatisch dafür der Name des 2009 aufgelegten internationalen Journals „Longitudinal and Life Course Studies" (Bynner et al. 2009) bzw. der „Society for Longitudinal and Life Course Studies". Man mag darüber spekulieren, ob die Zuflucht zu einem solchen Verständnis – vergleichbar der nach wie vor bloß methodischen Definition der Biographieforschung (s. die entsprechend Anmerkung im vorigen Unterkapitel) – dem Fehlen einer elaborierten und von der überwiegenden Mehrheit der relevanten *scientific community* akzeptierten Lebenslauftheorie geschuldet ist.

dass es um Sequenzen altersbezogener Ereignisse und Positionen in gesellschaftlichen Kontexten, deren Zusammenhang und zeitliche Struktur (Abfolge, Dauer, Dynamik, etc.) im Lauf eines Lebens geht. Ansonsten aber unterscheiden sie sich in ihrer inhaltlichen Akzentuierung und jeweiligen Reichweite, wie die drei nachfolgend zitierten Beispiele renommierter Lebenslaufforscher verdeutlichen.

A. In ihrem Vorwort definieren die Herausgeber des *Handbook of the Life Course* den Lebenslauf als „age-graded, socially-embedded sequence of roles that connect the phases of life" (Mortimer und Shanahan 2003, S. XI).

B. Giele und Elder definieren den Lebenslauf als „sequence of socially defined events and roles that the individual enacts over time" (1998, S. 22).

C. Auch Mayer charakterisiert den Lebenslauf zunächst im Sinn jener begrifflichen Gemeinsamkeit, präzisiert sein Lebenslaufverständnis anschließend aber dahin gehend, dass die „Strukturen des Lebensverlaufs ... zumindest teilweise institutionalisiert (sind), das heißt unabhängig von je individuellen Motiven und Intentionen. (...) Die gesellschaftliche Ausprägung des Lebensverlaufs erfolgt primär durch die Abbildung gesellschaftlicher Differenzierung innerhalb und zwischen Institutionen auf den Lebensverlauf" (1990, S. 10).

Im Hinblick auf die inhaltlichen Akzentuierungen dieser Definitionen ist festzustellen, dass (A) und (B) den *life course* wesentlich als „‚role course': age-related role transitions" (Settersten 1999, S. 6) beschreiben, während das Rollenkonzept in (C) nicht vorkommt. Gegenüber den beiden rollentheoretisch fundierten Definitionen ist (C) institutionentheoretisch verankert und rückt die institutionelle Prägung von Lebensverläufen in den Fokus, die von (A) und (B) wiederum vernachlässigt wird. Das Individuum als biographischer Akteur, der – intentional oder als nichtintendierte Nebenfolge seines Handelns – sein Leben selbst gestaltet oder zumindest mitgestaltet, wird nur in (B) erwähnt. Solch unterschiedliche inhaltliche Akzentuierungen in Lebenslaufdefinitionen zeitigen – und um diese Einsicht geht es hier[23] – forschungsperspektivische Konsequenzen. Ein grundlegend

---

[23]Aus diesem Grund werden die inhaltlichen Differenzen zwischen den zitierten Lebenslaufdefinitionen und deren konzeptionelle Konsequenzen hier überspitzt dargestellt – auch wenn das dazu führt, dass die Ausführungen dem Lebenslaufverständnis der zitierten Kollegen nicht gerecht werden: so ist die in (C) betonte institutionelle Lebenslaufprägung für (A) und (B) nicht völlig irrelevant, sondern scheint in der Formulierung „socially-embedded" bzw. „socially defined" auf; und auch das nur in (B) erwähnte Individuum als biographischer Akteur wird von den Verfassern von (A) und (C) nicht völlig ignoriert.

2.2 Zur theoretischen Konzeption der Lebenslaufforschung

rollentheoretisches Lebenslaufverständnis legt der empirischen Forschung andere Fragestellungen, Thesen, Erklärungsansätze, Analysestrategien und Variablen nahe als ein institutionentheoretisch gefasster Lebenslaufbegriff. Eine Auffassung, die das Individuum nur als passiven Träger sozial vorgegebener Rollen oder nur als eine Person sieht, deren Leben auf institutionell vorgestanzten Pfaden verläuft, impliziert eine andere Forschungsperspektive für empirische Lebenslaufstudien als eine, der das Individuum als „seines Glückes Schmied" gilt, d. h. als in und gegenüber gesellschaftlichen Strukturen durchaus handlungsmächtiger Akteur.

- Formulieren Sie für jede der drei zitierten Lebenslaufdefinitionen eine von der jeweiligen inhaltlichen Akzentuierung nahegelegte Fragestellung für eine empirische Lebenslaufstudie.
- Entwickeln Sie für diese drei empirischen Lebenslaufstudien bzw. Fragestellungen jeweils ein Forschungsdesign. Vergleichen und diskutieren Sie die drei empirischen Projekte/Forschungsdesigns.

Nur als Nebenbemerkung sei in diesem Zusammenhang noch darauf hingewiesen, dass die oben zitierten Lebenslaufdefinitionen als Beispiele gewählt wurden, weil ihre unterschiedlichen inhaltlichen Akzentuierungen eine charakteristische Differenz zwischen der nordamerikanischen und der europäischen, insbesondere der deutschen Lebenslaufforschung widerspiegeln. Jene impliziert konzeptionell – grosso modo – nach wie vor deutliche Anklänge an die strukturfunktionalistische Altersgruppen- und Rollensoziologie und räumt dem Individuum und seinem Handlungspotential einen großen Stellenwert ein. Für letztere ist demgegenüber – grosso modo – das Moment der institutionellen Strukturierung von Lebensläufen bzw. die „Schnittstelle zwischen den Vorgaben gesellschaftlicher Großinstitutionen und individuellem Handeln" (Mayer 1990, S. 10) konstitutiv.[24]

Was folgt aus dem skizzierten Sachverhalt der unterschiedlichen inhaltlichen Akzentuierung von Lebenslaufdefinitionen und ihrer perspektivischen Konsequenz für empirische Lebenslaufstudien im Hinblick auf den Versuch einer konzeptionellen Präzisierung des Grundgedankens der Lebenslaufforschung? Als Folgerung ist zunächst einmal festzuhalten, dass eine theoretisch gehaltvolle und nützliche Konzeption dieses Forschungsfeldes kein substanziell relevantes

---

[24]Generell zu den Unterschieden zwischen der nordamerikanischen und europäischen Lebenslaufforschung s. Hagestad (1991); Heinz und Krüger (2001); Marshall und Mueller (2003).

Moment des komplexen Phänomens „Lebenslauf als soziale Konstruktion" ausblenden darf. Damit stellt sich dann die Frage, welche Momente für den Lebenslaufbegriff substanziell relevant sind. An erster Stelle ist natürlich zu nennen, was allen in der einschlägigen Literatur vorfindbaren Definitionen gemeinsam ist: es geht um Sequenzen altersbezogener Ereignisse und Positionen in den diversen gesellschaftlichen Kontexten, deren Zusammenhang und zeitliche Struktur im Lauf eines Lebens. Legt man die oben präsentierten Definitionen zugrunde, ist zweitens zu berücksichtigen, dass diese altersbezogenen Ereignis- und Positionsverkettungen sozialstrukturell, vor allem institutionell präformiert sind. Die gesellschaftliche Vorstrukturiertheit von Lebensverläufen ist jedoch nicht deterministisch zu verstehen: die Menschen werden nicht – Spielfiguren vergleichbar – institutionell fremdgesteuert auf vorgegebenen Pfaden durch ihr Leben hindurchgeschleust. Das bedeutet drittens, dass die Individuen als ihre Leben im Rahmen gesellschaftsstruktureller Gegebenheiten selbst gestaltende biographische Akteure zu verstehen sind. Dies sind den bisherigen Ausführungen zufolge die drei substanziellen und für einen theoretisch gehaltvollen und nützlichen Lebenslaufbegriff unabdingbaren Momente. Eine Definition, die diese drei essenziellen Momente enthält, hat Heinz vorgeschlagen. Er definiert den Lebenslauf als eine „flexible, time-dependent social configuration that is co-constructed by individuals and institutions, a configuration that evolves in a loosely coupled relationship between social structure and the outcomes of individual decisions. At the same time, life courses are still path dependent because they are related to a society's institutional fabric" (2003b, S. XIII).[25]

Gleichwohl bleibt auch diese Lebenslaufdefinition insofern defizitär, als sie den Gegenstandsbereich der Lebenslaufforschung unangemessen einengt. Im Hinblick auf die Reichweite dieses Forschungsfeldes wurde im vorigen Kapitel gesagt, dass die Lebenslaufforschung ihren Gegenstand auf drei analytisch unterscheidbaren Ebenen thematisiert: auf der Ebene individueller Lebensläufe, auf der kollektiver Lebensläufe und auf der des Lebenslaufs als Institution.[26]

---

[25]Der Aspekt der altersbezogenen Ereignis- und Positionsverkettungen ist in dieser Lebenslaufdefinition allerdings als „time-dependent social configuration" etwas knapp formuliert.

[26]In diesem Sinn sehen z. B. auch Dannefer und Uhlenberg die Lebenslaufforschung als ein Feld, das „encompasses phenomena representing at least three levels ... of analysis: (1) the individual level ..., (2) the level of social aggregation ..., and (3) the cultural or symbolic level" (1999, S. 313). Diese dritte Ebene beschreibt den Lebenslauf als Institution: als ein „set of social rules and practices and as a socially objectivated idea that has plausibility in a given societal context as a set of publicly shared meanings and expectations for the course of human lives" (Dannefer und Kelley-Moore 2009, S. 404).

2.2 Zur theoretischen Konzeption der Lebenslaufforschung

Dies letztere Moment verweist auf den Lebenslauf als ein Regelsystem der zeitlichen Dimension des Lebens, das sowohl dessen „äußere" Verlaufsgestalt in Form der Ereignis- und Positionssequenzen als auch die „inneren" Biographie- und Lebensentwürfe der Individuen umfasst. Keine der zitierten Definitionen trägt diesem Moment des Lebenslaufs als Institution konzeptionell Rechnung. Sie legen empirische Forschung auf der Ebene individueller Lebensverläufe nahe, d. h. zu Lebenslaufmustern sowie zu differenzierungs- und ungleichheitstheoretischen Fragestellungen. Sie rücken auch empirische Forschung auf der Ebene kollektiver Lebensläufe in den Blick, d. h. zu generations- und kohortentheoretischen Fragen und Phänomenen. Den Lebenslauf als Institution aber blenden sie, wie die meisten in der Literatur vorfindbaren Definitionen, konzeptionell aus. Was bemerkenswert ist – schließlich besteht in eben diesem Moment des Lebenslaufs als eigenständigem Regelsystem der zeitlichen Dimension des Lebens der Kerngedanke eines für das Forschungsfeld grundlegenden Aufsatzes von Kohli (1985). Dieses von Kohli in der Lebenslaufforschung etablierte – und sie in gewissem Sinn auch etablierende – Moment des Lebenslaufs als Institution[27] wird ausführlich im folgenden Kapitel dargestellt. Die hier nun vorgeschlagene Lebenslaufdefinition setzt auf dieser fundamentalen, die anderen Momente umfassenden Ebene des Lebenslaufs als Institution an. Sie fasst den Lebenslauf als eine – historisch variable – soziokulturell und politisch konstituierte Institution, die gesellschaftliche Kontinuität und soziale Integration produziert durch die strukturelle Einbettung und vor allem institutionelle Präformierung altersbezogener Ereignis- und Positionskonfigurationen in den diversen gesellschaftlichen Feldern, die auch eine Orientierung für das biographische Handeln der Individuen darstellt.

Diese auf den ersten Blick vielleicht etwas kompliziert scheinende Lebenslaufdefinition wird nachfolgend kurz erläutert. Sie besteht aus vier Bedeutungssegmenten: Es geht zunächst um den Lebenslauf als Institution der Herstellung sozialer Integration und gesellschaftlicher Kontinuität (1). Der institutionalisierte Lebenslauf erfüllt diese Funktion mittels einer sozialstrukturellen, insbesondere institutionellen Einbettung bzw. Präformierung altersbezogener Ereignisse und Positionen (2). Diese gesellschaftsstrukturelle Rahmung bezieht sich auf den „äußeren" Lebensverlauf in Form von Ereignis- und Positionskonfigurationen in den diversen Gesellschaftsbereichen (3). Die damit gegebene Vorprogrammierung

---

[27]Das insbesondere von der nordamerikanischen Lebenslaufforschung vernachlässigt wird (kritisch dazu aber z. B. Dannefer 2011).

von Lebensverläufen betrifft schließlich auch die „innere" Orientierung, d. h. das biographische Planen und Handeln der Individuen (4).

1. Wenn vom Lebenslauf als Institution die Rede ist, muss man sich in Erinnerung rufen, was Institutionen eigentlich sind und leisten. Allgemein versteht man unter Institutionen relativ dauerhafte Sinngebilde mit einer Regulierungs- und Orientierungsfunktion im Hinblick auf zentrale, immer wiederkehrende gesellschaftliche Herausforderungen.[28] Institutionen stellen kulturell geronnene Antworten auf derartige gesellschaftliche Bedürfnisse und Probleme dar, die kollektiv wie individuell handlungsentlastend wirken bzw. (Handlungs-)Sicherheit produzieren. Der Lebenslauf nun als Institution stellt – wie schon gesagt – ein Regelsystem der zeitlichen Dimension des Lebens dar. Auf welche gesellschaftliche Herausforderung aber reagiert diese Regulierungs- und Orientierungsfunktion? Seit Beginn der Neuzeit wurden die Menschen zunehmend aus traditionalen Bindungen freigesetzt. Dieser Individualisierungsprozess führte unter anderem dazu, dass die Vergesellschaftung allein über soziale Kollektive (z. B. Familie, Stand, Dorfgemeinschaft) problematisch wurde. Mit der wachsenden Individualisierung entstand insofern die Notwendigkeit, die reduzierte sozialintegrative Kraft, d. h. die verringerte Integrationsleistung der überkommenen Vergesellschaftungsform zu kompensieren. Das konnte nur durch eine am Individuum selbst ansetzende Art der Vergesellschaftung erfolgen: eben den Lebenslauf. Der Lebenslauf als Institution, als Regelsystem der zeitlichen Dimension des Lebens repräsentiert einen neuartigen, die traditionale Integrationsform ergänzenden Vergesellschaftungsmodus. Oder mit Kohli (das Zitat aus dem ersten Kapitel wiederholend) gesagt: „the institutionalized life course has come to achieve social order by processing people through the social structure and articulating their actions, in other words, by providing the rules by which individuals unfold and conduct their lives" (2007, S. 256). Damit wäre in aller Kürze die Bedeutung des ersten Teils der vorgeschlagenen Lebenslaufdefinition („eine – historisch variable – soziokulturell und politisch

---

[28]So steht – um das zu konkretisieren – eine Gesellschaft z. B. immer wieder vor der Herausforderung, sich zu reproduzieren und nachwachsende Generationen zu integrieren. Zur Bearbeitung dieser Aufgabe hat sich im Verlauf der soziokulturellen Evolution die Institution „Familie" – in welcher konkreten Form auch immer – herausgebildet.

2.2 Zur theoretischen Konzeption der Lebenslaufforschung

konstituierte Institution, die gesellschaftliche Kontinuität und soziale Integration produziert") erläutert.[29]

2. Das zweite Bedeutungssegment der Definition beantwortet die Frage, wie der institutionalisierte Lebenslauf seine Vergesellschaftungsfunktion erfüllt, d. h. Sozialintegration und gesellschaftliche Kontinuität produziert: „durch die strukturelle Einbettung und vor allem institutionelle Präformierung altersbezogener Ereignis- und Positionskonfigurationen" nämlich. Die Individuen und deren Lebensläufe sind eingebettet in eine Vielzahl ökonomischer, politischer, sozialer und kultureller Kontexte, aus deren Gesamtheit und Zusammenwirken eine sozialstrukturelle, vor allem institutionelle Vorprogrammierung von Lebensläufen resultiert. Man kann sich diese gesellschaftsstrukturelle Präformierung von Lebensläufen leicht klar machen am Beispiel der Schule als der – um eine bekannte, fast sechzig Jahre alte Formulierung Schelskys aufzugreifen – „ersten und damit entscheidenden, zentralen sozialen Dirigierungsstelle" (1957, S. 17) für die berufliche Positionierung, die soziale Sicherheit und die Lebenschancen der Individuen. Die Struktur des Schulsystems und dessen institutionalisierte Regelungen kanalisieren die Schüler in unterschiedliche Schullaufbahnen, die zum Erwerb etwa eines Hauptschulabschlusses oder des Abiturs führen.[30] An diese Schulabschlüsse sind wiederum unterschiedliche bildungs- und arbeitsmarktbezogene Anschlussmöglichkeiten (etwa Lehre vs. Studium) und biographische Optionen generell gekoppelt. Die institutionellen Weichenstellungen im Schulsystem dirigieren Individuen insofern nicht nur in bestimmte Schullaufbahnen, sondern sehr viel weitreichender: in vorgeprägte „Lebensverlaufs-Pfade" mit unterschiedlichen beruflichen Status, sozialen Risiken und Lebenschancen generell. Das zweite Bedeutungssegment betont diese sozialstrukturelle, insbesondere institutionelle Rahmung von Lebensläufen. Dabei ist die gesellschaftsstrukturelle Einbettung und Präformierung von Lebensläufen nicht

---

[29]Dass dieses Regelsystem der zeitlichen Dimension des Lebens – wie jede andere Institution auch – historisch variabel (Institutionenwandel) und soziokulturell und politisch konstituiert ist, bedarf keiner Erläuterung.

[30]Im dreigliedrigen Schulsystem Deutschlands erfolgt diese institutionelle Weichenstellung, die gravierende Konsequenzen für den weiteren Lebenslauf impliziert, schon nach der Grundschule bzw. Orientierungsstufe (Ausnahme: Integrierte Gesamtschule), d. h. vergleichsweise früh im Alter von zehn bis zwölf Jahren.

deterministisch zu verstehen. Um beim Schulbeispiel zu bleiben: wer in eine Hauptschullaufbahn dirigiert wurde, mündet nicht zwangsläufig in einen beruflichen Ausbildungsgang oder in eine Ungelernten-Tätigkeit im Arbeitsmarkt oder in die Arbeitslosigkeit ein; von der Hauptschule auf eine weiterführende Schule zu wechseln und damit das Spektrum der Anschlussoptionen zu erweitern ist möglich – allerdings alles andere als problemlos.

- Geben Sie weitere Beispiele für die sozialstrukturelle, insbesondere institutionelle Präformierung von Lebensverläufen (a) innerhalb des Bildungssystems wie auch (b) in anderen gesellschaftlichen Bereichen (z. B. in Bezug auf das Berufssystem oder in Unternehmen).
- Erstreckt sich die gesellschaftsstrukturelle Vorprogrammierung von Lebensläufen auch auf den Bereich des Familienlebens?
- Diskutieren Sie unter dem Aspekt der institutionellen Vorprogrammierung von Lebensläufen die individuelle Studiendauer (BA-Abschluss nach sechs Semestern oder deutlich später).

3. Das dritte Bedeutungssegment der Definition besagt, was gesellschaftsstrukturell eingebettet und institutionell präformiert ist: die „altersbezogenen Ereignis- und Positionskonfigurationen in den diversen gesellschaftlichen Feldern" nämlich. Lebensläufe lassen sich im Hinblick auf ihren „äußeren" Verlauf als Strom altersbezogener Ereignisse und Positionen darstellen, der die sozialstrukturellen Verortungen eines Individuums über die Lebenszeit wiedergibt, welche vor allem in Form von „Mitgliedschaften in institutionellen Ordnungen" (Mayer und Diewald 2007, S. 515) bestehen. Dieser Strom, d. h. die „äußere" Verlaufsgestalt eines Lebens ist keine empirisch zufällige Ereignisansammlung und Positionsabfolge im Prozess individuellen Alterns. Die altersbezogenen Ereignisse und Positionen stehen nicht einfach unverbunden nebeneinander, sondern vielmehr in einem zeitlichen und inhaltlichen Zusammenhang: sie sind infolge ihrer sozialstrukturellen, insbesondere institutionellen Einbettung miteinander vernetzt, zu Konfigurationen verknüpft. Diese gesellschaftsstrukturelle Einbettung und Rahmung von Lebensläufen definiert altersbezogene Rechte und Pflichten, Ereignisse und Übergänge, Rollen und Positionen und prägt insofern weitgehend die „äußere" Verlaufsgestalt des Lebens bzw. gruppenspezifische Lebensverlaufsstrukturen (z. B. bezüglich Geschlecht, Herkunftsmilieu oder Bildungsstatus). Dabei können jene Ereignis- und Positionskonfigurationen auf einen Lebensbereich begrenzt sein, die diversen gesellschaftlichen Felder aber auch übergreifen. So ist z. B. der typische Bildungsweg von Akademikern (Einschulung mit sechs Jahren → nach vier Jahren Grundschule Übergang in die Sekundarstufe I → nach

2.2 Zur theoretischen Konzeption der Lebenslaufforschung

weiteren fünf bzw. sechs Jahren Übergang in die Sekundarstufe II → Abitur nach insgesamt zwölf bzw. dreizehn Schuljahren → anschließend Studienbeginn → nach mindestens drei- bzw. fünfjähriger Studiendauer Erwerb eins akademischen Abschlusses) ein anschauliches Beispiel für eine altersbezogene Ereignis- und Positionskonfiguration innerhalb eines Gesellschaftsbereichs. Das bis in die 1970er Jahre in den Lebensläufen der Männer verbreitete Verlaufsmuster „Ausbildung → Berufseinstieg bzw. Erwerbstätigkeit → Heirat → Familiengründung" ist ein Beispiel für eine feldübergreifende Konfiguration: in dieser Ereignis- und Positionssequenz fungiert zunächst der Abschluss einer beruflichen Ausbildung als Voraussetzung für den Berufseinstieg und dieser erfolgreiche Übergang in die Erwerbstätigkeit dann wiederum als wirtschaftliche Grundlage und Voraussetzung für eine Eheschließung und nachfolgende Familiengründung.

In diesem Zusammenhang ist noch eine disziplinäre Bemerkung angebracht: da die altersbezogenen Ereignis- und Positionskonfiguration in Lebensläufen sehr oft verschiedene Gesellschaftsbereiche umgreifen, liegt die Lebenslaufforschung konzeptionell quer zu eingespielten Forschungs-*Claims* und den Bindestrich-Soziologien (wie z. B. der Bildungs-, Berufs- oder Familiensoziologie).[31]

4. Schließlich erstreckt der Lebenslauf als Institution sich auch auf die „inneren" Orientierungen der Individuen, ihre biographischen Pläne und Lebensentwürfe. Dies ist – darauf wurde schon hingewiesen – nicht deterministisch zu verstehen: die sozialstrukturelle Einbettung und insbesondere institutionelle Rahmung von Lebensläufen bedeutet nicht, das Moment der innovativen Subjekthaftigkeit des Menschen, seiner Handlungsfreiheiten und Kreativität zu leugnen.[32] Das Individuum denkt, trifft seine biographischen

---

[31]Berufs- und Erwerbsverläufe z. B. lassen sich nur umfassend analysieren, wenn familiale bzw. Beziehungskontexte und –dynamiken nicht ausgeblendet werden. Diesbezüglich kritisieren Moen und Han die konzeptionelle Segmentierung der Soziologie: „Scholars have been victims of the very social institutions they purport to study, using taken-for-granted classifications and definitions to frame the focus of their research (...): occupational and organizational sociologists (as well as economists) have charted work careers ...; family sociologists have concentrated on 'family' careers" (2001, S. 425). Im Unterschied dazu steht die Lebenslaufforschung für ein konzeptionelles „reframing of life paths, from a concentration of either work or family transitions and trajectories to considering work lives and family lives as lives in tandem" (ebd.).

[32]Ohne ein solches Moment wäre die strukturelle Präformierung von Lebensläufen in der Tat deterministisch – und sozialer Wandel nicht möglich: der demographische Metabolismus würde sich dann in der identischen Reproduktion existierender Gesellschaftsstrukturen

Entscheidungen und handelt aber nicht in einem gegenüber der Gesellschaft abgeschotteten, ganz subjektiven Binnenraum. Es betreibt seine Lebensplanungen nicht losgelöst von sozialstrukturellen Kontexten und Einflüssen, quasi nur aus sich selbst heraus. Vielmehr sind die gesellschaftsstrukturelle, insbesondere institutionelle Rahmung von Lebensläufen sowie die daraus resultierenden, als „äußere" Verlaufsgestalt des Lebens manifest werdenden Ereignis- und Positionskonfigurationen den Individuen gegenwärtig und durchaus – vielleicht nicht umfassend, aber doch großenteils – bewusst. Sie bilden eine Hintergrundfolie, auf der das Individuum seinen Lebensentwurf gestaltet und biographisch agiert. Damit wäre auch das letzte Bedeutungssegment der Definition („die auch eine Orientierung für das biographische Handeln der Individuen darstellt") kurz erläutert.

Im vorigen Unterkapitel wurde darauf hingewiesen, dass Lebenslauf- und Biographieforschung sich trotz inhaltlicher Überschneidungen methodisch wie auch institutionell eher in Abgrenzung voneinander entwickelt und etabliert haben. Dies hat konzeptionell dazu geführt, dass Lebenslaufforschung häufig nur als (quantitative) Lebensverlaufsforschung, d. h. im Sinn einer analytischen Fokussierung allein auf die „äußeren" Ereignis- und Positionskonfigurationen in Lebensläufen verstanden wird. Ein solches Verständnis, das die Analyse auch der „inneren" biographischen Orientierungen der Individuen in den Zuständigkeitsbereich der (qualitativen) Biographieforschung verabschiedet, wurde in Deutschland vor allem durch die groß angelegte, von Anfang der 1980er Jahre bis 2010 durchgeführte „Deutsche Lebensverlaufsstudie" (GLHS) und in deren Umfeld entstandene Arbeiten geprägt (Mayer 1990; Blossfeld und Huinink 2001). Demgegenüber begründet die hier vorgeschlagene Lebenslaufdefinition ein Verständnis von Lebenslaufforschung, dem zufolge dieses Forschungsfeld sowohl die quantitative Analyse der „äußeren" Verlaufsgestalt individueller Lebensläufe (Verlaufs-Dimension) als auch die qualitative Analyse der „inneren" Lebensentwürfe der Individuen (Biographie-Dimension) einschließt. Die hier präsentierte

---

erschöpfen. Dieser Punkt tangiert eine für die Sozialwissenschaften fundamentale Problematik: die Frage der menschlichen Willens- und Handlungsfreiheit im Rahmen gegebener Gesellschaftsstrukturen. Auf diese grundlagentheoretische bzw. philosophische Frage kann hier nicht näher eingegangen werden – wer sich für das Thema interessiert, sei zum Einstieg auf einen Aufsatz von Beckermann (2012) verwiesen, der einen Überblick über die unterschiedlichen philosophischen Positionen dazu bietet.

2.2 Zur theoretischen Konzeption der Lebenslaufforschung

Definition steht gegen die – insbesondere in Deutschland – verbreitete konzeptionelle Verengung der Lebenslaufforschung zur Lebensverlaufsforschung. Theoretisch wäre eine Konzeption des Forschungsfeldes in Sinn bloßer Lebensverlaufsforschung als reduktionistisch zu kritisieren, weil der Lebenslauf als Institution: als Regelsystem der zeitlichen Dimension des Lebens sich eben nicht nur auf die „äußeren" Ereignis- und Positionssequenzen, sondern auch auf die biographische Strukturierung eines Lebens bezieht (Schmeiser 2006). Und methodisch wäre zu kritisieren, dass das Ausblenden der biographischen Dimension – wie führende Vertreter des Lebensverlaufsansatzes selbst konzedieren – „zu falschen kausalen Zurechnungen führen" (Blossfeld und Huinink 2001, S. 24; Mayer 2002, S. 53) kann.[33]

Warum die gerade in Deutschland gängige Aufspaltung der Lebenslaufforschung in (quantitative) Lebensverlaufs- und (qualitative) Biographieforschung falsch ist, wird in den Ausführungen zum Lebenslauf als Institution (s. Kap. 3) deutlich. Hier soll, die theoretische Konzeption des Forschungsfeldes präzisierend, noch kurz die zentrale Rolle des Faktors „Zeit" in der Lebenslaufforschung thematisiert werden.

2.2.2 „Time matters!"

Im vorigen Abschnitt wurden eine substanzielle Definition des soziologischen Begriffs „Lebenslauf" und eine darauf basierende theoretische Konzeption des soziologischen Feldes „Lebenslaufforschung" präsentiert. Den forschungslogischen Ausgangspunkt der Lebenslaufforschung bildet danach die theoretische Grundannahme, dass individuelle Lebensläufe und gesellschaftliche Strukturen, insbesondere institutioneller Art, auf das engste und untrennbar miteinander

---

[33]Um das mit dem von Blossfeld und Huinink selbst angeführten Beispiel zu illustrieren: „Ein unverheiratetes Paar könnte sich etwa zuerst für eine Heirat entscheiden und sich dann zu einem Kind entschließen. Die Frau könnte dann schwanger werden und vor der Geburt des gewünschten Kindes könnte das Paar heiraten. In diesem Fall würden wir im Rahmen von quantitativen Lebensverlaufsanalysen das Schwangerschaftsereignis vor dem Heiratsereignis beobachten und auf dieser Grundlage die Wahrscheinlichkeit berechnen, dass der Eintritt der Schwangerschaft das Heiratsereignis erhöht. Tatsächlich aber ist die Heiratsentscheidung vor dem Eintritt der Schwangerschaft gefällt worden, so dass zwischen dem Schwangerschafts- und dem Heiratsereignis keine Kausalbeziehung besteht. Die Analyse würde zu falschen Schlussfolgerungen führen" (2001, S. 24).

verflochten sind. Bei der Untersuchung dieser wechselseitigen Verschränkung individueller Lebensläufe und gesellschaftlicher Strukturkontexte lassen sich analytisch zwei gegenläufige Kausalitätsrichtungen unterscheiden: die eine Analyseperspektive befasst sich mit den Auswirkungen gesellschaftlicher Strukturkontexte auf die Biographien und Lebensverläufe der Individuen, die andere Analyseperspektive beleuchtet die Auswirkungen sich wandelnder Lebensläufe auf die sozialstrukturellen Gegebenheiten und institutionellen Regulierungen einer Gesellschaft.

Der weitaus überwiegende Teil der empirischen Lebenslaufforschung folgt der zuerst genannten Analyseperspektive und befasst sich mit den Auswirkungen sozialstruktureller Rahmenbedingungen und institutioneller Regelungen auf Lebensläufe. Studien etwa zum Effekt der Dauer des Erziehungsurlaubs auf den Wiedereinstieg in den Arbeitsmarkt oder zu den Auswirkungen unterschiedlicher Konjunkturlagen auf den Übergang in das Erwerbssystem oder zu den Folgen der Zugehörigkeit zu geburtenschwachen bzw. –starken Jahrgängen für berufliche Karrieren oder zum Einfluss des Niveaus staatlicher Transferzahlungen an private Haushalte auf die Lebensplanung der entsprechenden Personen sind Beispiele für diese Perspektive. Wesentlich seltener verfolgen empirische Studien die gegenläufige Analyseperspektive und untersuchen die Auswirkungen gewandelter Lebensverläufe und Biographien auf soziale Strukturkontexte und institutionelle Regulierungen. Beispiele für diese Perspektive sind etwa Studien zu den Konsequenzen einer im Gefolge der sexuellen Revolution seit den 1960er Jahren veränderten Lebensführung für die Institution „Familie" und „Ehe" oder zu den Folgen des gestiegenen Alters der Frauen bei der Erstgeburt von durchschnittlich 24 Jahren 1970 auf heute 31 Jahre für die demographische Struktur der deutschen Gesellschaft.

- Formulieren Sie für die beiden Analyserichtungen weitere Beispiele bzw. Fragestellungen.
- Überlegen und diskutieren Sie, warum sich die empirische Lebenslaufforschung eher selten mit den Rückwirkungen gewandelter Biographien und Lebensverläufe auf sozialstrukturelle Kontexte befasst bzw. warum deren vorherrschende Analyseperspektive sich auf den Einfluss gesellschaftlicher Strukturkontexte auf die Lebensläufe der Individuen richtet.

Mit ihrer theoretischen Grundannahme der wechselseitigen Verschränkung individueller Lebensläufe und gesellschaftlicher Strukturen nimmt die Lebenslaufforschung ein die Soziologie seit ihren Anfängen begleitendes Problem auf: die

2.2 Zur theoretischen Konzeption der Lebenslaufforschung

Frage nach dem Verhältnis von Struktur und Handeln.[34] Dabei wird das wechselseitige Konstitutionsverhältnis von Handeln und Struktur durch die beiden analytisch unterscheidbaren gegenläufigen Kausalitätsrichtungen zwar in eingleisige Beziehungen aufgespalten, sodass in der Analyse entweder der Strukturaspekt *(structure → agency)* oder aber das Moment des Handelns *(agency → structure)* priorisiert wird. Entscheidend ist aber, dass die Grundannahme der Lebenslaufforschung theoretisch eine untrennbare Verschränkung individueller Lebensläufe und gesellschaftlicher Strukturen, d. h. eine wechselseitige Konstitutionsbeziehung postuliert. Gegen eine Determinierung von Handeln durch Strukturen oder eine Reduktion von Struktur auf Handeln betont sie das komplexe *structure-agency*-Zusammenspiel, das als empirisch prinzipiell offene Frage jeweils konkret zu untersuchen ist.[35]

Dabei ist charakteristisch für die Lebenslaufforschung, dass sie das komplexe *structure-agency*-Verhältnis in einer dynamischen, zeitsensiblen Analyseperspektive untersucht. „Time matters" – dieser programmatische Titel einer Aufsatzsammlung von Abbott (2001), der sowohl als Feststellung wie als konzeptionelle Herausforderung an die Soziologie generell adressiert ist, gilt auch und gerade für das Feld der Lebenslaufforschung. Denn wie nur wenige andere soziologische Begriffe verweist das Lebenslaufkonzept unmittelbar auf die Dimension der Zeit: ist doch der Begriff „Lebenslauf" schon durch seinen inhärenten Bezug auf den Prozess des individuellen Alterns ein zeitbezogener, explizit prozessualer Begriff. Wingens und Reiter zufolge ist es die „systematic consideration of ‚time' – to be precise: the conceptual integration of the time-dimension into the structure-agency interplay – which makes the particular theoretical quality of the sociological life course approach" (2011, S. 189).[36] Diese zeitsensible,

---

[34]Auf die fortdauernden Auseinandersetzungen mit der und über diese *structure-agency*-Problematik in der soziologischen Theoriediskussion (und die Verbindung dieser ontologischen Fragestellung mit der methodologischen Mikro-Makro-Problematik) kann hier nicht weiter eingegangen werden.

[35]In solch empirischen Untersuchungen kommen den beiden Kausalitätsrichtungen dann – selbstverständlich theoretisch begründet – unterschiedliche und wechselnde Gewichtungen zu.

[36]Dem entsprechend ist ihr Aufsatz „The life course approach – it's about time!" betitelt; ähnlich programmatische Titel finden sich z. B. auch bei Alwin (1995) oder Hendricks (2001).

individuelle Zeitdimension	alterspositionale Zeitebene	
	biographische Zeitebene	
gesellschaftliche Zeitdimension	soziale (institutionelle) Zeitebene	
	historische Zeitebene	

Abb. 2.3 Die Dimension „Zeit" in der Lebenslaufforschung. (Quelle: eigene Darstellung)

dynamische Perspektive stellt ein wesentliches Moment der Lebenslaufforschung dar. Insofern lässt sich deren Grundidee in einem einfachen Satz fassen: es geht darum, die Dynamiken gesellschaftlicher Strukturen mit den Dynamiken von Lebensläufen in Beziehung zu setzen und deren Wechselwirkungen zu analysieren. Das für die Lebenslaufforschung und deren dynamische Analyseperspektive wesentliche Moment der Zeit und Zeitlichkeit wurde im vorigen Abschnitt noch nicht explizit thematisiert. Im Folgenden wird deshalb – die Ausführungen zur theoretischen Definition der Lebenslaufforschung abschließend – die Relevanz der Dimension „Zeit" für dieses Forschungsfeld noch kurz skizziert.

Analytisch lassen sich vier sozial konstituierte Zeitebenen (in zwei Zeitdimensionen) unterscheiden, die dem Moment der Zeit und Zeitlichkeit sowohl im Hinblick auf individuelle Lebensläufe als auch in Bezug auf gesellschaftliche Strukturkontexte Rechnung tragen (Abb. 2.3). In der individuellen Zeitdimension lässt sich eine alterspositionale und eine biographische Zeitebene, in der gesellschaftlichen Zeitdimension eine soziale (institutionelle) und eine historische Zeitebene unterscheiden. In der Lebenswirklichkeit durchdringen diese vier Zeitebenen sich wechselseitig, sind ineinander verflochten. Dieser empirischen Verwobenheit der alterspositionalen, biographischen, sozialen (institutionellen) und historischen Zeitebene muss die Lebenslaufforschung theoretisch und methodisch Rechnung tragen.[37]

---

[37]Selbstverständlich wird das individuelle und soziale Leben auch durch eine natürliche Zeitdimension beeinflusst (z. B. durch Tag-Nacht-Wechsel oder die biologische „innere Uhr" des Menschen; das wohl bekannteste Beispiel für die Relevanz des menschlichen Biorhythmus ist die seit Jahren geführte Diskussion um den Schulanfang bzw. die chronobiologisch begründete Forderung nach einem späteren Unterrichtsbeginn). Zwar weist die natürliche Zeitdimension, vor allem die Chronobiologie, auch soziologisch relevante Implikationen auf (s. dazu die gut lesbaren Einführungen von Zulley und Knab 2003 und Roenneberg 2010) – eine soziologische Lebenslaufforschung interessiert sich jedoch weniger für diese natürliche Zeitdimension als vielmehr für sozial konstituierte Zeitebenen.

2.2 Zur theoretischen Konzeption der Lebenslaufforschung

Auf der alterspositionalen Zeitebene geht es um die altersbezogenen Ereignis- und Positionskonfigurationen, die die Individuen im Verlauf des Lebens in den diversen gesellschaftlichen Feldern erfahren und einnehmen. Von besonderer Bedeutung für die Analyse dieser „äußeren" Lebensverlaufsgestalten sind deren zeitliche Binnenstrukturen, d. h. Fragen nach dem Zeitpunkt des Eintretens von Ereignissen, der Verweildauer in Positionen, der Abfolge von Positionswechseln und der Dynamik solcher Statusübergänge. In der biographischen Zeitebene geht es um die „innere" bisherige lebensgeschichtliche Erfahrung eines Individuums, seine weiteren Lebensplanungen und sein aktuelles biographisches Handeln, d. h. seine aktuell konkrete Lebensgestaltung. Dabei sind die Lebensgeschichte und die Lebensentwürfe (Vergangenheits- und Zukunftsbezug) eines Individuums vor allem im Hinblick auf dessen aktuelles biographisches Handeln (Gegenwartsbezug) relevant, denn „reality exists in a present" (Mead 1932, S. 1).[38] Auch bei einem prinzipiellen Bedeutungsprimat des Gegenwartsbezugs bleibt die Frage, in welcher Relation Gegenwarts-, Vergangenheits- und Zukunftsbezug biographisch zueinander stehen, eine empirisch offene (wobei das Lebensalter eine wichtige Bestimmungsgröße sein dürfte). Auf der sozialen (institutionellen) Zeitebene geht es um die in der Gesellschaft strukturell und politisch verankerten Zeitvorstellungen zum Lebensverlauf. Die sozialstrukturelle Einbettung und institutionelle Rahmung von Lebensverläufen impliziert deren zeitstrukturelle Präformierung. Diesbezüglich kann man von normativen *„social clocks"* reden, die zeit- und altersbezogene Ereignisse, Positionen, Rollen und Statusübergänge im Lebensverlauf definieren. Die Lebensläufe der Individuen können – sowohl in ihrer Verlaufsgestalt als auch in ihrem biographischen *timing* – diesen gesellschaftlich vorgesehenen Zeitpunkten und Zeiträumen entsprechen oder aber davon abweichen, zeitlich also *on-time* oder aber *off-time* sein – was dann entsprechend positiv oder negativ sanktioniert wird. Die beiden individuellen Zeitebenen können also (und tun das – in unterschiedlichem Grad – normalerweise auch) in einem Spannungsverhältnis zu den zeit- und verlaufsstrukturellen Vorgaben der sozialen (institutionellen) Zeitebene stehen. Gleichzeitig sind die zeitstrukturellen Normen der *„social clocks"* aber auch ein entlastender Referenzrahmen für biographische Lebensentwürfe und den individuellen Lebensverlauf. In der historischen Zeitebene schließlich geht es um gesellschaftsgeschichtliche Epochen. Die unterschiedliche Epochen ausmachenden

---

[38] Mead zufolge haben Vergangenheit und Zukunft Bedeutung, ja existieren nur in Bezug auf eine Gegenwart, die ereignisbezogen, d. h. emergent wie auch ephemer ist (Flaherty und Fine 2001).

zeitgeschichtlichen Gegebenheiten und Ereignisse prägen die Lebensverläufe der Individuen wie auch ihre biographischen Planungen in je spezifischer Weise (wobei das Lebensalter wiederum als Moderatorvariable fungiert).

- Die Charakterisierung der vier von der Lebenslaufforschung zu beachtenden Zeitebenen ist bewusst allgemein gehalten: formulieren Sie konkrete Beispiele, anhand derer sich die Lebenslaufrelevanz der alterspositionalen, der biographischen, der sozialen (institutionellen) und der historischen Zeitebene jeweils verdeutlichen lässt.
- Erörtern Sie anschließend – auch anhand konkreter Beispiele – die in Abb. 2.3 dargestellten Wechselbeziehungen der Zeitebenen in ihrer Bedeutung für Lebensläufe.

„Zeit" ist in Bezug auf die vier lebenslaufrelevanten Zeitebenen nicht im üblichen Sinn des monoton-konstanten Ablaufens der Zeit, wie es das Tick-Tack einer Uhr darstellt, zu verstehen – vielmehr geht es um „Zeit" in Form unterschiedlicher und variierender Zeitstrukturen. Dass die Zeit nicht immer gleichförmig verläuft, es also verschiedenartige Zeitstrukturen gibt, ist in Bezug auf die biographische Zeitebene jedem vertraut: wohl jeder hat im Leben schon die Erfahrung gemacht, dass die Zeit manchmal zäh dahinfließt und schier nicht vergehen will, während sie ein andermal im Nu verfliegt und einem davonläuft. Auf alterspositionaler Zeitebene gibt es sowohl ereignisreiche, mit diversen Positionen und Statuswechseln verbundene Lebensverlaufsphasen wie auch, bezogen auf die „äußere" Verlaufsgestalt, ereignisarme Zeiten (z. B. Übergang in die und frühe Erwachsenenphase vs. höheres Lebensalter). Auf der sozialen (institutionellen) Zeitebene existiert eine Vielzahl unterschiedlicher und variierender zeitlichen (Vor-)Strukturierungen des Lebenslaufs, die aus dem Institutionengefüge und den Organisationen einer Gesellschaft resultieren. In Bezug auf die historische Zeitebene gibt es Phasen langsamen, kaum spürbaren sozialen Wandels, evolutionären Stillstands sozusagen, einerseits und Phasen revolutionären Umbruchs, also dynamischen oder gar abrupten gesellschaftlichen Wandels andererseits.

Benennen Sie konkrete Beispiele für unterschiedliche und variierende Zeitstrukturen auf der sozialen (institutionellen) Zeitebene, also für institutionell oder organisational bedingte (Vor-)Strukturierungen des Lebenslaufs.

2.2 Zur theoretischen Konzeption der Lebenslaufforschung

Die Bemerkungen zur Relevanz der Zeit-Dimension für die Lebenslaufforschung abschließend sei noch darauf hingewiesen, dass aus den unterschiedlichen und variierenden Zeitstrukturen in und zwischen den vier lebenslaufrelevanten Zeitebenen, da diese in der empirischen Lebenswirklichkeit ineinander verwoben sind, zeitstrukturelle Inkongruenzen resultieren. Solche Asynchronitäten stellen sich in der Akteursperspektive als Synchronisierungsproblem dar, mit dem das Individuum konfrontiert wird und das es zu „lösen" hat. Die Lebenslaufforschung interessieren hier vor allem die Asynchronitäten bzw. Synchronisierungsprobleme zwischen der gesellschaftlichen und der individuellen Zeitdimension.[39] Ein illustratives Beispiel dafür ist das vieldiskutierte Problem der Vereinbarkeit von Familie und Beruf, das infolge der zeitstrukturellen Inkongruenzen zwischen den zeitlichen Vorgaben bzw. Anforderungen der Institution der Erwerbsarbeit, des Unternehmens, in dem man beschäftigt ist, der Berufstätigkeit und beruflichen Position, die man ausübt bzw. auszufüllen hat, der Kindertagesstätte, die das Kind betreut, der Ämter, die man manchmal aufsuchen muss, der Institution der Familie, eines partnerschaftlichen Miteinanders, der Bedürfnisse des Kindes, eigener Bedürfnisse und biographischer Pläne, etc. entsteht – als Folge also zeitstruktureller Asynchronitäten, die – eine sozusagen paradoxe Aufgabe – das Individuum irgendwie synchronisieren muss.

> Dieser Synchronisierungsversuch wurde unter der Überschrift „Geht alles gar nicht" in einem ZEIT-Artikel (6/2014) u. a. folgendermaßen beschrieben: „Also tüfteln wir mit unseren Partnerinnen einen Plan aus, gleichen die Terminkalender ab, die Woche im Halbstundentakt. Wer kümmert sich wann um die Kinder? Wer bringt sie zum Geburtstagsfest des Freundes? Wer fährt sie am Wochenende zum Turnier? Hier quetschen wir noch eine Stunde Sport rein, donnerstags geht sie zum Chor, da musst du um sieben da sein! Die Familie wird zur Fahrgemeinschaft, aus Paaren werden Partner in der Logistikbranche."

---

[39]Natürlich existieren Synchronisierungsprobleme auch innerhalb der individuellen Zeitdimension: etwa wenn jemand eine bestimmte berufliche Position im Unternehmen noch nicht erreicht hat, obwohl das seiner berufsbiographischen Planung und Einschätzung zufolge längst überfällig und verdient wäre. Oder umgekehrt: jemand schätzt sich selbst als noch nicht „reif" genug ein, die berufliche und soziale Position, auf die er befördert wurde, auch wirklich ausfüllen zu können – die neue Position kommt in Bezug auf die berufsbiographische Planung des Beförderten selbst zu früh.

- Diskutieren Sie, ob das wirklich „alles gar nicht geht" oder ob es nicht doch erfolgreiche Synchronisierungsstrategien – und wenn ja: welche – gibt.
- Ein Paar (beide 30, seit zwei Jahren verheiratet, beide Abitur und anschließende Berufsausbildung zum Bankkaufmann bzw. zur Bankkauffrau, beide seither berufstätig, beide in einer vergleichbaren beruflichen Position mit guten Karriereaussichten) bekommt ein Kind. Spielen Sie das Synchronisierungsproblem der Vereinbarkeit von Familie und Beruf für dieses Paar durch:
  - Mit welchen zeitstrukturellen Vorgaben und Optionen haben die beiden es nach der Geburt des Kindes zu tun?
  - Die Berufs- und Lebensverläufe der beiden sind bis zur Geburt des Kindes weitgehend gleich. Spinnen Sie mit soziologischer Phantasie für die Zeit nach Geburt des Kindes die (wahrscheinlichen) Berufs- und Lebensverläufe für beide weiter. Diskutieren Sie die für den jeweiligen weiteren Berufs- und Lebensverlauf weichenstellenden Sachverhalte: warum sind sie verlaufsprägend? Welche Optionen haben die beiden Akteure im Hinblick auf diese richtungsweisenden Momente?
- Formulieren Sie weitere konkrete Synchronisierungsprobleme, die für das Individuum aus Asynchronitäten zwischen der gesellschaftlichen und individuellen Zeitdimension, also aus den zeitstrukturellen Inkongruenzen der historischen oder sozialen (institutionellen) Zeitebene einerseits und der alterspositionalen und biographischen Zeitebene andererseits resultieren.

Der Lebenslauf als Institution 3

Lebensläufe waren und sind immer durch die je spezifische soziokulturelle Formation, in der die Menschen leben, beeinflusst und strukturiert. Der in diesem Buch entwickelte soziologische Lebenslaufbegriff konzipiert den Lebenslauf allerdings nicht als ein universalhistorisches Phänomen. Die im vorigen Kapitel erarbeitete Begriffsdefinition beschreibt und begreift den Lebenslauf grundlegend als soziale Institution: als ein eigenständiges Regelsystem der zeitlichen Dimension des Lebens (temporaler Vergesellschaftungsmodus). Zu einem eigenständigen Regelsystem, das die zeitliche Dimension des Lebens – sowohl in Bezug auf dessen „äußere" Verlaufsgestalt wie auch in Bezug auf die „inneren" biographischen Perspektiven und Entscheidungen der Individuen – ordnet, formierte der Lebenslauf sich aber erst im Verlauf des gesellschaftlichen Strukturwandels der letzten zweihundertfünfzig Jahre.[1] Die „institutionalization of the life course may be regarded as a concomitant of the rationalized and individualized society" (Buchmann 1989a, S. 18). Der Lebenslauf als Institution der Herstellung gesellschaftlicher Kontinuität und sozialer Integration ist ein Produkt der gesellschaftlichen Moderne.

Das Verständnis des Lebenslaufs als einer sozialen Institution wurde entscheidend von Kohli entwickelt. In seinem grundlegenden Aufsatz „Die Institutionalisierung des Lebenslaufs" (1985)[2] skizziert er, wie sich im Kontext der strukturellen Transformation der vorindustriellen Lebensweise des 18. Jh. zum Lebenslaufregime der modernen Industriegesellschaft der Lebenslauf zu einem

---

[1]Diese Aussage sowie die folgenden Ausführungen beziehen sich geographisch auf gesellschaftliche Modernisierungsprozesse in (Teilen von) Europa und Nordamerika.
[2]Kohli hat seine Konzeption des Lebenslaufs als Institution in einer ganzen Reihe von Aufsätzen (z. B. 1978b, 1983, 1986a, 1986b, 1988) entwickelt und elaboriert.

eigenständigen Regelsystem der zeitlichen Dimension des Lebens herausgebildet, d. h. als Institution formiert hat. Dabei bezieht sich Kohlis Rede von der Institutionalisierung des Lebenslaufs nicht nur auf eben diesen Prozess, sondern meint uno actu auch dessen Resultat: den institutionalisierten Lebenslauf bzw. den Lebenslauf als Institution.

3.1 Die Institutionalisierung des Lebenslaufs

Jene Transformation der Lebensweise, die Kohli strukturgeschichtlich[3] skizziert, lässt sich ganz allgemein charakterisieren als „Übergang von einem Muster der Zufälligkeit der Lebensereignisse zu einem des vorhersehbaren Lebenslaufs" (ebd., S. 4 f.). Ein wichtiges Moment dieses Strukturwandels der Lebensführung und gleichzeitig Bedingung seiner Möglichkeit war eine die Lebensdauer betreffende demographische Entwicklung. Damit die Institutionalisierung des Lebenslaufs überhaupt in Gang kommen und ein vorhersehbarer, d. h. institutionalisierter Lebenslauf entstehen konnte, musste – wie Imhof anschaulich titelt – ein demographischer Wandel „Von der unsicheren zur sicheren Lebenszeit" (1988) erfolgen. Gemeint ist damit, dass die Menschen nicht mehr in jedem Lebensalter vom Tod ereilt werden, sondern normalerweise erst im höheren Alter sterben. Diesen Übergang von einem zufälligen Sterbemuster, in dem die Todeszeitpunkte breit über die (biologisch mögliche) menschliche Lebensdauer streuen, zum Normalfall des Sterbens im höheren Lebensalter zeigen die beiden folgenden Abbildungen. Zunächst wird die Veränderung der Lebenserwartung bei Geburt in Deutschland seit 1871 dargestellt (Abb. 3.1). Während für diesen Zeitraum repräsentative Daten des Statistischen Reichs- oder Bundesamts vorliegen, ist die Lebenserwartung für die Zeit vor der Reichsgründung nur anhand regionaler Einzelstudien zu schätzen. So lag die Lebenserwartung vom Beginn des 17. Jh. bis gegen Ende des 19. Jh. Imhofs Daten aus einer nordhessischen Region zufolge zwischen 25 bis 35 Jahren (1984a, S. 178 ff.).

---

[3]Die diversen historischen Befunde, anhand derer Kohli diesen Strukturwandel aufzeigt, müssen hier nicht wiederholt werden; wichtig ist hier allein dessen Verlaufsrichtung. Das galt übrigens auch schon für Kohlis mittlerweile klassischen Aufsatz, der keine detaillierte historische Nachzeichnung des Strukturwandels und Analyse seiner Kausalfaktoren leisten, sondern vielmehr den „Kontrast zwischen Vorher und Nachher und damit die Richtung des Strukturwandels" (1985, S. 3) aufzeigen sollte.

3.1 Die Institutionalisierung des Lebenslaufs

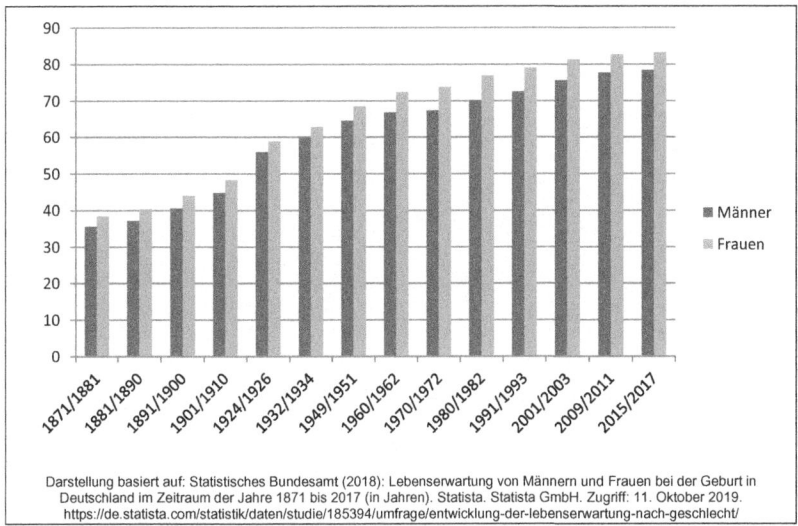

Darstellung basiert auf: Statistisches Bundesamt (2018): Lebenserwartung von Männern und Frauen bei der Geburt in Deutschland im Zeitraum der Jahre 1871 bis 2017 (in Jahren). Statista. Statista GmbH. Zugriff: 11. Oktober 2019. https://de.statista.com/statistik/daten/studie/185394/umfrage/entwicklung-der-lebenserwartung-nach-geschlecht/

Abb. 3.1 Durchschnittliche Lebenserwartung (Deutschland, 1871–2017)

Wie die Abbildung zeigt, hat sich die Lebenserwartung seit der Reichsgründung bis heute mehr als verdoppelt (von über 35 bzw. 38 Jahren bei den Männern bzw. Frauen auf – so die Modellrechnung des Statistischen Bundesamts – gut 78 bzw. 83 Jahre). Eine durchschnittliche Lebenserwartung von wenigstens 65 Jahren weist die Abbildung erst für die seit Mitte des 20. Jh. Geborenen aus. Die geringe durchschnittliche Lebenserwartung, historisch bis ins 20. Jh. der Normalfall, resultierte vor allem aus der hohen Säuglings- und Kindersterblichkeit: noch Anfang der 1870er Jahre starb etwa ein Viertel der Lebendgeborenen vor Ablauf eines Jahres, zu Beginn des 20. Jh. war es etwa ein Fünftel; bis Anfang der 1930er Jahre war es gelungen, die Säuglingssterblichkeit auf unter 10 % zu senken; heute liegt der entsprechende Wert bei nur noch 0,3 %.[4] Wie schon die Mitte des 16. Jh. gefertigten Lebenstreppen-Darstellungen im ersten Kapitel zeigen, konnten Menschen auch in früheren Jahrhunderten durchaus ein hohes Alter erreichen – sofern sie die Kindheits- und Jugendphase überlebten. Gleichzeitig macht der in beiden

---

[4]Quelle: Bundesinstitut für Bevölkerungsforschung: Säuglingssterblichkeit in Deutschland, 1872 bis 2016 (BIB 2018). Zugriff: 11. Oktober 2019. https://www.bib.bund.de/DE/Fakten/Fakt/S10-Saeuglingssterblichkeit-ab-1872.html.

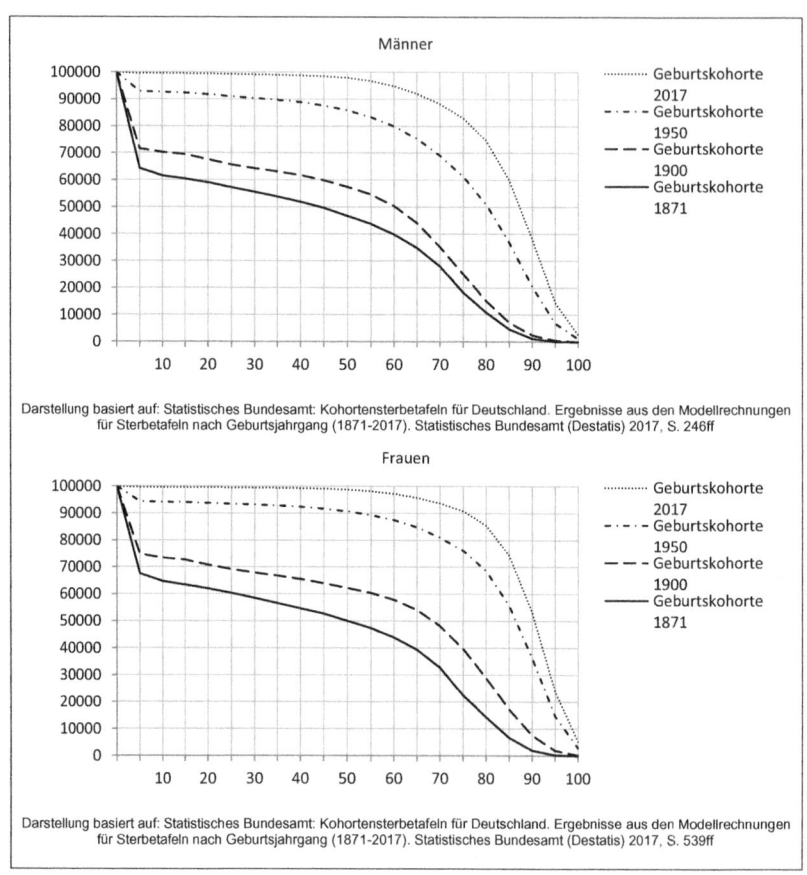

Abb. 3.2 Rektangulisierung der Überlebenskurve (Deutschland, 1871–2017)

Holzschnitten über der Lebenstreppe thronende Tod aber deutlich, dass mit ihm jederzeit zu rechnen ist: in der einen Darstellung wirft er, und zwar ohne zu zielen, ein ganzes Bündel von Pfeilen über alle Altersstufen; in dem anderen Holzschnitt zielt er mit seinem Bogen bezeichnenderweise in Richtung der jüngeren Lebensalter. Darin kommt das bis zum 20. Jh. verbreitete zufällige Sterbemuster sinnfällig zum Ausdruck. Noch deutlicher als Abb. 3.1 zum kontinuierlichen Anstieg der Lebenserwartung zeigt die nächste Abbildung den Übergang von diesem zufälligen Sterbemuster hin zu einem Sterbemuster, in dem die Todesfälle auf das höhere Lebensalter konzentriert sind (Abb. 3.2).

3.1 Die Institutionalisierung des Lebenslaufs

Deutlich zu erkennen ist die ausgeprägte Säuglings- und Kindersterblichkeit bei den älteren Geburtsjahrgängen: gut ein Drittel des Geburtsjahrgangs 1871 und über ein Viertel der Geburtskohorte 1900 erreichte nicht einmal das heutige Einschulungsalter. Mit nicht einmal 45 bzw. mit 50 Jahren war die älteste Männer- bzw. Frauenkohorte schon halbiert; nur gut ein Drittel der Männer und knapp zwei Fünftel der Frauen dieser Kohorte wurde 65 Jahre und älter. Demgegenüber spielt Säuglings- und Kindersterblichkeit in der jüngsten Kohorte statistisch keine Rolle mehr. Den Modellrechnungen des Statistischen Bundesamts zufolge wird diese Geburtskohorte 2017 erst im Alter von über 87 Jahren (Männer) bzw. fast 91 Jahren (Frauen) um die Hälfte geschrumpft sein; über 92 % der Männer und über 95 % der Frauen dieses Jahrgangs werden älter als 65 Jahre. Seit Reichsgründung hat sich die Überlebenskurve kontinuierlich dergestalt verändert, dass sie zunehmend die Form eines rechten Winkels annimmt (Rektangulisierung), d. h. die Sterbefälle haben sich immer stärker auf das höhere Lebensalter konzentriert. Solange das Sterbemuster zufällig war, der Tod die Menschen also in höchst unterschiedlichem Alter ereilte, konnte ein gesellschaftlich und individuell erwartbarer Lebenslauf gar nicht entstehen.[5] Erst der demographische Übergang zur „sicheren" Lebenszeit, zum Normalfall des langen Lebens, ermöglichte die Institutionalisierung des Lebenslaufs.

Nun bezieht sich die allgemeine Charakterisierung des Strukturwandels der Lebensführung als Übergang vom Ereignismuster der Zufälligkeit zu einem erwartbaren, institutionalisierten Lebenslauf nicht nur auf das Sterbealter. Nicht nur die Lebensdauer, sondern vielmehr alle möglichen Lebensereignisse sind im Verlauf der vergangenen zweieinhalb Jahrhunderte zeitlich „vorhersehbar" geworden. Exemplarisch wird das hier an der Standardisierung des Erst-Heiratsalters illustriert. Imhofs Daten über Heiraten in einem hessischen Dorf vom späten 17. Jh. bis zum Ende des 19. Jh. zeigen zwar, dass sich das durchschnittliche Alter von Männern und Frauen bei der ersten Eheschließung kaum verändert hat (Männer: 25,8 bzw. 25,4 Jahre; Frauen: 24,1 bzw. 24,3 Jahre). Allerdings verdecken die fast identisch gebliebenen Durchschnittwerte, dass das Heiraten in diesen zweihundert Jahren einen wesentlichen zeitstrukturellen Wandel erfahren hat. Im ausgehenden 17. Jh. streuten

---

[5]„Repräsentative Lebensläufe gibt es erst, seitdem wir alle ein ziemlich gleiches, hohes Alter erreichen, was noch nicht seit sehr vielen Generationen der Fall ist. Zuvor starb der eine als Säugling, der andere als Greis, der dritte irgendwann dazwischen; die eine Mutter starb im ersten Kindbett, die andere, nachdem sie längst alle eigenen Kinder zu Grabe getragen" (Imhof 1984b, S. 17).

die Heiratsalter noch breit (von 16jährigen bis zu über 40jährigen) und waren erhebliche Altersdifferenzen zwischen Eheleuten nicht unüblich (wohlgemerkt: schon bei Erst-Ehen). Im Verlauf der Zeit konzentrierten sich die Erst-Heiraten zunehmend auf eine immer engere Altersspanne, bis sich „schließlich ... zum Ende des 19. Jahrhunderts hin eine brennpunktartige Verdichtung um einen Mittelwert ab(zeichnete). Individuelles Heiratsalter und ‚durchschnittliches Heiratsalter' beginnen mehr und mehr zusammenzufallen" (1984b, S. 57). Auch die Altersdifferenzen zwischen Eheleuten wurden zunehmend eingeebnet und reduzierten sich schließlich auf ein schmales Altersband von nur wenigen Jahren. Um 1900 wurde – anders als um 1700 – tatsächlich normalerweise in dem oben genannten Durchschnittsalter von etwa Mitte 20 geheiratet. Im Verlauf dieser zweihundert Jahre hat also eine enorme zeitliche Standardisierung und Normierung des Heiratens stattgefunden.

- „Zur Zeit der ‚ungleichen Paare' wäre es" – so Imhof – „unklug gewesen, wenn die gegenseitige körperliche Attraktion zum Fundament einer Ehe gemacht worden wäre. Das Strohfeuer physischer Liebe hätte allzu rasch vorüber sein können. (…) In unseren heutigen partnerschaftlichen Beziehungen dagegen dürfen wir dem Sex-Appeal eine größere Rolle beimessen, denn heute stehen einander ähnlich alte, besser gesagt junge Körper auf viele Jahre gegenüber. Die Intimisierung von Ehe und Familie, deren zunehmende Affektivität im Verlauf der Neuzeit scheinen mir eng mit dieser Standardisierung der Heiratsalter ... zusammenzuhängen" (1984a, S. 184). Diskutieren Sie Imhofs Vermutung.
- Imhof zieht aus dem Umstand, dass erst heute „individuelle und durchschnittliche Lebensdaten beinahe identisch sind" (1984b, S. 56) den Schluss, dass „wir heute alle, ob uns das nun passt oder nicht, sehr viel mehr ‚Durchschnitt' (sind), als dies unsere Vorfahren jemals waren" (ebd.) bzw. dass „jeder Lebenslauf damals einmaliger, unverwechselbarer, farbiger war als heute" (ebd., S. 18). Wie denken Sie darüber?

Die am Beispiel des Sterbe- sowie Heiratsalters illustrierte zeitliche Standardisierung ist im Rahmen des gesellschaftlichen Strukturwandels der vergangenen zweihundertfünfzig Jahre für alle möglichen Lebensereignisse beobachtbar. Lebensläufe wurden zunehmend vorhersehbar: es bildete sich ein gesellschaftlich wie individuell erwartbarer „Normal-Lebenslauf" heraus. Dieser institutionalisierte („Normal"-)Lebenslauf wurde „durch die neu entstehenden altersgeschichteten Systeme öffentlicher Rechte und Pflichten vorangetrieben …. Indem sie Kriterien einführen, die an das chronologische Alter geknüpft

3.1 Die Institutionalisierung des Lebenslaufs

sind, konstituieren sie verbindliche Altersgrenzen. Im Lauf der historischen Entwicklung haben sich die zentralen Leistungssysteme (Schul- und Alterssicherungssystem) stark verbreitet und damit zu einer Homogenisierung der Lebensläufe geführt" (Kohli 1985, S. 8). Kohlis Zitat thematisiert zwei Aspekte: die Chronologisierung und die zentralen Strukturierungsfaktoren des Lebenslaufs. Letztere sind das Bildungs- und Rentensystem sowie das (im Zitat zwar nicht genannte, als implizite Referenz aber mitzudenkende) Erwerbssystem, dem die genannten Leistungssysteme vor- bzw. nachgelagert sind. Aus diesen drei zentralen Strukturierungsfaktoren resultiert die dreiteilige Grundgestalt des Lebenslaufs. Die institutionalisierte Dreiteilung des Lebenslaufs wird in einem eigenen Unterkapitel noch ausführlich behandelt (s. Abschn. 5.1); hier geht es um den Aspekt der Chronologisierung des Lebenslaufs.

Mit dem von Napoleon Bonaparte 1804 erlassenen Code Civil[6] lag erstmals ein zivilrechtlich ausdifferenziertes Gefüge chronologischer Altersstufen vor, das auch in anderen Rechtsgebieten Anwendung fand (z. B. wurde Volljährigkeit auf 21 Jahre oder das Heiratsalter auf mindestens 18 Jahre für Männer bzw. 15 Jahre für Frauen festgesetzt). Heute existieren solch rechtlich konstituierte Altersgrenzen, d. h. gesetzlich verankerte altersbezogene Berechtigungen und Pflichten für alle Gesellschafts- und Lebensbereiche (z. B. aktives bzw. passives Wahlrecht, Führerschein, Verbeamtung, Einschulung, Verrentung, Strafmündigkeit, Jugendstrafrecht, Kindergeld, Leistungen der Erziehungshilfe, Eintritts- und Fahrpreisermäßigung, etc.). Besonders relevant für die Institutionalisierung des Lebenslaufs waren – wie schon gesagt – die Einführung des Schul- und des Alterssicherungssystems. In Deutschland gab es vor Einführung der allgemeinen Schulpflicht im Deutschen Reich 1871 keine einheitliche Regelung. Einen wichtigen Meilenstein stellt allerdings die 1717 in Preußen verfügte Schulpflicht für 5-12jährige dar, die zunächst auf vielfältigen Widerstand und Verweigerung stieß. Erst nach der Reichsgründung besuchten tatsächlich (fast) alle Kinder die Schule.[7] Heute beginnt die allgemeine Schulpflicht in der Regel im sechsten Lebensjahr und umfasst mindestens zwölf Jahre (davon neun bzw. zehn Jahre als

---

[6]Der Code Civil (auch: Code Napoleon) bildet das erste der fünf Gesetzbücher Napoleons und gehört zu den großen Gesetzeswerken der Rechtsgeschichte: es stellt die erste umfassende und einheitliche Regelung des Zivilrechts dar.

[7]1816 besuchte nur gut die Hälfte der schulpflichtigen Kinder in Preußen die Elementarschule, Mitte des 19. Jh. waren es etwa vier Fünftel, 1871 lag der Anteil bei 86,3 % – erst „in den 1880er Jahren war die Durchsetzung des Schulbesuchs aller unterrichtspflichtigen Kinder trotz Kinderarbeit vollzogen" (Schmeiser 2006, S. 59).

Vollzeitschulpflicht im Primar- und Sekundarbereich I[8]), d. h. die Schulpflicht erstreckt sich bis zur Erlangung der Volljährigkeit. Das Schul- bzw. Bildungssystem insgesamt ist heute auf vielfältige Weise altersorientiert, vor allem durch die Jahrgangsklassen und die vorgegebenen Zeitspannen bzw. Übergangsregeln für die verschiedenen Bildungsabschnitte. In der Regel erwirbt man z. B. das Abitur mit etwa 18 oder schließt das BA-Studium mit fast 26 Jahren ab. Die Einführung der Schulpflicht und der weitere Ausbau des Schul- bzw. Bildungssystems konstituierten – darum geht es hier – eine am chronologischen Alter orientierte neue, für die meisten Menschen zuvor nicht existierende Lebensphase.

1889 wurde im Deutschen Reich – als erstes öffentliches Altersrentensystem – die Rentenversicherung der Arbeiter eingeführt. Vor der Einführung dieses Alterssicherungssystems arbeiteten die Menschen so lange sie konnten (und starben zumeist kurz darauf). Das Renteneintrittsalter lag damals bei 70 Jahren, was angesichts der damaligen Lebenserwartung bedeutet, dass nur etwa ein Fünftel der Arbeiter überhaupt in den Rentenbezug kam. Allerdings war mit der Einrichtung der gesetzlichen Rentenversicherung – vergleichbar der Einführung der Schulpflicht – der Grundstein für die Entstehung einer abgegrenzten neuen Lebensphase gelegt: des Ruhestands. Mittlerweile tritt nicht nur der weitaus größte Teil der Bevölkerung auch tatsächlich in diese Lebensphase ein; die Ruhestandsphase umfasst heute auch eine beträchtliche Lebenszeitspanne – die durchschnittliche Rentenbezugsdauer liegt heute bei fast 20 Jahren.[9] Die Einführung der am chronologischen Alter orientierten gesetzlichen Rentenversicherung konstituierte also eine neue Lebensphase und standardisierte damit die Lebensläufe der Menschen. Während es vorher z. B. kein bestimmtes Lebensalter gab, in dem normalerweise die Übergabe des bäuerlichen Hofs an den Sohn und der Rückzug aufs Altenteil erfolgte, bedingt das gesetzliche Renteneintrittsalter eine zeitliche Standardisierung des Rückzugs aus dem Arbeitsleben. Seit Einführung der gesetzlichen Rentenversicherung hat der Staat immer mehr soziale

---

[8]Wer danach im Sekundarbereich II keine allgemeinbildende oder berufliche Schule in Vollzeitform besucht, unterliegt der Berufsschulpflicht, die in der Regel drei Teilzeitschuljahre umfasst.

[9]Dass heute der größte Teil der Bevölkerung in den Genuss des Ruhestands kommt, liegt erstens an der deutlich gestiegenen Lebenserwartung und zweitens am Einbezug weiterer Bevölkerungsgruppen (z. B. der Angestellten 1911) in das Rentensystem bzw. die anderen (Pflicht-)Regelsysteme der Alterssicherung (z. B. Beamtenversorgung oder Künstlersozialversicherung). Die Erwerbsquote der heute in Deutschland über das 65. Lebensjahr hinaus sozialversicherungspflichtig Beschäftigten liegt bei etwas über 5 % (Mikrozensus 2013; eigene Berechnung).

3.1 Die Institutionalisierung des Lebenslaufs

Sicherungsfunktionen übernommen und – insbesondere im Zug einer massiven wohlfahrtsstaatlichen Expansion zwischen Anfang der 1950er und Mitte der 1970er Jahre – ein sämtliche Lebensbereiche umspannendes und engmaschiges sozialpolitisches Netz geknüpft. Es gibt heute „nahezu keine Übergänge im Lebensverlauf, die nicht in irgendeiner Weise sozialpolitisch gerahmt wären" (Behrens und Voges 1996, S. 18). Diese wohlfahrtsstaatlichen Rahmungen und Regulierungen sind häufig altersorientiert, d. h. sie knüpfen Berechtigungen und Verpflichtungen an das Lebensalter (wie z. B. Schulpflicht und Rentenanspruch) und befördern damit eine chronologische Standardisierung des Eintretens von Lebensereignissen.

Eine chronologische Standardisierung des Lebenslaufs setzt voraus, dass das chronologische Alter der Menschen sowohl der Gesellschaft bzw. den staatlichen Einrichtungen als auch den Individuen selbst bekannt ist – was keineswegs selbstverständlich ist. Die Tuareg z. B. zählen keine Lebensjahre; auf die Frage nach seinem Alter würde ein Tuareg – so Spittler anschaulich – zunächst antworten, er wisse „es nicht. Wenn man als Europäer insistiert und den Mann fragt, wie alt er ungefähr sei, nennt er vielleicht 30 Jahre. Wenn man das ungläubig zur Kenntnis nimmt und ihm sagt, er müsse älter sein, dann schlägt er 100 Jahre vor, um den Europäer zufriedenzustellen. Schätzt man ihn auf 70 Jahre und nennt ihm diese Zahl, dann akzeptiert er das bereitwillig und wird diese Altersangabe von 70 Jahren auch in den folgenden Jahren wiederholen, wenn ihn ein anderer Europäer danach fragt" (1990, S. 108). Das chronologische Alter hat für die Tuareg – die selbstverständlich zählen können – keine Relevanz; entscheidend für die Zuordnung eines Individuums zu einer Alters- oder besser: Lebensstufe ist vielmehr dessen biologischer Reifezustand. Bis ins 19. Jh. kannten auch große Teile der Bevölkerung Europas das eigene Lebensalter nicht genau. So sind die in offiziellen Dokumenten dieser Zeit vorfindbaren Altersangaben faktisch zumeist Schätzungen, die vor allem zu Beginn der Neuzeit häufig auf zehn oder fünf Jahre rundeten (d. h. man war 30 oder 40, vielleicht 35, aber nicht 33 oder 39 Jahre alt). Auch die Gesellschaften in Europa bzw. des Westens waren bis etwa Mitte des 19. Jh. „not a place where age played a vital part in people's everyday lives and associations. The ... institutions were not structured according to age-defined divisions, and ... cultural norms did not strongly prescribe age-related behavior" (Chudacoff 1989, S. 10). Die allgemeine Kenntnis des chronologischen Alters ist also – wie der Bezug auf exakte chronologische Jahresdatierungen überhaupt – das Resultat eines langwierigen, bis ins 19. Jh. reichenden Prozesses. Erst seither stellt das chronologische Alter ein allgemein bekanntes Individual- und gesellschaftsrelevantes Strukturmerkmal dar.

Zu Beginn dieses Kapitels wurde gesagt, dass Lebensläufe immer durch die soziokulturelle Formation, in der die Menschen leben, strukturiert werden. Unsere moderne Lebenslaufstrukturierung ist zeitlich am chronologischen Alter orientiert. Die zeitliche Strukturierung von Lebensläufen kann aber durchaus ohne Bezug auf das Lebensalter erfolgen, wie das folgende Beispiel zeigt, in dem ein 1905 geborener Tuareg im Alter von 81 Jahren seinen Lebenslaufs schildert: „Das erste, was ich machte, war Ziegenhüten. Wir sind dort, wir sind dort, wir sind dort, dann gab ich das Ziegenhüten auf und trat in den Garten ein. Ich gab den Garten auf und begann mit der Koranschule. Ich verließ die Koranschule und kehrte wieder zu den Gärten zurück. In dieser Zeit trug ich meine erste Hose, … ich hatte meine Jahre dafür. Ich war dort, ich war dort, ich war dort, bis ich meine Kinder zeugte (…) Ich verließ den Garten, wir gingen auf Karawane, wir gingen auf Karawane, wir gingen auf Karawane, wir gingen auf Karawane, wir gingen auf Karawane, wir gingen auf Karawane. Die letzten Jahre, als die Kinder groß geworden waren, überließ ich sie sich selbst. Ich kehrte zum Ziegenhüten zurück. Hier bin ich nun im Busch" (Spittler 1990, S. 116 f.).

- Welche abgrenzbaren Lebensphasen sind in der Erzählung erkennbar? Was verleiht diesem Tuareg-Lebenslauf seine zeitliche Struktur?
- Wie und wodurch unterscheidet sich die Tuareg-Lebenslaufstruktur von der in modernen westlichen Industriegesellschaften? Wie von der im vorindustriellen Europa?
- Ordnen Sie den unterscheidbaren Lebensphasen jeweils das von Ihnen vermutete chronologische Alter des Erzählers zu und vergleichen Sie diese Altersangaben mit dem – aus Spittlers Aufsatz rekonstruierbaren – tatsächlichen jeweiligen Lebensalter des Erzählers.

Die Institutionalisierung des Lebenslaufs wurde bislang als zunehmende chronologische Standardisierung des Eintretens von Lebensereignissen, d. h. mit Blick auf den „äußeren" Lebensverlauf dargestellt. Der Lebenslauf als Regelsystem der zeitlichen Dimension des Lebens bezieht sich aber nicht nur auf die „äußeren" Ereignis- und Positionsabfolgen, sondern – so die Lebenslaufdefinition im vorigen Kapitel – auch auf die biographischen Perspektiven der Individuen. Der „Lebenslauf als Institution bedeutet … zum einen die Regelung des sequenziellen Ablaufs des Lebens, zum anderen die Strukturierung der lebensweltlichen Horizonte bzw. Wissensbestände, innerhalb derer die Individuen sich orientieren und ihre Handlungen planen" (Kohli 1985, S. 3). Die Institutionalisierung

3.1 Die Institutionalisierung des Lebenslaufs

des Lebenslaufs im zuletzt genannten Sinn wird in Kohlis grundlegendem Aufsatz nur angedeutet.[10] Empirische Befunde dazu lieferte zwanzig Jahre später Schmeiser (2006) in seiner ergänzenden Strukturgeschichte der biographischen Deutungs- und Handlungsperspektive des Individuums. Die Veränderung und Strukturierung der biographischen Perspektive, der Interpretation und Konzipierung seiner Lebenszeit durch das Individuum selbst, die in der gesellschaftlichen Moderne stattgefunden hat, bezeichnet er anschaulich als „innere" Institutionalisierung des Lebenslaufs. Diese „innere" Institutionalisierung wird hier exemplarisch am Beispiel der Transformation und Strukturierung der biographischen Orientierung der Schülerschaft im Gefolge der Etablierung des Jahrgangsklassensystems gezeigt.

Wie Ariès (1975, S. 285 ff.) am Beispiel der höheren Bildungseinrichtungen in Frankreich zeigt, erfolgte eine Unterrichtsdifferenzierung historisch zunächst nur im Hinblick auf den Wissensstand der Schüler: diese wurden räumlich gemeinsam unterrichtet, aber nach ihrem jeweiligen Wissensstand zu Gruppen, deren Zusammensetzung je nach Unterrichtsfach variierte, zusammengefasst und dann gruppenspezifisch adressiert. Da diese Einordnung der Schüler auf fachabhängig variierenden Wissens- und Entwicklungsständen basierte, waren die jeweiligen Gruppen nicht altershomogen. Bis ins 18. Jh. gab es eine „unterschiedslose Vermischung von Studenten und Gymnasiasten, von unreifen Kindern und jungen Männern in denselben Klassen" (ebd., S. 328). Erst zu Beginn des 19. Jh. hatte sich die heute selbstverständliche Verkopplung von Lebensalter und Klassenstufe etabliert. In Deutschland vollzog sich die Ablösung des Fachklassensystems zuerst an den Gymnasien, in denen das Jahrgangsklassensystem schon in den 1830er Jahren etabliert war (Schmeiser 2006, S. 59). Die Volksschulen, die zu jener Zeit von über 90 % der Schüler besucht wurden, führten Jahrgangsklassen erst viel später ein: in städtischen Volksschulen war die Umstellung weitestgehend bis 1920 erfolgt, in einigen ländlichen Gebieten dauerte sie bis in die 1960er Jahre (ebd., S. 61 f.). Mit der umfassenden Verbreitung der Jahrgangsklassen entstanden Ende des 19. Jh. dann auch „genuin pädagogische Testate wie Jahres-, Halbjahreszeugnisse und Versetzungsentscheidungen" (ebd., S. 63).[11] Was hat das nun mit einer Strukturierung der biographischen Orientierung der Schüler zu tun?

---

[10]Kohli machte dafür eine spärliche Forschungslage verantwortlich und verwies auf die Notwendigkeit eigenständiger Analysen einschlägiger biographiebezogener Phänomene (1985, S. 10 ff).

[11]Die „ab 1825 in Deutschland nachweisbaren Volksschul- bzw. Entlasszeugnisse waren eher polizeiliche denn pädagogische Testate, da die Schulaufsichtsbehörden über die Entlasszeugnisse die Erfüllung der Schulpflicht kontrollierten" (Schmeiser 2006, S. 63).

Das lässt sich im Kontrast zur Zeit- und Entwicklungsauffassung der bereits erwähnten Tuareg, für die nicht das chronologische Alter, sondern die biologische Reife eines Individuums wichtig ist, leicht verdeutlichen. Wenn man nämlich „nicht von einer abstrakten Jahreszählung ... ausgeht, dann macht es keinen Sinn, von frühreif oder zurückgeblieben zu sprechen. Man kann vielleicht konstatieren, dass der schnell und der andere langsam wächst, aber es fehlt der Maßstab für ein Zu-früh oder Zu-spät" (Spittler 1990, S. 108).[12] Dagegen verknüpft das schulische Jahrgangsklassensystem Lernziele automatisch mit dem chronologischen Alter der Schüler. Es existieren also für jeden Jahrgang schulische, sprich: gesellschaftliche Vorstellungen über altersangemessene fachliche Wissensstände und intellektuelle Entwicklungsniveaus generell, deren Erreichen oder Verfehlen in Zeugnissen dokumentiert wird, die über das schulische Weiterkommen oder Zurückbleiben entscheiden. Im Jahresrhythmus werden die Schüler einer Beurteilung ausgesetzt, die ihr Wissen und intellektuelles Niveau generell als altersangemessen oder unterentwickelt (oder auch: fortgeschritten) klassifiziert. Wenn aber die Schulzeit als jährliche Abfolge von Entwicklungsstufen organisiert und das Weiterkommen in eine höhere (Klassen-)Stufe vom erfolgreichen Absolvieren der vorherigen (Klassen-)Stufe abhängig ist, nehmen die Schüler ihr (Schul-)Leben zwangsläufig unter der (zeit-)biographischen Perspektive des Mitkommens, Zurückbleibens oder Vorauseilens wahr. Die umfassende Etablierung von Jahrgangsklassen führt zur „kollektivbiographischen Sozialisation in die Logik einer Karriere" (Schmeiser 2006, S. 53). Das System der Jahrgangsklassen mit verlaufsrelevanten Zeugnissen fungiert als eine Art „hidden curriculum": der Schüler „lernt" neben Fachlichem vor allem auch, sein (Schul-)Leben unter der

---

[12]Wie (schnell/langsam) sich ein Individuum entwickelt, „hängt von vielen Einflüssen ab. Einmal von der individuellen Eigenart der Menschen. 'Die Menschen gleichen sich nicht' ist eine Standardantwort, wenn man nach den Unterschieden fragt. Die natürliche Verschiedenheit der Menschen ... wird selbstverständlich akzeptiert und gibt zu keiner Beunruhigung Anlass. Der Reifeprozess hängt aber auch von äußeren Einflüssen ab. Frühe Arbeit lässt den Menschen schneller reifen, unter Umständen aber auch früher altern. Hungerzeiten im Gefolge von Dürren und Kriegen lassen Mensch und Tier langsamer als in normalen Zeiten wachsen. Auch dem begegnet man mit Gelassenheit. Es gibt schnelle und langsame Zeiten, aber langsam bedeutet nicht zu langsam. (...) Heute drängen nicht nur die staatliche Verwaltung, sondern auch andere westlich beeinflusste Institutionen darauf, dass das Geburtsdatum schriftlich festgehalten wird, z. B. medizinische Entwicklungsdienste. Sie ... sind an einem abstrakten Entwicklungsschema orientiert. Es irritiert sie, dass sie häufig nicht sagen können, ob ein Kind unterernährt ist oder nicht, weil sie das ohne genaue Altersangaben nicht beurteilen können" (Spittler 1990, S. 109).

3.1 Die Institutionalisierung des Lebenslaufs

Perspektive „Karriere" zu begreifen.[13] Die internalisierte Logik der Karriere fungiert als ein verhaltensrelevanter biographischer Orientierungsrahmen.

> Luhmann zufolge ist „Karriere" die universelle Lebensform der Moderne. Karrieren entstehen nämlich „als soziale Zwangsläufigkeit" (1989, S. 232) im Gefolge des Übergangs von stratifikatorischer zu funktionaler Differenzierung: „In dem Maße, als sozialstrukturelle Bestimmungen der Lebensläufe zurückentwickelt, das heißt: auf Bedingungen für Karrieren reduziert werden, wird Karriere zur universellen Lebensform" (ebd., S. 235). Unter Bedingungen stratifikatorischer Differenzierung ist der Lebenslauf eines Menschen noch weitgehend durch seine sozialstrukturelle Stellung qua Geburt festgelegt. In der funktional differenzierten Gesellschaft der Moderne dagegen formieren sich Lebensläufe als Abfolge von Ereignissen, „die jeweils (aber mit unterschiedlicher Gewichtsverteilung) Selbstselektion und Fremdselektion kombinieren" (ebd., S. 232; Luhmann formuliert hier in seiner Terminologie die im vorigen Kapitel genannte Grundannahme der Lebenslaufforschung, der zufolge Lebensläufe das Resultat eines komplexen *structure-agency*-Zusammenspiels über die Zeit darstellen, dessen Kausalitäten jeweils empirisch zu analysieren sind). Karrieren bzw. Lebensläufe sind demnach strukturell völlig kontingent: „Alle Karriereereignisse sind kontingente Selektionen weiterer Selektionen. Von jedem Ereignis aus wird die Vorgeschichte zur notwendigen Voraussetzung, die anschließende Zukunft zur Folge" (ebd., S. 233 f.). Aus Sicht der in ihrer Lebenswirklichkeit nicht handlungsentlasteten Individuen macht das Karrieren hochgradig unsicher. Nun ist Unsicherheit „immer je gegenwärtige Unsicherheit. Sie akzentuiert die Bedeutung der Gegenwart; und dies um so mehr, als die Gegenwart … im Karrierekontext als eine Vergangenheit der gegenwärtigen Zukunft relevant wird. Man könnte etwas versäumen, was sich später nicht nachholen lässt. Man könnte die Vorbereitung auf eine zufällig eintretende Chance unterlassen haben. Tendenziell werden dadurch die Anfänge, insbesondere die Ausbildungen in ihrer Relevanz überschätzt (oder, um ein anderes Beispiel zu wählen: die Bemühungen um die Stärkung der Gesundheit des

---

[13]Zu deren Einübung im und durch das Bildungssystem generell s. Luhmann und Schorr 1979, S. 233 ff. (insb. 277–283).

noch gesunden Körpers). Man versucht, der Gegenwart gerade angesichts der hohen Unsicherheit zeitbindende Effekte abzugewinnen, also Zeit zu kapitalisieren. Dafür gibt es kaum objektive Grenzen der sinnvollen Anstrengung: Man kann nie ausschließen dass mehr oder andersartige Vorbereitung letztlich den Ausschlag geben wird" (Luhmann 1989, S. 234 f.).

- Diskutieren Sie Luhmanns Überlegungen. Wie lösen Sie für sich das Problem, dass es „keine objektiven Grenzen der sinnvollen Anstrengung" gibt? Stimmen Sie der Aussage zu, die Relevanz von Ausbildungen werde überschätzt? Wie sehen Sie generell das Verhältnis von eigener Leistung und Vorbereitungsbemühung (also: Selbstselektion/*agency*) einerseits und sich ergebenden Chancen, Glück und günstigen oder widrigen Umständen (also: Fremdselektion/*structure*) andererseits?).

Kohlis Begriff der Institutionalisierung des Lebenslaufs bezeichnet – um die bisherigen Ausführungen kurz zusammenzufassen – einen im Kontext des gesellschaftlichen Strukturwandels der Moderne erfolgten Prozess der Formierung eines chronologisch standardisierten „Normal-Lebenslaufs" im Sinn von normalerweise gegebenen, erwartbaren Ereignis- und Positionssequenzen und -konfigurationen, die sozialstrukturell verankert und insbesondere institutionell vorprogrammiert sind („äußere" Institutionalisierung). Dieser Standardlebenslauf stellt als lebenszeitliches Ablaufmodell ein kulturell bereitgestelltes Schema dar, an dem Individuen ihre biographischen Planungen und Lebensentwürfe orientieren („innere" Institutionalisierung). Die Institutionalisierung des Lebenslaufs ist also – so Weymann in umgekehrter Reihung – „ein Beitrag zur Herstellung von Biographie und Identität und … zugleich ein Beitrag zur Konstituierung gesellschaftlicher Strukturen" (1989a, S. 1). Der institutionalisierte Lebenslauf stellt ein Regelsystem der zeitlichen Dimension des Lebens dar, d. h. er hat eine vergesellschaftende Funktion. Er kompensiert und ergänzt als temporaler Vergesellschaftungsmodus die reduzierte Integrationsleistung der kategorialen, an einer überkommenen und stabilen Zugehörigkeit der Individuen zu sozialen Kollektiven ansetzenden Vergesellschaftungsweise. Da die traditionalen Einbindungen der Individuen in soziale Kollektive in der Moderne brüchig gewordenen sind, bedarf die moderne individualisierte Gesellschaft einer Integrationsform, die auch und vor allem am Individuum selbst ansetzt. Eben das leistet der Lebenslauf als Institution: als Regelsystem der zeitlichen Dimension des Lebens konstituiert er ein lebenszeitliches Ablaufprogramm, dem die Individuen folgen und an dem sie sich orientieren können und müssen.

3.2 Institutionalisierter Lebenslauf und Biographisierung der Lebensgestaltung

Kohli sieht die Institutionalisierung des Lebenslaufs als Teil des umfassenderen, mit der Moderne einsetzenden Prozesses der gesellschaftlichen Individualisierung. Die prominente Individualisierungsthese[14] bezieht sich zunächst auf die Herauslösung der Individuen aus traditionalen Kollektivbindungen (Freisetzungsdimension). Gleichzeitig macht diese Freisetzung – was oft übersehen wird – eine erneute und neuartige gesellschaftliche Einbindung der Individuen erforderlich (Reintegrationsdimension). Dies kann in der modernen individualisierten Gesellschaft nur mittels eines Vergesellschaftungsmodus erfolgen, der „an den Individuen als eigenständig konstituierten sozialen Einheiten ansetzt" (Kohli 1985, S. 3). Genau das tut der institutionalisierte Lebenslauf. Dass er dabei nicht im Sinn eines deterministischen Regelsystems der zeitlichen Dimension des Lebens funktionieren kann, liegt auf der Hand, da ja mit der wachsenden Freisetzung der Individuen aus traditionalen Bindungen zwangsläufig und in gleichem Maße auch deren biographische „Handlungsspielräume" (Weymann 1989b) wachsen. Zwar wird diese gewonnene biographische Freiheit der Lebensgestaltung durch das im Zuge der Institutionalisierung des Lebenslaufs kulturell bereitgestellte lebenszeitliche Ablaufmodell gleichzeitig wieder vorstrukturiert und präformiert.[15] Entscheidend dabei ist aber, dass der Lebenslauf als Institution nicht im Sinn einer deterministischen Lenkung quasi passiver, ihre biographischen Handlungsspielräume nicht nutzender Individuen funktioniert. Der institutionalisierte Lebenslauf bildet vielmehr „a new template for the individual conduct of life while remaining open for interpretation and action and even normatively prescribing such an openness in the sense of a 'biographization' of life as a project" (Kohli 2007, S. 255). Was meint dieser Begriff der Biographisierung (Fuchs 1983; Fischer und Kohli 1987; Brose und Hildenbrand 1988)?

Die Biographisierung der Lebensgestaltung lässt sich als „auferlegte Freiheit" charakterisieren, d. h. der Begriff verweist auf einen paradoxen Sachverhalt.

---

[14]Das Individualisierungstheorem wurde grundlegend von Beck (1983, 1986) formuliert. Einen einführenden Überblick gibt Junge (2002); zur Diskussion um die Individualisierungsthese s. Berger 1996; Kron 2000; Berger und Hitzler 2010.

[15]Wie jede Institution kann auch der institutionalisierte Lebenslauf die basale – lebenspraktisch notwendige – Leistung von Institutionen: nämlich eine Entlastung der Individuen von Handlungsunsicherheit bzw. Komplexitätsreduktion, nur durch „Einschränkung" des Möglichkeitsraums der individuellen Handlungsfreiheit erfüllen.

Wie die Institutionalisierung des Lebenslaufs ist auch dessen Biographisierung Teil des umfassenderen gesellschaftlichen Individualisierungsprozesses. Diese Individualisierung „hat in der Tat eine befreiende Wirkung gehabt. (…) Sie hat dem Individuum vorher ungeahnte Wahlmöglichkeiten und Bahnen der Mobilität eröffnet" (Berger et al. 1975, S. 168). Das Leben der Menschen ist nicht länger gesellschaftsstrukturell weitgehend vorbestimmt, sondern das Individuum ist selbst zum Planer und Gestalter seines Lebens avanciert. Gleichzeitig bedeutet diese Freisetzung einen Zwang zur eigenen Biographiegestaltung: dass der Lebenslauf „als Aufgabe in das Handeln jedes einzelnen gelegt wird. (…) In der individualisierten Gesellschaft muss der einzelne … lernen, sich selbst als Handlungszentrum, als Planungsbüro in Bezug auf seinen eigenen Lebenslauf … zu begreifen" (Beck 1986, S. 216 f.). Das Leben wird zum individuell zu gestaltenden biographischen Projekt. Der Begriff der Biographisierung meint eben diese den Menschen vom Individualisierungsprozess auferlegte Reflexion der eigenen Biographie, die vom Individuum gesellschaftlich geforderte „Ich"-zentrierte Lebensdeutung und -planung und um das eigene „Selbst" herum organisierte Lebensgestaltung.[16]

Im Kontrast zweier anschaulicher Beispiele sei der Sachverhalt der Biographisierung kurz strukturgeschichtlich illustriert. In seinen bereits erwähnten Studien in Nordhessen stieß Imhof auf einen Bauernhof, der seit dem 16. Jh. über mehr als vierhundert Jahre immer im Besitz eines Johannes Hooss gewesen war (mit einer einzigen Ausnahme). Wie war das möglich angesichts der enormen Kindersterblichkeit während dieses Zeitraums? Imhofs Recherche ergab, dass in jeder Generation mehrere Söhne den Namen „Johannes" erhielten (insg. drei Viertel der männlichen Nachkommen; 1984b, S. 148). Diese mehrfache Namensvergabe sollte sicherstellen, dass zumindest ein „Johannes" die Kindheitsphase überlebte, damit „stets ein Nachkomme namens Johannes Hooss als Rollenträger bereitstand, um die Geschicke des Hofes … zu lenken. Auf diese Weise war der Hof nicht bloß zehn oder zwanzig oder dreißig Jahre im

---

[16]Hingewiesen sei in diesem Zusammenhang auf das eher im erziehungswissenschaftlichen Kontext benutzte Konzept der Biographizität (Alheit 1995; Alheit und Dausien 2000) wie auch auf das Konzept der Selbstsozialisation (Heinz 2000; Zinnecker 2000). Lebenslauftheoretisch interessant sind in diesem Kontext auch Meyers Überlegungen zur parallel laufenden „institutionalization of life course and self" (1986, S. 201). Für ihn sind sowohl der strukturell eingebettete Lebenslauf als auch das individuelle (private) Selbst „institutions and both sides are institutions of individualism" (ebd.; zum historisch tief verwurzelten Individualismus der westlichen Kultur und zum individuellen Akteur als deren Grundeinheit und Zentralfigur s. auch Meyer und Jepperson 2000).

3.2 Institutionalisierter Lebenslauf und Biographisierung der ...

Besitz von Johannes Hooss, sondern kontinuierlich während viereinhalb Jahrhunderten" (1984, S. 188). Nicht der Hofbesitzer, sondern der Hof und dessen Fortbestand war von Bedeutung. Nicht als Individuum, sondern als Rollenträger war Johannes Hooss relevant: nur ein Glied der langen Kette des Familien- bzw. Generationszusammenhangs repräsentierte der jeweilige Johannes vorübergehend das Ideal der Kontinuität des Hofs als Generationen übergreifende Existenzgrundlage. Gegenüber solch überindividuellen, das unsichere Leben des Einzelnen überdauernden lebensleitenden Werten und Ideen rückte die gesellschaftliche Individualisierung das Individuum ins Zentrum, d. h. machte das „Ich" zum Bezugspunkt des eigenen Lebens und das individuelle „Selbst" zu dessen Regisseur. Diese Transformation der Denk- und Verhaltensweise lässt sich anschaulich zeigen anhand des Wandels der lebenszeitlichen Struktur von Autobiographien. Bis ins 18. Jh. hinein folgte die Darstellung individueller Lebenserinnerungen einer annalistischen Logik (Niggl 1977): die Zeitstruktur des Lebens resultierte aus wiederkehrenden jahreszeitlichen und aus historischen Ereignissen[17] – aus einer äußeren Ereignisabfolge also. Im Verlauf des 18. Jh. wich diese Darstellungsform zunehmend der Logik einer Entwicklungsgeschichte des Individuums, das in Auseinandersetzung mit den gesellschaftlichen Strukturkontexten zu einer individuellen, unverwechselbaren Persönlichkeit reift. Moderne Autobiographien folgen also – und das gilt auch in Bezug auf die Integration externer Strukturkontexte in die persönliche Entwicklung – einer inneren Logik, die „durch die Individualität des Selbst bestimmt" (Alheit und Brandt 2006, S. 17) ist.

Das individuelle „Selbst" als Regisseur des eigenen Lebens steht offenkundig in einem Spannungsverhältnis zum institutionalisierten Lebenslauf. Dieses Spannungsverhältnis zwischen einer Biographisierung der Lebensgestaltung und der Institutionalisierung des Lebenslaufs ist in einer allein auf die „äußere" Verlaufsgestalt fokussierenden Analyseperspektive nicht mehr thematisierbar. Denn eine solche Lebensverlaufsforschung impliziert die theoretische Annahme, man könne die Individuen als biographische Akteure vernachlässigen oder gar ignorieren.[18] Das

---

[17]Sei es der großen Geschichte (z. B. Kriege), der lokalen Geschichte (z. B. eine verheerende Feuersbrunst) oder der eigenen Familiengeschichte (z. B. Tod der Eltern).

[18]Die „Lebensverlaufsforschung befasst sich mit der gesellschaftlichen Prägung von Lebensverläufen" (Mayer 1987, S. 54), und die „gesellschaftliche Ausprägung des Lebensverlaufs erfolgt primär durch die Abbildung gesellschaftlicher Differenzierung innerhalb und zwischen Institutionen auf den Lebensverlauf" (Mayer 1990, S. 10). Dem entsprechend sind primär (nur) die gesellschaftsstrukturellen, Lebensverläufe und Lebenslaufmuster generierenden, Mechanismen und institutionellen Regulierungen zu analysieren – biographische Wissensschemata und Orientierungen sind allenfalls „sozialisatorische Verstärker dieser auch unabhängig davon wir-

Individuum wird nicht als Gestalter, zumindest Mitgestalter seines Lebens(ver)laufs verstanden, sondern „ausschließlich als biographisch prozessierte Einheit" (Kohli 1985, S. 20), d. h. man geht davon aus, dass die Individuen, selbst quasi passiv, von den gesellschaftlichen Strukturen und institutionellen Regelungen durch ihr Leben hindurchgeschleust werden. Zwar betont der Terminus „Lebensverlaufsforschung" schon sprachlich eine Fokussierung auf die „äußeren" Ereignis- und Positionsabfolgen im Leben; aber selbst in Bezug nur auf diese „äußere" Verlaufsgestalt des Lebens ist die Vorstellung, diese sei weitestgehend oder gar unmittelbar das Resultat einer strukturell-institutionellen Fremdsteuerung, kaum plausibel. Um nicht missverstanden zu werden: die verbreitete Lebensverlaufsforschung hat eine Vielzahl wichtiger und auch innovativer empirischer Befunde hervorgebracht. Und gerade ihre konzeptionelle Ausblendung der biographischen Reflexions- und Handlungsebene macht sie empirisch „einfacher" umsetzbar und damit für die Sozialforschung attraktiv. Hier geht es allein lebenslauftheoretisch um das Spannungsverhältnis zwischen einer Biographisierung und Institutionalisierung des Lebenslaufs, das in einer verengten Verlaufsperspektive nicht mehr thematisierbar ist.

Problematisch in dieser Hinsicht ist auch ein lebenslauftheoretisches Modell, in dem das Spannungsverhältnis zwar nicht ausgeblendet, aber funktionalistisch harmonisiert wird. Ein solches Modell trägt dem Sachverhalt Rechnung, dass „eine individualisierte Gesellschaft darauf angewiesen ist, dass die Individuen ihren Part erfüllen (womit auch die Möglichkeit gegeben ist, dass sie dies nicht tun). Subjektivität wird hier als notwendige Komponente der Gesellschaft aufgefasst" (Kohli 1985, S. 21). Die biographische Reflexivität und Orientierung des Individuums wird in diesem Modell zwar als eigenständiger Faktor anerkannt – allerdings wird gleichzeitig deren prinzipielle Parallelität zum strukturell geprägten, standardisierten lebenszeitlichen Ablaufprogramm behauptet: die Individuen wollen biographisch, was sie gesellschaftsstrukturell sollen. Die mögliche Spannung zwischen Biographisierung und institutionalisiertem Lebenslauf wird zwar nicht geleugnet, jedoch relativierend in Klammern gesetzt, d. h. als gegenüber der funktionalen Rollenerfüllung infolge sozialisatorischer Internalisierung gesellschaftsstruktureller Erfordernisse zu vernachlässigende Größe abgetan.

---

kenden Regelungsmechanismen" (ebd.). Zwar konzediert Mayer, dass die biographischen Deutungen und Perspektiven der Individuen auch im Widerspruch dazu stehen können und „dann als eigenständig wirksame Wissensrepertoires verstanden werden" (ebd.) müssen – allerdings ist rätselhaft, wie eine Analyseperspektive, die die biographische Ebene konzeptionell von vornherein ausblendet, diesen Widerspruch überhaupt registrieren kann.

3.2 Institutionalisierter Lebenslauf und Biographisierung der ...

Der konzeptionellen Ausblendung oder Harmonisierung gegenüber wäre lebenslauftheoretisch das Spannungsverhältnis zwischen einer Biographisierung und der Institutionalisierung des Lebenslaufs zu erhalten. Kohli (und Beck) zufolge ermöglicht die Institutionalisierung des Lebenslaufs es den Individuen überhaupt erst, Lebensläufe als individuell zu gestaltende biographische Projekte zu begreifen: der institutionalisierte Lebenslauf bildet als standardisiertes lebenszeitliches Ablaufmodell die Grundlage und Voraussetzung, auf bzw. unter der eine sich von diesem erwartbaren „Normal-Lebenslauf" abhebende individuelle Lebensplanung und -gestaltung überhaupt stattfinden kann. Die Institutionalisierung des Lebenslaufs ermöglicht den Individuen aber nicht nur, ihr Leben um das eigene „Ich" herum zu planen und zu gestalten. Sie impliziert als Teil des gesellschaftlichen Individualisierungsprozesses – und infolge des nicht-deterministischen Charakters des Lebenslaufs als Institution – gleichzeitig die soziale Forderung der Biographisierung an das Individuum. Die Institutionalisierung des Lebenslaufs ermöglicht also und erfordert gleichzeitig dessen Biographisierung. Biographische Reflexivität ist ein unabdingbares Korrelat des institutionalisierten Lebenslaufs. Lebenslauftheoretisch wäre also – wie Kohli zu Recht betont – eine Konzeption angemessen, in der „die Spannung zwischen Lebenslauf als vorgeordneter (heteronomer) Realität und Biographie als subjektiver Konstruktion erhalten bleibt und auf ihre Konsequenzen befragt werden kann" (ebd.).

Hier wird erneut deutlich, dass – wie bereits im vorigen Kapitel angesprochen – die Lebenslaufforschung die konstitutive Zusammengehörigkeit der „äußeren" Verlaufs- und „inneren" Biographiedimension ihres Gegenstands konzeptionell nicht auseinanderreißen darf in Form voneinander separierter Lebensverlaufsforschung einerseits, Biographieforschung andererseits. Eine solche Aufspaltung in zwei separate Analyseperspektiven mag die empirische Forschungsarbeit erleichtern, ist aber konzeptionell problematisch. Denn das der Institutionalisierung des Lebenslaufs bzw. dem Lebenslauf als Institution immanente Spannungsverhältnis: die konstitutive Wechselwirkung zwischen dem gesellschaftsstrukturell und institutionell vorgesehenen lebenszeitlichen Ablaufmodell und der subjektiven Biographisierung der Lebensgestaltung geriete dann völlig aus dem Blick und könnte weder in ihrem historischen noch interkulturellen noch intragesellschaftlichen (d. h. zwischen verschiedenen Lebensphasen oder -bereichen) Variieren erfasst werden.

Das Kapitel abschließend werden noch kurz drei im Zusammenhang mit der Biographisierung der Lebensgestaltung stehende Aspekte angesprochen. Auch wenn der Mensch in der individualisierten Gesellschaft der Moderne sein Leben selbst um das eigene „Ich" herum reflektiert, entwirft und gestaltet – das bedeutet nicht, dass die Individuen grenzenlose biographische Handlungsfreiheit in einem sozusagen gesellschaftsfreien Raum hätten. Im Gegenteil: gerade die moderne Gesellschaft ist von einem engmaschigen (wohlfahrts-)staatlichen Regulierungsnetz überzogen und bürokratisch „verregelt" von der Wiege bis zur Bahre. Genau aus diesem Grund kann die biographische Freiheit der Lebensgestaltung aber auch zu einem Problem werden, weil die Individuen, „angesichts der hohen Komplexität der gesellschaftlichen Zusammenhänge, vielfach kaum in der Lage sind, die notwendig werdenden Entscheidungen fundiert zu treffen, in Abwägung von Interesse, Moral und Folgen" (Beck und Beck-Gernsheim 1994, S. 14 f.). Die Biographisierung der Lebensgestaltung kann also zu einer biographischen Überforderung führen.

- Diskutieren Sie das Problem einer biographischen Überforderung anhand konkreter empirischer oder erdachter Beispiele?
- Gab es auch in Ihrem Leben schon Situationen, in denen Sie eine solche biographische Überforderung erfahren haben? Wie sind Sie damit umgegangen?

Gleichwohl – und das ist der zweite, unmittelbar damit zusammenhängende Aspekt – hat das Individuum seine biographischen Entscheidungen und deren Konsequenzen zu verantworten. Wird – wie in der individualisierten Gesellschaft der Moderne – das Individuum selbst als Planer und Gestalter seines Lebens angesehen, dann sind alle Lebensereignisse und Entwicklungen im Leben, Erfolge wie Misserfolge, nicht mehr irgendwelchen gesellschaftlichen Verhältnissen anzulasten, sondern eben auch individuell zu verantworten. Das gilt nicht nur mit Blick auf die Gesellschaft, die dem Individuum die Folgen seines Tuns zurechnet und im Hinblick auf die Verantwortungszuschreibung seitens anderer Individuen. Auch das Individuum selbst, das sich als Herr seines eigenen Schicksals begreift bzw. begreifen soll, rechnet sich positive wie negative Lebensereignisse und -entwicklungen (tendenziell vor allem erstere, letztere eher ungern) als selbst verursacht zu (Wohlrab-Sahr 1997).

- Welche biographisch selbst zu verantwortenden „(Miss-)Erfolge" gab es in Ihrem Lebenslauf bisher? Wie haben Sie diese erfahren und wie sind Sie damit umgegangen? Traten dabei auch Diskrepanzen zwischen der Fremd- und Selbstzuschreibung einer Verantwortlichkeit auf?

3.2 Institutionalisierter Lebenslauf und Biographisierung der ...

- Wie beurteilen Sie generell die gesellschaftliche Fremd- und internalisierte Selbstzuschreibung von individueller Verantwortung für Ereignisse und Entwicklungen im Leben?

Der letzte kurz anzusprechende Aspekt betrifft den zeitlichen Horizont der biographischen Reflexion und Planung. In seinem die Studien „Über den Prozess der Zivilisation" abschließenden Theorieentwurf betont Elias, dass die enorme Zunahme gesellschaftlicher Interdependenzen aufseiten der Individuen zwangsläufig „zur Unterordnung kurzfristiger Regungen unter das Gebot einer gewohnheitsmäßigen Langsicht" (1992a, S. 338) geführt hat. Bedeutet dieser zivilisatorische „Zwang zum Selbstzwang zur Langsicht" im Hinblick auf die Biographisierung der Lebensgestaltung, dass die Individuen heute langfristige, längere Lebensphasen oder gar die gesamte Lebensspanne umfassende biographische Planungen entwickeln und zu realisieren versuchen? Oder ist angesichts der Komplexität der gesellschaftlichen Verhältnisse und der Entscheidungssituationen, in denen das Individuum steht, „nur eine inkrementalistische biographische Selbststeuerung Erfolg versprechend" (Schimank 2002, S. 12)?[19] Oder ist es nicht vielmehr so, dass die biographische Reflexivität der Individuen heute sowohl langfristig, gar im Sinn eines Gesamtlebenskonzepts, als auch kurzfristig und situativ (re-)agierend angelegt sein muss? Und was bedeuten diese Formen biographischer Reflexivität und Lebensgestaltung für die Identität des Individuums?

- Ist Ihre Lebensplanung und -gestaltung in Ihrer jetzigen Lebenssituation eher lang- oder kurzfristig ausgerichtet? Denken Sie, dass der Zeithorizont Ihrer biographischen Planung sich im weiteren Verlauf Ihres Lebens ändern kann oder wird? Falls nein: warum nicht? Falls ja: warum und wie?

---

[19]Ähnlich argumentieren auch Mayer und Müller: wenn es zutreffe, dass die wohlfahrtsstaatliche institutionelle Ausdifferenzierung von Lebensbereichen eine große „Heterogenität individueller Handlungslogiken mit sich bringt, dann erscheint es als außerordentlich unwahrscheinlich, dass Individuen in der Lage sind, umfassende und langfristige Lebensentwürfe zu entfalten und durchzuhalten. Die institutionelle Struktur unterstützt eher eine Logik der gegenwärtigen Situation als eine Logik der Gesamtbiographie" (1989, S. 53 f.). Damit – so sei zu befürchten – weiche die eine eigenständige Lebensorientierung verbürgende substanzielle biographische Rationalität einer nur noch opportunistisch auf externe Anreize fokussierten funktionalen Rationalität.

- Schimank begründet die Notwendigkeit des biographischen Inkrementalismus systemtheoretisch mit der funktionalen Differenzierung der modernen Gesellschaft. Stimmen Sie der aus dieser gesellschaftlichen (Makro-)Struktur abgeleiteten These zu, dass „diejenigen, die ihr Leben nicht inkrementalistisch angehen, die Gefahr ernsthafter Identitätskrisen für sich heraufbeschwören" (Schimank 2002, S. 12)?

4 Kollektive Lebensläufe: Generationen, Kohorten und sozialer Wandel

Es gibt zwei soziologische Konzepte zur Erfassung kollektiver Lebensläufe und sozialen Wandels: Kohorte und Generation (Alwin und McCammon 2003). Beide Begriffe werden oft synonym benutzt, sind aber keinesfalls bedeutungsgleich. Der Kohortenbegriff ist theoretisch einfach, klar definiert und insofern empirisch gut handhabbar. Demgegenüber ist der (soziologisch ältere) Generationsbegriff inhaltlich voraussetzungsreicher, d. h. ein theoretisch anspruchsvolles, aber auch problematisches Konzept. Dies hat dazu geführt, dass Kohortenstudien heute nicht nur zum Standardrepertoire der Lebenslaufforschung gehören, sondern deren zentrales Instrument zur Erhebung sozialstrukturellen Wandels sind, während das Generationskonzept vernachlässigt (oder gar explizit verworfen) wurde.

4.1 Kohortenstudien und sozialer Wandel

4.1.1 Inter- und intrakohortentheoretische Konzeption

Mit der Kritik am Strukturfunktionalismus und seinem Altersgruppenkonzept, das die Lebenslaufforschung bis in die 1960er Jahre dominierte, kam es auch zu lebenslauftheoretischen und -methodischen Innovationen. Als wichtigste konzeptionelle Innovation gilt dabei der Kohortenansatz, den Ryder – ein Demograph[1] – mit seinem Aufsatz über „The Cohort as a Concept in the Study of Social Change" (1965) in die Lebenslaufforschung einführte. Allerdings – wirklich neu war die

---

[1] In der Bevölkerungswissenschaft gehörten Kohortenanalysen schon seit einigen Jahrzehnten zum gängigen Methodenarsenal.

Idee, sozialen Wandel mittels Kohortenanalysen zu studieren, in der Soziologie nicht. Comte, der Namensgeber der Disziplin, hatte schon 1839 im Hinblick auf die Dynamik sozialen Wandels gesagt, dass „die gewöhnliche Dauer des menschlichen Lebens ... auf die Schnelligkeit der Entwicklung mehr einwirkt, als jeder sonstige erkennbare Einfluss. Der soziale Fortschritt beruht wesentlich auf dem Tode, d. h. die sich folgenden Schritte der Menschheit verlangen eine ebenso schnelle Erneuerung der Träger der allgemeinen Bewegung.[2] Im Laufe eines individuellen Lebens ist diese kaum bemerkbar, sondern erst bei dem Übergang einer Generation auf die folgende" (1974, S. 140 f.). Dieses Zitat enthält nicht nur zwei auch für Ryders Kohortenkonzept (wie auch das Generationskonzept) grundlegende Annahmen: der demographische Metabolismus, d. h. permanenter Bevölkerungsaustausch qua Geburt und Tod, ist eine notwendige Voraussetzung sozialen Wandels[3] und die neu in die Gesellschaft eintretenden Geburtskohorten sind nur dessen „Träger" (nicht aber: „Verursacher"). Comte begründet hier auch bereits die methodische Grundidee des Kohortenansatzes: sozialer Wandel wird erst in der Generationenfolge deutlich sichtbar. Eineinviertel Jahrhundert später liest sich das bei Ryder so: „The new cohorts provide the opportunity for social change to occur. They do not cause change; they permit it. If change does occur, it differentiates cohorts from one another, and the comparison of their careers becomes a way to study change" (1965, S. 844).

Ryder definiert Kohorten als „aggregate of individuals (within some population definition) who experienced the same event within the same time interval" (ebd., S. 845). Als kohortendefinierendes Ereignis dient zumeist die Geburt bzw. das Geburtsjahr, d. h. die überwiegende Mehrheit der Kohortenstudien arbeitet mit Geburtskohorten. Aber auch andere Ereignisse wie Ausbildungsabschlüsse, Heirat, Erwerb von Wohneigentum, Krankheit, Berufs- und Betriebswechsel,

---

[2]Dass Comte nicht einfach von sozialem Wandel, sondern von einer allgemeinen Fortschrittsbewegung der Menschheit spricht, ist seiner geschichtsphilosophischen Perspektive geschuldet (und hier nicht relevant).
[3]Comtes spekulative Begründung: würden die Menschen ewig leben, „hörte die Fortschrittsbewegung fast völlig auf" bzw. eine deutlich längere Lebensdauer würde „die soziale Entwicklung verlangsamen, weil dann der natürliche Kampf zwischen dem Erhaltungstrieb, dem Kennzeichen des Greisenalters, mit dem zu Neuerungen treibenden Instinkt, der Eigenschaft der Jugend, zugunsten des ersteren ausfiele" – und umgekehrt würde „ein allzu kurzes Dasein ... auch ein Hindernis sein, da dann der Neuerungstrieb eine allzu große Macht erhielte. (…) Eine fruchtbare und dauernde Entwicklung könnte daraus nicht hervorgehen" (1974, S. 141).

4.1 Kohortenstudien und sozialer Wandel

Arbeitslosigkeit, etc. können Kohorten definieren. So konstituiert z. B. das Ereignis „Scheidung" die Kohorte derjenigen, die zu einer definierten Zeit, z. B. im Jahr 1993, geschieden wurden. Im Prinzip kann jedes beliebige Ereignis kohortendefinierend sein. So würde z. B. das Ereignis „Reifenpanne" die Kohorte derjenigen kreieren, die zu einer bestimmten Zeit mit ihrem Fahrzeug einen „Platten" hatten. Das kohortendefinierende Ereignis sollte aber „sinnvoll" sein, d. h. eine für eine soziologische Fragestellung relevante Kohorte konstituieren. Bei der „Scheidungskohorte 1993" ist das der Fall: wie viele Geschiedene wieder heiraten, wie lange es bis zur erneuten Eheschließung dauert, welche Rolle soziodemographische Faktoren dabei spielen, sind soziologisch relevante Fragen. Dagegen ist nicht ersichtlich, für welche soziologische Fragestellung die „'Platten'-Kohorte 1993" relevant sein könnte.[4]

Jede Kohorte ist in Bezug auf das sie definierende Ereignis und den entsprechenden soziodemographischen Zustand homogen, ansonsten jedoch heterogen. Eine Scheidungskohorte z. B. ist in Bezug auf den Familienstand homogen, eine Geburtskohorte per definitionem altershomogen. Außer bei Geburtskohorten variiert in allen anderen Arten von Kohorten das Lebensalter mehr oder weniger stark: eine Lehrabsolventen- oder Renteneintrittskohorte z. B. ist noch relativ altershomogen, in Heirats-, Arbeitslosen- oder Berufswechselkohorten dagegen streut das Alter stark. Die Geburtskohorte ist zwar altershomogen, bezüglich anderer soziodemographischer Merkmale wie Geschlecht, Bildungs- und Berufsstatus, Familienstand, Gesundheit, Vermögenssituation, etc. aber heterogen und „more random in composition than any other cohort type" (ebd., S. 848). Ryder

---

[4]Die beispielhaft genannten kohortendefinierenden Ereignisse wie Ausbildungsabschluss, Heirat oder Arbeitslosigkeit sind individuelle Ereignisse des Lebenslaufs, die die Individuen im selben historischen Zeitintervall erleben. Auch gravierende historische Ereignisse wie Wirtschaftskrisen, Kriege, politische Umbrüche, Kulturrevolutionen, Umweltkatastrophen, etc. können Kohorten definieren, wobei ein solch historisches Ereignis – weil es ja alle Gesellschaftsmitglieder, also Menschen jeden Alters betrifft – auf dasselbe Zeitintervall in den Lebensläufen der Individuen bezogen sein muss. Mittels des historischen Ereignisses der Wiedervereinigung Deutschlands z. B. können – abhängig von der Forschungsfrage – unterschiedliche Kohorten konstituiert werden: z. B. die Kohorte ostdeutscher Ausbildungsabsolventen oder eine ostdeutsche Renteneintrittskohorte oder diverse Kohorten arbeitslos gewordener Frauen in Ostdeutschland in verschiedenen Altersstufen. Häufig wird als lebenszeitliches Intervall die „formative Phase" der Jugend- und jungen Erwachsenenjahre herangezogen und mit einem historischen Ereignis verknüpft; in diesen Fällen nähert die Kohortendefinition sich dem Generationsbegriff (s. Abschn. 4.2).

differenziert in seinem Aufsatz nicht weiter zwischen Geburts- und anderen Kohorten, sondern konzentriert sich ausschließlich auf die Geburtskohorte.[5] Aufeinanderfolgende Geburtsjahrgänge – so Ryders zu Beginn zitierte Grundthese – werden durch den fortlaufenden sozialen Wandel (was auch immer dessen Ursachen sein mögen) zu distinkten Kohorten geformt. Im Umkehrschluss heißt das: Prozesse sozialen Wandels lassen sich an unterschiedlichen Lebenslaufmustern von Geburtskohorten ablesen. Mit dem Instrument der vergleichenden Kohortenanalyse können also Prozesse sozialen Wandels identifiziert werden. Wie begründet Ryder nun seine These, der soziale Wandel präge die Lebensläufe unterschiedlicher Geburtsjahrgänge in spezifischer Weise, sodass sich voneinander unterscheidbare, distinkte Kohorten formierten? Ryder argumentiert, dass „each new cohort makes fresh contact with the contemporary social heritage and carries the impress of the encounter through life. (…) The members … participate in only one slice of life – their unique location in the stream of history. Because it embodies a temporally specific version of the heritage, each cohort is differentiated from all others" (ebd., S. 845). Jeder Geburtskohorte eignet demnach ein spezifischer historisch-gesellschaftlicher Ort, d. h. eine Geburtskohorte ist historisch in einen ganz bestimmten, nur ihr eigenen sozialen, kulturellen, ökonomischen und politischen Kontext eingebettet. So durchlebten z. B. die Mitte der 1920er Jahre Geborenen den größten Teil ihrer Jugend während des Zweiten Weltkriegs, wohingegen die in den ersten Nachkriegsjahren Geborenen ihre Jugend zur Zeit des „Wirtschaftswunders" erlebten. Ryder zufolge führt die je einzigartige soziohistorische Lagerung der Geburtskohorten zu entsprechend einzigartigen, charakteristischen Erfahrungen und Aneignungen des „sozialen Erbes" bei deren Mitgliedern. Da der soziale Wandel die Gesellschaft fortlaufend verändert, ist jede Geburtskohorte in einen spezifischen gesellschaftlichen Kontext „eingelagert" und wird von diesem in charakteristischer Weise geprägt.

Die wichtigsten kohortendifferenzierenden Prägefaktoren des gesellschaftlichen Kontexts sind Ryder zufolge sich wandelnde Bildungsgehalte (formale Bildung), informelle *peer group*-Einflüsse sowie idiosynkratische historische Erfahrungen. Die beiden zuerst genannten Faktoren weisen schon darauf hin, dass Ryders bisherige Begründung seiner interkohortentheoretischen Konzeption lebenszeitlich zu präzisieren ist. Vorher wird aber noch kurz auf einen weiteren

---

[5]Ryders „exclusive attention to the birth cohort" (1965, S. 848) mag seiner disziplinären Sozialisation als Demograph geschuldet sein. In diesem Zusammenhang weisen Mayer und Huinink darauf hin, dass der Begriff „Kohortenanalyse" in der Demographie, Soziologie, Psychologie und Politologie zwar „methodisch etwas sehr Ähnliches, inhaltlich aber etwas sehr Verschiedenes" (1990, S. 443) bezeichnete.

4.1 Kohortenstudien und sozialer Wandel

kohortendifferenzierenden Faktor eingegangen sowie anschließend die bereits erwähnte soziodemographische Heterogenität der Geburtskohorte thematisiert. Kohortendifferenzierend wirkt der gesellschaftliche Kontext nicht allein durch seine inhaltliche Bestimmung jener drei Faktoren. Die charakteristische Kohärenz einer Geburtskohorte folgt auch „from its own macroanalytic features" (ebd., S. 843) – wie der Anzahl ihrer Mitglieder, ihrer Geschlechterrelation, der Verteilung ihrer Herkunftsmilieus, ihrem Bildungsniveau, etc. –, die ebenfalls durch den gesellschaftlichen Kontext festlegt sind: „Each cohort has a distinctive composition ... reflecting the circumstances of its unique origination" (ebd., S. 845).[6] Das vielleicht wichtigste Kompositionsmerkmal einer Geburtskohorte selbst ist ihre relative Größe, d. h. ihre Größe in Relation zu anderen Geburtsjahrgängen. Die Relevanz dieses Faktors hat Easterlin in seiner vieldiskutierten Studie über „Birth and fortune: The impact of numbers on personal welfare" (1980) betont.[7] Darin analysiert er die Auswirkungen der relativen Kohortengröße anhand der *„baby boomer"* (USA: Geburtsjahrgänge von 1946–1964) und behauptet, dass die Mitglieder dieser großen *„baby boom"*-Kohorten gegenüber den Mitgliedern der zahlenmäßig kleineren Geburtsjahrgänge davor ökonomisch und sozial benachteiligt sind: „For those fortunate enough to be members of a small generation, life is – as a general matter – disproportionately good; the opposite is true for those who are members of a large generation" (ebd., S. 3 f.). Warum das Easterlin zufolge so ist, lässt sich leicht verdeutlichen: wenn sehr große Geburtskohorten z. B. eingeschult werden, müssen deren Mitglieder in überfüllten Schulklassen lernen – es sei denn, Bildungseinrichtungen werden (oder wurden vorausschauend) ausgebaut; wenn sie ihre Ausbildung abgeschlossen haben, treffen sie auf einen Arbeitsmarkt, der nicht genügend ausbildungsadäquate Stellen für alle Kohortenmitglieder bietet – es sei denn, entsprechende Arbeitsplätze werden neu geschaffen oder andere Erwerbstätige aus solchen Stellen verdrängt. Eine große Geburtskohorte ist allerdings nicht nur mit „ungünstigen" gesellschaftlichen Gegebenheiten konfrontiert – sie erzeugt auch (wie im Beispiel angedeutet) gesellschaftlichen Veränderungsdruck und sozialen, politischen, ökonomischen und kulturellen Wandel. Was selbstverständlich

---

[6]Diese soziodemographische Merkmalskomposition der Geburtskohorte ändert sich zwar im Lauf der Zeit (etwa durch Tod oder Abwanderung), aber „many statistical facets of cohort composition ... differ at age zero from one cohort to the next, and remain approximately unchanged throughout the cohort's history" (Ryder 1965, S. 845).

[7]Zum *„relative cohort size*-Effekt" im Hinblick auf individuelle Lebensläufe wie auch makrosoziologisch im Hinblick auf gesellschaftliche Veränderungen s. Macunovich (2002) (s. Pampel und Peters 1995 für Kritik an Easterlins These).

nicht nur für geburtenstarke Jahrgänge gilt: in der Erfahrung und Verarbeitung ihrer gesellschaftlichen Lagerung kann jede Geburtskohorte – manchmal muss sie es – innovative Verhaltensreaktionen entwickeln, die – ganz im Sinn der Rückwirkungen gewandelter Lebensverläufe und Biographien auf soziale Strukturen und Institutionen (s. Abschn. 2.2.2) – den gesellschaftlichen Kontext verändern, sodass spätere Geburtskohorten in diesen gewandelten, neuartigen Gesellschaftskontext „eingelagert" sind (Modell 1989).

- Wie denken Sie über die Rolle schulischer (und universitärer) Bildungsgehalte und über die Rolle der *peer groups* im Hinblick auf Kohortendifferenzierung bzw. -prägung?
- Spielen Sie den Gedanken, den die beiden Sätze nach dem Verdeutlichungsbeispiel formulieren, für die (west-)deutschen *„baby boomer"* (d. h. die Geburtskohorten von Mitte der 1950er bis gegen Ende der 1960er Jahre) einmal durch im Hinblick auf institutionalisierte Übergänge im Lebenslauf und andere wichtige Lebensereignisse (z. B. Schul-, Berufs-, Renteneintritt, Heirat, Familiengründung, etc.) sowie auf Lebenseinstellungen, Verhaltensweisen und Werte:
    - Mit welchen ökonomischen, kulturellen, sozialen und politischen Umständen sind diese *„baby boom"*-Kohorten dabei konfrontiert?
    - Haben diese *„baby boom"*-Kohorten soziale, kulturelle, ökonomische oder politische Gegebenheiten verändert (indirekt oder direkt)?
    - Wie unterscheiden sich die Lebensläufe dieser *„baby boom"*-Kohorten von denen z. B. der Geburtsjahrgänge 1945–1955 und warum?

Ryder ist sich der soziodemographischen Heterogenität einer Geburtskohorte durchaus bewusst. Dennoch erwecken seine Ausführungen oft den Eindruck, diese sei ein monolithisches Sozialgebilde, das eine Art von „Makro-Lebenslauf" besitze. Er sagt sogar explizit: „The cohort record, as macro-biography, is the aggregate analogue of the individual life history" (1965, S. 859). Nach dieser Aussage scheint er in der Tat der Auffassung, dass sich die Lebensläufe der Geburtskohortenmitglieder aggregiert zu so etwas wie einem (homogenen) Kohortenlebenslauf formieren. Eine solche Auffassung unterstellt, die Mitglieder einer Geburtskohorten würden den gesellschaftlichen Kontext, in den sie „eingelagert" sind, einheitlich erleben und in gleicher Weise verarbeiten und folglich von diesem homogen geprägt. Ryder sagt auch explizit, dass die „attractive simplicity of birth cohort membership as signified by age cannot conceal the ways in which this identification is cross-cut and attenuated by differentiation with respect to education, occupation, marital status, parity status, and so forth. (…) The mea-

4.1 Kohortenstudien und sozialer Wandel

ning of sharing a common historical location is modified and adumbrated by these other identifying characteristics" (ebd., S. 847). Wenn jedoch die Bedeutung, d. h. die sozialisatorische Prägewirkung des gesellschaftlichen Kontexts von der soziodemographischen Heterogenität einer Geburtskohorte durchkreuzt, abgeschwächt, modifiziert und überlagert wird, stellt sich zwangsläufig die Frage nach der Reichweite und Relevanz dieses Sachverhalts. Das heißt: es wäre für jeden Fall empirisch zu klären, ob die Geburtskohortenmitglieder den gesellschaftlichen Kontext trotz ihrer soziodemographischen Heterogenität einheitlich erfahren, sodass dieser eine uniforme Prägewirkung zeitigt – oder ob und in welchem Maße die soziodemographische Heterogenität einer Geburtskohorte seitens ihrer Mitglieder zu unterschiedlichen Erfahrungen des gesellschaftlichen Kontexts führt, sodass daraus keine homogene Prägung resultiert. Jedenfalls darf ein (homogen-aggregierter) Kohortenlebenslauf als makrosoziologisches Pendant des Lebenslaufs eines Individuums theoretisch nicht einfach unterstellt werden. Vielmehr muss der soziodemographischen Heterogenität der Geburtskohorte – wenn schon nicht konzeptionell, dann zumindest in empirischen Studien methodisch – Rechnung getragen werden.

Ryders Argument, der soziale Wandel produziere durch den Mechanismus der „Prägung qua soziohistorischer Lagerung" distinkte Kohorten, ist zwingend lebenszeitlich zu präzisieren, weil die Individuen schließlich lebenslang in gesellschaftliche Kontexte eingebettet und davon beeinflusst sind. Sein Interkohortenkonzept impliziert zwei essenzielle lebenszeitliche Annahmen: zum einen, dass bereits in jungen Jahren eine Prägung der Lebensläufe der Individuen erfolgt, die so fundamental ist, dass sie sich – zum zweiten – über das weitere Leben durchhält und manifestiert. Ryder verortet diese grundlegende Prägung im Jugend- und jungen Erwachsenenalter. Die Ausdifferenzierung distinkter Kohorten resultiert demzufolge aus den (immer spezifischen) Gesellschaftskontexten, in die die Geburtsjahrgänge im Jugend- und jungen Erwachsenenalter „eingelagert" sind und deren sozialisatorischen Prägungen lebenslange Wirksamkeit unterstellt wird. Das ist der Kern des Kohortenkonzepts nach Ryder: der fortlaufende soziale Wandel hat dadurch, dass er Geburtskohorten in je einzigartige gesellschaftliche Kontexte einbettet, „variant import for persons of unlike age, and … the consequences of change persist in the subsequent behavior of these individuals and thus of their cohorts" (ebd., S. 844).

- Welche inhaltlichen und methodischen Konsequenzen hätte es im Hinblick auf Ryders Kohortenkonzept, wenn es über Jahrzehnte keinen nennenswerten sozialen Wandel gäbe? Was wären die Konsequenzen, wenn sich Prozesse gravierenden sozialen Wandels in sehr schneller Folge ereignen?

> • Eine Geburtskohorte wird im hohen Erwachsenenalter mit einem einschneidenden gesellschaftlichen Ereignis konfrontiert, macht also eine idiosynkratische soziohistorische Erfahrung. Wie sehen Sie die Bedeutung dieser Erfahrung in Relation zur Erfahrung des soziohistorischen Kontexts, in den die Kohortenmitglieder während ihrer Jugend- und jungen Erwachsenenjahre „eingelagert" waren?

Dass Menschen vor allem in jungen Jahren für sozialisatorische Prägewirkungen des gesellschaftlichen Kontexts offen und empfänglich sind (jedenfalls in Gesellschaften mit einer ausdifferenzierten Jugendphase, die ein „spielerisches" Ausprobieren und Formen von Identität und Persönlichkeit ermöglich) ist in der Entwicklungspsychologie weitgehend Konsens.[8] Wie aber steht es mit jener zweiten Annahme, der zufolge die sozialisatorischen Prägungen im Jugend- und jungen Erwachsenenalter alle weiteren Lebensphasen durchdringen? Bleiben die lebenszeitlich früh formierten Denk- und Verhaltensweisen, Ansichten, Überzeugungen und Werte über den Lebenslauf stabil? Diese Stabilitätsannahme ist – wie gesagt – für Ryders interkohortentheoretisch konzipierten Ansatz essentiell: „Implicit in the foregoing account of the interdependency of social change and cohort differentiation is the assumption that an individual's history is higly stable or at least continuous" (ebd., S. 851). Diese Annahme aber ist entwicklungs- und persönlichkeitspsychologisch umstritten. Empirische Evidenz gibt es sowohl für die Existenz stabiler Persönlichkeitsmerkmale (z. B. der sog. *„Big Five"* oder bestimmter kognitiver Fähigkeiten und Identitätsaspekte), aber auch für eine lebenslange Veränderlichkeit von Persönlichkeitsstrukturen.[9]

---

[8]Die Jugend- und jungen Erwachsenenjahre sind die entscheidende formative Phase, weil – so Ryder anschaulich – Menschen in diesem Alter „are old enough to participate directly in the movements impelled by change, but not old enough to have become committed to … a way of life" (1965, S. 848).

[9]Bilanzierend kann man vielleicht am ehesten von permanenten Veränderungen inmitten relativ stabiler Strukturen reden, wobei die „stability patterns of individual differences are capable of following any number of different trajectories" (Alwin und McCammon 2003, S. 36; Ardelt 2000; Caspi et al. 2005; Roberts et al. 2006; McAdams und Olson 2010; Specht et al. 2011). Zudem hat eine Meta-Analyse von Längsschnittstudien zur Persönlichkeitsentwicklung gezeigt, dass die meisten Persönlichkeitsmerkmale ihre Stabilität in diskontinuierlichen Prozessen aufbauen und erst im höheren Erwachsenenalter erreichen (Roberts und DelVeccio 2000). Jugend- und junges Erwachsenenalter sollten also im Hinblick auf ihr „Lebenslaufprägungspotential" nicht überschätzt werden.

4.1 Kohortenstudien und sozialer Wandel

Interessanterweise relativiert Ryder gegen Ende des Artikels die für sein Interkohortenkonzept essenzielle Stabilitätsannahme selbst. In einem „Sources of flexibility: individual and group" (ebd., S. 859) betitelten Abschnitt sagt er, dass Sozialisation in komplexen modernen Gesellschaften „continues throughout the whole of life. (…) Socialization need not mean rigidification" (ebd.). Wenn Individuen sich aber über das ganze Leben verändern, entwickeln und lernen können, findet sozialer Wandel nicht nur durch Kohortenabfolge und –differenzierung, d. h. interkohortenförmig statt, sondern kann auch über Veränderungen in den Lebensläufen der Mitglieder einer Geburtskohorte, d. h. intrakohortenförmig erfolgen. Diese Intrakohortendimension des sozialen Wandels spielt in Ryders Artikel keine Rolle. Im Schlussabschnitt seines Essays sagt er zwar, der Kohortenbegriff impliziere und ermögliche zwei Forschungsorientierungen, nämlich „first, the study of intra-cohort temporal development throughout the life cycle; second the study of comparative cohort careers, i.e., inter-cohort temporal differentiation" (ebd., S. 861). Seine Ausführungen fokussieren aber interkohortentheoretisch auf die Abfolge und Differenzierung „neuer" Geburtskohorten und blenden die Intrakohortendimension sozialen Wandels konzeptionell aus. Insofern stellt Ryders Interkohortenkonzeption zwar einen großen Fortschritt gegenüber der strukturfunktionalistischen Altersgruppensoziologie mit ihrer impliziten Annahme gesellschaftsstruktureller Statik dar, weil sie dem fortlaufenden sozialen Wandel, dem Normalfall der permanenten Veränderung und Dynamik des gesellschaftlichen Kontexts Rechnung trägt. Sein konzeptionelles Ausblenden der Intrakohortendimension sozialen Wandels dabei, die Vernachlässigung individueller Lern-, Anpassungs- und Entwicklungsprozesse über die Lebensspanne, hat aber zur Folge, dass das Individuum – anders als der gesellschaftliche Kontext – nicht als dynamisches, sondern (nach seiner Prägung in jungen Jahren) als „statische" Person begriffen wird. Lebenslauftheoretisch ist das problematisch, denn – wie Neugarten früh kritisierte – eine solche Interkohortenkonzeption „does not analyze lives but presents the statistical histories of cohorts" (1985, S. 297).

Diskutieren Sie die Frage, ob sozialer Wandel „interkohortenförmig" (also infolge einer fortlaufenden Ersetzung bzw. Verdrängung älterer durch jüngere Geburtskohorten) oder „intrakohortenförmig" (also durch Anpassungs- und Lernprozesse in den Geburtskohorten) erfolgt, zum einen am Beispiel des Wandels von Berufsbildern und beruflichen Anforderungen und zweitens am Beispiel gewandelter Familienformen und Formen des Zusammenlebens.

4.1.2 Von der Kohorten- zur Lebensverlaufsanalyse

Ryders Essay war der Startschuss für eine nicht mehr überschaubare Vielzahl kohortenanalytischer Studien; es dürfte mittlerweile wohl keinen Aspekt sozialen Wandels mehr geben, auf den der Kohortenansatz nicht angewendet wurde (und auch weiter wird). Empirische Studien stehen bei der methodischen Umsetzung des kohortentheoretischen Ansatzes vor dem Problem, Alters-, Perioden- und Kohorteneffekte unterscheiden und identifizieren zu müssen. Wie gezeigt, kann sozialer Wandel inter- wie auch intrakohortenförmig erfolgen. Dem Interkohortenkonzept zufolge findet sozialer Wandel durch Kohortenaustausch statt, wobei dieser Mechanismus distinkte historische Erfahrungen der Geburtskohortenmitglieder in ihren jungen Jahren unterstellt, die eine stabile, lebenslang wirksame Verhaltens- und Einstellungsprägung bewirkt (so könnte z. B. eine Wirtschaftskrise nach Jahren gesellschaftlicher Prosperität bei Menschen, die in der Endphase ihrer Ausbildung und im Übergang in die Erwerbstätigkeit sind, zu ausgeprägt materiellen Wertorientierungen führen). Man spricht diesbezüglich von Kohorteneffekten. Dagegen erfolgt sozialer Wandel nach dem Intrakohortenkonzept gerade durch personal-biographische Veränderungen der Individuen. Dieser Mechanismus ist zum einen lebenszyklisch begründet, d. h. eine Konsequenz des individuellen Alternsprozesses; in diesem Fall spricht man von Alterseffekten (so könnte z. B. das altersbedingt abnehmende Lernvermögen zur geringeren Akzeptanz von Innovationen führen). Personal-biographische Veränderungen können, zweitens, aber auch in der Reaktion des Individuums auf ein gravierendes historisches Ereignis gründen; in diesem Fall spricht man von Periodeneffekten (wie z. B. mit Blick auf die Auswirkungen des Zweiten Weltkriegs oder des Zusammenbruchs der DDR). Da Perioden- und Kohorteneffekte in der Erfahrung und Verarbeitung historischer Ereignisse durch die Individuen gründen, ist oft unklar, welche Art von Effekt vorliegt; theoretisch referiert die Trennlinie zwischen beiden Effekten auf die von einem solchen Ereignis betroffenen Individuen: wenn es in einer definierten Population Auswirkungen auf (fast) alle Individuen hat, spricht man von einem Periodeneffekt, trifft es dagegen nur bestimmte Geburtsjahrgänge, von einem Kohorteneffekt.[10] Alters-, Perioden- und

---

[10]Die Weltwirtschaftskrise z. B. stellte sicherlich einen Periodeneffekt dar, weil sie gesamtgesellschaftliche Auswirkungen, also Folgen für alle Gesellschaftsmitglieder hatte. Weil selbst ein solch gravierendes Ereignis in seinen Konsequenzen aber – wie Elders Studie der „Children of the Great Depression" gezeigt hat (s. Abschn. 2.1) – entscheidend auch von der Lebensphase abhängt, in der ein Individuum es erfährt, kann es auch Kohorteneffekte zeitigen.

4.1 Kohortenstudien und sozialer Wandel

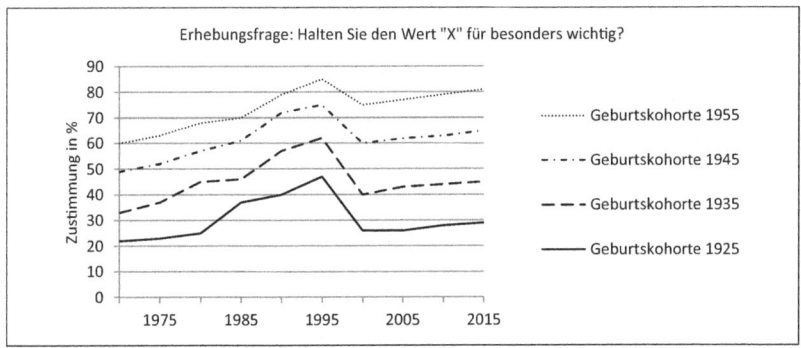

Abb. 4.1 Alters-, Perioden- und Kohorteneffekt (fiktives Beispiel)

Kohorteneffekte lassen sich zwar theoretisch gegeneinander abgrenzen und eindeutig definieren. In der sozialen Realität kommen sie aber in nie isoliert und unabhängig voneinander vor, sondern in unterschiedlicher Kombination und geradezu „amalgamiert" – was die folgende Abbildung verdeutlicht (Abb. 4.1).

Die Abbildung zeigt die fiktiven Ergebnisse für die in einer fiktiven empirischen Studie zum gesellschaftlichen Wertewandel gestellte fiktive Frage, ob man den Wert „X" als besonders wichtig erachtet. Zunächst ist festzuhalten, dass – vor allem in den jüngeren Kohorten – ein Wertewandel bezogen auf „X" stattgefunden hat (die Zustimmung war 2015 bei jeder Kohorte größer als 1970, und zwar um 7 % bei der ältesten Kohorte und um 12 %/16 %/21 % bei den jüngeren Kohorten). Wie ist dieser soziale Wandel zu erklären? Eine kausale Analyse muss Alters-, Perioden- und Kohorteneffekte separieren und die jeweiligen Auswirkungen identifizieren können. Nimmt man einmal an, diese Voraussetzung sei statistisch erfüllt: klar erkennbar ist dann ein Alterseffekt – bei jeder Geburtskohorte steigen die Zustimmungswerte seit 1970, d. h. mit zunehmendem Alter kontinuierlich an, mit Ausnahme des Jahres 2000. Darin ist klar erkennbar ein Periodeneffekt – der Zustimmungstrend bricht zur Jahrtausendwende dramatisch ein und setzt sich dann, allerdings verlangsamt, wieder fort. Klar erkennbar ist auch ein Kohorteneffekt – die 1970 vorhandenen deutlichen Zustimmungsdifferenzen zwischen den Geburtskohorten bleiben über den gesamten Erhebungszeitraum erhalten. In diesem Beispiel wurde die statistische Trennung von Alters-, Perioden- und Kohorteneffekten und Identifizierung dieser separaten Effekte (sowie möglicher Interaktionseffekte) als gegeben vorausgesetzt. Genau darin besteht aber das methodische Grundproblem von Kohortenstudien. Dieses

Alter	Jahr				
	1970	1980	1990	2000	2010
20-29	60	50	40	30	20
30-39	62	52	42	32	22
40-49	66	56	46	36	26
50-59	72	62	52	42	32
60-69	80	70	60	50	40

Kohorteneffekt →   Alterseffekt →   Periodeneffekt →

Abb. 4.2 Standard-Kohorten-Tabelle

methodisch fundamentale Identifikations- oder APK-Problem lässt sich an einer Standard-Kohorten-Tabelle illustrieren (Abb. 4.2). Eine Standard-Kohorten-Tabelle enthält sowohl die inter- wie auch die intrakohortentheoretische Perspektive. Dabei werden Kohorteneffekte über Differenzen zwischen Diagonalen, Alterseffekte über Differenzen innerhalb der Spalten und Periodeneffekte über Differenzen innerhalb der Zeilen abgebildet. In der Abbildung zeigt sich der Periodeneffekt z. B. im kontinuierlichen Sinken der Zellenwerte für die zu den einzelnen Erhebungszeitpunkten 60–69 jährigen von 80 im Jahr 1970 auf 40 im Jahr 2010. Ein Alterseffekt zeigt sich z. B. in den Zellenwerten der verschiedenen Altersgruppen im Jahr 2010, die von 20 bei den 20–29 jährigen auf 40 bei den 60–69 jährigen immer stärker ansteigen. Und ein Kohorteneffekt zeigt sich z. B. zwischen den 20–29 jährigen und den 30–39 jährigen, bei denen zum ersten Erhebungszeitpunkt 1970 unterschiedliche Zellenwerte vorliegen (60/62), deren Differenz in der Folgezeit nicht schwindet, sondern erhalten bleibt bzw. hier sogar zunimmt (auf 42/50 im Jahr 2000). Um nun das Identifikationsproblem zu veranschaulichen: bildlich gesprochen überschneiden sich in der Zelle rechts unten in der Tabelle ein Periodeneffekt-, ein Alterseffekt- und ein Kohorteneffekt-Pfeil. Der Zellenwert 40 könnte also aus einem gesellschaftlichen Entwicklungsprozess resultieren, d. h. Merkmal eines Periodeneffekts sein. Er könnte aber auch aus individuellen Alternsprozessen resultieren, d. h. Merkmal eines Alterseffekts sein. Und er könnte auch aus einem spezifischen, distinkten Kohortenverlauf resultieren, d. h. Merkmal eines Kohorteneffekts sein. Methodisch gesprochen: in der Standard-Kohorten-Tabelle

4.1 Kohortenstudien und sozialer Wandel

Alter	Periode (Jahr)				
	1970	1980	1990	2000	2010
25	K 1	K 2	K 3	K 4	K 5
35		K 1	K 2	K 3	K 4
45			K 1	K 2	K 3
55				K 1	K 2
65					K 1

Abb. 4.3 Operationales Schema einer Kohortenstudie (Geburtskohorten)

sind Perioden-, Alters- und Kohorteneffekte konfundiert.[11] Der Grund für diese Konfundierung kann anhand des operationalen Schemas einer Kohortenstudie verdeutlicht werden (Abb. 4.3).

In empirischen Studien ist die Variable „Kohorte" (K) operational durch den Zeitpunkt des kohortendefinierenden Ereignisses bestimmt (hier: Geburt/Geburtsjahr[12]). Die Variable „Periode" (P) wird durch einen relevanten Beobachtungszeitpunkt festgelegt (meist auf Jahresbasis). Und die Variable „Alter" (A) ist als Zeitdauer zwischen kohortendefinierendem Ereignis und Beobachtungszeitpunkt definiert.[13] Die Konfundierung von Alters-, Perioden- und Kohorteneffekten, d. h. das Identifikationsproblem in empirischen Kohortenstudien, resultiert unmittelbar aus dieser operationalen Definition der drei Variablen. A, P und K sind nämlich nicht unabhängig voneinander, sondern jede der Variablen ist in den beiden anderen immer schon enthalten, d. h. sind die Werte für zwei Variablen gegeben, ist damit auch der Wert der dritten Variable bestimmt – anders gesagt: A, P und K stehen in einer linearen Beziehung zueinander: A = P−K (Mason et al. 1973; in

---

[11]Und zwar sind in einer Standard-Kohorten-Tabelle in jeder Spalte Kohorten- und Alterseffekte, in jeder Diagonalen Alters- und Periodeneffekte und in jeder Zeile Perioden- und Kohorteneffekte konfundiert.

[12]Oft umfasst die Variable „Kohorte" nicht nur einen Geburtsjahrgang, sondern bezieht sich – wie in der Standard-Kohorten-Tabelle in Abb. 4.2 – auf mehrere benachbarte Geburtsjahrgänge.

[13]Im Sinne dieser Definition sollte die Variablenbezeichnung generell „Zeitdauer" lauten, denn „Alter" ist nur bei Geburtskohorten ein passender Terminus (bei einer Arbeitslosenkohorte z. B. gibt die Definition nicht an, wie alt eine Person, sondern vielmehr, wie lange die Person schon arbeitslos ist).

dem abgebildeten operationalen Schema handelt es sich bei den Kohorten K 1, K 2, K 3, K 4 und K 5 also um die Geburtsjahrgänge 1945, 1955, 1965, 1975 und 1985). Zwar mag die Fragestellung einer empirischen Untersuchung es manchmal erlauben, eine der drei Variablen A, P und K für irrelevant zu erklären und so das Identifikationsproblem aufzuheben. Aber einmal abgesehen davon, dass man dafür schon im Voraus wissen müsste, dass eine Variable – und welche – nicht wirksam ist: in den weitaus meisten Fällen ist eine solche Nichtwirksamkeitsunterstellung nicht möglich.

Die fortdauernde methodische Diskussion zum Identifikationsproblem wird hier nicht en detail referiert. Konsens scheint mittlerweile zu sein, dass das sog. APK-Problem rein statistisch nicht lösbar ist (s. aber O'Brien et al. 2008). Eine definitive Identifikation der separaten Effekte sowie möglicher Interaktionseffekte – so bilanziert Glenn die jahrzehntelangen Diskussionen – „through statistical model estimation is not possible. Belief that the effects can be separated statistically has led to much pseudo-rigorous research" (2003, S. 475). Das Identifikationsproblem kann nur theoretisch gelöst werden. Eine solche, auf konzeptioneller Ebene ansetzende Lösung hat Rodgers vorgeschlagen, dem zufolge „a solution to the dilemma lies in the specification and measurement of the theoretical variables for which age, period, and cohort are indirect indicators" (1982, S. 774; Renn 1987; Beekes 1990). Rodgers begreift A, P und K als Indikatorvariablen für komplexe theoretische Konstrukte, deren Bedeutungen oder Inhalte als „Alter", „Periode" und „Kohorte" nur unscharf und vor allem: unzureichend erfasst werden. Sein theoretisch-konzeptioneller Lösungsansatz besteht also darin, A, P und K begrifflich möglichst genau zu explizieren, um alle relevanten Einflussfaktoren zu erfassen und statistische Analysemodelle entsprechend spezifizieren zu können: „we must ask ourselves what it is we are really interested in estimating. Age, period, and cohort ... are used only because they are convenient and readily measurable indicators of more basic concepts ... Our problems arise because these indicators are confounded; the underlying concepts are not confounded. Moreover, our problems arise when we try to do our analysis when we have only the three indicators. If we are to replace even one of them with a set of more directly relevant variables, the parameters all become estimable" (Rodgers 1982, S. 786). So könnte in einer Kohortenstudie, die z. B. ein arbeitsmarktsoziologisches Thema untersucht, die Variable „Periode" in mehrere direkt relevante – sowohl bestimmte Zeitspannen als auch Ereignisse sowie längerfristige Trends widerspiegelnde – Variablen aufgehen wie etwa die Phase des Wirtschaftswunders oder des Ölpreisschocks, einschlägige Gesetzesänderungen, die Entwicklung der Arbeitslosenquote, des Bruttoinlandsprodukts, der Konsumnachfrage, der Branchenstruktur, etc.

4.1 Kohortenstudien und sozialer Wandel

Der heute in empirischen Kohortenanalysen meistverbreitete Umgang mit dem Identifikationsproblem folgt der von Rogers vorgeschlagenen Lösungsstrategie. Das in der linearen Beziehung A=P-K begründete Identifikationsproblem wird damit auf die operationale Ebene beschränkt, sozusagen dorthin verabschiedet. Letztlich wird damit aber auch die konventionelle Kohortenanalyse mit ihrem dreifaktoriellen Design aufgegeben bzw. in ein dynamisches (zeitbezogenes) multivariates Mehrebenenanalyse-Modell transformiert. Die Spezifizierung der unzulänglich groben Indikatorvariablen „Alter", „Periode" und „Kohorte", d. h. deren Ersetzung durch ein Bündel unmittelbar relevanter Variablen markiert einen forschungsperspektivischen Wechsel hin zu einer – zeitlich wie auch in Bezug auf den Gegenstandsbereich – multidimensionalen Modellierung von Lebensläufen, mit der die „starren Kategorien des kohortenanalytischen Paradigmas ... aufgelöst (werden): das Alter in ein mehrdimensionales Bündel von Zustandsdauern im Lebensverlauf, die Kohortenzugehörigkeit in eine sich akkumulierende, mehrdimensionale, mehrebenenbezogene ‚Lebensgeschichte', die Periode in einen ebenfalls mehrdimensionalen, mehrebenenbezogenen Raum aktueller Lebensbedingungen und -opportunitäten" (Mayer und Huinink 1994, S. 109).

Solche dynamischen, multidimensionalen, mehrebenenbezogenen Lebenslaufanalysen erfordern personenbezogene Längsschnittdaten. Nur mittels derartiger Daten[14] ist es möglich, die in den verschiedenen Lebens- und Gesellschaftsbereichen stattfindenden Veränderungen auf der Mikroebene individueller Lebensverläufe, der Mesoebene von Organisationen und der gesellschaftlichen Makroebene aufeinander zu beziehen. Es gibt heute eine ganze Reihe derartiger Datensätze – wie in Deutschland z. B. das Sozio-ökonomische Panel (SOEP; Wagner et al. 2008; Schupp 2009) –, die für die Lebenslaufforschung relevant sind und genutzt werden können.

- Informieren Sie sich über weitere Längsschnittdatensätze in Deutschland, Europa oder den USA, die für die Lebenslaufforschung interessant sind.
- Machen Sie sich – eventuell mithilfe einer graphischen Darstellung – anhand konkreter Beispiele (z. B. an Berufsverläufen oder Partnerschaftsbiographien) die Vorteile von Längsschnitt- gegenüber Querschnittsdaten klar.

---

[14]Und natürlich entsprechender statistischer Analyseverfahren wie z. B. der *event history analysis,* der Sequenzmusteranalyse oder der *latent class analysis* (Abbott und Tsay 2000; Aisenbrey 2000; Aisenbrey und Fasang 2010; Blossfeld und Rohwer 1995; Cornwell 2015; Macmillan und Eliason 2003; Mills 2011; Windzio 2013).

Abschließend werden noch ein paar Beispiele für derartige Kohortenstudien genannt. Das prominenteste deutsche Beispiel einer dynamischen, multidimensionalen, mehrebenenbezogenen Kohortenstudie ist die „Deutsche Lebensverlaufsstudie" (GLHS; Mayer 2015). Dieses von 1979 bis 2010 durchgeführte Großprojekt hat Lebensverläufe deutscher Geburtskohorten, deren Mitglieder zwischen 1919 und 1971 geboren sind, erhoben und analysiert. Methodisch war die GLHS quantitativ angelegt, d. h. erhoben wurde allein der „äußere" Lebensverlauf in Form altersbezogener Ereignis- und Positionskonfigurationen und -abfolgen in den diversen Gesellschafts- und Lebensbereichen. Diese Daten wurden in persönlichen Befragungen oder über computergestützte Telefoninterviews (größtenteils) retrospektiv erhoben und liegen auf Monatsbasis vor. Der Beobachtungszeitraum, für den insgesamt über zwölftausend Lebensverläufe vorliegen, umfasst gut acht Jahrzehnte und reicht bis 2005. Damit bildet die GLHS in einzigartiger Weise den sozialen Wandel in Deutschland während des fast gesamten 20. Jh. ab.[15]

Lebensläufe retrospektiv zu erheben heißt, dass in einer einmaligen Befragung der Lebenslauf einer Person rückblickend erfasst wird. Dabei können bei den Befragten – vor allem im Hinblick auf länger zurückliegende Lebensphasen – Erinnerungsprobleme und Datierungsfehler auftreten. Die Retrospektivbefragung ist aber mittlerweile ein gut funktionierendes, verlässliche Daten lieferndes Erhebungsinstrument (Brückner und Mayer 1998; Reimer 2005; Matthes et al. 2007). Lebensläufe können auch prospektiv in Panel-Studien erhoben werden. Eine Panel-Studie erfasst, beginnend ab dem Ersterhebungszeitpunkt, den weiteren Lebenslauf einer Person durch mehrmalige Befragungen (Panelwellen) über einen bestimmten Zeitraum. Beide Erhebungsverfahren haben ihre Vor- und Nachteile (Scott und Alwin 1998; Solga 2001).[16]

---

[15]Das westdeutsche Teilprojekt umfasste die Geburtsjahrgänge 1919-21, 1929-31, 1939-41, 1949-51, 1954-56, 1959-61, 1964 und 1971 (zwei Erhebungen), die ostdeutsche Teilstudie (zweiwelliges Panel) die Geburtskohorten 1929-31, 1939-41, 1951-53, 1959-61 und 1971. Im Rahmen der GLHS entstand eine Vielzahl an Publikationen; hier seien nur einige wichtige Monographien genannt: Blossfeld (1985); Allmendinger (1994); Lauterbach (1994); Huinink (1995); Huinink et al. (1995); Solga (1995); Wagner (1989, 1997); Konietzka (1999); Hillmert (2001); Jacob (2004); Mayer und Schulze (2009).

[16]Ein wichtiges Problem bei Panelstudien ist die Panelmortalität, d. h. dass Teilnehmer der Ausgangsstichprobe, warum auch immer, nicht erneut befragt werden können, was zur systematischen Verzerrung der Repräsentativität der Sub-Samples weiterer Erhebungswellen für das Ausgangssample und damit auch für die Grundgesamtheit, auf die die Studie letztlich referiert, führen kann (Rendtel 1995).

4.1 Kohortenstudien und sozialer Wandel

Ein prominentes aktuelles Beispiel für dynamische, multidimensionale, mehrebenenbezogene Kohortenstudien in Form einer prospektiven Panel-Studie ist das „Nationale Bildungspanel" (NEPS; www.neps-data.de). 2008 als größtes Projekt der deutschen Bildungsforschung gestartet, ist das NEPS seit 2014 eine dauerhafte Forschungsinfrastruktureinrichtung. Ziel des NEPS ist die Erhebung, Beschreibung und Analyse langfristiger Bildungsverläufe im Hinblick auf Kompetenzentwicklung, verschiedene Lernumwelten, soziale Ungleichheit und Bildungsentscheidungen, Bildungserträge, motivations- und persönlichkeitspsychologische Aspekte und Personen mit Migrationshintergrund. Anders als bei Retrospektiverhebungen können in einer prospektiven Panel-Studie Analyseergebnisse erst im Lauf der Zeit gewonnen werden.[17] Aus diesem Grund, d. h. um dennoch möglichst schnell Ergebnisse zu erzielen, arbeitet das NEPS methodisch mit einem Multikohorten-Sequenz-Design: es umfasst sechs Startkohorten, die repräsentative Ausgangsstichproben für Personen bestimmter Altersstufen bzw. in bestimmten Abschnitten des Bildungssystems darstellen. Bei diesen Startkohorten handelt es sich um Neugeborene, vierjährige Kindergartenkinder, Fünftklässler, Neuntklässler, Studienanfänger und 23- bis 64jährige. Die Bildungsverläufe dieser Kohorten, die insgesamt über 60.000 Personen erfassen, werden in wiederholten Befragungen erhoben und verfolgt. Das NEPS ist mit seinen Daten insofern eine weltweit einzigartige forschungsbasierte Infrastruktureinrichtung (Blossfeld et al. 2009, 2011, 2016).

Als weiteres Beispiel einer dynamischen, multidimensionalen, mehrebenenbezogenen Kohortenstudie in Form eines prospektiven Panels sei die „Berufsverlaufsstudie Ostdeutschland" (Sackmann et al. 2000) genannt.[18] In dieser Studie wurden die (Aus-)Bildungs-, Berufs- und Familienverläufe dreier ostdeutscher Absolventenkohorten untersucht: in einer repräsentativen Zufallsstichprobe wurden Personen erfasst, die 1985, 1990 und 1995 ihre berufliche Ausbildung oder ihr Universitätsstudium in den Regionen Leipzig und Rostock abgeschlossen haben. Diese waren hinsichtlich ihres Übergangs vom Bildungs-

---

[17]Besteht das Ausgangssample einer solchen Studie etwa aus Schulanfängern, dauert es mindestens zehn Jahre, ehe z. B. im Hinblick auf den Übergang vom Bildungs- in das Beschäftigungssystem überhaupt erste Analysen möglich sind, deren Ergebnisse sich zudem nur auf die Hauptschulabsolventen beziehen – entsprechende Aussagen über die gesamte Kohorte könnten, weil ein Teil davon studieren wird, erst nach fast zwanzig Jahren gemacht werden.

[18]Das Forschungsprojekt wurde im Rahmen des DFG-Sonderforschungsbereichs 186: „Statuspassagen und Risikolagen im Lebensverlauf" (1988–2001) durchgeführt.

in das Beschäftigungssystem mit ganz unterschiedlichen Bedingungen konfrontiert: die 1985er-Kohorte hatte ihre Ausbildung, den garantierten Berufseinstieg und die ersten Berufsjahre unter den gesellschaftlichen Rahmenbedingungen der DDR absolviert; die 1990er-Kohorte war zu DDR-Zeiten ausgebildet worden, ihr Übergang in das Beschäftigungssystem fiel aber genau in die turbulente „Wende"-Zeit; die 1995er-Kohorte schließlich hatte schon ihre Ausbildung unter den neuen marktwirtschaftlichen Bedingungen durchlaufen und traf beim Berufseinstieg auf einen zwar geschrumpften, sich aber wieder konsolidierenden Arbeitsmarkt. In der Basiserhebung wurden die Lebensverläufe von 3743 Personen retrospektiv erfragt und danach in zwei weiteren Panelwellen bis ins Jahr 2000 verfolgt; insgesamt liegen 2202 lückenlos auf Monatsbasis dokumentierte Lebensverläufe vor. Methodisch war das Projekt als sowohl quantitatives wie auch qualitatives Panel angelegt. Aus der Ausgangsstichprobe wurde mittels arbeitsmarkttheoretischer Kriterien ein Sub-Sample von insgesamt 67 Personen konstruiert, mit denen qualitative Interviews geführt wurden; 47 dieser Facharbeiter und Akademiker nahmen fünf Jahre später erneut an einem qualitativen berufsbiographischen Interview teil. Das im Unterschied zur GLHS fokussierte quantitative Sample und die vertiefenden qualitativen Interviews machten differenzierte Analysen zum sozialen Wandel in den neuen Bundesländern möglich, der aus der Wiedervereinigung Deutschlands bzw. dem abrupten Systemumbruch resultierte.[19]

Als ein letztes Beispiel einer dynamischen, multidimensionalen, mehrebenenbezogenen Kohortenstudie sei das „Kölner Gymnasiastenpanel" (KGP) genannt. Im Unterschied zu den drei eben genannten Beispielen war diese Panelstudie ein intrakohortentheoretisch angelegtes Projekt. Das KGP startete 1969/70 mit einer Befragung 15jähriger Schüler der 10. Jahrgangsstufe an 68 Gymnasien in Nordrhein-Westfalen (n = 3240). Wiederholungsbefragungen fanden Mitte der 1980er und 1990er Jahre sowie 2010 statt; diese letzte Erhebung umfasste noch etwa zwei Fünftel der Ausgangsstichprobe. Das KGP hat die Ausbildungs-, Berufs- und privaten Lebensverläufe der Kohortenmitglieder sowie deren Einstellungen zu einer Vielzahl gesellschaftlicher Phänomene und Fragen auf Monatsbasis erhoben. Seine vier Erhebungen dokumentieren die Lebensläufe von 1301

---

[19]An Publikationen aus diesem Projekt seien genannt: Sackmann und Wingens (1995, 1996); Sackmann et al. (2001); Windzio und Wingens (2000); Wingens (1999); Wingens und Sackmann (2000); Wingens et al. (2000).

4.1 Kohortenstudien und sozialer Wandel

Gymnasiasten über vier Jahrzehnte bis zum Alter von 56 Jahren (Meulemann 1995; Meulemann et al. 2001; Meulemann und Birkelbach 2012).[20]

Dynamische, multidimensionale, mehrebenenbezogene Intrakohortenstudien erheben und analysieren die Lebensläufe der Mitglieder einer singulären Kohorte. Ihr Analysefokus richtet sich auf die aus der soziodemographischen Heterogenität dieser Kohorte resultierenden Folgen im Verlauf des Alterns ihrer Mitglieder. Im Hinblick auf die Analyse von Prozessen sozialen Wandels bergen intrakohortentheoretisch angelegte Studien aber eine Gefahr: Längsschnittanalysen nur einer singulären Kohorte können leicht einem „cohort-centrism" (Riley 1988, S. 26) aufsitzen, d. h. empirische Befunde zu den Lebensläufen und Verlaufsmustern dieser Kohorte unzulässig generalisieren. Nur im Kohortenvergleich, also mit einem interkohortentheoretischen Forschungsdesign, lassen sich allgemeine Verlaufsmuster – z. B. in Bezug auf die Institution „Familie" in Richtung einer Pluralisierung von Lebensformen – und damit ein sozialer Wandel feststellen.

Vor fast vierzig Jahren beschrieb Rosow in einem kurzen Artikel mit dem Titel „What is a cohort and why?" drei grundlegende Probleme des Kohortenansatzes. Eines davon ist das „boundary problem": „The basic problem is a paradox: how to create a series of discrete cohorts from a continuous flow of people. (…) What we are really unclear about is whether cohort is only a conceptual or also an empirical unit. If cohort is only a concept without any empirical meaning, then it does not matter where we divide cohorts so long as we do not disturb their order. (…) So cohorts could be divided arbitrarily or for convenience into as many or as few equal intervals as we wish. But this is purely a technical decision that completely misses the point about cohorts. If cohorts are differentiated by events and experience, then they must have an empirical as well as conceptual basis. These events differ in kind, so that cohorts are distinguished more by qualitative than quantitative differences. They are intrinsically discrete, they do not function as continuous variables, nor do they reflect such effects" (1978, S. 68).

- Diskutieren Sie das „boundary problem".

---

[20] Neben dem KGP sei hier noch die „Hamburger Schulabsolventenstudie 1979" genannt (Friebel et al. 2000). Diese quantitative wie qualitative Intrakohortenstudie untersuchte die Bildungsbiographien von Hamburger Hauptschul-, Realschul- und Gymnasialabgängern. 1980 wurden die Bildungsverläufe von 354 Schulabgängern erhoben; der weitere Lebenslauf dieser Personen wurde anschließend in mehreren Wiederholungsbefragungen bis 1997 verfolgt (an der letzten Befragung nahmen noch 131 Personen teil).

4.2 Historische Generationen und sozialer Wandel

4.2.1 „Generation" – ein problematischer Begriff?

1928 publizierte Mannheim seine theoretisch grundlegende Arbeit über „Das Problem der Generationen" (1964). Obwohl das Generationskonzept soziologisch also erheblich älter ist als das der Kohorte – und Ryder deutliche Anleihen bei Mannheims klassischem Aufsatz machte –, spielt der Begriff der Generation so gut wie keine Rolle in der Lebenslaufforschung. Als ein Grund dafür wird oft die Mehrdeutigkeit des Generationsbegriffs genannt. Wenn z. B. von der Kriegsgeneration, der Elterngeneration, der Studentengeneration, der Generation der jungen Alten oder der „Generation Praktikum" (oder gar der nächsten Generation von Elektrorasierern) die Rede ist, wird der Begriff in ganz unterschiedlichen Bezugsrahmen verwendet: er referiert auf durch historische Umstände geformte soziokulturelle Kollektive, auf genealogische Beziehungen, auf Lebensphasen, auf Altersstufen oder auf Kohorten (oder auf technische Produktlinien). Zu Recht moniert Kertzer, diese polysemantische Begriffsverwendung sei „guaranteed to sow confusion. The confounding of generation as a principle of descent relationship with concepts related to age and historical time has resulted in studies that are methodologically flawed" (1983, S. 142) – was er an einer Reihe von Beispielen überzeugend belegt. Nur – wer oder was ist dann zu kritisieren: der Generationsbegriff oder der Soziologe, der ihn inkonsistent verwendet?

Um die unzulässige Ineinssetzung von historischen Generationen, Abstammungsrelationen, Lebensphasen, Altersgruppen sowie Kohorten im Begriff „Generation" zu vermeiden, propagierten (nachdem das Kohortenkonzept Eingang in die Soziologie gefunden hatte) einige Forscher, vor allem aus den USA, eine Einschränkung auf genealogische Beziehungen: „Generation" sollte allein im Sinn familialer Generationen verstanden werden (Ryder 1965; Riley et al. 1972; Glenn 1977; Kertzer 1983). Dass sich dieser terminologische Regulierungsversuch nicht durchsetzen konnte, verweist darauf, dass im Generationsbegriff neben Abstammungsrelationen ein weiteres soziales Phänomen aufgehoben ist, das sich ob seiner gesellschaftlichen Relevanz nicht einfach aus dessen Semantik verdrängen lässt – und das man auch nicht wegdefinieren sollte, weil damit ein analytisches Potential dieses Begriffs verschenkt würde. Bei diesem sozialen Phänomen handelt es sich – wie ein kurzer bedeutungsgeschichtlicher Blick auf den Generationsbegriff zeigt – um historische Generationen.

4.2 Historische Generationen und sozialer Wandel

„Generation" wurde im frühen 16. Jh. aus dem lateinischen „generatio", d. h. „Erzeugung, Zeugung(sfähigkeit)" entlehnt.[21] Der ursprüngliche Generationsbegriff war also „ohne Zweifel ein biologisch-genealogischer" (Jaeger 1977, S. 430) und bezog sich auf die familiale Reproduktion. Darüber hinaus war der Begriff auch gattungsgeschichtlich konnotiert, verwies also auch auf das Menschengeschlecht (lat. „genus"): analog zur familialen Genealogie wurde auch in der Menschheitsgeschichte eine biologisch bedingte Rhythmik unterstellt, die in Intervallen von gut dreißig Jahren bestehe. Die Vorstellung, Geschichte und gesellschaftlicher Wandel würden einem biologisch bedingten Generationen-Rhythmus unterliegen, ist mittlerweile obsolet – allein der familiale Generationsbegriff ist biologisch fundiert.[22] Ende des 18. Jh. kam es zu einer semantischen Verschiebung im Generationsbegriff: der sich beschleunigende soziale Wandel führte nämlich im Verlauf jenes Jahrhunderts dazu, dass der Begriff „Generation" aus dem Horizont einer kontinuierlichen generativen Abfolge in eine Perspektive der Diskontinuität einrückte. „Aus dem einen Zeitverlauf" – so Koselleck – „wird eine Dynamik mehrschichtiger Zeiten zur gleichen Zeit. Was der Fortschritt auf den Begriff gebracht hatte, dass – verkürzt formuliert – Alt und Neu aufeinanderprallen, ... war seit der Französischen Revolution zum Erlebnis des Alltags geworden. Die Generationen lebten zwar in einem gemeinsamen Erfahrungsraum, der aber war je nach politischer Generation und sozialem Standpunkt perspektivisch gebrochen" (1979, S. 367). Alltags- und Gegenwartserfahrungen der gleichzeitig existierenden Menschen waren nicht länger dieselben, sondern durch ihre gesellschaftliche Position und – hier wichtiger – ihre Zugehörigkeit zu unterschiedlichen Generationen präformiert. In Reaktion auf diese neuartige Erfahrung historisch-gesellschaftlicher Diskontinuität bildete sich ein neues Begriffsverständnis im Sinn historischer Generationen (Riedel 1969).[23] Das Verhältnis von Generation einerseits, Geschichte und Gesellschaft andererseits wird damit umgekehrt: das genealogische Begriffsverständnis sah im biologisch bedingten Rhythmus der familialen Generationenabfolge die Ursache

---

[21]Einen Überblick über die Bedeutungen und Verwendungsweisen des Generationsbegriffs geben z. B. Sackmann (1992); Weigel (2002, 2006, S. 107 ff.); Fietze (2009, S. 23 ff.).

[22]Die biologisch bedingte Rhythmik der familialen Generationenabfolge lässt sich nicht auf Geschichte und Gesellschaft übertragen, weil die Abfolge der Geburten in größeren Sozialformationen einen kontinuierlich fließenden Strom darstellt.

[23]Erst „im Konzept der historischen Generationen ist die Erfahrung der Verzeitlichung der Geschichte, der Gleichzeitigkeit des Ungleichzeitigen als der spezifischen Erfahrung der Neuzeit, integriert" (Fietze 2009, S. 40).

sozialen Wandels – der historische Generationsbegriff sieht in diesen gesellschaftlichen Veränderungen die Ursache der Formierung distinkter Generationen (die wiederum auf den sozialen Wandel zurückwirken können). Trotz dieses essenziellen Verhältnisses zwischen historischen Generationen und historisch-gesellschaftlicher Diskontinuität spielt der Begriff „Generation" für die Erfassung kollektiver Lebensläufe und sozialen Wandels so gut wie keine Rolle in der Lebenslaufforschung. Der Grund dafür ist, dass weder familiale noch historische Generationen, anders als Kohorten, zeitlich präzise festzumachen sind. Was familiale Generationen angeht, erlauben Analysen intergenerationaler Daten keine Aussage über sozialen Wandel, weil innerhalb der Generationen erhebliche Altersdifferenzen existieren (wie schon Blau und Duncan in ihrer klassischen Mobilitätsstudie gezeigt haben (1967, S. 82 ff.)). Würde man z. B. die Wertorientierungen Sechzehnjähriger mit denen ihrer Eltern und Großeltern vergleichenden, gäbe es – angenommen, die Mütter waren bei der Geburt der Kinder 19–39 Jahre alt (für die Väter ist ein noch größerer Zeitrahmen anzunehmen) – bereits in der Elterngeneration Altersdifferenzen von mindestens zwanzig Jahren, die sich in der Großelterngeneration auf mindestens vierzig Jahre verdoppeln würden. Infolge derartiger Altersdifferenzen können empirische Studien, die mit dem familialen Generationsbegriff arbeiten, keine Erkenntnisse zum generellen gesellschaftlichen Wandel liefern. Zum familialen Generationsbegriff nur so viel: dieser referiert auf genealogische Stufen, wobei diese familiale Generationenabfolge biologisch konstituiert ist. Familiale Generationen haben keinen konstitutiven Bezug zu Geschichte und Gesellschaft, sondern sind als biologisch bedingte soziale Tatsachen schlicht „gegeben" – insofern stellt sich hier die Frage nach den Bedingungen und Ursachen der Herausbildung einer Generation nicht. Forschungsperspektivisch zielt der familiale Generationsbegriff vielmehr auf die Beziehungen zwischen familialen Generationen sowie deren Verhältnis zum Wohlfahrtsstaat (Lüscher und Schultheis 1993; Bengtson und Harootyan 1994; Wissenschaftlicher Beirat für Familienfragen 2012) und untersucht die familialen sowie wohlfahrtsstaatlichen Transmissionen kultureller, sozialer und ökonomischer Leistungen und Kapitalien (Szydlik 2004).[24] Diesbezüglich lässt sich

---

[24] Kaufmann zufolge sind unter Generationenbeziehungen „die beobachtbaren Folgen sozialer Interaktionen zwischen Angehörigen verschiedener, in der Regel familial definierter Generationen" zu verstehen; dagegen bezeichnen Generationenverhältnisse „die für die Beteiligten nicht unmittelbar erfahrbaren, im Wesentlichen durch Institutionen des Sozialstaats vermittelten Zusammenhänge zwischen den Lebenslagen und kollektiven Schicksalen unterschiedlicher Altersklassen oder Kohorten" (1993, S. 97). Ausgiebig erforscht wurde und wird in diesem Zusammenhang die Transmission von Bildungskapital (Einfluss

4.2 Historische Generationen und sozialer Wandel

allgemein konstatieren, dass familiale Generationenbeziehungen zwar „per se von Ambivalenzen geprägt (sind). Die Generationenambivalenz führt jedoch nicht zu einem Auseinanderleben der Familiengenerationen. (…) Das Stichwort ‚Lebenslange Solidarität' trifft das Verhältnis der Familiengenerationen viel besser" (Szydlik 2000, S. 233). Wer sich für familiale Generationen bzw. die soziologische Relevanz des familialen Generationsbegriffs interessiert, sei hier auf die einschlägige Literatur[25] verwiesen; im Folgenden geht es allein um den historischen Generationsbegriff.

Für historische Generationen hat Berger die Bemängelung präziser zeitlicher Lokalisierbarkeit in die Frage „How long is a generation?" (1960) gefasst. Seine programmatische Frage nach dem Beginn und Ende einer Generation, nach den ihr zugehörigen Geburtsjahrgängen, spielt auf das grundlegende Problem des historischen Generationsbegriffs an, den konstitutiven Bezug einer historischen Generation auf Geschichte und Gesellschaft klären zu müssen: wie und warum formieren sich aus dem kontinuierlichen Strom der Abfolge von Geburten, Altern und Tod heraus distinkte historische Generationen? In seinem klassischen Aufsatz hat Mannheim versucht, dieses Problem zu lösen. Was die monierte Präzision der zeitlichen Lokalisierbarkeit einer historischen Generation angeht, führt sein Aufsatz (und der anschließende generationssoziologische Diskurs) zu der Einsicht, dass historische Generationen zeitlich nicht mit der Präzision lokalisierbar sind wie Geburtskohorten. Aber – reicht das, um den Generationsbegriff in der Lebenslaufforschung für irrelevant zu erklären?

4.2.2 Das soziologische Problem der Generationen

Mannheim kritisiert in seiner Arbeit zunächst die beiden Perspektiven, unter denen das Generationsphänomen bislang thematisiert wurde. Die positivistische

---

des Elternhauses auf Bildungschancen); verstärkt diskutiert wird seit einiger Zeit der Transfer von Vermögen und Wohneigentum. Bei den Transmissionen von der Kinder- zur Elterngeneration geht es primär um Pflege- und häusliche Unterstützungsleistungen. In Bezug auf Generationenverhältnisse steht die Frage im Fokus, ob familiengenerationale Solidarität durch den Sozialstaat untergraben oder unterstützt wird (*crowding out* vs. *crowding in*).

[25]Neben den bereits genannten Publikationen z. B. Liebau (1999); Kohli und Szydlik (2000); Lüscher und Liegle (2003); Pillemer und Lüscher (2004); Lange und Lettke (2006); Blome et al. (2008); Ette et al. (2010).

Denkweise ist zu kritisieren, weil sie „aus der Sphäre der Biologie heraus unmittelbar den formalen Wechsel der geistigen und sozialen Strömungen zu verstehen" (1964, S. 511 f.) sucht, d. h. gesellschaftlichen Wandel auf den biologischen Sachverhalt der begrenzten Lebensdauer des Menschen zurückführt und folglich eine biologisch bedingte Rhythmik als generelles, in der Geschichte wirkendes Gesetz behauptet. Auf diese Denkweise muss man nicht weiter eingehen: weder ist zu sehen, wie soziale, politische, ökonomische und kulturelle Diskontinuitäten unmittelbar aus dem kontinuierlichen Abfolgestrom von Geburten, Altern und Tod resultieren könnten, noch lässt sich die je spezifische Gestalt gesellschaftlichen Wandels aus diesem immer gleichen biologischen Faktum ableiten. Die allein an der Sphäre kulturellen Wandels interessierte romantisch-historische Perspektive ist zu kritisieren, weil sie mit dem Generationskonzept „das übliche, nur äußerliche Gerüst des Verlaufs geistiger Bewegungen" (ebd., S. 516), d. h. den quantitativ messbaren chronologischen Zeitbegriff, durch die Idee „nur qualitativ erfassbarer innerer Erlebniszeit" (ebd.), also einer subjektiven und nur mittels Verstehen zugänglichen „Innerzeitlichkeit" ersetzt. Im Anschluss an Dilthey betont Mannheim, dass damit der Umstand der „Gleichzeitigkeit ... einen tieferen als den bloß chronologischen Sinn erhält. Gleichzeitig aufwachsende Individuen erfahren ... dieselben leitenden Einwirkungen sowohl von Seiten der sie beeindruckenden intellektuellen Kultur als auch von Seiten der gesellschaftlich-politischen Zustände" (ebd.).[26] Hatte Dilthey 1875 dieses Gleichzeitigkeitsverhältnis auf die jeweils gemeinsam Aufwachsenden in ihrer gleichartigen Sozialisierung bezogen und ein chronologisches Nacheinander der jeweiligen kulturellen Generationen angenommen, so betonte Pinder ein halbes Jahrhundert später gerade „die 'Ungleichzeitigkeit des Gleichzeitigen'"[27]. In derselben chrono-

---

[26]Diltheys klassische Formulierung lautet: „Generation ist ... eine Bezeichnung für ein Verhältnis der Gleichzeitigkeit von Individuen; diejenigen, welche gewissermaßen nebeneinander emporwuchsen ... bezeichnen wir als dieselbe Generation. Hieraus ergibt sich dann die Verknüpfung solcher Personen durch ein tieferes Verhältnis. Diejenigen, welche in den Jahren der Empfänglichkeit dieselben leitenden Einwirkungen erfahren, machen zusammen eine Generation aus. So gefasst, bildet eine Generation einen engeren Kreis von Individuen, welche durch Abhängigkeit von denselben großen Tatsachen und Veränderungen, wie sie im Zeitalter ihrer Empfänglichkeit auftraten, trotz der Verschiedenheit hinzutretender anderer Faktoren zu einem homogenen Ganzen verbunden sind" (1961, S. 37).

[27]Pinder, ein Kunsthistoriker, versuchte in einer damals viel diskutierten Arbeit über „Das Problem der Generation in der Kunstgeschichte Europas" (1926), die simultane Existenz unterschiedlicher Kunststile mithilfe des Generationskonzepts zu erklären. Seine gern zitierte Rede von der „'Ungleichzeitigkeit' des Gleichzeitigen" (ebd., S. 11) problematisierte die „Idee der alleingültigen, 'einheitlichen Zeit' mit ihrem einheitlichen 'Fortschritt'; der

4.2 Historische Generationen und sozialer Wandel

logischen Zeit leben verschiedene Generationen" (ebd., S. 517). Mannheim hat zwar Diltheys und Pinders Überlegungen für seine Generationssoziologie rezipiert, verwirft jedoch deren Denkweise, weil sie „die Tatsache (überdeckt), dass zwischen der naturalen Sphäre und der geistigen noch die Ebene der gesellschaftlich formierenden Kräfte" (ebd., S. 519) liegt. Seine Kritik der positivistischen und der romantisch-historischen Perspektive mündet in die Forderung nach einer „Erforschung dessen, was näher liegt und erforschbar ist, der durchleuchtbaren Textur sozialen Geschehens und deren Einwirkungen auf das Generationsphänomen" (ebd., S. 521 f.) – d. h.: einer soziologischen Perspektive. Diese entwickelt Mannheim, indem er mittels einer formalsoziologischen Analyse die „elementarsten Tatbestände am Generationsphänomen" (ebd., S. 523) herausarbeitet.

Was macht nun formalsoziologisch „das spezifische Miteinander der in der Generationseinheit verbundenen Individuen" (ebd., S. 524) aus? Diese stellen zunächst einmal keine konkrete Gruppierung im Sinne des soziologischen Gruppenbegriffs dar, sondern vielmehr „einen bloßen Zusammenhang" (ebd.), der in Analogie zum Klassenbegriff erläutert werden könne. Die Klassenlage bezeichne eine „schicksalsmäßig verwandte Lagerung ... im ökonomisch-machtmäßigen Gefüge" (ebd., S. 525) der Gesellschaft: Individuen, die sich in ähnlichen sozio-ökonomischen Positionen befinden, sind objektiv, d. h. ob sie sich dessen bewusst sind oder nicht, in derselben Klassenlage. Analog verweise auch der Generationsbegriff zunächst bloß auf eine verwandte Lagerung[28] von Individuen im sozialen Raum. Während diese sich im Fall der Klassenlage auf die hierarchische Strukturierung einer Gesellschaft bezieht und ökonomisch fundiert ist, ist ihr Referenzrahmen beim Generationsphänomen die zeitliche

---

zwingenden 'Gegenwart', die über die Existenzen hinrolle" (1926, S. 13). Eine generationsgeschichtliche Sicht hingegen „ersetzt die zu plumpe Schein-Akkordik der 'Gegenwarten' durch die Vorstellung einer Polyphonie, die für das geschärfte Ohr größere Klarheit besitzt, diese Schärfung aber allerdings verlangt. (…) Sie lehrt, die geschichtliche Zeit von den Subjekten her zu differenzieren, und damit ihr relatives Wesen zu empfinden: dass es für Künstler wie für Menschen überhaupt nicht 'die Zeit' gibt, sondern 'ihre Zeit'. In dem – objektiven – Bilde der Mehrdimensionalität geschichtlicher Zeitpunkte kommt diese Relativierung als – subjektive – Verschiedenheit jedes chronologisch einheitlichen 'Zeitpunktes', als versteckte Ungleichzeitigkeit des Gleichzeitigen, zum Ausdruck" (ebd., S. 163).

[28]Deren „Schicksalsmäßigkeit" hinsichtlich der Klassenlage aber im Unterschied zur Generationslagerung (wie gleich deutlich wird) zu relativieren ist: ihre Klassenlage können Individuen verlassen (Auf- bzw. Abstiegsmobilität).

Struktur des Geschichtsverlaufs und basiert sie auf dem biologisch bedingten demographischen Metabolismus: durch Zugehörigkeit zu einem Geburtsjahrgang „ist man im historischen Strome des gesellschaftlichen Geschehens verwandt gelagert" (ebd., S. 527). Insofern ist das Generationskonzept zwar auch bei Mannheim biologisch fundiert. Das Faktum von Geburt, Altern und Tod ist aber lediglich die Voraussetzung für eine Formierung von Generationen. Diese sind nicht in der biologischen Tatsache der begrenzten Lebenszeit enthalten, lassen sich also auch nicht daraus ableiten, sondern nur soziologisch: anhand historisch-gesellschaftlicher Strukturen und Prozesse bestimmen.[29]

Insofern ist weiter nach der soziologischen Relevanz der biologisch fundierten Generationslagerung zu fragen. Diese präformiere wie jede Lagerung von Individuen im sozialen Raum deren Erleben und Denken in bestimmter Weise: durch eine Beschränkung von Erfahrungs- und Handlungsmöglichkeiten und positiv durch „Nahelegen" bestimmter Erfahrungs-, Denk- und Verhaltensweisen. Mannheim spricht von der „einer jeden Lagerung inhärierenden Tendenz …, die aus der Eigenart der Lagerung selbst bestimmbar ist" (ebd., S. 528). Welche Tendenz inhäriert nun der Generationslagerung bzw. welche spezifischen Auswirkungen zeitigt der sie fundierende demographische Metabolismus? Formalsoziologisch lassen sich fünf elementare Aspekte ausmachen. Erstens bewirkt der demographische Metabolismus das „stete Neueinsetzen neuer Kulturträger" (ebd., S. 530). Diese gesellschaftlichen „Neuzugänge" bringen auch einen neuartigen Zugang zum sozialen und kulturellen Erbe mit und sind für Mannheim deshalb der wichtigste Innovationsfaktor einer Gesellschaft. Eine zweite Auswirkung ist die des „steten Abgangs früherer Kulturträger" (ebd., S. 532). Deren Tod ermöglicht kulturelles und soziales Vergessen als eine notwendige Voraussetzung gesellschaftlicher Weiterentwicklung. Drittens impliziert das Moment der Generationslagerung, dass Individuen immer „nur an einem zeitlich begrenztem Abschnitt des Geschichtsprozesses partizipieren" (ebd., S. 535) können. Dieser Aspekt ist für Mannheims Generationstheorie besonders wichtig und wird des-

---

[29]Wie jedes Phänomen, das durch ein anderes fundiert ist, könnte auch das Generationsphänomen nicht ohne diese Fundierung „bestehen, es enthält aber in sich ein dem Fundierenden gegenüber unableitbares, qualitativ eigenartiges Superadditum. Gäbe es nicht das gesellschaftliche Miteinander der Menschen, gäbe es nicht eine bestimmt geartete Struktur der Gesellschaft, gäbe es nicht die auf spezifisch gearteten Kontinuitäten beruhende Geschichte, so entstünde nicht das auf dem Lagerungsphänomen beruhende Gebilde des Generationszusammenhangs, sondern nur das Geborenwerden, das Altern und das Sterben. Das soziologische Problem der Generationen fängt also erst dort an, wo auf die soziologische Relevanz dieser Vorgegebenheiten hin abgehoben wird" (Mannheim 1964, S. 527 f.).

4.2 Historische Generationen und sozialer Wandel

halb im nächsten Absatz eingehender behandelt. Eine vierte Konsequenz ist die „Notwendigkeit des steten Tradierens ... des ererbten Kulturgutes" (ebd., S. 538). Diese Tradierung erfolgt weniger in pädagogischer Form als Erziehung bzw. mittels des bewusst Gelehrten als vielmehr in sozialisatorischer Form als unbefragtes „Hineinwachsenlassen" der Heranwachsenden. Schließlich geht es, fünftens, um die „Kontinuierlichkeit im Generationswechsel" (ebd., S. 540). Diese ermöglicht zumeist reibungslose Prozesse gesellschaftlicher Veränderungen, weil nicht die Jungen den Alten gegenüberstehen, sondern in der Regel benachbarte Geburtsjahrgänge des Kohortenkontinuums zwischen Alt und Jung aufeinander einwirken.

- Diskutieren Sie Mannheims Auffassung, das in der biologisch bedingten „steten Neueinsetzung neuer Kulturträger" liegende soziokulturelle Innovationspotential sei größer bzw. radikaler als das aus der biographischen bzw. Persönlichkeitsentwicklung der Individuen im Verlauf ihres Lebens resultierende.
- Wie verhält sich Mannheims Aussage „Alt ist man primär dadurch, dass man in einem spezifischen, selbsterworbenen, präformierenden Erfahrungszusammenhang lebt, wodurch jede mögliche neue Erfahrung ihre Gestalt und ihren Ort bis zu einem gewissen Grade im vorhinein zugeteilt erhält, wogegen im neuen Leben die formierenden Kräfte sich erst bilden und die Grundintentionen die prägende Gewalt neuer Situationen noch in sich zu verarbeiten vermögen" (1964, S. 534) zu seiner Aussage: „Es ist nichts unrichtiger, als zu meinen ..., dass die Jugend progressiv und das Alter eo ipso konservativ sei" (ebd., S. 535)?

Der Aspekt der Partizipation an einem begrenzten, also spezifischen Geschichtsausschnitt ist von besonderer Bedeutung, weil er das Moment der Generationslagerung präzisiert, die Mannheim zunächst als bloße Zugehörigkeit zu einer Geburtskohorte definiert hatte. Dieses Moment werde jedoch nicht schon dadurch konstituiert, dass Individuen im selben chronologischen Zeitraum geboren seien. So könne z. B. in Bezug auf die chinesische und deutsche Jugend um 1800 von einer verwandten Lagerung offenkundig keine Rede sein. Eine Generationslagerung sei vielmehr nur gegeben, „insofern es sich um eine potenzielle Partizipation an gemeinsam verbindenden Ereignissen und Erlebnisgehalten handelt. Nur ein gemeinsamer historisch-sozialer Lebensraum ermöglicht, dass die geburtsmäßige Lagerung in der chronologischen Zeit zu einer soziologisch-relevanten werde" (ebd., S. 536). In diesem Zusammenhang formuliert Mannheim eine generationssoziologisch folgenreiche entwicklungspsychologische These: „Die ersten Eindrücke haben die Tendenz, sich als natürliches Weltbild festzusetzen" (ebd.). Demnach kommt es schon früh im Lebenslauf, insbesondere im Jugendalter, zu einer fundamentalen Bewusstseinsprägung, die den überhaupt möglichen Erfahrungs-, Denk- und Relevanzhorizont des Individuums in seinem weiteren Leben absteckt, d. h. alle biographische Erfahrung und Verarbeitung darauf folgender Lebensereignisse und -umstände durch diese grundlegende Bewusstseinsschicht perspektivisch immer schon präformiert. Diese „Prädominanz der ersten Eindrücke bleibt auch dann lebendig und bestimmend, wenn der ganze darauffolgende Ablauf des Lebens nichts anderes sein sollte, als ein Negieren und Abbauen des in der Jugend rezipierten 'natürlichen Weltbildes'" (ebd., S. 537). Mannheim zufolge verinnerlichen benachbarte Geburtsjahrgänge während der Kindheits- und insbesondere Jugendphase also eine fundamentale und infolge ihres gemeinsamen Aufwachsens auch gemeinsame, gleichartige Weltsicht.

Die fünf formalsoziologisch aus dem biologischen Faktum des demographischen Metabolismus ableitbaren Aspekte machen das Generationsphänomen aber noch nicht in Gänze aus; dieses besteht nicht nur im Moment der Generationslagerung. Mannheims Rede von einer potenziellen Teilhabe an einheitsstiftenden Ereignissen deutet bereits auf ein weiteres am Generationsphänomen analytisch unterscheidbares Moment hin: den Generationszusammenhang. So wie die objektive Klassenlage nur die Möglichkeit der Formierung einer sich ihrer gesellschaftlichen Lage selbst bewussten Klasse (Klasse „an sich" → „für sich") impliziert, so birgt die Generationslagerung nur die Möglichkeit zur tatsächlichen Generationsformierung. Damit eine Generation sich real konstituiert, muss „irgendeine konkrete Verbindung ... noch hinzukommen (...). Diese Verbundenheit könnte man kurzweg eine Partizipation an den gemeinsamen Schicksalen ... bezeichnen" (ebd., S. 542). Was ist darunter zu verstehen? Mannheims Ausführungen sind in diesem zentralen Punkt nicht eindeutig. Sein entwicklungspsychologisches Argument legt ein sozialisationstheoretisches Verständnis im Sinn des gleichartigen Geprägt-Seins von Individuen aufgrund ihrer gemeinsamen Erfahrung derselben historisch-gesellschaftlichen Ereignisse und Umstände während ihrer Jugendphase nahe. Dieses in der Generationssoziologie verbreitete Verständnis (Fogt 1982) unterläuft aber die analytische Differenzierung von Generationslagerung und -zusammenhang wieder, weil dieser dann nämlich automatisch aus jener resultieren würde. Damit wäre konsequenterweise auch jede Jugend- bzw. Geburtskohorte eine Generation – und die generationssoziologisch entscheidende Frage, wie und warum sich aus einem kontinuierlichen Strom von Geburten, Altern und Tod heraus distinkte historische Generationen formieren, sinnvoll gar nicht mehr zu stellen (bzw. allenfalls dezisionistisch zu beantworten im Sinn der Entscheidung des Soziologen, bestimmte

4.2 Historische Generationen und sozialer Wandel

Jugend-/Geburtskohorten zu einer „Generation" zu erklären und andere eben nicht).

Ein anderes Verständnis jener konkreten Verbundenheit im Generationszusammenhang legen Mannheims Ausführungen zu den Grenzen des für eine Generationsbildung relevanten sozialen (Lagerungs-)Raums nahe. Sein Beispiel der chinesischen und deutschen Jugend um 1800 nennt als Obergrenze die „Zugehörigkeit zur selben historischen Lebensgemeinschaft" (ebd.), d. h. zumeist zu einer Nationalgesellschaft.[30] Was die Untergrenze angeht, fragt Mannheim, ob die städtische Jugend um 1800 und die jungen Bauern in entlegenen Landstrichen demselben Generationszusammenhang angehörten – was er verneint, da letztere „von jenen sozialen und geistigen Umwälzungen nicht erfasst wurden, die diese städtische Jugend bewegte. Von einem Generationszusammenhang werden wir also nur reden, wenn reale soziale und geistige Gehalte gerade in jenem Gebiete des Aufgelockerten und werdenden Neuen eine reale Verbindung zwischen den in derselben Generationslagerung befindlichen Individuen stiften" (ebd., S. 543). Der Generationszusammenhang entsteht demnach nicht unmittelbar als zwangsläufige Sozialisationsfolge, sondern vermittelt: Mannheim geht hier von einer Wechselwirkung zwischen Generationslagerung und dem fortlaufenden sozialen Wandel aus. Die Individuen müssen auf die gesellschaftlichen Veränderungen infolge dieses Wandels reagieren, und erst in dieser konkreten Auseinandersetzung mit den veränderten Umständen sowie deren diversen gesellschaftlichen Bearbeitungsversuchen und -formen kann sich unter gemeinsam gelagerten Individuen jene Verbundenheit bilden. Wohlgemerkt: kann – ein Generationszusammenhang entsteht nicht zwangsläufig in der Konfrontation mit neuen gesellschaftlichen Situationen.[31]

Innerhalb dieser konkreten Verbundenheit durch faktische Partizipation am „werdenden Neuen" können sich dann – als drittes am Generationsphänomen analytisch unterscheidbares Moment – Generationseinheiten ausbilden. Diese sind (wie oft fälschlich angenommen) „nicht in Gestalt einer konkreten Gruppe

---

[30]Hier sei nur angemerkt, dass diese Obergrenze des generational relevanten sozialen Raums für die (Generations-)Soziologie heute nicht mehr selbstverständlich sein kann.

[31]Für Fietze – die eine genaue Darstellung von Mannheims generationssoziologischen Überlegungen und eine interessante Weiterentwicklung seines Ansatzes vorgelegt hat – stellen historische Generationen deshalb „soziale Emergenzphänomene" (2009, S. 17) dar: deren Genese liege „in der Interferenz von altersspezifischen Sozialisationserfahrungen und übergreifenden Prozessen des sozialen Wandels begründet. Sie entstehen sozusagen durch 'Reibung' zwischen sozialem Wandel und altersabhängiger Selektivität der Realitätswahrnehmung, aber – so könnte man formulieren – nicht als Reibungsverlust, sondern als 'Reibungsgewinn' sozialer Emergenz" (ebd., S. 79).

vorhanden, wenn auch ihr Kern durch eine konkrete Gruppe gebildet wird" (ebd., S. 548). Generationseinheiten stehen vielmehr für spezifische Formen der Verarbeitung jener schicksalhaften neuen Situation, die sich in der Auseinandersetzung damit herauskristallisieren: für „ein einheitliches Reagieren, ein im verwandten Sinne geformtes Mitschwingen und Gestalten" (ebd., S. 547). Eine Generationseinheit formiert sich, falls und in dem Maße wie die konkreten Auseinandersetzungen mit den veränderten Umständen eine innovative Gestalt gewinnen. Generationseinheiten stellen zu einem identifizierbaren Stil verdichtete kulturelle und soziale Gehalte im Sinn innovativer Reaktionsformen und Antworten auf eine schicksalhaft veränderte Situation dar. Beispielhaft nennt Mannheim den romantischen Konservatismus und liberalen Rationalismus als „polare Formen der geistigen und sozialen Auseinandersetzung" (ebd., S. 544) mit der schicksalhaften Situation Anfang des 19. Jh. Das Beispiel zeigt: einem Generationszusammenhang muss nicht genau eine Generationseinheit entsprechen; im selben Generationszusammenhang können sich auch mehrere, unterschiedliche Generationseinheiten formieren; möglich ist auch, dass in einem Generationszusammenhang keine Generationseinheit entsteht.

Zwar versteht Mannheim die Generationseinheit nicht im Sinn einer konkreten Gruppe, sieht in solchen Gruppen aber eine entscheidende Bedingung für die Entstehung von Generationseinheiten. Denn diese formieren sich „zumeist nicht freischwebend, ohne persönlichen Kontakt, sondern in konkreten Gruppen, wo Individuen in vitaler Nähe sich treffen, sich seelisch-geistig gegenseitig steigern" (ebd., S. 547). In den dichten, intensiven Interaktionen einer konkreten Gruppe entwickeln sich erste Ansätze einer innovativen Reaktion auf eine schicksalhafte Veränderung. Wenn solche Impulse eine Situationsdeutung formulieren, die den Erfahrungen der zur selben Generationslagerung gehörenden Individuen entspricht, wenn sie ansprechende Handlungsperspektiven für die Auseinandersetzung mit den schicksalhaften Umständen bieten – kurz: wenn sie das Lebensgefühl einer größeren Zahl etwa gleichaltriger Individuen treffen und ihm Ausdruck verleihen, dann können diese Impulsen kohärente Gestalt annehmen und sich zu einer innovativen Antwort entwickeln. Dabei geht es weniger um die korrekte Wiedergabe von Erfahrungs- und Bewusstseinsinhalten als vielmehr um deren Gestaltung. Entscheidend ist, dass jene ersten Ansätze eine formierende, kollektiv wirksame Gestalt annehmen: ein Lebensgefühl, eine Haltung zur und Deutung der Welt durch ein Schlagwort, eine Geste, ein Kunstwerk, etc. symbolisch verdichten, auf den Punkt bringen. Solche Symbole (wie z. B. „1968" oder „Y") haben nämlich „die tief ‚emotionale' Bedeutung …, dass man mit ihnen nicht nur die Gehalte, sondern auch die in sie eingesenkten Formungstendenzen

4.2 Historische Generationen und sozialer Wandel

und kollektiv verbindenden Grundintentionen in sich aufnimmt und durch diese sich mit den Kollektivwollungen verbindet" (ebd., S. 545).[32]

Aus einer Generationslagerung entsteht – wie gesagt – nicht automatisch eine konkrete Verbundenheit oder gar eine Generationseinheit. Ob sich eine Generationseinheit ausbildet oder nicht, hängt für Mannheim „in erster Reihe von der Eigenart der jeweils besonders gearteten gesellschaftlichen Dynamik (ab). Ob alle Jahre, alle 30 Jahre, alle 100 Jahre, ob überhaupt rhythmisch ein neuer Generationsstil zustande kommt, das hängt von der auslösenden Kraft des gesellschaftlich-geistigen Prozesses ab" (ebd., S. 552 f.). Die entscheidende Bedingung für die Formierung einer Generationseinheit ist also die Dynamik des fortlaufenden sozialen Wandels. Erfolgen die gesellschaftlichen Veränderungen nur schleichend, können die Individuen nach und nach, ohne Friktionen in diese hineinwachsen – bei nur geringer Dynamik gibt es keinen Anlass für innovative Reaktionen. Ist aber das „latente kontinuierliche Abwandeln der hergebrachten Erlebnis-, Denk- und Gestaltungsformen nicht mehr möglich …, dann kristallisieren sich irgendwo die neuen Ansatzpunkte zu einem als neu sich abhebenden Impuls und zu einer neuen gestaltgebenden Einheit" (ebd., S. 550). Ein solch neuer Generationsstil, eine Generationseinheit entsteht also, wenn die Denk- und Verhaltensweisen der älteren Geburtskohorten aus Sicht der jüngeren Kohorten in der Konfrontation mit einer schicksalhaft veränderten Situation nicht mehr funktionieren, ihnen problematisch geworden sind. Wobei noch anzumerken ist, dass die Dynamik des sozialen Wandels nicht zu groß sein darf, weil innovative Impulse sich dann nämlich nicht weiterentwickeln und ausformuliert werden können, d. h. Ansätze innovativer Gehalte und Formen vom rasanten Aufeinanderfolgen der gesellschaftlichen Veränderungen quasi überrannt werden.[33] Nur eine

---

[32]Zusammenfassend in Mannheims Worten: es „sind nicht die Inhalte, die in erster Reihe verbinden; sondern noch mehr verbinden jene formenden Kräfte, durch die gestaltet, diese Inhalte erst wirklich ein Gepräge und eine Richtungsbestimmtheit erhalten" (1964, S. 544 f.). Dass „die zunächst aus einer konkreten Gruppe aufsteigenden Grundintentionen … über die konkrete Gruppe hinaus … verbindende Gewalt besitzen, liegt … daran, dass sie mehr oder minder adäquater Ausdruck der betreffenden Generationslagerung sind" (ebd., S. 548). „Grundintentionen und Gestaltungsprinzipien sind das Allerwesentlichste …, denn nur diese wirken wahrhaft vergesellschaftend; und, was vielleicht noch wichtiger ist, diese sind wahrhaft fortsetzbar" (ebd., S. 545). Auch können „durch sie … räumlich getrennte Individuen, die niemals in persönliche Berührung miteinander geraten, verbunden werden" (ebd., S. 546 f.).

[33]S. dazu auch das zu Beginn des Kapitels in einer Fußnote skizzierte Gedankenexperiment Comtes.

weder zu geringe noch eine übersteigerte Dynamik des sozialen Wandels führt dazu, dass „neue Generationsimpulse sich zu einer formierenden Einheit verdichten" (ebd., S. 553).

Soweit die Darstellung der klassischen, generationstheoretisch grundlegenden Arbeit Mannheims. Sein Aufsatz bietet eine komplexe Argumentation bezüglich des generationssoziologischen Grundproblems der konstitutiven Beziehung historischer Generationen auf Geschichte und Gesellschaft. Dieses Problem besteht, weil der biologisch bedingte demographische Metabolismus ein kontinuierlicher Prozess, die Zeitstruktur der Geschichte und gesellschaftlichen Wandels aber diskontinuierlich ist. Trotz Mannheims differenzierter Argumentation zu der grundlegenden Frage, wie und warum sich aus einem steten Strom von Geburten, Altern und Tod distinkte historische Generationen formieren (können), bleiben einige generationstheoretische Unklarheiten und Probleme.

> In jüngerer Zeit boomt das Thema „Generationengerechtigkeit" (Tremmel 2012), in der massenmedialen Öffentlichkeit auch reißerisch als „Krieg der Generationen" tituliert. Hintergrund ist die spätestens gegen Ende der 1980er Jahre offenkundig gewordene Krise des Wohlfahrtsstaats. Diese habe dazu geführt, dass den vom Auf- und enormen Ausbau wohlfahrtsstaatlicher Leistungen seit den 1950er Jahren profitierenden älteren „sozialstaatlichen Generationen" heute eine „postsozialstaatliche Generation" (Leisering 2000, S. 60 ff.) der Jüngeren gegenüber stehe, die wohlfahrtsstaatlich nicht viel zu erwarten habe. In Bezug auf Neuseeland hatte Thomson schon Ende der 1980er Jahre von jenen älteren sozialpolitischen Generationen pointiert als „selfish generations" (1996) und von wohlfahrtsstaatlichen Gewinner- und Verlierergenerationen (1989) gesprochen. In Deutschland steht im Fokus dabei vor allem die Gesetzliche Rentenversicherung und deren sog. Generationenvertrag (Hardach 2006): „Während sich für die Generation der großen Rentenreform von 1957 der Wohlfahrtsstaat als ein Garant eines sozial gesicherten Lebenshorizonts bei relativ niedrigen Beiträgen gestern und relativ hohen Erträgen heute darstellte, sah sich die Generation der verschiedenen Rentenreformen der neunziger Jahre als Manövriermasse einer Alterssicherungspolitik, bei der nur eines sicher war: dass sie die Nettozahler eines generationellen Solidaritätspakts sein würden, ohne davon ausgehen zu können, dass der in ihrem eigenen Alter dann noch gelten würde" (Bude 2005, S. 42 f.).
>
> - Handelt es sich bei diesen wohlfahrtsstaatlichen Generationen überhaupt um (historische) Generationen oder eher um Altersgruppen oder Geburtskohorten?

- Geht es beim „Krieg der Generationen" wirklich um Generationenkonflikte? Worin wurzeln die Konflikte? Welche Rolle spielen dabei der demographische Wandel und die ökonomische Entwicklung?
- Diskutieren Sie über den sog. Generationenvertrag.
- Kann man den älteren „sozialstaatlichen Generationen" vorwerfen, die Segnungen des Wohlfahrtsstaats erhalten und mitgenommen zu haben? Oder haben sie diesen gar zu ihren Gunsten und ohne Rücksicht auf kommende Generationen gestaltet?
- Wenn ältere „sozialstaatliche Generationen" als Profiteure des Wohlfahrtsstaats bezeichnet werden, wird oft mit dem Hinweis auf die enormen Vermögenstransfers von den Älteren zugunsten der jüngeren „postsozialstaatlichen Generation" gekontert. Wie denken Sie darüber?

4.2.3 Probleme und Potentiale des Generationskonzepts

Mannheims Argumentation zur Formierung einer historischen Generation(seinheit) ist inkonsistent, da sie zwei Lesarten impliziert. Die Herausbildung einer Generation wird einmal als unmittelbare Sozialisationsfolge in jungen Jahren erlebter Ereignisse und Umstände gesehen. Das ist die gängige Sicht – obwohl sie Mannheims Differenzierung des Generationsphänomens in die drei analytisch unterscheidbaren Momente von Generationslagerung, -zusammenhang und -einheit wieder aufhebt. Diese verbreitete Rezeption beschränkt den Generationsbegriff auf das Moment der Generationslagerung und reduziert ihn damit auf das Kohortenkonzept. Schon aus diesem Grund ist darauf nicht weiter einzugehen; auch sind die problematischen Annahmen dieser gängigen Rezeption schon im Zusammenhang mit dem Kohortenkonzept diskutiert worden. In Bezug auf diese vergleichsweise schlichte Lesart seien deshalb nur zwei weitere Probleme angesprochen. Zum einen die Fokussierung auf Jugendgenerationen, die sich daraus argumentativ schlüssig ergibt.[34] Seine Auffassung von Generationen als Jugendgenerationen zeigt Mannheim als Kind seiner Zeit: in Deutschland hatte sich seit dem ausgehenden 19. Jh. ein regelrechter Jugend-Mythos entwickelt, der um die Idee einer politischen Mission der Jugend zur Erneuerung der Gesellschaft kreiste (Koebner et al. 1985; Rosemann 1995; Stambolis 2003). Mittlerweile

---

[34]S. dazu auch Ryder: „The potential for change is concentrated in the cohorts of young adults who are old enough to participate directly in the movements impelled by change, but not old enough to have become committed to ... a way of life" (1965, S. 848).

aber ist – wie Zinnecker konstatiert – „der 'Mythos Jugend' arg verblasst" (2003, S. 50). Ein Verständnis von Generationen nur im Sinn von Jugendgenerationen ist insofern obsolet und nicht mehr überzeugend.[35] Eine der Gegenwart angemessene Konzeption der gängigen Lesart hätte vielmehr davon auszugehen, dass „die Lebensphase, in der für die Bildung eines Generationszusammenhangs konstitutive Erfahrungen gemacht werden, ... von der frühen Kindheit bis ins spätere Erwachsenenalter reichen" (Rosenthal 2000, S. 165) kann.

Ein zweites Problem bezieht sich auf Generationen als (vermeintliche) Kollektivakteure sozialen Wandels. Wenn – so die gängige Lesart – ein sozialisatorischer Automatismus aus der Generationslagerung einen Generationszusammenhang bzw. eine homogen geprägte Generationseinheit im Sinn einer konkreten Gruppe macht, ist es naheliegend zu erwarten, dass „Generationsbewusstsein in kollektives Verhalten mündet" (Schulz und Grebner 2003, S. 7). Diese implizite Erwartung, dass historische Generationen als Kollektivakteure, d. h. als relevante Faktoren sozialen Wandels auftreten, stellt ein Grundproblem der gängigen Generationssoziologie dar: nämlich empirisch nachzuweisen, dass eine gemeinsame historisch-gesellschaftliche Lagerung bzw. eine dadurch vermeintlich bedingte homogene Prägung zu kollektivem Handeln der betreffenden Individuen führt. Dass eine solche Kausalitätsannahme auf theoretisch unhaltbaren Annahmen beruht, wurde schon gezeigt. Aber auch empirisch gibt es dafür keinen überzeugenden Nachweis, jedenfalls nicht für Kausalität im strengen Sinn – wohingegen sich die Fragwürdigkeit einer solchen Kausalbeziehung empirisch sehr wohl zeigen lässt (im Hinblick auf politisches Entscheidungshandeln s. z. B. Best 2003). Diese notorische Schwierigkeit – um nicht zu sagen: Aporie – der gängigen Generationssoziologie lässt sich durch Anknüpfung an jenes andere in Mannheims Argumentation enthaltene generationstheoretische Verständnis schon konzeptionell aushebeln.[36]

---

[35]Auch würde ein Festhalten an diesem zeitgeschichtlich gebundenen Konzept der Jugendgeneration die Fortschreibung jener fragwürdigen Idee von deren politischer Mission bedeuten: „Noch problematischer ist das dem Jugendmythos der zwanziger Jahre verpflichtete 'Sendungsbewusstsein' in einem 'heroischen' oder 'tragischen' Generationsbegriff, der sich im revolutionären Selbstauftrag von 'politischen Generationen' bis heute wiederfindet" (Weisbrod 2005, S. 5).

[36]In diesem Zusammenhang wird Mannheim oft kritisiert wegen der Unbestimmtheit der sozialen Trägergruppe einer Generation. Die Frage nach der sozialen Trägergruppe einer Generation ist durchaus berechtigt. Allerdings – und einmal abgesehen davon, dass er Generationseinheiten eben nicht als konkrete Gruppen verstand – beantwortet Mannheim die Frage nach den Impulsgebern und sozialen Trägern einer Generationseinheit aus gutem Grund nicht theoretisch a priori: diese sind immer nur im Hinblick auf die infrage stehende Generationseinheit durch empirische wissenssoziologische Studien zu bestimmen.

4.2 Historische Generationen und sozialer Wandel

Diese zweite Lesart ist komplexer (und komplizierter). Darin wird die Entstehung einer Generation(seinheit) als ein vermittelter, an eine spezifische Modalität der Dynamik sozialen Wandels gekoppelter Prozess verstanden. Allerdings sagt Mannheim nur, unter welchen Modalitäten keine Generationsformierung stattfindet (das Tempo gesellschaftlicher Veränderungen darf weder zu hoch noch zu gering sein) – es fehlt eine positive, informative Bestimmung der generationsstiftenden Dynamik. Sein Aufsatz enthält diesbezüglich nur einen Hinweis: „entscheidende Kollektivereignisse können hierbei 'kristallisierend' wirken" (1964, S. 552).[37] Dass Mannheim historische Großereignisse als Auslöser einer Generationsformierung sah, ist aus seiner zeitgeschichtlichen Gebundenheit zu verstehen. Der 1. Weltkrieg wurde (quasi Höhepunkt der modernen Geschichtserfahrung der Diskontinuität) als historische Zäsur und zivilisatorisches Trauma erfahren und wirkte „wie kaum ein anderes historisches Geschehen generationsstiftend" (Jureit 2006, S. 25; s. Wohl 1979). Wichtiger ist hier aber ein methodologischer Aspekt: der Verweis selbst auf solch gravierende Großereignisse erklärt die Konstituierung historischer Generationen nicht. Ein derartiges Ereignis kann wohl mehr als andere Ereignisse oder Umstände zum Ausgangspunkt für die Entstehung einer historischen Generation werden – nur sagt (der bloße Verweis auf) seine Existenz über die faktische Herausbildung einer Generation(seinheit) rein gar nichts. Genau dieser Formierungsprozess aber müsste in seinem Bezug auf das vermeintlich konstitutive Großereignis empirisch genau nachgezeichnet, aufgeklärt, belegt werden – erst damit wäre die Entstehung einer historischen Generation überzeugend erklärt. Das gilt generell: methodisch kommt es gerade darauf an, Generationen nicht einfach aus historischen Ereignissen oder gesellschaftlichen Umständen abzuleiten, sondern deren Zusammenhang, d. h. den Prozess der Generationsformierung aufgrund einer Ereignis- oder Situationserfahrung empirisch zu rekonstruieren bzw. nachzuweisen.

---

[37]Dieser Hinweis wurde von der gängigen Mannheim-Rezeption dankbar aufgenommen, denn in Verbindung mit deren Annahme einer prägenden („formativen") Jugendphase heißt das methodisch, dass die schwierige Aufgabe der empirischen Identifizierung historischer Generationen „vermieden werden kann. Indem bei den einzelnen Jahrgängen überprüft wird, welche bedeutsamen historischen Großereignisse sie während der Jugendphase erlebt haben, können Generationen am Schreibtisch entworfen werden" (Rosenthal 2000, S. 163 f.).

- Überlegen Sie, welche Großereignisse es in Deutschland seit der Reichsgründung gab und welche historischen Generationen es der hier kritisierten Auffassung zufolge dann geben müsste.
- Diskutieren Sie, ob es eine „89er-Generation" (Leggewie 1995) gibt. Reflektieren Sie anschließend Ihre Diskussion: woran wurden zustimmende oder ablehnende Argumente festgemacht?

Derartige empirische Studien zeigen, dass Generationen sich ex post als „geglaubte Gemeinschaften"[38] sozial konstruieren. So hat etwa Bude (1995) am Beispiel der „68er-Generation" – wie die beiden Weltkriegsgenerationen eine der drei wichtigen politisch-historischen Generationen des 20. Jh. in Deutschland (Herbert 2003) – gezeigt, dass und wie Generationen sich retrospektiv als Erfahrungs- und Erinnerungsgemeinschaften formieren. Generationen stellen – so Bude – „eine soziale Konstruktion mit vagem Ereignisbezug und geringer Beteiligungsverpflichtung dar" (2000, S. 25). Der Ereignisbezug ist deshalb vage, weil das Ereignis selbst nicht formativ, als solches kein formierender Faktor, sondern nur Ausgangs- oder Kristallisationspunkt für den eigentlichen Generationsformierungsprozess ist. Die meisten später sog. „68er" waren bei der Demonstration gegen den persischen Schah an jenem symbolhaften „2. Juni 1967 in Berlin … nicht dabei, als Benno Ohnesorg erschossen wurde" (Jureit 2006, S. 81).[39] Zur Formierung einer Generation kam es vielmehr erst in den 1970er und vor allem 1980er Jahren, in denen „eine erhebliche retrospektive Vermehrung" (Bude 2000, S. 26) der „68er" stattfand.[40] Das bedeutet: erst in der Retrospektive formiert sich eine Generation; sie wird sozial konstruiert im Rahmen eines komplexen Geflechts ereignisbezogener Kommunikation. In diesen Interaktionen wer-

---

[38]Diese Formulierung geht zurück auf Weber, der schon Anfang der 1920er Jahre im Hinblick auf die ethnische Gemeinschaft schrieb, dass sie „an sich nur (geglaubte) 'Gemeinsamkeit', nicht aber 'Gemeinschaft' ist, … zu deren Wesen ein reales Gemeinschaftshandeln gehört" (1980, S. 237).

[39]Das gilt auch für die beiden Kriegsgenerationen: „auch die Materialschlachten des Ersten Weltkrieges wurden von den wenigsten, die sich im Nachhinein als Kriegsgeneration verstanden, wirklich gemeinsam erlebt" (Jureit 2006, S. 81); zur „Flakhelfer-Generation" s. Bude (1987).

[40]Dabei – so Weisbrod mit leicht zynischem Unterton – „handelt es sich eher um eine wundersame nachholende Vermehrung der Erzählgeneration als um eine Erlebnisgeneration im engeren Sinn. Tatsächlich war es damals 'eine kleine radikale Minderheit', die an der Herstellung der unmittelbaren, emphatischen Differenz in Demonstrationen und Gegenöffentlichkeiten beteiligt war" (2005, S. 7).

4.2 Historische Generationen und sozialer Wandel

den die unterschiedlichen Erfahrungen der Individuen interpretativ vereinheitlicht: „Je mehr Zeit vergeht, um so deutlicher treten gemeinsame Stimmungen, Grundgefühle und Probleme hinter verschiedenen politischen und ideologischen Orientierungen hervor. (…) Man spricht von früher …, und ganz von selbst geraten die Ich-Erzählungen unter die Dominanz der Wir-Perspektive" (ebd., S. 27 f.). Generationen formieren sich in dem Maße, wie sich die faktische Heterogenität der individuellen Erfahrungen in vielfältigen, vernetzten Kommunikationen zu einer einheitlichen Erinnerung (um-)formt, in der Erzählung einer gemeinsamen (Lebens-)Geschichte aufgehoben wird und sich zu einer Art kollektiver Identität verdichtet. Es ist diese retrospektive Erfahrungsvereinheitlichung zu einem „Wir-Sinn" (Corsten 2001, S. 41), durch die „sich Generationen als lebenszeitliche 'Erfahrungs- und Erinnerungsgemeinschaften' konstituieren" (Bude 2000, S. 30).

In diesem Prozess der sozialen ex post-Konstruktion eines „Wir-Sinns" bzw. einer Art Kollektiv-Identität kommt es nicht auf die Objektivität oder Authentizität der Erfahrung eines historischen (Groß-)Ereignisses oder bestimmter gesellschaftlicher Umstände an. Es geht vielmehr um den „Akt der Konstruktion selbst, also die Tatsache, dass … sich der oder die Erinnernde in bestimmte sachliche und personelle Zusammenhänge integriert sehen möchte" (Schulz und Grebner 2003, S. 22). Individuelle Erfahrungen in einer generationalen Perspektive zu interpretieren und zu kommunizieren, seine lebensgeschichtliche Selbstverortung in einen generationalen Bezugsrahmen zu stellen, dient der Produktion von „Wir-Sinn", erzeugt eine Art kollektiver Identität. Bei der Formierung von Generationen geht es also um die retrospektive Konstruktion gefühlter Gemeinschaft, geglaubter Gemeinsamkeit. Das gilt natürlich auch, wenn der Bezugsrahmen ein nationaler, ethnischer, geschlechts-, klassen- oder professionsbezogener ist. Warum und wie fühlen sich Individuen einer Generation zugehörig[41] (überhaupt wie auch in Relation zu Nation, Ethnie, Geschlecht, Klasse oder Profession)? Konkrete Antworten darauf – die gerade heute auch die Rolle der Medien dabei zu berücksichtigen hätten[42] – können nur entsprechende empirische Studien

---

[41]Die zentrale Frage nach dem Grund des Zugehörigkeitsgefühls (wer sich wann, in welchem Kontext, in Abgrenzung von wem oder was, mit welchen diffusen Erwartungen oder konkreten Interessen, etc. als einer bestimmten Generation zugehörig fühlt und deklariert) ist durch die Frage zu ergänzen, wie dieses erlebbar gemacht bzw. nach außen demonstriert wird?

[42]Generationale „Vergemeinschaftungen brauchen öffentlich verfügbare Identifikationsobjekte, damit potentielle Gemeinsamkeiten überhaupt verhandelt und tradiert werden können. Solche Objekte ermöglichen es, geglaubte Gemeinsamkeiten emotional erfahrbar zu machen … Das trifft nicht nur für politische Generationen zu, sondern ebenso für genera-

geben. Festzuhalten ist jedenfalls, dass der Generationsbegriff „seit der Romantik und verstärkt seit Ende des 19. Jahrhunderts ... offensichtlich äußerst überzeugend kollektive Bedürfnisse nach gesellschaftlicher Verortung, nach sozialer Vergewisserung und Orientierung (bedient). Neben Nation und Klasse hat sich die generationelle Selbstbeschreibung als Identitätsgröße bewährt, und sie gehört seither zum festen Repertoire moderner Gesellschaften" (Jureit 2006, S. 124).

- Vergleichen Sie die gerade zitierte Aussage mit der folgenden: „Die Kontingenzkategorie der Biographie braucht einen Anker in kollektiven Erfahrungsbezügen. (...) Dazu bedarf es eines Bezugspunkts der Vergleichbarkeit und Zurechenbarkeit. Nachdem 'Klasse' und 'Nation' als selbstverständliche Kollektivierungsgrößen nicht mehr ohne weiteres taugen, bietet sich die 'Generation' als eine Kategorie sozialer Einbettung an ... Dabei verbindet der Alltagsbegriff der Generation biblische Archaik mit popkulturelles Aktualität. (...) Jedenfalls bildet die Herkunftsgemeinschaft der annähernd Gleichaltrigen einen 'natürlichen' Halt im Fluss der Zeit" (Bude 2000, S. 19 f.).
- Überlegen Sie, wie die Generationszugehörigkeit innerhalb der „gefühlten Gemeinschaft" erlebbar und wie sie nach außen demonstriert wird.

Begreift man Generationen als geglaubte Gemeinschaften, die sich retrospektiv sozial konstituieren, verändert sich die generationssoziologische Perspektive. Historische Generationen werden dann nicht mehr als ein (Erklärungs-)Faktor sozialen Wandels begriffen (eine – wie gesagt – problematische Annahme), sondern vielmehr als Möglichkeit und Mittel der gesellschaftlichen Selbstverortung von Individuen. Historische Generationen sind Resultat kollektiver Selbstthematisierungen, Ausdruck eines gesellschaftlichen Erfahrungswandels; sie stellen weniger Kollektivakteure als vielmehr kollektive Deutungseinheiten dar. Der Generationsbegriff ist keine analytische Kategorie zur Erklärung sozialen Wandels, sondern dient in modernen Gesellschaften dazu, dessen Erfahrung zu deuten und zu verarbeiten. Ist er damit irrelevant für die Lebenslaufforschung? Dass diese den theoretisch wie methodisch komplizierteren Generationsbegriff – ganz im Gegensatz zur Kohortenkonzeption[43] – weitgehend ignoriert, kontrastiert

---

tionelle Selbstdeutungen, die sich an kulturellen oder sozialen Lebensbedingungen orientieren" (Jureit 2006, S. 17).

[43]Theoretisch erschöpft das methodisch ganz einfach handhabbare Kohortenkonzept sich im Moment der Generationslagerung (und stellt damit auch keine Weiterentwicklung des

4.2 Historische Generationen und sozialer Wandel

seltsam mit dessen öffentlicher, aber auch wissenschaftlicher Konjunktur (Jureit 2006; Künemund und Szydlik 2009), die schon seit Ende der 1980er Jahre anhält.

In den Feuilletons wird der Generationsbegriff seither geradezu inflationär gehandhabt: Generation Golf, Generation Golfkrieg, 89er-Generation, Wendegeneration, Generation X, Generation Y, Generation Z, Generation Ally, Generation MTV, Generation @, Generation Facebook, Generation Smartphone, Null-Bock-Generation, Generation Beziehungsunfähig, Single-Generation, Generation Praktikum, Generation maybe, Generation Doof, etc., etc. – solche Generationenlabel dienen heute vor allem „den Mittelschichten zur anschaulichen Ordnung der Sozialwelt, zur sinnhaften Selbstpositionierung im historischen Wandel und als Quelle ästhetischer Erfahrung. Ein expandierender publizistischer Markt, angetrieben von der Dynamik ständiger Differenzierung und verkürzter Produktzyklen, verhilft Menschen dazu, aus der 'Ursuppe' biographischer Erfahrungen griffige Generationsgestalten zu erschaffen" (Maase 2005, S. 240).

- Wie würden Sie sich selbst generational verorten und Ihre Generation bezeichnen? Wie begründen Sie diese Generationsbezeichnung? Spielt dabei der Aspekt der Partizipation an einer „schicksalhaften" Veränderung eine Rolle?

Generationen sind aber nicht allein in individueller Perspektive als identifikatorische Selbstverortungen der Individuen in Geschichte und Gesellschaft, sondern als solch retrospektiv konstruierte geglaubte Gemeinschaften auch gesellschaftsstrukturell relevant. „Generationelles Denken" – so Jureit – „bringt Ordnung in moderne Gesellschaften" (2006, S. 125). Diese strukturelle, über eine individuelle Selbstverortungsfunktion hinausgehende, generationstheoretische Perspektive hat Matthes schon vor über dreißig Jahren aufzumachen versucht: „das Generationenproblem nämlich ... als eines der kulturellen Regelung von Zeitlichkeit zu begreifen" (1985, S. 367). Generationen – ob als konkrete Generationsgruppen oder als kulturelle Gehalte der Generationseinheit – sind in dieser Sicht Indikatoren kultureller Typisierungen von Zeitlichkeit.

Generationsbegriffs dar, wie manchmal behauptet wird – im Gegenteil: die Komplexität von Mannheims Generationsbegriff wird in Ryders Kohortenkonzept erheblich reduziert; zu den generationssoziologisch-disziplinären Folgen dieses Komplexitätsverlusts s. Fietze 2009, S. 50 ff.).

Die generationssoziologische Kernfrage lautet dann, „wie und von wem im historisch-gesellschaftlichen Prozess bestimmte Wahrnehmungen und Erfahrungen auf den Begriff der Generation gebracht werden" (ebd., S. 365). Das schließt ein, dass historische Generationen auf den sozialen Wandel rück- und einwirken, aber nur indirekt und vermittelt: ihre Formierung fungiert „als sozialer Mechanismus, durch den der beschleunigte soziale Wandel in den Horizont bewusster Interpretation und kollektiver Selbstverständigung der Gesellschaft gerückt wird" (Fietze 2009, S. 89). Studien zu historischen Generationen und ihrer Formierung ermöglichen insofern, „chronologisch gegeneinander versetzte Muster der Weltwahrnehmung wechselseitig identifizierbar zu machen, in ihrer Konfrontation aus der Selbstverständlichkeit ihrer 'konjunktiven Geltung' unter den Gleichzeitigkeiten herauszuholen, zurechenbar und 'verhandlungsfähig' zu machen. Nicht um 'Generationen' als wie auch immer gestaltete und bestimmbare Gruppen geht es, sondern um generationelle Verhältnisse, in denen sich die Zeitlichkeitsstruktur des gesellschaftlichen Geschehens 'polyphon organisiert' ..., – in denen soziales Erinnern und Vergessen ... geregelt, – kurzum: die mit der lebenszeitlichen Abständigkeit der Menschen bei ständiger gesellschaftlicher Gleichzeitigkeit immer erneut entstehende und erzeugte wechselseitige Fremdheitsrelation identifizierbar und bearbeitbar gemacht wird" (Matthes 1985, S. 369).[44]

---

[44]S. dazu auch Weymanns Analyse der in der klassischen Studie über „The Polish Peasant in Europe and America" abgedruckten Briefwechsel zwischen den in die USA ausgewanderten jungen Polen und ihren in der Heimat gebliebenen Eltern (1995).

Strukturen des Lebenslaufs 5

In diesem Kapitel geht es auf der Ebene individueller Lebensläufe um deren Strukturen und Strukturierungen. Dabei stellen sich der in der Lebenslaufforschung dominierenden Perspektive der Analyse der Auswirkungen gesellschaftlicher Strukturkontexte auf individuelle Lebensläufe und Biographien folgende Grundfragen: Welche Lebenslaufmuster haben sich in modernen Gesellschaften entwickelt? Wie unterscheiden diese sich zwischen gesellschaftsgeschichtlichen Phasen? Wie zwischen einzelnen Gesellschaften? Und wie innerhalb einer Gesellschaft zwischen den Geschlechtern und zwischen den sozialen Gruppen? Was sind die Ursachen der sozialstrukturellen Positionierungen der Individuen in den diversen Gesellschaftskontexten über den Lebenslauf? Welche Strukturierungsfaktoren und -mechanismen gibt es auf der Mikroebene individueller Biographien, der Mesoebene von Organisationen, der Makroebene gesellschaftlicher Institutionen und Strukturen sowie Normen. Und in umgekehrter Kausalitätsrichtung ist zu fragen: Welche Auswirkungen haben sich wandelnde Lebensläufe auf soziale Strukturkontexte und institutionelle Regulierungen? Diese Fragen werden im Folgenden anhand der dreiteiligen Grundstruktur des Lebenslaufs (Abschn. 5.1), der normativen sowie der institutionellen Strukturierung von Lebensläufen (Abschn. 5.2) und des „Normal-Lebenslaufs" sowie der These einer De-Standardisierung des Lebenslaufs (Abschn. 5.3) behandelt.

5.1 Die dreigliedrige Grundstruktur des Lebenslaufs

Im Kapitel über die Institutionalisierung des Lebenslaufs wurden die altersbezogenen Systeme öffentlicher Rechte und Pflichten, die im späten 19. Jh. entstehen, schon als zentrale Strukturierungsfaktoren des Lebenslaufs benannt.

Grundlegende Bedeutung kommt dabei der Ausdifferenzierung des Bildungs- und Alterssicherungssystems sowie dem Erwerbssystem zu, dem jene beiden Leistungssysteme vor- bzw. nachgelagert sind. Die Etablierung eines ausdifferenzierten Bildungs-, Erwerbs- und Alterssicherungssystems geht nämlich einher mit einer zeitlichen Strukturierung des Lebenslaufs: die Lebensläufe der Individuen werden durch dieses Institutionengefüge in drei Lebensabschnitte mit spezifischen sozialen Rollen der Individuen gegliedert. Die institutionelle Grunddifferenzierung moderner Gesellschaften in ein Bildungs-, Erwerbs- und Alterssicherungssystem führt also zu einer dreigliedrigen Grundstruktur des modernen Lebenslaufs. Oder anders: die dreigliedrige Grundgestalt moderner Lebensläufe spiegelt die institutionelle Differenzierung der modernen Gesellschaft wider, ist die „Abbildung gesamtgesellschaftlicher institutioneller Differenzierung auf diachronisch geordnete Segmente oder Lebensabschnitte" (Mayer und Müller 1989, S. 46).

Historisch hat sich der dreigliedrige Lebenslauf im Gefolge eines Wandels der gesellschaftlichen Organisation von Arbeit formiert. Seit dem 17. Jh. und dann insbesondere mit der Industrialisierung hat sich die Wirtschaftsform grundlegend verändert: von der Subsistenzwirtschaft zu einer (kapitalistischen) Erwerbswirtschaft, von der Haushaltsökonomie zu einer auf freier Arbeit bzw. Arbeitsmärkten basierenden industriellen Ökonomie.[1] Die Herausbildung dieses Wirtschafts- bzw. Erwerbssystems wurde zeitversetzt begleitet von der Etablierung eines vorgelagerten, auf die immer komplexeren Arbeitsanforderungen qualifikatorisch vorbereitenden Bildungssystems sowie eines nachgelagerten, der Existenzsicherung nach Ausscheiden aus dem Arbeitsleben dienenden Alterssicherungssystems. Insofern begreift Kohli das Erwerbssystem als den zentralen Strukturierungsfaktor moderner Lebensläufe: „Der Lebenslauf ist in den modernen Gesellschaften um das Erwerbssystem herum organisiert" (1985, S. 3). Seine dreiteilige Grundstruktur ist institutionell bestimmt durch das System abhängiger

---

[1]In der Subsistenzwirtschaft als einer familien- bzw. hauswirtschaftlich dominierten Produktionsweise geht es primär um die Deckung des Eigenbedarfs: die Produktion ist gebrauchswertorientiert; Produktion und Konsum bilden eine Einheit; das Arbeiten endet, sobald der Bedarf gedeckt ist (erwirtschaftete Überschüsse werden zur Pflege sozialer Netzwerke demonstrativ „verschwendet"). Dagegen geht es in der industriell-kapitalistischen Marktwirtschaft primär um Gewinne: die (Überschuss-)Produktion ist an Tauschwerten für den Markt orientiert. Interessant für die Lebenslaufforschung ist in diesem Zusammenhang Harevens sozialhistorische Studie über „Family time and industrial time" (1982).

5.1 Die dreigliedrige Grundstruktur des Lebenslaufs

Erwerbsarbeit und die diesem vor- bzw. nachgelagerte Ausbildungs- und Ruhestandsphase. Über diese dreigliedrige Grundgestalt wurde politisch im Verlauf der Zeit, vor allem seit Mitte des 20. Jh., ein engmaschiges (wohlfahrts-)staatliches Regulierungs- und Interventionsnetz geknüpft. Angesichts dieses immer dichter gewordenen und sämtliche Lebensbereiche von der Wiege bis zur Bahre umspannenden staatlichen Regelungsnetzes wurde die Bedeutung des Erwerbssystems als fundamentalem Strukturierungsfaktor des modernen Lebenslaufs kritisiert unter Verweis auf die Rolle des (Wohlfahrts-)Staats für die Strukturierung von Lebensläufen (Mayer und Müller 1986; Mayer und Schoepflin 1989). Die entsprechende Diskussion stellt aber nur eine Scheinkontroverse dar: „there is" – wie Kohli in der Theorieperspektive der politischen Ökonomie zu Recht sagt – „indeed space for political regulation but that regulation is confronted by and focuses on a dynamic that is for the most part economic" (2007, S. 260). Der in seiner Grundstruktur dreigliedrige moderne Lebenslauf ist strukturell in diesem komplexen gesellschaftlichen Institutionen- und politischen Regelungsgefüge verankert.[2]

Die um das Erwerbssystem herum organisierte dreigliedrige Grundstruktur des modernen Lebenslaufs wurde von Anfang an als „geschlechterblind" kritisiert: als „Verallgemeinerung einer Lebenslauf-Konfiguration, die unreflektiert den männlichen Lebenslauf zugrundelegt" (Born und Krüger 2001, S. 13). Trifft dieser Vorwurf des unreflektierten Ausblendens der Lebensläufe von Frauen zu? Die industrielle Wirtschaftsform, in die jener Wandel der gesellschaftlichen Organisation von Arbeit schließlich mündete, führte zu einem Form- und Bedeutungswandel der Familie und damit zu einer neuen Form und Bewertung der geschlechtsspezifischen Arbeitsteilung.[3] Bis weit ins 18. Jh. galt als Familie die Gemeinschaft sämtlicher in einem Haus zusammen lebender und arbeitender Personen, die dem „pater familias" unterstanden.[4] Dieser für die vorherrschenden

---

[2] Diese strukturelle Verankerung des modernen Lebenslaufs wird kulturell flankiert durch eine in der westlichen Kultur tief verwurzelte und institutionalisierte – hier aber nicht weiter zu thematisierende – Ideologie des Individualismus mit ihren Vorstellungen zu Individuum, Lebenslauf und Selbst (Meyer 1986, 1992).

[3] Diese Entwicklung kann hier nur mit ein paar Sätzen skizziert werden; ausführlicher zum Form- und Bedeutungswandel von Familie und geschlechtsspezifischer Arbeitsteilung s. Rosenbaum 1978 und 1982; Sieder 1987; Gestrich 1999.

[4] Erst seit dem 18. Jh. setzte sich allmählich das für uns heute selbstverständliche Familienverständnis im Sinn der auf – emotional aufgeladenen – Verwandtschaftsbeziehungen in auf- und absteigender Linie basierenden Familie durch.

Bauern- und Handwerkerfamilien charakteristische gemeinsame Arbeits- und Lebenszusammenhang „unter einem Dach" wurde mit zunehmender Industrialisierung auseinandergerissen. Es kam gesellschaftsstrukturell zur Abtrennung eines privaten Reproduktionsbereichs vom (öffentlichen) Produktionsbereich. Diese Trennung fand in dem in diesem Kontext entstehenden bürgerlichen Familienmodell[5] ihre familiale Entsprechungsform: der Mann erwirtschaftet mittels seiner produktiven Erwerbsarbeit im Betrieb, Geschäft oder Büro das Familieneinkommen – die Frau verrichtet reproduktive Familien- und Hausarbeit (*male breadwinner/female homemaker*-Modell). Damit entstand eine neue – im Begriff der „Geschlechtscharaktere" naturalisierte (Hausen 1976) – Form der geschlechtsspezifischen Arbeitsteilung und Rollenzuweisung, die nicht nur dazu führte, dass die häuslich-familiale Reproduktionstätigkeit der Frau gegenüber der männlichen Erwerbstätigkeit nicht als „richtige Arbeit" angesehen wurde, sondern auch eine finanzielle und gesellschaftliche Abhängigkeit überhaupt der Frau vom Mann zur Folge hatte.[6] Diese Form geschlechtsspezifischer Arbeitsteilung mit ihrem Familienmodell und Konzept einer männlichen bzw. weiblichen Lebensführung wurde dem gesellschaftlichen Institutionen- und ausgreifenden wohlfahrtsstaatlichen Regelungefüge auf vielfältige Weise eingeschrieben. Bezeichnend dafür war z. B. der bis 1977 geltende § 1356 Abs. 1 des Bürgerlichen Gesetzbuchs (BGB), der lautete: „(1) Die Frau führt den Haushalt in eigener Verantwortung. (2) Sie ist berechtigt, erwerbstätig zu sein, soweit dies mit ihren Pflichten in Ehe und Familie vereinbar ist." Als illustratives sozialpolitisches Beispiel mag das Rentensystem dienen, das die Altersabsicherung der Frau – die ja infolge ihrer Nicht- bzw. geringen Erwerbstätigkeit keine bzw. nur geringe Rentenansprüche erwerben konnte – nach einer Verwitwung in Form der Hinterbliebenenrente und damit über ihren Mann garantierte. Und um das diesbezügliche Ineinandergreifen des Institutionen- und sozialstaatlichen Regelungsgefüges anzudeuten: mit dem Ende des 19. Jh. in Deutschland eingeführten Halbtagsschulsystem wurde familial gleichzeitig die Notwendigkeit der Nicht- bzw. allenfalls Teilzeiterwerbstätigkeit der Frau institutionalisiert.

---

[5]In dem auch die ebenfalls in diesem Kontext entstehende proletarische Familie im Gefolge des gestiegenen allgemeinen Wohlstandsniveaus im 20. Jh. schließlich aufging (als normative Orientierung hatte das bürgerliche Familienmodell ihr schon vorher gedient).
[6]Das gilt auch für die in Form des „Zuverdiener-Modells" modernisierte bürgerliche Familie, in der die Frau einer Teilzeiterwerbstätigkeit nachgeht, letztlich aber ihre *homemaker*-Rolle behält.

5.1 Die dreigliedrige Grundstruktur des Lebenslaufs

Die drei Beispiele illustrieren, dass das Konzept des männlichen Erwerbs- und davon abhängigen weiblichen Familienlebenslaufs als Normalitätsunterstellung auf vielfältige Weise in das Institutionen- und sozialstaatliche Regelungsgefüge eingebaut (und infolgedessen perpetuiert) wurde. Weil die vielen und diversen Regelungselemente dieses Gefüges nicht unverbunden nebeneinander standen, sondern vielmehr aufeinander bezogen und miteinander verzahnt waren, formierte sich ein „ganzheitliches" Lebenslaufregime als Ausdruck eben dieses kohärenten gesellschaftlichen Institutionen- und wohlfahrtsstaatlichen Regelungssystems (s. dazu das folgende Unterkapitel). Dieses Lebenslaufregime mit seiner strukturell, normativ und rechtlich verankerten Normalitätsunterstellung erlebte seine Blütezeit in der zweiten Hälfte des 20. Jh. bis gegen Ende der 1970er Jahre. In diesen Jahrzehnten war das institutionalisierte Modell des um das Erwerbssystem (bzw. die „männliche" Erwerbarbeit) herum organisierten dreigliedrigen Lebenslaufs (in dem eine funktional notwendige Komplementärrolle reproduktiver Familien- und Hausarbeit für die Frau implizit mitgedacht wird) gesellschaftliche Realität: war – wie Kohli nur knapp anmerkt[7] – die Frau „über ihren Mann vergesellschaftet" (1985, S. 24). Seine These von der um das Erwerbssystem organisierten dreigliedrigen Grundstruktur des modernen Lebenslaufs referiert auf das Lebenslaufregime der 1950er, 1960er und 1970er Jahre, auf eine historische Phase also, in der das Geschlechterverhältnis in der spezifischen Form des *male breadwinner/female homemaker*-Modells institutionalisiert war. Jener Vorwurf einer unreflektierten, „geschlechterblinden" Generalisierung des männlichen Lebenslaufmodells ist insofern verfehlt, als in der These von der um das Erwerbssystem organisierten dreiteiligen Grundstruktur des modernen Lebenslaufs „not so much a male argument as an argument appropriate for a male-dominated and work-dominated society" (Kohli 1986b, S. 297) steckt.[8] Dass diese These weder die empirisch feststellbare Vielgestaltigkeit weiblicher (übrigens auch männlicher) Lebensläufe noch die mit dem ihr zugrunde liegenden Lebenslaufregime einhergehende Benachteiligung der Frau ignoriert, sollte

---

[7]Rückblickend erläutert Kohli, dass „my argument described the logic of the male breadwinner model instituted in the Fordist regime without intending to explain neither its evolution nor its emerging transformation" (2007, S. 261).

[8]So muss Born im Fazit zu ihrem und Krügers umfangreichen empirischen Projekt auch konzedieren, dass sich die „Aussage von Kohli bezüglich der Marktzentriertheit des Lebenslaufs ... auch für die Lebensläufe von Frauen (unterschiedlicher Kohortenzugehörigkeit und unabhängig von ihrem Familienstatus) als erstaunlich zutreffend (erweist)" (2001, S. 45).

eigentlich – um die Bemerkungen zum Vorwurf eines konzeptionellen *gender bias* (Krüger und Levy 2000; Krüger 2001, 2003) abzuschließen – nicht noch eigens betont werden müssen. Eine wirklich radikale Kritik der dreigliedrigen Grundstruktur des modernen Lebenslaufs formulieren Riley und Riley mit ihrer These, dass in den heutigen Industriegesellschaften „changes in age structures lag behind changes in lives" (1994, S. 16) und demzufolge die im gesellschaftlichen Institutionen- und wohlfahrtsstaatlichen Regelungsgefüge eingebauten Altersstrukturen und –kriterien sowohl individuell wie auch gesellschaftlich dysfunktional wären. Ausgehend von Rileys *age stratification*-Modell (s. Abschn. 2.1) argumentieren sie, dass zwischen den beiden Dynamiken des individuellen Alterns und des sozialstrukturellen Wandels zwangsläufig immer wieder Asynchronitäten auftreten, weil das Altern ein kontinuierlicher, sozialstruktureller Wandel hingegen ein diskontinuierlicher Prozess ist. Diese unvermeidlichen Asynchronitäten produzieren „a recurring mismatch" (ebd., S. 24). So können z. B. neue Arbeitstechnologien dazu führen, dass „people's lives lag behind structural change ... More critical in modern society than this ‚people lag,' however, is the converse problem of the lag of structures behind lives" (ebd.). Dieses *structural lag* resultiere aus den tiefgreifenden Veränderungen im Leben der Menschen im Verlauf des 20. Jh., wobei die erheblich gestiegene Lebenserwartung von besonderer Relevanz sei. Denn wenn eine ständig wachsende Zahl von Menschen einen beträchtlichen Teil ihrer Lebenszeit in der „roleless role" (ebd.) des Ruhestands verbringen müsse, erzeuge das einen zunehmenden strukturellen Veränderungsdruck. Wie könnte der zur Aufhebung des gegenwärtigen *mismatch* bzw. *structural lag* notwendige Strukturwandel aussehen?

Diese Frage wollen die Rileys mittels einer heuristischen Kontrastierung der beiden Idealtypen altersdifferenzierter und altersintegrierter sozialer Strukturen beantworten, wobei – so ihre gesellschaftspolitische Forderung – erstere in Richtung letzterer zu verändern wären (Abb. 5.1). Ihr normatives Argument nimmt den Bereich der (Erwerbs-)Arbeit und der Familie in den Blick. Die vorherrschende altersdifferenzierte Familienstruktur sei durch alters- und generationsbedingte Familien- und Verwandtschaftsrollen charakterisiert. In einer altersintegrierten („Familien"-)Struktur „the constraints imposed by age and generation have been submerged. Here we imagine a boundless network of kin and kinlike relationships, in which people of any age ... are free to choose (or to earn the right) to support, love or confide in one another" (ebd., S. 28).

5.1 Die dreigliedrige Grundstruktur des Lebenslaufs

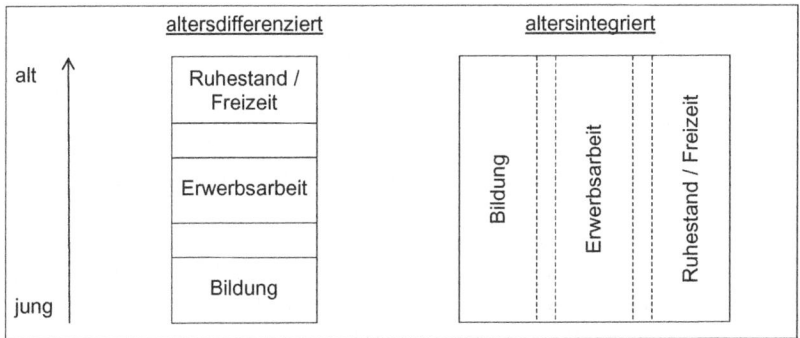

Abb. 5.1 Altersdifferenzierte und altersintegrierte (Lebenslauf-)Strukturen. (basiert auf Riley und Riley 1994, S. 26)

> Konkretisieren Sie anhand von Beispielen, wie altersintegrierte Strukturen aussehen könnten. Überlegen Sie in Bezug darauf, welche Vorteile das Ideal altersintegrierter Verwandtschafts-/Beziehungsstrukturen hat? Welche diesbezüglichen Nachteile bzw. damit verbundenen Probleme sehen Sie? Für wie (un-)realistisch halten Sie die Entstehung bzw. Verbreitung altersintegrierter Strukturen (wie z. B. von Mehrgenerationen-Häusern)?

Etwas weniger vage fallen die Ausführungen der Rileys im Hinblick auf den Bereich der (Erwerbs-)Arbeit aus. Die institutionelle Grunddifferenzierung der modernen Gesellschaft in ein Bildungs-, Erwerbs- und Alterssicherungssystem gliedert die Lebensläufe der Individuen in drei Lebensphasen mit spezifischen sozialen Rollen, Tätigkeiten und Handlungsspielräumen. Während „young and middle-aged adults, especially women, are deprived of free time by the doubly demanding roles of work and family, many older people tend to be surfeited with it. Yet there are few normative expectations to give meaning to this time" (ebd., S. 16). Anders als den aus dem Erwerbsleben ausgeschiedenen Älteren dürfte der Umgang mit gesellschaftlich unstrukturierter Zeit ohne institutionalisierte Verhaltenserwartungen den im Bildungssystem absorbierten Jüngeren kaum zum Problem werden. Problematisch in Bezug auf die in Bildung und Ausbildung befindlichen Jüngeren sei vielmehr, dass ihnen „are offered few clear role opportunities for being, or feeling, useful" (ebd.). Diese Anbindung bestimmter Rollen und Optionen an bestimmte Phasen im Lebenslauf stellt für die Rileys eine dysfunktionale strukturelle Beschränkung der Individuen dar bzw. ist eine gesellschaftlich dysfunktionale (Alters-)Struktur. Den Interessen und

Bedürfnissen der Individuen angemessen und damit auch gesellschaftlich funktional wären hingegen altersintegrierte (Lebenslauf-)Strukturen, in denen die „age barriers are removed, so that role opportunities in all structures – education, work, and leisure – are open to people at every age" (ebd., S. 27). Was die Rileys hier imaginieren, ist ein altersunabhängiger Optionsraum flexibler (Mehrfach-) Wechsel zwischen Bildung, Erwerbsarbeit und Ruhestand/Freizeit über die ganze Lebensspanne.

Wie sind diese Überlegungen der Rileys zu einer altersintegrierten Gesellschaft und Flexibilisierung des Lebenslaufs zu bewerten? Formulieren sie nur eine Utopie oder können sie auf empirisch feststellbare Aufweichungen der gegenwärtigen altersdifferenzierten (Lebenslauf-)Strukturen verweisen? Und findet ihre gesellschaftspolitische Forderung der Transformation altersdifferenzierter in altersintegrierte Strukturen und einer damit einhergehenden Lebenslaufflexibilisierung[9] breite Zustimmung in der Bevölkerung? Letzteres – um damit zu beginnen – ist weniger selbstverständlich als es auf den ersten Blick scheinen mag. So zeigt eine neuere empirische Studie der Präferenzen älterer Beschäftigter hinsichtlich ihrer Verrentung, die auf Daten des European Social Survey (ESS) basiert, dass „individual retirement plans still continue to be oriented at the idea of withdrawing from employment before mandatory eligibility ages" (Hofäcker 2015, S. 1552). Zwar ist bekannt, dass Menschen mit ihrem Ausscheiden aus dem Arbeitsleben häufig das Gefühl haben, in „ein Loch zu fallen" und Probleme, ihre neue „roleless role" sinnvoll auszufüllen. Individuen empfinden den Übergang in den Ruhestand aber auch oft als Befreiung aus den Zwängen des Arbeitslebens, die ihnen ermöglicht, Neues auszuprobieren oder Zeit für bislang vernachlässigte Interessen zu haben. Diese beiden Sichtweisen, die in der öffentlichen Diskussion gern übertrieben zugespitzt werden, gibt es auch in der wissenschaftlichen Diskussion – und für beide lassen sich empirische Belege finden. Es mag insofern nützlich sein, einmal zu überlegen, welche Anforderungen altersintegrierte soziale Strukturen und eine Flexibilisierung des Lebenslaufs an die Individuen stellen. Genau das hat – der gesellschaftspolitischen Programmatik der Rileys durchaus zugetan – Settersten gemacht und gezeigt, dass deren Realisierung aufseiten der Individuen Persönlichkeitseigenschaften bzw. Kompetenzen wie die einer selbstbestimmten, planvollen Lebensführung, starker Eigenmotivation, hoher Problembewältigungsfähigkeit und Risikobereitschaft sowie weiterhin eine Verfügung über zeitliche und finanzielle Ressourcen, das Vorhandensein familialer Unterstützungsnetzwerke, eine relativ sichere Beschäftigung und gute

---

[9]Programmatisch schon früh als Buchtitel formuliert von Best: „Flexible life scheduling. Breaking the education-work-retirement lockstep" (1980).

5.1 Die dreigliedrige Grundstruktur des Lebenslaufs

berufliche Position voraussetzt (1999, S. 58 ff., 2003a). Insofern entpuppt sich die Vision einer altersintegrierten Gesellschaft und Flexibilisierung des Lebenslaufes „als ein doch sehr voraussetzungsvolles Programm, das eher für materiell und sozial bessergestellte Personen mit höherem Bildungs- und Berufsstatus attraktiv und realisierbar erscheint" (Amrhein 2004, S. 155) – und tendenziell auf diesen Personenkreis beschränkt sein dürfte.

Im Hinblick nicht auf individuelle, sondern gesellschaftsstrukturelle Voraussetzungen einer Realisierung altersintegrierter, flexibler (Lebenslauf-)Strukturen ist festzuhalten, dass eine starke, stabile Wirtschaft und damit einhergehende große Beschäftigungssicherheit von zentraler Bedeutung sind. Während der beiden Jahrzehnte, die ersten Forderungen nach altersintegrierten, flexiblen (Lebenslauf-)Strukturen und Politiken gegen Ende der 1970er Jahre vorausgingen, waren diese strukturellen Bedingungen gegeben. Aber schon als jene Forderungen aufkamen, war – wie Lutz (1984) es mit einem Buchtitel treffend formulierte – „Der kurze Traum immerwährender Prosperität" faktisch bereits ausgeträumt. Angesichts der seitherigen wirtschaftlichen Entwicklung fragte gut ein Jahrzehnt später Best, ein prominenter Befürworter der Flexibilisierung des Lebenslaufs, bereits eher skeptisch: „Does flexible life scheduling have a future?" (1990) und konzedierte: „major initiatives concerning life scheduling flexibility are not likely to occur within American society for some time" (ebd., S. 235) – eine Prognose, die sich für die westlichen Industrienationen insgesamt als zutreffend erwies.

> Diskutieren Sie die in diesem Absatz präsentierten Positionen und Überlegungen. Versuchen Sie, Ihre Argumente empirisch zu unterfüttern bzw. überlegen Sie, wie die Soziologie empirische Belege produzieren könnte.

Propagieren die Rileys also nur eine normative Vision oder liegen ihrer Utopie empirisch feststellbare Aufweichungen altersdifferenzierter (Lebenslauf-)Strukturen oder gar eine Tendenz zu deren Überführung in altersintegrierte (Lebenslauf-)Strukturen zugrunde? Ganz offenkundig sind Bildung, Erwerbsarbeit und Ruhestand/Freizeit faktisch nicht derart rigide voneinander separierte Bereiche, wie der Idealtypus einer altersdifferenzierten (Lebenslauf-)Struktur es suggeriert. So jobben z. B. Schüler und Studenten nebenbei oder während der Ferien bzw. vorlesungsfreien Zeit; Erwerbstätige nehmen an beruflichen Weiterbildungsmaßnahmen teil, gehen in Elternzeit oder entscheiden sich freiwillig für Teilzeitarbeit; manche Beschäftigte nehmen eine Auszeit (Sabbatjahr); Ruheständler absolvieren ein Seniorenstudium oder üben eine geringfügige Beschäftigung (Minijob) aus. Erwerbstätige haben einen gesetzlichen Anspruch auf Bildungsurlaub; die Berufsbildung im dualen System verknüpft die Bereiche von Bildung und Erwerbstätigkeit institutionell; vergleichbares gilt für das Altersteilzeitgesetz im Hinblick auf den Übergang in den Ruhestand. Die Frage ist, wie diese empirischen Sachverhalte zu bewerten sind.

Mit der heuristischen Kontrastierung zweier Idealtypen spannen die Rileys ein Kontinuum zwischen den beiden Polen altersdifferenzierter und altersintegrierter (Lebenslauf-)Strukturen auf und konstituieren damit einen Interpretationsrahmen, der es nahelegt, jene empirischen Sachverhalte als Abweichungen bzw. Abgehen vom altersdifferenzierten und Indizien einer Bewegung hin zum altersintegrierten Pol zu verstehen: als reale Tendenz einer Transformation altersdifferenzierter in altersintegrierte (Lebenslauf-)Strukturen. Und konsequenterweise folgern bzw. postulieren sie, dass die dreigliedrige Grundgestalt des modernen Lebenslaufs und ihre „age-based structures and cultural norms can be seen as outdated vestigial remains of an earlier era" (1994, S. 27). Das mag eine visionäre Sichtweise so sehen. Faktisch allerdings kann bis heute keine Rede davon sein, dass die altersdifferenzierte dreigliedrige Grundgestalt des Lebenslaufs veraltet wäre. Diese resultiert nämlich aus der funktionalen Ausdifferenzierung eines Erwerbs- und Bildungs- und Alterssicherungssystems – und funktionale Differenzierung ist das grundlegende gesellschaftsstrukturelle Organisationsprinzip der Moderne und als solches eine evolutionäre Errungenschaft und Entwicklungsstufe, die nicht einfach, d. h. ohne erhebliche Kosten und Nebenfolgen aufzuheben ist. Genau das aber setzen altersintegrierte (Lebenslauf-)Strukturen letztlich voraus: dass funktionale Differenzierung als grundlegendes Strukturierungsprinzip der modernen Gesellschaft außer Kraft gesetzt und die resultierende Struktur, d. h. jene drei ausdifferenzierten Systeme aufgehoben, aufgelöst würden.[10]

In einer weniger visionären als realistischen Sicht können jene empirischen Sachverhalte anders gedeutet werden (was sich die Rileys aber mit ihrer Heuristik

---

[10]Was gesellschaftsevolutionär durchaus möglich ist. Es geht hier nicht darum, das Prinzip funktionaler Differenzierung zum ehernen Gesetz zu erheben. Auch in der funktional differenzierten modernen Gesellschaft gibt es (neben weiteren, jedoch sekundären Differenzierungsformen) allenthalben Entdifferenzierungsprozesse, die nicht umstandslos als gesellschaftsevolutionärer Rückschritt zu verteufeln sind (auch solche gibt es), sondern auch als Reaktion auf aus der (übersteigerten) funktionalen Differenzierung resultierende Probleme verstanden werden können. Hier geht es nur darum, sich bewusst zu machen, dass eine Entdifferenzierung (oder Umstellung auf eine andere Differenzierungsform als primäres Strukturierungsprinzip der Gesellschaft) kein Königsweg zur Lösung der gegenwärtigen gesellschaftlichen Probleme ist, sondern selbst wieder gravierende Folgekosten zeitigen würde.

5.1 Die dreigliedrige Grundstruktur des Lebenslaufs

konzeptionell verbaut haben): nämlich als Ausdruck einer gewachsenen Lebenslaufflexibilisierung nicht jenseits – also durch Auflösung –, sondern innerhalb der funktional ausdifferenzierten Systeme der Bildung, Erwerbsarbeit und Alterssicherung und der damit institutionalisierten Ablauflogik des Lebens. Weder jobbende Schüler, Studenten und Rentner noch Erwerbstätige in Bildungsurlaub oder beruflicher Fortbildung heben die Grenze zwischen Erwerbs- und Bildungssystem auf. Weder Altersteilzeit noch sonstige Teilzeitarbeit, weder Elternzeit noch *sabbaticals* lösen die Grenze zwischen dem Erwerbssystem und Ruhestands-/Freizeitbereich auf. Weder das Seniorenstudium noch andere Formen (nichtberuflichen) lebenslangen Lernens schaffen die Grenze zwischen dem Bildungssystem und Ruhestands-/Freizeitbereich ab. Solche empirischen Sachverhalte sind kein Beleg für die Herausbildung altersintegrierter (Lebenslauf-)Strukturen, sondern bloße „Einsprengsel" aus anderen ausdifferenzierten Bereichen oder „Nebenrollen" – zeitlich oft befristet – innerhalb des funktional ausdifferenzierten Bildungs- oder Erwerbs- oder Alterssicherungssystems bzw. der jeweils entsprechenden Lebensphase.[11] Die institutionelle Grundstruktur moderner Gesellschaften mit einem Erwerbs- sowie Bildungs- und Alterssicherungssystem und damit auch die (Ablauf-)Logik und dreigliedrige Grundgestalt des institutionalisierten Lebenslaufs haben auch heute noch Bestand und dürften als altersdifferenziertes Tragwerk wohl auch auf absehbare Zeit bestehen bleiben.

> Die Rileys halten altersdifferenzierte (Lebenslauf-)Strukturen bzw. die dreigliedrige Grundgestalt des modernen Lebenslaufs für gesellschaftlich wie auch individuell dysfunktional. Angesichts der Beharrlichkeit dieser Strukturen (immerhin propagieren „Altersintegrationisten" deren Auflösung nun schon seit fast vier Jahrzehnten) wäre eher von deren Funktionalität auszugehen. Überlegen und diskutieren Sie, ob und inwiefern altersdifferenzierte (Lebenslauf-)Strukturen bzw. die dreigliedrige Grundgestalt des modernen Lebenslaufs für das Individuum, für Organisationen und für die Gesellschaft insgesamt funktional sind.

---

[11]Ähnlich auch Amrhein, der zwischen der primären Vergesellschaftung der Individuen, die weiterhin über den institutionalisierten Ablauf „Bildung – Erwerbsarbeit – Ruhestand/Freizeit" erfolge, und Bereichen sekundärer Vergesellschaftung unterscheidet, die der Logik des institutionalisierten Lebenslaufs aber untergeordnet seien, „da mit ihnen die biographischen Übergänge zwischen Bildung, Arbeit und Ruhestand nicht aufgelöst, sondern nur verstetigt und ‚verflüssigt' werden" (2004, S. 161).

5.2 Gesellschaftliche Strukturierungsfaktoren des Lebenslaufs

Die Grundstruktur des modernen Lebenslaufs besteht in seiner gesellschaftsstrukturell bzw. institutionell bedingten Dreigliedrigkeit. Diese dreigliedrige Grundgestalt beschreibt moderne Lebensläufe nicht in ihrer faktischen Komplexität und Vielgestaltigkeit, sondern abstrahiert gerade davon, um deren grundlegendes strukturelles Tragwerk deutlich zu machen. Aber auch auf der Ebene der realen individuellen Lebensläufe und ihrer empirischen Vielgestaltigkeit lassen sich Lebenslaufmuster feststellen hinsichtlich der zeitlichen Verortung von Ereignissen, Positionen, Rollen und Statuswechseln. Wie sehen diese Lebenslaufstrukturen aus und vor allem: wie kommt es zu dieser Strukturierung? Was verleiht modernen Lebensläufen ihre Struktur?

Ein individueller Lebenslauf ist das (kontingente) Resultat eines komplexen *structure-agency*-Zusammenspiels über die Zeit.[12] Dabei können auch „nichtsoziale" Faktoren wie z. B. eine genetisch bedingte Krankheit oder ein (wiederkehrendes) Naturereignis, das die materielle Existenzgrundlage eines Menschen bzw. eines sozialen Kollektivs zerstört, den Lebensläufen der betreffenden Individuen eine Struktur aufprägen. Hier werden aber – ganz in der Perspektive des Lebenslauf als einer sozialen Konstruktion, die mittels sozialer Faktoren zu beschreiben und erklären ist – die gesellschaftlichen Strukturierungsfaktoren von Lebensläufen thematisiert. Diese gesellschaftliche Strukturierung des Lebenslaufs kann normativer Art (5.2.1) oder gesellschaftsstrukturell und insbesondere institutionell bedingt sein (5.2.2).

5.2.1 „Act your age!" – Altersangemessenheits-Vorstellungen und *timetables*

So wie alle Kulturen eine Einteilung der Lebensspanne in eine Sequenz abgrenzbarer Altersphasen kennen, so gibt es auch in jeder Gesellschaft kulturell geteilte Vorstellungen darüber, welches Verhalten altersangemessen ist und ob Lebensereignisse und Statuswechsel „im richtigen Alter" eintreten. Und ebenso wie

---

[12]Die möglichen Kombinationen der aufseiten des gesellschaftlichen Strukturkontexts und auf Seiten des biographischen Handelns im Lauf eines Lebens als relevant denkbaren Faktoren, die ganz unterschiedlicher Art sein können, konstituieren ein schier unbegrenztes Spektrum individueller Lebensläufe – und machen den Lebenslauf eines Individuums letztlich einzigartig.

5.2 Gesellschaftliche Strukturierungsfaktoren des Lebenslaufs

jene Altersphasen-Einteilungen variieren auch diese Altersangemessenheits-Vorstellungen interkulturell und historisch. Am Beispiel des in Deutschland kürzlich auf die Agenda der öffentlichen und politischen Diskussion gerückten Themas „Kinderehe"[13] lässt sich das leicht verdeutlichen. In der Bundesrepublik ist die sog. Ehemündigkeit rechtlich an die Volljährigkeit gebunden, mit einer Ausnahme: wer mindestens 16 Jahre ist darf heiraten, sofern das zuständige Familiengericht die Volljährigkeits-Voraussetzung aufhebt und der Partner ehemündig ist. Gleichwohl waren in 2016 in Deutschland insgesamt 1475 Minderjährige als verheiratet registriert – darunter sogar 361 ausländische Kinder unter 14 Jahren –, von denen fast die Hälfte aus Syrien (664) kam; weitere Herkunftsstaaten waren Afghanistan (157), Irak (100), Bulgarien (65), Polen (41), Rumänien (33) und Griechenland (32).[14] In Europa gibt es Kinderehen mit unter 16jährigen vor allem auf dem Balkan unter den Roma. In der Bundesrepublik ist eine Heirat für unter 16jährige rechtlich grundsätzlich verboten, allerdings waren solche Kinderehen auch hier, d. h. in dem entsprechenden Gebiet bzw. Kulturkreis früher durchaus nicht unüblich und noch im 19. Jh. zu finden. Es sei noch angemerkt, dass die gesetzliche Regelung des Heiratsalters in einer Gesellschaft und deren kulturell geteilte Vorstellungen darüber, welches Heiratsalter unangemessen, „zu früh" und folglich deviant ist, voneinander abweichen können: so ist z. B. in Indien die Kinderheirat zwar verboten, ein Viertel der indischen Frauen ist aber schon im Alter von unter 15 verheiratet oder lebt in einer Partnerschaft (United Nations Children's Fund 2014, S. 2).[15]

- Nennen und diskutieren Sie weitere Beispiele interkulturell und/oder historisch variierender Altersangemessenheits-Vorstellungen in Bezug auf Lebensereignisse und gesellschaftliche Status im Verlauf des Lebens.
- Diskutieren Sie im Hinblick auf kulturell geteilte Vorstellungen der Altersangemessenheit von Verhalten die folgenden Bilder.

---

[13]Bei Kinderehen geht es in den weitaus meisten Fällen um die Verheiratung minderjähriger Mädchen. Nahezu die Hälfte aller Kinderbräute weltweit lebt in Südasien (42 %); ein Viertel bzw. 56 % der Frauen zwischen 20–49 Jahren waren dort „married or in union before ages 15 and 18" (United Nations Children's Fund 2014, S. 2; für West- und Zentralafrika liegen die Werte bei fast einem Fünftel bzw. 46 %).

[14]http://www.spiegel.de/panorama/gesellschaft/kinderehen-1475-minderjaehrige-in-deutschland-sind-verheiratet-a-1111624.html (bei dem Thema ist eine erheblich höhere Dunkelziffer anzunehmen).

[15]Während man z. B. in Andorra bereits mit 16 und mit einer richterlichen Erlaubnis sogar schon mit 14 Jahren heiraten darf – es dort allerdings so gut wie keine Kinderehen gibt.

Foto: Kiana Bosman (unsplash.com)

Foto: shutterstock_1018119094

Foto: Mikail Duran (unsplashoom)

Foto: shutterstock_37174705

Foto: asierromero (freepik.com)

5.2 Gesellschaftliche Strukturierungsfaktoren des Lebenslaufs

Foto: shutterstock_170262146

Foto: shutterstock_42485560

Foto: shutterstock_120984757

Foto: shutterstock_49096135

Geben solche in einer Gesellschaft existenten Altersangemessenheits-Vorstellungen Lebensläufen ihre Struktur, indem sie den „richtigen" Zeitpunkt bzw. -raum in Bezug auf wichtige Lebensereignisse und Statuswechsel vorgeben? Einen entsprechenden, der strukturfunktionalistischen Perspektive jener Zeit verpflichteten Ansatz entwickelte Neugarten Ende der 1950er Jahre. Diesem Ansatz zufolge fungieren kulturell geteilte Altersangemessenheits-Vorstellungen als „an elaborated and pervasive system of norms governing behavior and interaction ... There exists what might be called a prescriptive timetable for the ordering of major life-events: a time ... when men and women are expected to marry, a time to raise children, a time to retire. This normative pattern is adhered to, more or less consistently, by most persons in the society" (Neugarten et al. 1965, S. 711) – das ist der Grundgedanke von Neugartens Altersnormen-Ansatz. Dass formelle Altersnormen, d. h. altersbezogene rechtliche Regelungen Lebensläufe strukturieren, ist offenkundig (man denke nur an z. B. die Einschulung und Vollzeitschulpflicht, den Übergang in Rente oder Altersgrenzen in Bezug auf Volljährigkeit, Ehemündigkeit, Strafmündigkeit und das Jugendstrafrecht). In Neugartens Altersnormen-*timetables* (und im Folgenden) geht es aber nicht um solch formelle Altersnormen in Form gesetzlicher Regelungen, sondern um das weite Feld der informellen Altersnormen.

Neugarten zeigte für die USA anhand einer repräsentativen Stichprobe von Angehörigen der Mittelschicht empirisch einen großen Konsens über die „richtige" lebenszeitliche Verortung von Ereignissen, Positionen und Statuswechseln und im Hinblick darauf, was als altersangemessenes Verhalten gilt.[16] Im Fragebogen wurde nicht nur die persönliche Meinung der Befragten erhoben; diese wurden auch danach gefragt, wie ihrer Meinung nach „‚most people' would respond" (ebd., S. 714). In beiden Datensätzen waren die Auffassungen der Männer restriktiver – wenn auch nur leicht – als die der Frauen (Ausnahme: junge Frauen), d. h. Männer empfanden und vertraten selbst Altersnormen etwas strikter. Männer wie Frauen hielten die den „meisten Leuten" *(generalized other)* unterstellten Altersnormen für deutlich rigider als die eigenen Altersangemessenheits-Vorstellungen. Während die Rigidität der dem *generalized other* zugeschriebenen Alterszwänge im Verlauf des Lebens als leicht abnehmend wahrgenommen wurde, gab es bei den eigenen Vorstellungen mit wachsenden Alter einen erheblichen „increase in the extent to which repondents ascribe importance to age norms and place constraints upon ... behavior in terms of age appropriateness" (ebd., S. 715; in der Befragtengruppe der ab 65jährigen gab es kaum noch einen Unterschied zwischen der eigenen Meinung über Alterszwänge und der dem *generalized other* zugeschriebenen Altersnormenrigidität). Neugarten betont, dass bei allen verhaltensbezogenen Fragen über 80 % der Befragten „made age discriminations when asked for ‚most people's opinions'" (ebd., S. 716) und sieht darin einen empirischen Beleg für die Existenz verhaltensleitender Altersnormen: „findings support ... that age norms are salient over a wide variety of adult behaviors" (ebd., S. 717).

Studien in der Tradition von Neugartens klassischer Arbeit zeigen, dass sich das im Hinblick auf bestimmte Ereignisse und Statusübergänge für „richtig" erachtete Alter seither zwar verschoben hat, es aber nach wie vor einen bemerkenswerten Konsens darüber gibt, in welchem Alter bzw. welcher Altersspanne solche Ereignisse und Statusübergänge stattfinden sollten (wobei selbstverständlich zwischen Altersangemessenheits-Vorstellungen z. B. von Männern

---

[16] Gefragt wurde z. B. nach dem idealen Heiratsalter für Männer und Frauen, wann die berufliche Karriere für Männer gefestigt sein sollte oder in welchem Alter eine Frau die meisten Verantwortlichkeiten hat. In Bezug auf altersangemessenes Verhalten wurde z. B. danach gefragt, ob man die Auffassung einer 18 bzw. 30 bzw. 45 Jahre alten Frau akzeptiert oder ablehnt, am Strand einen Bikini tragen zu können oder nach Zustimmung oder Ablehnung im Hinblick auf ein 20- bzw. 30- bzw. 55jähriges Ehepaar, das gern Twist tanzt.

5.2 Gesellschaftliche Strukturierungsfaktoren des Lebenslaufs

und Frauen oder unterschiedlicher sozialer Milieus zu differenzieren ist). Eine Studie aus den 1990er Jahren der USA etwa zeigt, dass 85 % der Männer und 82 % der Frauen im Hinblick auf die (erste) Eheschließung eine Altersobergrenze zogen bzw. annahmen und 74 % bzw. 67 % meinten, die Jahre zwischen 25–30 seien das beste Alter zum Heiraten (Settersten 2003b, S. 68). Deutsche Männer und Frauen halten dem 2006 im Rahmen des European Social Survey (ESS) erhobenen „Timing of Life"-Modul zufolge ein Alter von 26,6 bzw. 24,7 Jahren für das ideale Erstheiratsalter – allerdings lag das durchschnittliche Heiratsalter lediger Männer in Deutschland in diesem Jahr faktisch bei 32,6 und das lediger Frauen bei 29,6 Jahren (das durchschnittliche Erstheiratsalter der Männer und Frauen in Deutschland entsprach jener Vorstellung vom idealen Heiratsalter letztmalig 1985 bzw. 1987 und ist seither kontinuierlich weiter angestiegen auf 33,8 bzw. 31,2 Jahre in 2015).[17] Liegt eine solche Abweichung noch innerhalb der Altersnorm für Erstheiraten oder verweist sie darauf, dass jenes für ideal gehaltene Heiratsalter – und Altersangemessenheits-Vorstellungen überhaupt – gar keine verhaltensrelevanten Normen sind?

Um diese Frage beantworten zu können, ist zunächst einmal zu klären bzw. ins Gedächtnis zu rufen, was soziologisch unter einer Norm zu verstehen ist. Eine soziale Norm spezifiziert in Form eines (expliziten oder unausgesprochenen) Gebots oder Verbots, welches Verhalten in einer sich wiederholenden Situation angemessen ist. Soziale Normen sind in einer Gesellschaft weithin geltende, von den Mitgliedern verinnerlichte Regeln und Erwartungen, die das Verhalten der Individuen anleiten und die sanktioniert werden. Die Momente der weitreichenden Geltung, handlungspraktischen Relevanz und (positiven oder negativen) Sanktionierung sind für das soziologische Normverständnis essenziell. Das bedeutet: um die Existenz von Altersnomen (und damit uno actu eine Lebenslaufstrukturierung durch Altersnormen) zu belegen, reicht es nicht, einen breiten Konsens in Bezug auf altersangemessenes Verhalten festzustellen – das Verhaltensrelevanz- wie auch das Sanktionierungs-Moment sind ebenfalls empirisch nachzuweisen. Ob es wirklich Altersnormen gibt, die als Strukturierungsfaktoren des Lebenslaufs fungieren, soll kurz am Beispiel der Statuspassage

---

[17]Quellen: ESS_3 2006: eigene Berechnung; Bundesinstitut für Bevölkerungsforschung 2016 (www.bib-demografie.de/SharedDocs/Publikationen/DE/Download/Abbildungen/04/xls/a_04_14); Statistisches Bundesamt (de.statista.com/statistik/daten/studie/1329/umfrage/heiratsalter-lediger-maenner bzw. frauen).

ins Erwachsenenalter erörtert werden. Die in der Lebenslaufsoziologie oft analysierte, gut erforschte *transition to adulthood* (Hogan und Astone 1986; Blossfeld et al. 2005; Billari und Liefbroer 2010; Konietzka 2010; Buchmann und Kriesi 2011) wird zeitlich anhand des Eintretens einer Reihe von Lebenslaufereignissen und Status- bzw. Rollenwechseln festgemacht, deren wichtigste das Ende der (schulischen) Ausbildung, die Aufnahme einer (Vollzeit-)Erwerbstätigkeit, der Auszug aus dem Elternhaus, die Heirat oder Gründung einer eheähnlichen Gemeinschaft sowie die Elternschaft sind. Diese *markers of adulthood* werden meist auf der Verhaltensebene, d. h. als reale Ereignisse und Statuswechsel, seltener auf der Perzeptionsebene untersucht.

> Von Altersnormen ist bei diesen *markers of adulthood* meist nur in Bezug auf den Auszug aus dem Elternhaus, die Eheschließung bzw. Partnerschaft und die Elternschaft die Rede, während im Hinblick auf das Ende der (schulischen) Ausbildung und die Aufnahme einer (Vollzeit-)Erwerbstätigkeit Altersnormen als Erklärungsfaktoren keine Rolle spielen. Überlegen und diskutieren Sie mögliche Gründe dafür.

Um mit der Perzeptionsebene anzufangen: es ist völlig unstrittig, dass es – wie beim Heiraten – einen breiten Konsens über den Beginn des Erwachsenenlebens generell gibt. So zeigen die Daten des „Timing of Life"-Moduls gar, dass die „views of the age of reaching adulthood are rather uniform across Europe" (Spéder et al. 2013, S. 882). Nach dieser gemeinsamen europäischen Idee beginnt die Erwachsenenphase für Frauen mit 18–20 und für Männer mit 20–22 Jahren (ebd., S. 890). Gleichzeitig ist festzustellen, dass die Relevanz jener *markers of adulthood* nicht nur länderspezifisch stark variiert, sondern insgesamt relativ gering ist: der Anteil derjenigen, die diesen Markern Bedeutung beimessen, liegt zumeist deutlich unter 50 % (im Schnitt über alle Marker: ca. zwei Fünftel der Männer, ein Drittel der Frauen); den niedrigsten Relevanzwert weisen mit nur 5,7 % für den Partnerschafts-Marker die Frauen in Schweden auf; in Deutschland schwanken die Werte zwischen 47,6 % für den Erwerbstätigkeits-Marker bei Männern und 26,4 % für den Partnerschafts-Marker bei den Frauen (ebd., S. 884). Es sei dahingestellt, ob die empirischen Evidenzen dieser Studie im Hinblick auf das Moment der weitreichenden Geltung überzeugend oder eher schwach sind – hier geht es um ein grundsätzliches konzeptionell-methodisches Problem solcher Perzeptionsstudien. In der zusammenfassenden Ergebnisdiskussion weisen die Autoren der Studie darauf hin, diese basiere auf „perceptions of the age and markers of adulthood. Lives as they are actually lived may certainly differ from

5.2 Gesellschaftliche Strukturierungsfaktoren des Lebenslaufs

these perceptions" (ebd., S. 894).[18] Im Klartext heißt das: Untersuchungen zu *age perceptions* können das für den Normbegriff essenzielle Moment der Verhaltensrelevanz prinzipiell nicht nachweisen, weil sie die Verhaltensebene ausblenden. Auf der Verhaltensebene durchgeführte Untersuchungen haben dieses Problem logischerweise nicht, können die Existenz lebenslaufstrukturierender Altersnormen aber auch nicht belegen, weil Studien der faktischen *transition to adulthood* ebenfalls ein grundsätzliches konzeptionell-methodisches Problem haben. Wenn eine Studie z. B. zeigt, dass ein großer Teil der Individuen einer (Sub-)Population in einem bestimmten Alter aus dem Elternhaus auszieht oder jene *markers of adulthood* in derselben Reihenfolge absolviert, belegt das nicht die Existenz entsprechender Altersnormen, sondern „simply a regularity in behavior, represented by a statistical average or typical value" (Marini 1984, S. 232). Eine empirisch festgestellte Verhaltensregelmäßigkeit könnte z. B. auch institutionell bedingt sein[19] oder zustande kommen, weil Individuen sich in ihrem Handeln am Verhalten signifikanter Anderer wie etwa ihrer *peer group* orientieren, wobei der einer Norm wesentliche soziale Druck, etwas tun oder lassen zu sollen, überhaupt keine Rolle spielt. Um aber Verhaltensregelmäßigkeiten wie den Auszug aus dem Elternhaus in einem bestimmten Alter oder das Durchlaufen der *markers of adulthood* in einer bestimmten Abfolge auf entsprechende Altersnormen zurückführen zu können, muss gezeigt werden, dass die Individuen auch einen sozialen Druck verspürten, in eben diesem Alter auszuziehen oder in eben dieser *markers of adulthood*-Reihenfolge erwachsen werden zu sollen. Wer meint, „behavior which is statistically modal is socially normative for all individuals" (ebd., S. 237), Verhaltensregelmäßigkeiten also mit sozialen (Alters-) Normen gleichsetzt, begeht schlicht – wie z. B. Hogan (1978, 1980) – einen logischen Fehlschluss. Untersuchungen auf der Verhaltensebene haben das konzeptionell-methodische Problem, prinzipiell nicht belegen zu können, dass die

---

[18]Dieses Auseinanderfallen von Perzeption und faktischem Verhalten verdeutlicht die bereits erwähnte Differenz zwischen idealem und faktischem Erstheiratsalter. In derartigen Differenzen zeigt sich empirisch, dass es durchaus problematisch ist, Altersangemessenheits-Vorstellungen im Sinne von Altersnormen zu begreifen: derartige Differenzen dürften nämlich nicht auftreten, wenn diese Perzeptionen altersangemessenen Verhaltens als (handlungsrelevante) Altersnormen fungieren würden.

[19]„Just as it is often asserted that individuals tend to marry within a certain range of ages because social norms govern marital timing, it might be asserted that individuals tend to obtain between 10 and 20 years of formal schooling and do so at certain ages because social norms govern the amount and timing of education" – so Marini (1984, S. 235) ironisch.

Individuen einen normativen Druck verspürten, sich so zu verhalten, wie sie sich faktisch verhalten haben, d. h. können die Existenz von Altersnormen nicht nachweisen.

Die Existenz von Altersnormen wäre empirisch nur überzeugend belegt, wenn Untersuchungen anhand geeigneter (Längsschnitt-)Datensätze zeigen, dass die Individuen einen sozialen Druck verspüren, in bestimmter Weise agieren zu sollen (Perzeptionsebene), und auch dementsprechend agieren (Verhaltensebene). Das aber bleibt eine Aufgabe „for future research, should longitudinal data on both perceptions and behavior be gathered" (Spéder et al. 2013, S. 895). Zusätzlich zum Nachweis einer weitreichenden Geltung und der Verhaltensrelevanz wäre auch noch das dritte für eine Norm essenzielle Moment: das der Sanktionierung nachzuweisen. Mit Blick auf Altersnormen ist also empirisch zu belegen, dass zeitlich davon abweichendes Verhalten gesellschaftlich negativ sanktioniert wird. Bei formellen Altersnormen in Form altersbezogener rechtlicher Regelungen ist das einfach, bei informellen Altersnormen nicht. Diesbezüglich fehlt es zum einen an Datensätzen, die Sanktionen als Reaktion auf zeitlich abweichendes Verhalten von einer Altersnorm plausibel dokumentieren.[20] Außerdem ist, zweitens, anders als bei Verstößen gegen formelle Altersnormen, theoretisch völlig ungeklärt, was für eine Art von Sanktionierung mit dem Verstoß gegen eine informelle Altersnorm überhaupt verbunden sein könnte. Wie wird z. B. eine Person sanktioniert, die erst mit 30 Jahren aus dem Elternhaus auszieht? Welche Sanktionen erfährt ein Paar, das erst im Alter von über 40 Jahren heiratet? Und wer sanktioniert überhaupt? Mit welchen Sanktionen hat ein Mann zu rechnen, der gegen die normative Sequenz verstößt, erst nach dem Ausbildungsabschluss und der Aufnahme einer Erwerbstätigkeit Vater zu werden? Welche Sanktionen drohen einem Mädchen, das schon mit 16 Jahren Mutter wird? Und sind die aus einer solch frühen Mutterschaft resultierenden Probleme und Benachteiligungen im weiteren Leben wirklich als Sanktionen zu begreifen?

---

[20]Auf der Perzeptionsebene müsste sich der von Altersnormen ausgehende soziale Druck empirisch in antizipierten Sanktionen, d. h. in Sanktionsbefürchtungen niederschlagen. Biographisch antizipierte Sanktionierungen bleiben aber bloß potenzielle Sanktionen, d. h. hier greift wieder – wie beim Moment der Verhaltensrelevanz – das bereits genannte prinzipielle Problem von Perzeptionsstudien. Insofern sind evaluative ex post-Erhebungen tatsächlicher Sanktionserfahrungen aussagekräftiger – allerdings nur unter der Voraussetzung, dass die von einem Individuum faktisch erfahrenen Sanktionen von diesem auch antizipiert: ex ante befürchtet wurden, weil sie sonst keine Verhaltensrelevanz hätten haben können.

5.2 Gesellschaftliche Strukturierungsfaktoren des Lebenslaufs

> Der Übergang ins Erwachsenenleben galt lange Zeit erst dann als abgeschlossen, wenn alle *markers of adulthood* – also: Ende der (schulischen) Ausbildung, Aufnahme einer (Vollzeit-)Erwerbstätigkeit, Auszug aus dem Elternhaus, Heirat oder Gründung einer eheähnlichen Gemeinschaft sowie Elternschaft – gegeben waren. Der gesellschaftliche Wandel seit Mitte der 1960er Jahre hat diese Auffassung problematisch werden lassen (Klein 1990; Bynner 2005). Arnett zufolge hat sich mittlerweile eine neue, von ihm als „emerging adulthood" (2000) bezeichnete Lebenslauf- und entwicklungspsychologische Phase herausgebildet und ist in Rechnung zu stellen.
>
> - Wie denken Sie über die Auffassung, dass jemand erst ein „Erwachsener" ist, wenn er alle jene *markers of adulthood* „absolviert" hat?
> - Haben Sie als Student den „Erwachsenen"-Status, d. h. werden Sie gesellschaftlich und von anderen als „Erwachsener" behandelt? Würden Sie für sich ohne Einschränkung einen „Erwachsenen"-Status reklamieren oder sich eher im Stand einer „emerging adulthood" sehen? Woran machen Sie den Status des „Erwachsenen" fest?

In soziologischer Sicht ist die Existenz von informellen Altersnormen, die als Strukturierungsfaktoren von Lebensläufen fungieren, empirisch nicht überzeugend nachgewiesen. Im strengen soziologischen Begriffsverständnis sind Altersangemessenheits-Vorstellungen keine (informellen) Altersnormen. Informelle Altersnormen stellen aus soziologischer Sicht zumeist ein bloßes Epiphänomen gesellschaftsstruktureller Verhältnisse als der letztlich entscheidenden Strukturierungsfaktoren von Lebensläufen dar.[21] Sie wurzeln meist in und resultieren aus sozialstrukturell-institutionellen Bedingungsfaktoren und vermitteln diese, können jedoch gelegentlich auch eigenständige, nicht aus gesellschaftsstrukturellen Verhältnissen ableitbare Strukturierungsfaktoren individueller Lebensläufe sein (Mayer und Diewald 2007, S. 524). Zwar sind Altersangemessenheits-Vorstellungen nicht gleichzusetzen mit Altersnormen – dennoch

---

[21] Altersgradierungen sind „in den allerhäufigsten Fällen primär keine direkt normierten Tatbestände, sondern empirisch nachgeordnete Folgen" (Mayer 1996, S. 48, 1986; am empirischen Beispiel der Statuspassage ins Erwachsenenalter s. Mortimer et al. 2005).

können sie Lebensläufe (normativ) strukturieren. Wie das geht, versuchen entwicklungspsychologische Überlegungen zu beschreiben (Heckhausen 1999; Rothermund und Wentura 2007).

Für die Entwicklungspsychologie repräsentieren Neugartens altersnormative *timetables* die gesellschaftlich herrschenden Vorstellungen über „normale" Entwicklungsverläufe. Solche *timetables,* in denen Altersnormen zu einem umfassenden lebenszeitlichen System integriert sind, stellen einen Orientierungs- und Bewertungsrahmen für individuelle Entwicklungsverläufe dar: diese können mit den zeitlichen und Altersvorgaben des „Normalverlaufs" verglichen und daraufhin beurteilt werden, ob sie diesem entsprechen oder aber davon abweichen, *on-time* oder aber *off-time* sind. Ob solche Evaluierungen nun durch das Individuum selbst erfolgen oder von anderen Personen oder Organisationen durchgeführt werden (egal ob faktisch oder nur vermeintlich) – soziokulturell geteilte Altersangemessenheits-Vorstellungen und entsprechende *timetables* sind biographisch folgenreich für das Selbstkonzept des Individuums, weil sie „als solche altersgradierte Anspruchsniveaus und Zielsetzungen für die einzelnen Individuen (begründen), die zu verfehlen negative Selbstbewertungen nach sich zieht" (Heckhausen 1990, S. 354).[22] Weicht eine individuelle Entwicklung vom „Normalverlauf" ab, wird fast immer das Individuum selbst von seinem sozialen Umfeld dafür verantwortlich gemacht und gerät durch diese (faktische oder vermeintliche) Feststellung seines Verfehlens jener Normalitätsvorgaben unter Begründungsdruck, seinen „nicht-normalen" Entwicklungsverlauf zu rechtfertigen – weshalb *off-time* zu sein auch von den betreffenden Individuen selbst meistens negativ erfahren und gesehen wird. Um solche Negativfolgen für das Selbstkonzept zu vermeiden, orientieren Individuen sich in ihrem biographischen Handeln normalerweise an jenen zeitlichen und altersbezogenen Normalitätsvorgaben, d. h. Individuen sind normalerweise bestrebt, *on-time* zu sein und versuchen, bereits eingetretene *off-time*-Entwicklungen zu korrigieren.

- Überlegen Sie Beispiele, in denen *off-time* zu sein gesellschaftlich oder aus individueller Sicht nicht negativ bewertet oder sogar positiv gesehen wird.
- Wie reagiert ein Individuum, wenn eine *off-time*-Entwicklung nicht mehr korrigierbar ist, d. h. wenn es im Rahmen seiner Selbstevaluierung feststellt, eine zeitliche bzw. Altersvorgabe des „Normalverlaufs" endgültig verfehlt zu haben? Überlegen und diskutieren Sie mögliche Coping-Strategien.

---

[22]Ähnlich argumentierte vor fast siebzig Jahren schon Havighurst mit seinem Konzept der vom Individuum zu absolvierenden „developmental tasks" (1948).

5.2 Gesellschaftliche Strukturierungsfaktoren des Lebenslaufs

Von zentraler Bedeutung dabei ist, dass die Individuen jene zeitlichen und Altersvorgaben des „Normalverlaufs" internalisiert haben, d. h. als eigene, persönliche Zielsetzungen sehen, sich biographisch daran orientieren und ihr Verhalten ex ante an diese altersbezogenen Normalitätsvorstellungen anpassen. In Analogie zu dem von Elias in seiner klassischen Studie (1992b) beschriebenen zivilisatorischen Prozess der Ersetzung von Fremd- durch Selbstzwang kommt damit für Heckhausen nämlich den zu *timetables* integrierten Altersangemessenheits-Vorstellungen die „Funktion handlungsregulierender Leitbilder zu, deren Verbindlichkeit sich gerade daraus ergibt, dass sie nicht durch äußeren institutionellen Zwang oktroyiert, sondern als Standardreferenz internalisiert sind" (1990, S. 353). Diesen entwicklungspsychologischen Überlegungen zufolge erübrigt sich der – für das soziologische Normverständnis essenzielle, jedoch problematische – empirische Nachweis der gesellschaftlichen Sanktionierung eines Individuums bei abweichendem Verhalten. Die gesellschaftliche Sanktionierung wird darin nämlich zu einer Art Selbst-Sanktionierung umgedeutet, die nur noch auf Perzeptionsebene festzustellen ist. Sanktionen bestehen demzufolge in nichts anderem mehr als einer negativen Selbstbewertung des Individuums oder einer vom Individuum perzipierten (faktischen oder vermeintlichen) negativen Bewertung durch sein soziales Umfeld: „die ‚Strafe' ist sozusagen, dass man nicht nicht auf die Altersnormen reagieren kann" (Rothermund und Wentura 2007, S. 544). Zwar kann diese entwicklungspsychologische Argumentation Altersnormen im streng soziologischen Begriffsverständnis nicht überzeugend begründen, wohl aber verständlich machen, dass und wie Altersangemessenheits-Vorstellungen als eine Art informeller Altersnorm fungieren und lebenslaufstrukturierende Bedeutung haben können.

Altersnormative *timetables,* in denen Altersangemessenheits-Vorstellungen zu einem umfassenden lebenszeitlichen System integriert sind, zeigen gesellschaftlich erwartete, „normale" Lebensläufe an und haben eine Orientierungs- und regulative Funktion. Der empirisch immer wieder festzustellende Sachverhalt, dass es zwar einen großen Konsens hinsichtlich altersangemessenen Verhaltens und des „richtigen" *timings* von Ereignissen und Positionen gibt, die individuellen Lebensläufe von diesen Vorgaben faktisch aber mehr oder weniger abweichen, verweist darauf, dass solche *timetables* nicht umstandslos handlungsrelevant, quasi eins zu eins umgesetzt werden, sondern „das Verhalten ... vergleichsweise indirekt (regulieren)" (ebd.). So hält ein Individuum z. B. das gesellschaftlich als angemessen („ideal") geltende Auszugsalter von Anfang 20 auch selbst für die „richtige" Zeit zum Verlassen des Elternhauses – zieht faktisch aber erst im Alter von 30 Jahren aus. Es liegt nahe zu vermuten, dass die Individuen altersnormative *timetables* biographisch spezifizieren und ihrer persönlichen

Lebenssituation und -planung anpassen. Dass dabei das chronologische Alter nicht der entscheidende Aspekt ist – geschweige denn allein relevant wäre – hat Nydegger schon Anfang der 1980er Jahre empirisch anhand des Vaterschaftsalters gezeigt. Ihre Analysen zeigen durchaus ein verhaltensrelevantes Normensystem am Werk – „but it is not in years. Aside from the proscriptive lower-age limit, age is weakly involved in this system (…) The norm system specifies maturity and a desirable synchrony among social roles – a system of prerequisites and orderings. Age is almost irrelevant" (1986, S. 723). Generalisiert heißt das: verhaltensrelevant sind für die Individuen nicht altersnormative *timetables,* sondern deren biographische Spezifizierung, bei der das Lebensalter nur ein Faktor unter anderen – und oft von untergeordneter Bedeutung – ist. Mindestens ebenso wichtig sind die aktuell verfügbaren und zukünftig erwarteten ökonomischen, sozialen und kulturellen Kapitalien eines Individuums, dessen Bewertung seines psychischen, emotionalen und gesundheitlichen Entwicklungsstatus, mit welchen – möglicherweise konfligierenden – Rollenanforderungen es konfrontiert ist und, nicht zuletzt, seine persönlichen Lebensziele und -planungen. Um das Beispiel des „verspäteten" *(off-time)* Auszugs aus dem Elternhaus mit 30 wieder aufzugreifen: dafür könnte z. B. die finanzielle Situation der betreffenden Person verantwortlich sein oder eine besondere psychische Belastung durch ein Duales Studium samt Einmündung in eine „stressige" betriebliche Karrierestartphase. Insofern betont Nydegger zu Recht, dass jede biographische Spezifizierung altersnormativer *timetables* „involves an intricate meshing of many elements (…) The preferred timetable for an entrepreneur bears only slight resemblance to that of a civil servant" (ebd, S. 727).

Altersangemessenheits-Vorstellungen – ob als einzelne oder aber gebündelt in Form lebenszeitlicher *timetables* – strukturieren Lebensläufe nicht direkt und direktiv, sondern indirekt und vermittelt: sie werden vom Individuum biographisch spezifiziert, d. h. den persönlichen Lebensumständen und -plänen angepasst. Eine unmittelbare und deterministische Lebenslaufsteuerung würde der Grundannahme der Lebenslaufforschung widersprechen, dass individuelle Lebensläufe die jeweiligen Resultate eines komplexen *structure-agency*-Zusammenspiels über die Zeit darstellen. Diese lebenslauftheoretische Grundannahme bzw. das individuelle *agency*-Moment gilt selbstverständlich auch in Bezug auf die im folgenden Unterkapitel thematisierten institutionellen Strukturierungsfaktoren: so wenig wie Individuen bloße „Vollzugsagenten" gesellschaftlich herrschender Altersnormen sind, so wenig werden sie institutionell als quasi passive Objekte dirigistisch durch ihr Leben gesteuert.

5.2.2 Institutionelle Lebenslaufstrukturierungen

Eine institutionelle Strukturierung individueller Lebensläufe erfolgt sowohl innerhalb der gesellschaftlich ausdifferenzierten Systeme von Bildung, Erwerbsarbeit und Alterssicherung als auch zwischen diesen Bereichen, d. h. im Übergang von Bildung in Beschäftigung und im Übergang aus dem Arbeitsmarkt in den Ruhestand. Auch die nicht der dreiteiligen „Lebensablauflogik" folgende, sondern zeitlich quer zu den Bereichen von Bildung, Erwerbsarbeit und Ruhestand liegende Institution „Familie" unterliegt institutionellen Strukturierungen. Institutionelle Strukturierungen individueller Lebensläufe können direkte Effekte der Struktur und Organisation des Bildungs-, Erwerbs- und Alterssicherungssystems und seiner Einrichtungen (z. B. Schule, Berufsausbildung, Betrieb, Frühverrentung) sein. Häufig resultieren institutionelle Strukturierungen aber auch aus dem gesellschaftlich gegebenen System wohlfahrtsstaatlicher[23] Regelungen, Interventionen und Leistungen (z. B. Kita-Anspruch, Elternzeit, Arbeitslosengeld, Inobhutnahme, Pflegegeld). Sozialpolitische Regelungen weisen im historischen Rahmen der Entstehung und Entwicklung des Interesses des Nationalstaats an seinen Bürgern (Thomas et al. 1987) eine starke Expansionstendenz auf. Wohlfahrtsstaatliche Regelungen erstrecken sich über die ganze Lebensspanne, von der pränatalen Vorsorge bis zur Sterbebegleitung im Hospiz, und umfassen alle Lebensbereiche bis hinein in die „private" Sphäre von Ehe, Partnerschaft und Familie. „The welfare state has a tendency to become universal. Programs started for small and restricted groups at risk are gradually generalized to the whole population ... Moreover, there is no limit to the kinds of problems that might be taken up for social policy intervention" (Mayer und Schoepflin 1989, S. 193).[24] Allerdings zeigen sich im internationalen Vergleich erhebliche Unterschiede zwischen Gesellschaften im Hinblick auf Umfang und Qualität (bzw. Intensität) ihres wohlfahrtsstaatlichen Regelungsnetzes. Deutschland z. B. ist ein hoch entwickelter

---

[23]Der (wohlfahrts-)staatliche Zugriff auf individuelle Lebensläufe ist in autoritären Regimen besonders ausgeprägt und direkt: in der „Großen Proletarischen Kulturrevolution" in China z. B. kam es seit 1967 zur Zwangsumsiedlung von ca. 17 Mio. städtischen Jugendlichen in bäuerliche Dörfer für bis zu zehn Jahren und ihrer dortigen (Arbeits-) Umerziehung (Zhou und Hou 1999).

[24]Zwar ist seit den 1980er Jahren von der Krise des Wohlfahrtsstaats und einem *welfare retrenchment* die Rede (OECD 1981; Levy 2010) – ob nun aber angesichts dieser Diskussionen die zitierte Aussage revidiert werden muss, sei dahingestellt.

Wohlfahrtsstaat mit einem engmaschigen sozialpolitischen Regelungsnetz, während die USA als ein *residual welfare state* gelten (wie die Diskussion um eine gesetzliche Krankenversicherung für alle Bürger zeigt).[25] Die unterschiedliche Rolle und Relevanz wohlfahrtsstaatlicher Politik in Deutschland und Europa einerseits und in den USA andererseits ist ein wichtiger Grund für den bereits erwähnten Unterschied (s. Abschn. 2.2) zwischen der deutschen bzw. europäischen und der US-amerikanischen Lebenslaufforschung. Diese nimmt vor allem das Individuum mit seiner *agency* im Rahmen der primären Alltagswelten von Familie, Schule, Arbeit und Freundeskreis in den Blick. Dagegen richtet sich die europäische, insbesondere deutsche Lebenslaufforschung vor allem auf die institutionellen „Vorprogrammierungen" von Lebensläufen, d. h. auf strukturierende Vorgaben des gesellschaftlichen Institutionen- und wohlfahrtsstaatlichen Regelungssystems als Grundlage und Bezugsrahmen der biographischen Lebenslaufkonstruktionen der Individuen.

Im Folgenden werden schlaglichtartig ein paar Beispiele institutioneller Strukturierungen von Lebensläufen durch das Bildungssystem dargestellt. Dessen gravierendste Lebenslaufstrukturierung resultiert aus der regulär mit dem sechsten Lebensjahr beginnenden und mindestens zwölf Jahre umfassenden allgemeinen Schulpflicht (neun bzw. zehn Jahre Vollzeitschulpflicht im Primar- und Sekundarbereich I, danach drei bzw. zwei Jahre allgemeinbildende Schule im Sekundarbereich II, berufliche Schule in Vollzeitform oder in der Regel drei Teilzeitschuljahre im Rahmen der Berufsschulpflicht).[26] Im Alter zwischen sechs und achtzehn Jahren – also über zwölf besonders entwicklungsrelevante Jahre hinweg – verbringen die Individuen einen Großteil des Tages in Bildungseinrichtungen, die auch noch in ihren außerschulischen Alltag hineinreichen (z. B. durch Hausaufgaben, Jahresarbeit oder Vorbereitung auf Leistungstests). Schon für die vorschulische Bildung sind lebenslaufstrukturierende Wirkungen feststellbar. So gehen z. B. Kinder, die keine Kindertagesstätte (Kita) besuchen, später deutlich

---

[25]Diese residuale Bedeutung „reflects an individualistic culture and a preference by most citizens for a smaller role of government in directing their lives than is customary in Europe" (Leisering 2003, S. 206), wohingegen „in the German case all key institutions … add up to a tight regulatory framework for social life. The underlying idea is a wide-ranging responsibility of government for the well-being of its citizens" (Leisering und Schumann 2003, S. 200).

[26]Anders als in Deutschland besteht in den meisten europäischen Ländern und auch in den USA keine Schul-, sondern eine Unterrichts- oder Bildungspflicht, d. h. es gibt dort keinen staatlich vorgeschriebenen Schulbesuchszwang.

5.2 Gesellschaftliche Strukturierungsfaktoren des Lebenslaufs

seltener auf weiterführende Schulen als Kita-Kinder (Becker und Lauterbach 2004). Zwar sind längerfristige Effekte vorschulischer Bildungseinrichtungen bislang noch unzureichend erforscht, allerdings deuten empirische Studien darauf hin, dass vorschulische Bildung in Kindertagesstätten ein geeignetes Mittel zur Kompensation von Bildungsungleichheit sein kann (Stamm 2010; Becker 2016).[27]

Alle modernen, leistungsdifferenzierenden Bildungssysteme „sortieren" ihre Schüler, d. h. weisen ihnen unterschiedliche Positionen zu. Dabei erfolgt diese Differenzierung in den meisten Ländern schulintern in Form von temporären Leistungs- oder Interessengruppen, während das deutsche Bildungssystem zwischen Schulen differenziert, d. h. die Schüler unterschiedlichen Schulformen zuweist. Beide Formen der Differenzierung bedingen und reproduzieren – neben und mit anderen Faktoren – Bildungsungleichheiten (Gamoran und Mare 1989; Lucas 1999, 2001; Maatz et al. 2009). Allerdings sind in den nach Schulformen gegliederten Bildungssystemen herkunftsbedingte soziale Ungleichheiten stärker ausgeprägt und werden weniger kompensiert als in Systemen mit schulinterner Differenzierung (Shavit und Blossfeld 1993; Baumert u. a. 2001; Pfeffer 2008; Müller und Pollack 2016). Gerade in Deutschland hängen Bildungschancen und –erfolge stärker als in anderen Ländern von der sozialen Herkunft ab. Dies gilt nicht nur für die Jahrzehnte des mit Haupt- und Realschule sowie Gymnasium[28] „rein" dreigliedrigen deutschen Schulsystems, sondern auch noch (wie der PISA-Schock 2001 zeigte) nach der Einführung unterschiedlicher Arten von Gesamtschulen bzw. weiterer, in den Bundesländern unterschiedlich bezeichneter Schularten mit mehreren Bildungsgängen. Wie Geißler treffend titelte: „Die Illusion der Chancengleichheit im Bildungssystem – von PISA gestört" (2004).

---

[27]Allerdings: der Bildungs- bzw. Strukturierungseffekt „vorschulischer Erziehung und Elementarbildung (relativiert sich), wenn sozioökonomische und bildungsrelevante Ressourcen des Elternhauses kontrolliert werden" (Becker 2016, S. 174). Dabei wird deutlich, dass die Bildungsbenachteiligungen der Kinder un- und angelernter Arbeiter sowie der Kinder mit Migrationshintergrund „offensichtlich durch gegenwärtige Programme vorschulischer Betreuung kaum ausgeglichen werden" (ebd.).

[28]Es geht hier um die Regelschulen; auf die daneben noch existierende Sonderschule (heute: Förderschule) für Schüler mit besonderem sozialpädagogischem Förderbedarf wird nicht Bezug genommen.

> Vergegenwärtigen Sie sich die Struktur des deutschen Bildungswesens anhand einer schematischen Darstellung (z. B.: www.kmk.org/fileadmin/Dateien/pdf/Dokumentation/dt-2015.pdf). Besorgen Sie sich auch schematische Darstellungen der Bildungssysteme Finnlands und anderer europäischer Länder sowie der USA.
>
> - Vergleichen Sie diese miteinander: welche Vor- und Nachteile haben die jeweiligen institutionellen Strukturen.
> - Diskutieren Sie die Frage, ob das stark differenzierte deutsche Bildungssystem aufgrund seiner Institutionalisierung vergleichsweise homogener Lernniveaus in den verschiedenen Schulformen dem je individuellen Bildungsstand- und potential eines Schülers nicht besser gerecht werden kann als eine gemeinsame Beschulung in integrierten Systemen?
> - Wie müsste Ihrer Meinung nach die institutionelle Struktur eines chancen- sowie leistungsgerechten Bildungswesens aussehen? Stellen Sie dieses „ideale" Bildungssystem schematisch dar.

Die leistungsbezogene „Sortierung" der Schüler erfolgt in zwischen Schulformen differenzieren Bildungssystemen (wie dem deutschen) beim Übergang aus der Grundschule in den Sekundarbereich I, während die schulintern differenzierenden integrativen Systeme ihre Schüler – im Wesentlichen – bis zum Sekundarbereich II gemeinsam unterrichten. Während also in diesen Systemen eine institutionelle Differenzierung der Schülerschaft erst im Alter von 16 Jahren stattfindet, erfolgt in Deutschland die Zuweisung der Schüler auf die verschiedenen Schulformen bereits im Alter von 12 Jahren (vor Einführung der zweijährigen Orientierungsstufe sogar mit 10 Jahren). Entwicklungspsychologisch ist diese frühe Kanalisierung der Schüler in unterschiedliche Schulformen bzw. -laufbahnen problematisch, weil verfrüht. Weniger problematisch wäre diese institutionelle Differenzierung, wenn das System sensibel und offen für entwicklungs- bzw. leistungsbezogene Revidierungen solch früher Zuweisungen wäre. Wie steht es mit einer solchen Durchlässigkeit des deutschen Schulsystems? Dieses ist zwar durchlässig – vor allem aber im Sinn einer „Abschulung" nach unten, wie Bellenberg in ihrer Studie über Schulformwechsel[29] zeigt: „die große Mehrheit der

---

[29]Diese können „ein Zeichen für die Durchlässigkeit eines Schulsystems sein, wenn sie Schülerinnen und Schülern einen Aufstieg in anspruchshöhere Schulformen ermöglichen

5.2 Gesellschaftliche Strukturierungsfaktoren des Lebenslaufs

Schulformwechsler (wechselt) von einer anspruchshöheren in eine anspruchsniedrigere Schulform" (2012, S. 9). Insgesamt bestätige ihre Studie „einmal mehr ..., dass die Abstiege in Deutschland die Zahl der Aufstiege deutlich übersteigen" (ebd.).[30]

Die Strukturierungsfolgen differenter Schulformen dürften als „Matthäus-Effekt" bis in den quartären Bereich der allgemeinen, beruflichen und betrieblichen Weiterbildung reichen (wobei ein strikter Kausalitätsnachweis schwierig ist): das international seit den 1970er Jahren propagierte *lifelong learning* ist äußerst selektiv im Zugang, d. h. wird vor allem von gut qualifizierten, bildungsaffinen Personen praktiziert – weshalb Bildungsdisparitäten im (strukturell sehr heterogenen) Weiterbildungsbereich nicht kompensiert, sondern eher reproduziert oder gar vergrößert werden (BMBF 2015; Offerhaus et al. 2016).

Die durch die institutionelle Struktur des deutschen Bildungssystems gegebene Einsortierung der Schüler in differente Schulformen schon im allgemeinbildenden Sekundarbereich I präformiert auch deren Verteilung auf die allgemeinbildende gymnasiale Oberstufe einerseits und Einrichtungen der beruflichen Bildung andererseits im Sekundarbereich II. Zwar kann, wer das Abitur erworben hat, auch eine berufliche Ausbildung beginnen – was auch zunehmend geschieht (Steinmann 2000) –, die weitaus meisten Abiturienten nehmen aber ein Universitäts- oder Fachhochschulstudium auf. Der Haupt- oder Realschulabschluss dagegen führt meist in eine Berufsausbildung.[31] Die berufliche Ausbildung findet in Deutschland überwiegend im Rahmen des dualen Systems statt, das Berufsschule und (Arbeit im) Betrieb miteinander verknüpft; daneben gibt es vollzeitschulische Ausbildungen an den Berufsfachschulen.[32] Das duale System der Berufsausbildung ist ein institutionelles Charakteristikum des deutschen Bildungswesens, während in den meisten Industriestaaten die berufliche Ausbildung in

---

und damit Bildungschancen eröffnen. Sie können aber auch ein Indikator für die langlebige pädagogische Tradition der Selektion in den gegliederten Schulsystemen in Deutschland sein, wenn viele Jugendliche einen Abstieg erleben" (Bellenberg 2012, S. 9).

[30]Wobei es – wie die länderspezifischen Darstellungen Bellenbergs zeigen – erhebliche Unterschiede zwischen den Bundesländern gibt (s. auch Schümer et al. 2002, S. 209 f.).

[31]Theoretisch können Haupt- und Realschulabsolventen selbstverständlich auch durch weitere Qualifizierungen eine – dann meist fachgebundene – Hochschulzugangsberechtigung erwerben (z. B. ermöglicht der Realschulabschluss den Besuch der zweijährigen Fachoberschule, die zur Fachhochschulreife – und im Fall einer möglichen Jahrgangsstufe 13 sogar zur Allgemeinen Hochschulreife – führt.

[32]Und mittlerweile eine Vielzahl an Maßnahmen, die Jugendliche auf die Aufnahme einer Berufsausbildung vorbereiten sollen („Übergangssystem"; Lex und Geier 2010).

rein schulischer Form oder erst *on the job* durchgeführt wird. Die Jugendlichen erwerben im dualen System spezifische berufliche Qualifikationen, die zudem standardisiert, d. h. nicht betriebsspezifisch und insofern im jeweiligen beruflichen Segment des Arbeitsmarktes generell verwertbar sind. Weil die Jugendlichen nicht nur berufsschulisch ausgebildet werden, sondern in den Betrieben gleichzeitig berufspraktische Erfahrungen machen, sind sie schon während ihrer Ausbildung mit der (betrieblichen) Arbeitswelt vertraut; die Betriebe, die über die Vergabe von Ausbildungsplätzen entscheiden, kennen wiederum Qualifikationen und Persönlichkeit der von ihnen selbst ausgebildeten Jugendlichen. Insofern werden sowohl aus Sicht der Jugendlichen als auch der Betriebe Fehlallokationen in Bezug auf reguläre Beschäftigungsverhältnisse nach Ausbildungsende tendenziell vermieden. Das duale Berufsausbildungssystem zeitigt durch seine Vermittlung bundeseinheitlich standardisierter, spezifischer beruflicher Qualifikationen und seine Verknüpfung (berufs-)schulischer sowie betrieblicher Ausbildungsformen einen wichtigen lebenslaufstrukturierenden Effekt: der Übergang in Beschäftigung erfolgt für den größten Teil der Absolventen relativ friktionslos, d. h. ohne eine längere Phase der Sucharbeitslosigkeit, sowie qualifikationsadäquat. Dieser institutionelle Effekt einer relativ geringen Jugendarbeitslosigkeits- sowie Berufsbzw. Betriebswechselquote während der ersten Erwerbstätigkeitsjahre ist von internationalen Vergleichsstudien empirisch immer wieder bestätigt worden (Büchtemann et al. 1993; Shavit und Müller 1998; Sackmann 2001; Kerckhoff 2003; Müller und Gangl 2003; Scherer 2005; Konietzka 2016).[33]

Seit Ende des 19. Jh. wurde in Deutschland – grob vereinfachend – ein „männliches" und ein „weibliches" Berufsausbildungssystem etabliert: während das duale System für („männliche") Berufe in Industrie und Handwerk ausbildet, erfolgt eine Qualifizierung für „weibliche" Berufe im Sinn haushaltsnaher und familienähnlicher Dienstleistungstätigkeiten in Form einer vollzeitschulischen Ausbildung. Diese – geschlechterideologisch motivierte (Mayer 1992) – institutionelle Aufspaltung des Berufsbildungssystems produziert bzw. verfestigt eine geschlechtsspezifische Berufs- und Arbeitsmarktsegregation mit erheblichen Folgen für die Positionierung der Frauen beim Erwerbstätigkeitseinstieg und ihren weiteren Erwerbsverlauf im Beschäftigungssystem – und damit auch ihren Lebenslauf insgesamt (Gottschall 2000). Im Vergleich zu den „Männerberufen"

---

[33]Lebenslauftheoretisch ist die strukturelle Verknüpfung von Berufsschule sowie (Arbeit im) Betrieb in der Institution der dualen Berufsausbildung auf mikrosoziologischer Ebene als eine „Brückensequenz" bzw. als ein *combined state* des Individuums, der Bildung und Beschäftigung bzw. das Bildungs- und Erwerbssystem miteinander verbindet, zu begreifen (Sackmann und Wingens 2003).

5.2 Gesellschaftliche Strukturierungsfaktoren des Lebenslaufs

sind die typischen „Frauenberufe" nämlich meist schlechter bezahlt, niedriger im Prestige und bieten wesentlich geringere Aufstiegsmöglichkeiten (Krüger 1996; Solga und Konietzka 2000; Feller 2002; Falk 2005; Trappe 2006). Das „‚doing gender' der Institutionen, das Herstellen geschlechtsspezifischer Lebenswege, läuft also über strukturelle und kulturelle Ebenen, die horizontale in vertikale Differenzierungsprozesse verwandeln" (Krüger 1995, S. 141). Im Gefolge der wirtschaftlichen Verschiebungen vom industriellen zum Dienstleistungssektor haben in jüngerer Zeit die vollzeitschulischen Berufsausbildungen an den diversen Berufsfachschulen allerdings nicht nur quantitativ an Bedeutung gewonnen (Dobischat 2010; Hall 2012).

Soweit schlaglichtartig einige Beispiele für die institutionelle Strukturierung individueller Lebensläufe im Bildungssystem und bezüglich des Übergangs von Bildung in Beschäftigung. Auch für das Erwerbs- und Alterssicherungssystem und für die zur dreigliedrigen Grundstruktur des Lebenslaufs quer liegende Institution „Familie" sowie im Hinblick auf Übergänge und Verbindungen zwischen diesen Bereichen lassen sich problemlos vielfältigste Beispiele einer institutionellen Lebenslaufstrukturierung zeigen. Man denke in Bezug auf das Erwerbssystem etwa an Unterschiede hinsichtlich der Arbeitsplatz- und Lebensplanungssicherheit zwischen einer Beschäftigung in einem privatwirtschaftlichen Unternehmen oder im öffentlichen Dienst; oder an interne Karrierepfade, die es in größeren, aber nicht in kleinen Betrieben gibt. In Bezug auf den Übergang in das Alterssicherungssystem wäre etwa an die Frühverrentung und – falls es diese Möglichkeit gibt – deren institutionelle Ausgestaltung, im Alterssicherungssystem an den unterschiedlichen *public-private mix* nationaler Rentensysteme zu denken. Hinsichtlich des Familienbereichs ließe sich an unterschiedliche gesetzliche Regelungen zur Ehescheidung oder auch an das Steuerrecht (Stichwort Ehegattensplitting) denken. Und in Bezug auf Verbindungen zwischen der Institution „Familie" und dem Erwerbs- und Bildungssystem wäre etwa auf international unterschiedliche Regelungen zur (Möglichkeit von) Elternzeit oder auf die Ausgestaltung von Kinderbetreuungseinrichtungen (halb- vs. ganztags) zu verweisen. Hinzu kommen institutionelle Lebenslaufstrukturierungen durch die im engeren Sinn wohlfahrtsstaatliche Risikobearbeitung: hier wäre etwa an die Bezugsdauer von Arbeitslosengeld, staatliche Maßnahmen zur Reintegration oder die Regelungen zur Erwerbsminderungsrente aufgrund von Krankheit oder einer Behinderung zu denken.[34]

---

[34]Sozialpolitische Regelungen und Interventionen des Wohlfahrtsstaats zielen direkt auf eine Veränderung der Lebenssituation von Individuen und greifen so in deren Lebensläufe ein (Kaufmann 2002; Leisering 2003; Settersten 2003a; für ein über das Feld der Sozialpolitik

> - Konkretisieren Sie, welche Auswirkungen die gerade genannten institutionellen Strukturierungsfaktoren auf individuelle Lebensläufe haben (können).
> - Überlegen Sie weitere Beispiele einer institutionellen Lebenslaufstrukturierung.
> - Finden Sie empirische Studien bzw. Belege zu den genannten wie auch zu Ihren eigenen Beispielen und diskutieren Sie diese.
> - Wenn Sie für eine von Ihnen vermutete institutionelle Lebenslaufstrukturierung keine empirischen Belege bzw. Studien finden: entwickeln Sie ein Forschungsdesign, mit dem empirische Evidenz für den vermuteten Effekt erzielt werden könnte.

Institutionelle Strukturierungsfaktoren können sehr weitreichende Auswirkungen auf individuelle Lebensläufe haben. Dies gilt sowohl in einem zeitlichen Sinn, d. h. dass ein Strukturierungseffekt sich auf die gesamte weitere Lebensspanne auswirken und sich im Lebensverlauf gar potenzieren kann, als auch in dem Sinn, dass ein institutioneller Strukturierungseffekt z. B. des Bildungssystems auch in andere Lebensbereiche und gesellschaftliche Handlungsfelder hineinreichen kann. Auf diese (potenzielle) enorme Reichweite der Folgen institutioneller Strukturierungsfaktoren hat – mit Blick auf das Bildungssystem – Schelsky (1957) schon vor sechs Jahrzehnten eindringlich hingewiesen: dessen institutionelle Weichenstellungen kanalisieren die Schüler nicht nur in spezifische Schullaufbahnen, sondern infolge der damit jeweils möglichen bzw. wahrscheinlichen Anschlussoptionen auch – und viel weitreichender – in ganze „Lebens-Laufbahnen" mit ihren jeweiligen unterschiedlichen beruflichen Status, sozialen Risiken und generellen Lebenschancen. Man kann sich die in jenem doppelten Sinn weitreichenden Folgen einer institutionellen Lebenslaufstrukturierung leicht verdeutlichen: wenn sich z. B. eine Schülerin – aus welchen Gründen auch immer – zu einer beruflichen Ausbildung an einer Berufsfachschule entschließt, die in einen typischen „Frauenberuf" führt, resultiert daraus eine (geschlechter-)relativ ungünstige Arbeitsmarktposition und Beschäftigungsperspektive; heiratet die junge Frau nach ein paar Jahren Erwerbstätigkeit, wäre es im Fall der Geburt eines Kindes oder der Pflegebedürftigkeit der (Schwieger-)Eltern rational – jedenfalls ökonomisch gesehen –, wenn die Frau (und nicht ihr Ehemann) die Erwerbstätigkeit unterbricht; diese oft mehrjährigen Erwerbsunterbrechungen führen häufig dazu, dass die Frau bei einer späteren

---

hinausgehendes, generelles Verständnis von Lebenslaufpolitik bzw. *life course policy* s. Weymann 2003).

5.2 Gesellschaftliche Strukturierungsfaktoren des Lebenslaufs

Wiederaufnahme einer Beschäftigung nur noch auf einer Teilzeitstelle arbeitet (oder auch dazu, dass sie dauerhaft keine Erwerbstätigkeit mehr aufnimmt); das wiederum führt zu einer erheblichen Absenkung des Niveaus der Alterssicherung der Frau und hat biographische Konsequenzen im Hinblick auf die ökonomische (Un-)Abhängigkeit der Frau von ihrem Ehemann.

Dieses (zugegeben: holzschnittartige) Beispiel – das sei abschließend noch einmal betont – darf nicht im Sinn eines Determinismus institutioneller Strukturierungsfaktoren missverstanden werden. So wenig Altersnormen die Lebensläufe der Individuen determinieren (sondern von diesen vielmehr biographisch individuell spezifiziert werden), so wenig determinieren institutionelle Strukturierungsfaktoren den Lebenslauf des Individuums. Individuelle Lebensläufe sind – das ist die lebenslauftheoretische Grundthese – Resultate komplexer *structure-agency*-Zusammenspiele über die Zeit. Wenn hier die Rolle der biographischen *agency* ausgeblendet wurde, dann nur, um institutionelle Präformierungen individueller Lebensläufe und die gravierenden Lebenslaufeffekte institutioneller Strukturierungsfaktoren besonders deutlich zu machen. Die Fokussierung allein auf das Moment der institutionellen Strukturierung bzw. *structure* darf aber keinesfalls als eine Determinierung individuellen Handelns durch Institutionen bzw. Strukturen missverstanden werden. Dass eine solch einseitige – und insofern deterministische – Fokussierung allein auf *structure* problematisch ist, lässt sich mit einem auch aus dem Bildungsbereich stammenden Beispiel leicht illustrieren: der Sachverhalt, dass in jüngerer Zeit eine wachsende Anzahl von Individuen Zweit- oder Mehrfachausbildungen absolviert (Hillmert und Jacob 2003; Jacob 2004), ist mittels institutioneller Strukturierungsfaktoren nicht zu erklären – dafür gibt es nämlich keine institutionellen Strukturvorgaben im Bildungssystem.

> Finden Sie weitere Beispiele, die – im Bildungssystem wie auch in den anderen Gesellschaftsfeldern und Lebensbereichen – auf dem Hintergrund der institutionellen Präformierungen und Strukturierungsfaktoren von Lebensläufen die Bedeutung biographischer *agency* zeigen.

Die (in jenem doppelten Sinn) weitreichenden Lebenslaufeffekte institutioneller Strukturierungsfaktoren legen die Frage nahe, ob die vielen und vielfältigen institutionellen Präformierungen und wohlfahrtsstaatlichen Regelungen eine bloße Ansammlung institutioneller und sozialpolitischer Einzelfaktoren darstellen – dann würde aus diesen heterogenen Strukturierungsfaktoren ein bloßes Konglomerat diverser Lebenslaufeffekte resultieren. Oder ob die institutionellen und sozialpolitischen Strukturierungsfaktoren nicht vielmehr im Sinn institutioneller Komplementaritäten tendenziell einer generellen gesellschaftlichen (Regelungs-) Logik folgen – dann würden diese Strukturierungsfaktoren, sozusagen holistisch, ein relativ kohärentes, übergreifendes Lebenslaufregime generieren. Diese Frage wurde lange kontrovers diskutiert, gilt mittlerweile aber als „positively resolved. There is wide agreement ... to conceptualize the specific institutions as parts of an overarching pattern with a higher or lesser degree of complementarity among them" (Kohli 2007, S. 259). Aber auch wenn kaum noch bestritten wird, dass dem Institutionen- und Regelungsgefüge einer Gesellschaft eine tendenziell holistische Strukturierungslogik innewohnt – das dadurch bedingte Lebenslaufregime inhaltlich zu bestimmen, bleibt ein schwieriges Unterfangen.

Die (quasi als „unabhängige Variable") infrage kommenden makrostrukturellen Bedingungsgrößen von Lebenslaufregimen (als der „abhängigen Variable") sind im Wesentlichen die Verfasstheit und Regulierung der politischen Ökonomie und der Wohlfahrtsstaatlichkeit einer Gesellschaft. Allerdings lassen sich Lebenslaufregime weder aus der bekannten *Varieties-of-Capitalism*-Typologie *(liberal vs. coordinated market economy;* Hall und Soscike 2001) noch aus der verbreiteten Wohlfahrtsstaats-Typologie *(liberal, conservative, social democratic welfare regime;* Esping-Anderson 1990) und auch nicht aus einer der diversen Modifizierungen und Erweiterungen dieser Gesellschaftstypologien einfach ableiten. Dafür ist das Aggregationsniveau solcher Typologien, die polit-ökonomisch oder wohlfahrtsstaatlich ähnlich verfasste Nationalstaaten zu einer Art „Länder-Familien" gruppieren, schlicht zu hoch. So repräsentieren etwa die USA und Großbritannien den Typus liberaler Marktwirtschaften und Wohlfahrtsstaaten, während Deutschland dem Typus einer koordinierten Ökonomie bzw. eines konservativen Wohlfahrtsstaats zugeordnet wird. Betrachtet man aber jenseits (oder besser: diesseits) solch genereller Zuordnungen spezifische institutionelle Strukturierungen und deren Lebenslaufeffekte, fokussiert also z. B. auf sozialpolitische Hilfeleistungen, tragen diese Zuordnungen nicht mehr: dann wäre Deutschland nämlich „close to Britain as a ‚welfare state with integrated safety nets', which promotes a continuous life course; whereas the United States belongs to a different type, which offers little security and continuity" (Leisering 2003, S. 216). Gleiches gilt z. B. auch im Hinblick auf den Umfang bzw. Geltungsbereich und das Leistungsniveau des deutschen, US-amerikanischen und britischen (staatlichen) Gesundheitssystems. Um noch ein drittes Beispiel zu geben: obwohl Deutschland wie auch Frankreich dem Typus des *conservative welfare regime* zugeordnet werden, ist der Anteil vollzeiterwerbstätiger Mütter in Frankreich fast doppelt so hoch

5.2 Gesellschaftliche Strukturierungsfaktoren des Lebenslaufs

(56 % vs. 30 %) und der teilzeitbeschäftigter Mütter nicht einmal halb so groß (16 % vs. 39 %) wie in Deutschland.[35]

> Die (mit den genannten Daten angedeuteten) unterschiedlichen Lebenslaufmuster französischer und deutscher Frauen können – da beide Länder dem konservativen Wohlfahrtsstaats-Typus zugerechnet werden – nicht als Strukturierungseffekte des *conservative welfare regime* begriffen werden. Wie aber lassen sich diese differenten Lebenslaufmuster erklären? Welche institutionellen Strukturierungsfaktoren sind dabei relevant?

Wie die Beispiele zeigen, können die Lebenslaufeffekte und -muster in Ländern, die demselben Gesellschaftstypus zugeordnet werden, höchst unterschiedlich ausfallen. Verweise auf polit-ökonomische oder wohlfahrtsstaatliche Gesellschaftstypen sagen also nur wenig über die Lebenslaufregime der einem Typus subsumierten Länder.[36] Mehr noch: solche Verweise können empirisch feststellbare Lebenslaufmuster nicht erklären – die für deren Zustandekommen ursächlichen Faktoren und Mechanismen lassen sich auf der Ebene jener (gern bemühten) hoch aggregierten Gesellschaftstypen bzw. -typologien nicht identifizieren. Diese implizieren in ihrer Aggregation „ambiguities that undermine the uses of such schemata in developing causal hypotheses about life course outcomes" (Mayer 2005, S. 35). Sie können deshalb allenfalls als interpretative Anfangsheuristiken dienen. Eine Lebenslaufforschung, die Lebenslaufeffekte und –muster wirklich erklären will, hat „no alternative than to resort to the level of particular countries and particular institutions" (ebd., S. 36). Aber auch auf Ebene einzelner Länder ist zu beachten, dass das Institutionen- und Regelungssystem einer Gesellschaft in seiner Gesamtheit nicht aus einem Guss ist, sondern ein historisch gewachsenes hochkomplexes und heterogenes (manchmal gar in sich widersprüchliches) Sozialgebilde darstellt. Zwischen dem Institutionen- und Regelungsgefüge einer Gesellschaft und deren Lebenslaufregime gibt es keine simple Ableitungslogik, sondern besteht nur ein lockeres und vielfach gebrochenes Entsprechungsverhältnis. Insofern betont Mayer zu Recht, dass eine

---

[35]Die Daten sind der *OECD Family Database* entnommen und beziehen sich für Frankreich auf das Jahr 2013, für Deutschland auf 2014. Bei dem Beispiel ist noch darauf hinzuweisen, dass die Fertilitätsrate in Frankreich nach wie vor über der Deutschlands liegt (in 2015: 1,9 vs. 1,5 Kinder pro Frau; 1970: 2,5 vs. 2,0; 1995: 1,7 vs. 1,2).

[36]Was Mayer (1997, 2001, 2004, 2005) überzeugend und informativ (an konkreten Beispielen) dargelegt hat.

an Erklärungen interessierte Lebenslaufforschung letztlich auf spezifische institutionelle Konfigurationen *(particular institutions)* Bezug nehmen muss. Dem entsprechend hat er in einer Übersicht beispielhaft die institutionellen Konfigurationen, die eine besondere Strukturierungsrelevanz für die Lebensläufe der Individuen haben, für die USA, Deutschland und Schweden zusammengestellt (Abb. 5.2).

Zunächst ist darauf hinzuweisen, dass das Institutionen- und Regelungsgefüge einer Gesellschaft zwar eine große Stabilität und reformerische Pfadabhängigkeit aufweist, sich infolge des fortlaufenden sozialen Wandels (von revolutionären Umbrüchen nicht zu reden) gleichwohl verändern kann. Insofern referiert jede Bestimmung der lebenslaufrelevanten institutionellen Konfigurationen einer Gesellschaft auf eine spezifische gesellschaftshistorische Phase und ist zeitlich explizit zu verorten. Mayers Übersicht über die lebenslaufrelevanten institutionellen Konfigurationen der USA, Deutschlands (genauer: Westdeutschlands) und Schwedens bezieht sich auf die zweite Hälfte des 20. Jh. (zum Wandel lebenslaufrelevanter institutioneller Konfigurationen und korrespondierender Lebenslaufregime s. das folgende Unterkapitel).

Die Tabelle zeigt, dass sich die lebenslaufrelevanten institutionellen Konfigurationen der USA, (West-)Deutschlands und Schwedens sowohl in und zwischen den grundlegenden, gesellschaftlich ausdifferenzierten Systemen von Bildung, Erwerbsarbeit und Alterssicherung als auch hinsichtlich der zeitlich quer dazu liegenden Institution „Familie" und des wohlfahrtsstaatlich-sozialpolitischen Bereichs unterscheiden. Dass diese unterschiedlichen institutionellen Konfigurationen spezifische Lebenslaufeffekte und –muster bedingen, soll beispielhaft anhand der institutionellen Strukturierungen im Bildungs-, genauer: Schulsystem und Übergang in das Erwerbsarbeitssystem für die USA und Deutschland skizziert werden. Bildungs- bzw. Schulsysteme werden für internationale Vergleiche in Bezug auf ihre Standardisierung und Stratifizierung charakterisiert. Der Grad der Standardisierung gibt an, inwieweit Lehrpläne, Prüfungen, Benotungen, Zertifikate, etc. national einheitlichen Standards unterliegen. Der Grad der vertikalen Stratifizierung gibt Auskunft darüber, inwieweit eine Binnendifferenzierung in verschiedenartige Bildungspfade mit unterschiedlichen Niveaus existiert; die horizontale Stratifizierung referiert auf die Trennung von allgemeiner und beruflicher Bildung (Allmendinger 1989; Shavit und Müller 1998). Wie die Tabelle zeigt, ist das deutsche Schulsystem standardisiert und stark stratifiziert; es gibt einen – ebenfalls standardisierten – eigenen Berufsbildungsbereich, der spezifische berufliche Qualifikationen vermittelt; die Berufsbildung ist durch das duale System strukturell eng mit dem Erwerbsarbeitssystem verknüpft (dies wurde weiter oben bereits dargestellt). Im Unterschied dazu ist der Grad der

5.2 Gesellschaftliche Strukturierungsfaktoren des Lebenslaufs

Life course institutions	United States	Germany	Sweden
schooling	low stratification, low standardisation, general education	highly stratified, high standardization	low stratification, high standardization
vocational training	marginalized vocational school, on-the-job training	apprentice / vocational school, dual system, highly standardized, employer / union coordinated	vocational school (upper secondary), unstandardized, uncoordinated
school-to-work linkages	loose linkages, personal networks	tight linkages, apprenticeships, employment offices	loose linkages, labor exchange
production systems	low skill, mass products, high external flexibility, service-based economy	high skill, export-oriented, high-quality niche, high internal flexibility	high skill, export-oriented
labor relations systems	decentralized bargaining, low union density, contentious relations	coordinated (sectoral) bargaining encompassing employer association, medium union density, cooperative relations	coordinated (sectoral) bargaining encompassing employer association, high union density
firm-based institutions	weak internal labor markets, high occupational welfare	strong internal labor markets, medium occupational welfare	weak internal labor markets, low occupational welfare
welfare state (general)	low decommodification, means-tested benefits, mixed services, flat benefits	medium decommodification, employment-related benefits, transfer payments, contribution related	high decommodification, universal benefits, public services, redistributional
public sector	low	medium	high
active labor market policy	low	(medium) training / employment subsidies	high vocational (re)training, low skill public employment
labor market regulation	deregulated, weak job protection	highly regulated, work conditions and benefits, strong job protection	medium regulation, work conditions and benefits, weak job protection
retirement / pensions	flat social security, partial firm pensions, pre-tax pensions savings	dual system: earnings related pensions, high level company-based supplement	two-tiered: flat universal and supplemental earnings related, early exit schemes, long-term unemployment / disability
system of taxation	low level of taxation, unit = individual (dual earner model)	moderate level of taxation, unit = household (male-breadwinner model)	high levels of taxation, unit = individual (dual earner model)
family policies: family allowance, childcare, parental leave	no family allowance, privatized child care, short, job protection, zero income replacement	direct cash transfer — entitled to household head, low public child care, half-day schooling, short income replacement, long job protection	direct cash transfer to child, strong public provision of child care, long / generous income replacement and job protection

Quelle: Mayer 2005:38f

Abb. 5.2 Lebenslaufrelevante institutionelle Konfigurationen der US-amerikanischen, deutschen und schwedischen Gesellschaft. (Quelle: Mayer 2005, S. 38 f.)

Standardisierung wie auch der Stratifizierung im US-amerikanischen Schulsystem gering; eine berufliche (Aus-)Bildung existiert allenfalls in rudimentärer Form; Schul- und Beschäftigungssystem sind strukturell nicht miteinander verkoppelt.

Die aus diesen unterschiedlichen institutionellen Konfigurationen resultierenden Lebenslaufstrukturierungen beschreibt Mayer so: „In the United States, universal and comprehensive schooling without institutionalized apprenticeships make for a fairly standardized age at leaving secondary school around 17 (with a non-negligible rate of high school dropouts). Labor market entry comes early even for college graduates, but the transition between education and full labor market integration is often marked by a sequence of stop-gap jobs ... Low-paid and marginal employment as well as unemployment is widespread among young workers. Moreover, even starting in high school and continuing through college, full-time education and work are frequently combined. Educational certificates are of minor importance, occupational identities are weak, and therefore work lives are primarily structured by individual attempts to make good earnings. Commitment to given firms is low, and job shifts between firms are frequent. Deregulated labor markets foster employment, but depress and polarize wages. Mean income trajectories are fairly flat across working lives because efficiency wages and seniority premiums are weak, and effects of the business cycle are stronger than age effects" (2005, S. 36). Die entsprechenden institutionellen Konfigurationen in Deutschland dagegen bedingen andere Lebenslaufeffekte und -muster (wie z. T. weiter oben auch schon dargestellt): „(West)Germany stratifies school and training tracks and thus induces a higher variance at the ages at which young adults leave the formative period. A prolonged educational period also pushes the age of entry into the labor market upward. Because training is dominantly organized in the dual system, transitions to employment are smoother and integrated along the lines of occupational tracks. Training investments by both firms and young people are high, and therefore the attainment and the later use of certified skills play a large role in young people's lives. About 40 percent add an additional training period after the first concluded training, but most of that is an orderly progression in the same occupational domain ... Job shifts between firms are rare (but increasing for men), and changes between fields of occupational activities are even rarer ... For those who successfully manage their labor market entry, mean income trajectories are progressive" (ebd., S. 37).

Mayers Äußerungen verweisen darauf, dass die unterschiedlichen Lebenslaufmuster und berufs- bzw. erwerbsbiographischen Orientierungen junger

5.2 Gesellschaftliche Strukturierungsfaktoren des Lebenslaufs

Erwachsener in den USA und Deutschland nicht allein den verschiedenartigen institutionellen Konfigurationen der beiden Gesellschaften im Schulsystem und Übergang in Beschäftigung geschuldet sind. Ergänzend sowie verstärkend wirken auch die institutionellen Konfigurationen des Erwerbssystems (Massen- vs. Qualitätsproduktion; konflikt- vs. kooperationsorientierte industrielle Beziehungen; Fehlen vs. Existenz eines berufsfachlichen Arbeitsmarktsegments; schwache vs. ausgeprägte interne Arbeitsmärkte; deregulierter vs. koordinierter Arbeitsmarkt). Das bedeutet: Lebenslaufmuster sind nicht durch nur eine institutionelle Konfiguration allein bedingt, sondern resultieren vielmehr aus einem Ensemble institutioneller Konfiguration oder gar dem gesellschaftlichen Institutionen- und Regelungsgefüge insgesamt. Die relativ friktionslose *school-to-work transition* Jugendlicher in Deutschland ist sicherlich primär als Effekt des dualen Systems der Berufsbildung zu sehen. Mit welcher alleinigen institutionellen Konfiguration aber wäre z. B. der gegenüber den USA oder Schweden (oder Frankreich) geringere Anteil erwerbstätiger Frauen, insbesondere vollzeiterwerbstätiger Mütter in Deutschland zu erklären? Mayer hat versucht, jenes lockere Entsprechungsverhältnis zwischen dem Institutionen- und Regelungsgefüge einer Gesellschaft und dem korrespondierenden Lebenslaufregime mit Hilfe einer weiteren, über das skizzierte Beispiel hinausgehenden generellen Übersicht über Lebenslaufeffekte und -muster in den USA, Deutschland und Schweden darzustellen. Diese zweite Übersichtstabelle enthält den aktuellen Wissensstand über „life course outcomes" (ebd., S. 36) in diesen Gesellschaften (Abb. 5.3). Im ersten Moment irritiert die separate Darstellung in Form zweier Tabellen – Relationen werden normalerweise in einer Abbildung oder Tabelle dargestellt. Dass Mayer zwei Tabellen präsentiert bzw. benötigt, ergibt sich aber – als darstellungstechnische Konsequenz quasi – aus dem bereits genannten Sachverhalt, dass zwischen dem Institutionen- und Regelungsgefüge einer Gesellschaft (bzw. den institutionellen Konfigurationen) und deren Lebenslaufregime (bzw. deren *life course outcomes*) eben nur ein *loose coupling* und kein Eins-zu-eins-Entsprechungsverhältnis existiert.

Auch die beiden Übersichten, mit denen Mayer das lockere Entsprechungsverhältnis zwischen dem Institutionen- und Regelungsgefüge einer Gesellschaft und deren Lebenslaufregime zu fassen versucht, sind selbst noch keine Erklärung der institutionellen Bedingtheit und Strukturierung von *life course outcomes*. Im Unterschied zu jenen hoch aggregierten Gesellschaftstypologien sind sie aber eine produktive Ausgangsbasis für die Formulierung von Kausalitätsvermutungen und gehaltvoller Hypothesen, durch deren empirische Prüfung dann die konkreten institutionellen Bedingungsfaktoren und Verursachungsmechanismen von *life*

	United States	Germany	Sweden
leaving home	early, high variance	medium, high variance	early, low variance
age leaving school / training	early, unstratified	late, highly stratified	medium, unstratified
labor market entry	early, loosely coordinated stop-gap, general skills	late, highly coordinated, industry-specific skills	medium, moderately coordinated, general skills
economic self-sufficiency	early, earnings	late	early, earnings + study grants / welfare transfers
family formation	early entry into marriage / parenthood	cohabitation before marriage, delayed entry into marriage / parenthood	high permanent cohabitation, delayed entry into marriage / parenthood
job shifts	high intrafirm mobility, high interfirm mobility	moderate intrafirm mobility, low interfirm mobility	high intrafirm mobility, high interfirm mobility
worklife class mobility	high, upward and downward	low, upward	intermediate, upward
employment / unemployment	high employment, continuous / frictional unemployment, early entry / late exit	low employment, low youth unemployment, prolonged unemployment, late entry / early exit	high employment, continuous / frictional unemployment, high youth unemployment, late entry / late exit
careers of women	high participation, high qualifications variance, mostly full time, continuous	medium participation, medium homogeneous qualifications, mostly part time, interrupted	high participation, low + high qualifications, full time / part time, continuous
family life course	unstable, high single mothers, medium fertility	stable, low single / nonmarital parenthood, low fertility	moderately stable, high (single) / nonmarital parenthood, medium / declining fertility
income trajectories	flat, high variance, high poverty	progressive, low variance, (low) poverty	flat, low variance, low poverty
retirement	late exit, high variance, low replacement, high inequality in old age	early exit, low variance, high replacement, medium income inequality	gradual late exit, medium variance, high replacement, low income inequality

Quelle: Mayer 2005:40f

Abb. 5.3 *Life course outcomes* in den USA, Deutschland und Schweden. (Quelle: Mayer 2005, S. 40 f.)

course outcomes identifiziert werden können. Und genau darauf kommt es für die Lebenslaufforschung an: Lebenslaufeffekte und -muster nicht nur zu beschreiben, sondern in ihrem Zustandekommen zu erklären, also die dafür ursächlichen institutionellen Strukturierungen herauszuarbeiten.[37]

---

[37]Das Interesse an einer kausalen Erklärung von Lebenslaufmustern verbietet es auch, die institutionell-makrostrukturelle Perspektive aufzugeben und stattdessen einen mikrosoziologischen Ansatz zu verfolgen, der Lebenslaufregime empirisch anhand von Daten über individuelle Lebensläufe konstruiert. Dem Ansatz einer rein mikrosoziologischen Fundierung folgt z. B. Möhring, die anhand der Daten des Survey of Health, Ageing and

5.2 Gesellschaftliche Strukturierungsfaktoren des Lebenslaufs

- Setzen Sie die beiden Überblickstabellen in Bezug zueinander, d. h. verdeutlichen Sie sich das lockere Entsprechungsverhältnis *(loose coupling)* zwischen dem Institutionen- und Regelungsgefüge einer Gesellschaft und deren Lebenslaufregime anhand konkreter Beispiele. Machen Sie sich zunächst die verschiedenartigen institutionellen Konfigurationen der USA, Deutschlands und Schwedens – etwa im Hinblick auf Beschäftigungssicherheit, Arbeitslosigkeit und Wiedereinstiegschancen oder in Bezug auf Erwerbstätigkeitverläufe von Frauen oder im Hinblick auf den (Übergang in den) Ruhestand – bewusst. Überlegen Sie dann, welche unterschiedlichen Lebenslaufeffekte und -muster dadurch bedingt sein bzw. darauf zurückgeführt werden können.
- Lesen und diskutieren Sie die Studie von DiPrete über „Life Course Risks, Mobility Regimes, and Mobility Consequences: A Comparison of Sweden, Germany, and the United States" (2002).
- Finden Sie weitere empirische Studien zu den von Ihnen zunächst benannten Beispielen institutionell bedingter Lebenslaufeffekte und -muster. Werden Ihre Überlegungen durch diese empirischen Arbeiten gestützt oder eher infrage gestellt?

Retirement in Europe (SHARE; 3. Welle: SHARELIFE) erwerbsbiographisch fokussierte Lebenslaufregime konstruiert. Wie Möhring zeigt, ergeben diese sich aus „long-term economic and political developments" (2016, S. 135) in den vierzehn untersuchten Ländern „rather than being consistent with common welfare state typologies" (ebd.). Dass solch hoch aggregierte Gesellschaftstypologien nicht erklärungskräftig sind, ist (wie gesagt) zutreffend. Allerdings sind auch mit dem mikrosoziologischen Ansatz gravierende (Erklärungs-)Probleme verbunden. Erstens fehlt es an „holistischen" Datensätzen, d. h. an Datensätzen, die relevante Informationen sowohl über (möglichst) die ganze Lebensspanne als auch über (möglichst) sämtliche Lebensbereiche – und nicht nur, wie bei Möhring, z. B. die Erwerbbiographie – liefern. Im Hinblick, zweitens, auf „holistische" Methoden hat die quantitative Sozialforschung zwar innovative Analyseinstrumente entwickelt – *optimal matching*- bzw. Sequenzmusteranalysen sind jedoch keine kausalanalytischen, sondern deskriptiv-explorative Verfahren, d. h. können Lebenslaufregime nicht erklären. Und theoretisch wäre zu fragen, ob es auf der Mikroebene des individuellen Lebenslaufs ein prägendes *(trigger-)*Ereignis, das einem Lebenslauf seine faktische Struktur – und zwar über die ganze Lebensspanne und diversen Lebensbereiche hinweg – verleiht, überhaupt geben kann (s. dazu auch die Kritik an der Annahme einer „formativen Phase" im Kohorten- und Generationsansatz in Kap. 4).

5.3 „Normal-Lebenslauf" und De-Standardisierung des Lebenslaufs

5.3.1 Der chronologisch standardisierte „Normal-Lebenslauf"

Der institutionalisierte Lebenslauf stellt – wie in Kap. 3 ausgeführt – ein Regelsystem der zeitlichen Dimension des Lebens dar (Lebenslauf als Institution). Die Institutionalisierung des Lebenslaufs meint den Prozess der Herausbildung des Lebenslaufs als Institution: bezeichnet also den Prozess der Formierung eines zunehmend chronologisch standardisierten „Normal-Lebenslaufs" im Sinne gesellschaftlich wie individuell normalerweise erwartbarer Ereignis- und Positionssequenzen und -konfigurationen („äußere" Institutionalisierung). Als lebenszeitliches Ablaufmodell stellt dieser sozialstrukturell verankerte, insbesondere institutionell vorprogrammierte Standardlebenslauf ein kulturell bereitgestelltes Schema dar, an dem Individuen ihre biographischen Planungen und Lebensentwürfe, konform oder davon abweichend, orientieren („innere" Institutionalisierung). Diese Institutionalisierung des Lebenslaufs bzw. die Formierung des Lebenslaufs als Institution war Kohli zufolge Teil sowie Resultat des gesellschaftlichen Strukturwandels der letzten zweihundertfünfzig Jahre. Der Beginn dieser Entwicklung wäre also im 18. Jh. zu datieren. Von einem institutionalisierten Lebenslauf im Sinn chronologischer Standardisierung kann allerdings im 18. Jh. und bis weit in das 19. Jh. hinein noch keine Rede sein: Lebensereignisse traten oft schicksalhaft, also noch nicht chronologisch standardisiert und erwartbar ein (weshalb der Lebenslauf nicht planbar war). Wann aber war der Prozess der Institutionalisierung des Lebenslaufs so weit vorangeschritten, dass empirisch gerechtfertigt von einer chronologischen Standardisierung des Lebenslaufs gesprochen werden kann? Und wann erreichte der institutionalisierte Lebenslauf als chronologisch standardisierter „Normal-Lebenslauf" seine stärkste Ausprägung und Blütezeit?

Beide Fragen sind nicht im Sinn der Angabe eines bestimmten Datums zu beantworten; konkrete, zeitlich exakt zu datierende Anfangspunkte gibt es diesbezüglich nicht. Als Anfangszeitraum lässt sich aber die Phase der frühen Industriegesellschaft nennen. Das schicksalhafte, „zufällige" Eintreten von Lebensereignissen, das für traditionale Lebensläufe in zeitlicher Hinsicht charakteristisch war, machte seit dem letzten Drittel des 19. Jh. allmählich einer zunehmenden chronologischen Erwartbarkeit und damit auch Planbarkeit von Lebensläufen Platz. Besondere Relevanz kam dabei der Einführung von am Alter

5.3 „Normal-Lebenslauf" und De-Standardisierung des Lebenslaufs

orientierten öffentlichen Rechten und Pflichten zu, vor allem dem Schul- und Alterssicherungssystem (1871: allgemeine Schulpflicht; 1889: Arbeiter-Rentenversicherung). Die Lebensläufe der wachsenden Zahl von Menschen, die in den Industriebetrieben und im Handwerk arbeiteten, waren geprägt durch die lange – man kann fast sagen: lebenslange – Phase physisch anstrengender Erwerbsarbeit, die mit etwa 14 Jahren begann und bis zum Renteneintritt mit zunächst 70 Jahren oder infolge von Invalidität reichte. Daneben prägten wiederkehrende (bzw. drohende) Arbeitslosigkeitsphasen und gesundheitliche Risiken den Lebenslauf. Bis zur Heirat waren die Frauen ebenfalls erwerbstätig; nach der Heirat folgte dann bald die Geburt des ersten Kindes. Dieses in der frühen Phase der Industriegesellschaft verbreitete Lebenslaufmuster, von Rowntree (1901) angemessen als „cycle of poverty"[38] charakerisiert, zeigte zwar eine gewisse, rudimentäre chronologische Standardisierung, war in zeitlicher Hinsicht allerdings noch wesentlich durch Diskontinuitäten bestimmt.

Diese Diskontinuität wich, wie eben gesagt, seit dem späten 19. Jh. allmählich einer chronologischen Standardisierung von Lebensereignissen. Von entscheidender Bedeutung war dabei der fortschreitende Auf- und Ausbau eines altersbezogenen sozialpolitischen Regulierungsnetzes, genauer: ein bestimmtes – quantitatives wie qualitatives – Niveau wohlfahrtsstaatlicher Regulierungen. Wie die Geschichte der Sozialpolitik und des Wohlfahrtsstaats zeigen, kann für Deutschland von einer entwickelten Wohlfahrtsstaatlichkeit als gesellschaftsstrukturellem Charakteristikum erst seit etwa Mitte der 1950er Jahre die Rede sein.[39] Adenauer hatte 1953 in seiner Regierungserklärung eine umfassende Sozialreform angekündigt; diese beschränkte sich faktisch zwar auf die Rentenreform von 1957 – allerdings war damit der Einstieg in eine wohlfahrtsstaatliche Version der „Sozialen Marktwirtschaft" vollzogen. Mit der ersten Großen Koalition (1966–1969) und vor allem unter der anschließenden ersten Sozialliberalen Koalition (1969–1972) kam es dann zu einem „beispiellosen Ausbau des Sozialstaats" (Schmidt 1998, S. 78). Unter Berücksichtigung der zentralen Rolle einer entwickelten Wohlfahrtsstaatlichkeit für die Formierung eines

---

[38]Rowntrees „cycle of poverty" besteht aus fünf Phasen: zunächst wächst man als Kind in Armut auf; ist man selbst erwerbstätig und verdient Geld, kann man der Armut vorübergehend entkommen; aber mit der Heirat und Geburt von Kindern wird man wieder von Armut eingeholt; arbeiten die Kinder später selbst und ziehen aus, kann man die Armut erneut für einige Zeit hinter sich lassen; den Lebensabend verbringt man dann wieder in Armut.
[39]Und das, obwohl Deutschland eine Vorreiterrolle in Bezug auf staatliche Sozialpolitik hatte.

chronologisch standardisierten „Normal-Lebenslaufs" lassen sich dessen Anfänge auf den Zeitraum gegen Mitte der 1950er Jahre datieren. Oder anders formuliert: gegen Mitte der 1950er Jahre begann die Blütezeit des institutionalisierten Lebenslaufs. Dauert diese Blütezeit bis heute an? Oder hat der institutionalisierte Lebenslauf mittlerweile seinen Zenit überschritten? Erleben wir heute gar, rückläufig, einen Prozess der „De-Institutionalisierung" des Lebenslaufs? Im letzten Teil seiner grundlegenden Arbeit zur Institutionalisierung des Lebenslaufs weist Kohli selbst bereits auf empirische Indizien für ein Ende, eventuell gar eine Umkehr des Prozesses der chronologischen Standardisierung von Lebensläufen hin und wirft – mit der gebotenen Zurückhaltung, die Beiträgen zu diesem Thema oft fehlt – die Frage auf, ob diese Sachverhalte „Anzeichen eines neuen Strukturwandels?" (1985, S. 22) darstellen. Die Frage, ob diese empirischen Indizien als Anzeichen eines „De-Institutionalisierungsprozesses" zu begreifen sind, wird später noch thematisiert, sei hier aber zunächst einmal dahingestellt. Hier geht es zunächst nur darum festzustellen, dass es empirische Befunde gibt, die darauf hindeuten, dass die chronologische Standardisierung von Lebensereignissen gegen Ende der 1970er Jahre zu erodieren begonnen hat. Im Hinblick auf die Frage nach der Blütezeit des institutionalisierten Lebenslaufs bedeutet das: diese begann gegen Mitte der 1950er Jahre und reichte bis in die frühen 1980er Jahre. Für diesen Zeitraum von fünfundzwanzig oder dreißig Jahren kann man „reasonably talk about a ‚normal' life cycle that most people's experience quite closely followed. Most people indeed ... planned their lives on the assumption that they would follow the ‚normal' pattern at about the ‚normal' age" (Anderson 1985, S. 69 f.).

Ehe im Folgenden der institutionalisierte Lebenslauf in seinem Zenit, während seiner Blütezeit als chronologisch standardisierter „Normal-Lebenslauf" beschrieben wird, ist eine begriffliche Klärung angebracht. Individuelle Lebensläufe formieren sich als kontingente Resultate komplexer *structure-agency*-Zusammenspiele über die Zeit. Dabei existieren infolge der Vielzahl wie auch der Vielfalt gesellschaftsstruktureller Kontexte und subjektiv-biographischer Faktoren schier unendliche Kombinationsmöglichkeiten, die den realen Lebenslauf eines Individuums letztlich einzigartig machen.[40] Der Begriff „Normal-Lebenslauf"

---

[40]Selbst wenn man die *agency*-Dimension ausblenden würde: „in any given society, social forces create patterns in biographies but a multitude of contexts and consequent contingencies nevertheless render each life different" (Shanahan und Macmillan 2008, S. XIII).

5.3 „Normal-Lebenslauf" und De-Standardisierung des Lebenslaufs

ist insofern nicht empirisch zu verstehen, d. h. bezeichnet keinen real existierenden Lebenslauf. Die Rede vom „Normal-Lebenslauf" meint vielmehr ein Grundmuster oder -modell, das in den realen Lebensläufen der Individuen wohl variiert, nicht aber aufgegeben wird. Als ein solches Muster oder Modell ist der „Normal-Lebenslauf" in einem doppeltem Sinn „normal": im statistischen und in einem normativen Sinn. Statistisch ist die Verbreitung dieses Musters in einer Population gemeint, d. h. dass es den Lebensläufen der weitaus meisten Individuen der fraglichen Population zugrunde liegt. Im normativen Sinn ist die Orientierungsfunktion dieses Modells gemeint: dass der „Normal-Lebenslauf" in Bezug auf das Eintreten von Lebensereignissen und –umständen als Erwartungsmuster und Evaluationsrahmen fungiert.

Dass sein Modellcharakter den „Normal-Lebenslauf" biographisch relevant macht, ist offenkundig: ein individueller Lebenslauf wird – in seinen Momenten, Sequenzen und längeren Phasen – sowohl vom betreffenden Individuum selbst als auch von anderen Personen oder Organisationen wahrgenommen vor dem Hintergrund und im Bezugsrahmen des gesellschaftlich als „normal" geltenden Lebenslauf-Modells. Das Konzept des „Normal-Lebenslaufs" bietet einen Maßstab für die Bilanzierung von individuellen Lebensläufen als diesem entsprechend oder aber davon abweichend (*on-/off-time*). Die biographische Bedeutung des „Normal-Lebenslaufs" wurde im Rahmen der Ausführungen über Altersangemessenheits-Vorstellungen und *timetables* (s. Abschn. 5.2.1), die dem Konzept „Normal-Lebenslauf" ja immanent sind, schon thematisiert. Pointiert kann man den „Normal-Lebenslauf" diesbezüglich als Maßstab für „(un-)ordentliche" und insofern für biographisch bzw. gesellschaftlich als „missglückt" oder „geglückt" erachtete Lebensläufe bezeichnen. Das Konzept „Normal-Lebenslauf" ist aber nicht nur biographisch, sondern auch organisational und auf der Makroebene der Gesellschaft relevant. Die Unterstellung einer gesellschaftlichen Normalität und damit auch eines „Normal-Lebenslaufs" ist in die Verfasstheit und Funktionsweise von Organisationen, wohlfahrtsstaatlichen Einrichtungen, Institutionen und gesellschaftlichen Systemen eingebaut. Wenn z. B. ein Unternehmen bei innerbetrieblichen Karrierepfaden Männer Frauen vorzieht, basiert diese Personalpolitik nicht zuletzt auf der Annahme, dass kinderbedingte Ausfallzeiten „normalerweise" bei Frauen wahrscheinlicher und umfänglicher als bei Männern sind. Dieses Organisationshandeln, das einem konkreten Einzelfall nicht gerecht wird (und auch keine irrationale Diskriminierung von Frauen ist), basiert auf einer Generalisierung der „previous statistical experience" (Phelps 1972, S. 659) des Unternehmens bezüglich der Ausfallzeiten bei Frauen bzw. Männern (statistische

Diskriminierung).[41] Als Beispiel auf der Makroebene sei die Gesetzliche Rentenversicherung angeführt, die grundlegend als beitragsfinanziertes Umlageverfahren konstruiert wurde. Eine zentrale Annahme dieser Konstruktionslogik ist, dass die überwiegende Mehrzahl der (männlichen) Erwerbstätigen nach ihrer Ausbildung kontinuierlich, d. h. ohne Arbeitslosigkeits- oder sonstige Erwerbsunterbrechungsphasen, sowie vollzeitbeschäftigt arbeitet, und zwar bis zum Renteneintritt mit Erreichen der Regelaltersgrenze. In dem Maß, in dem diese Annahme problematisch wird, d. h. der als „normal" unterstellte Erwerbsverlauf infolge demographischer oder ökonomischer Entwicklungen für einen wachsenden Teil der Bevölkerung nicht mehr Realität ist, entstehen der Gesetzlichen Rentenversicherung Finanzierungsprobleme (denen dann u. a. durch eine Anhebung der Regelaltersgrenze begegnet wird: 2006 hat der Bundestag eine schrittweise Anhebung des Renteneintritts mit 65 auf eine Regelaltersgrenze von 67 Jahren verabschiedet, und eine weitere Erhöhung der Lebensarbeitszeit ist ob der weiter steigenden Lebenserwartung nicht auszuschließen).

> Vergegenwärtigen Sie sich für die folgende Aufgabe zunächst wichtige politische, ökonomische, kulturelle und soziale Aspekte der deutschen Geschichte im 20. Jh. (hilfreich dabei kann z. B. der Zeitstrahl unter „www.bpb.de/shop/lernen/falter/137101/zeitleiste-1914-1990-und-methoden" sowie die website „www.was-war-wann.de/1900/" sein). Skizzieren Sie vor diesem Hintergrund – wahrscheinliche – Lebensläufe:
>
> - Beginnen Sie mit Peter, geb. Ende 1945 in einer süddeutschen Kleinstadt; der Vater ist Apotheker, die Mutter Hausfrau; Peter hat eine anderthalb Jahre jüngere Schwester.
>   Wie wird Peters Leben verlaufen (verorten Sie wichtige Lebensereignisse auf einer Zeitleiste)? Vergleichen Sie Ihre Vorstellungen über

---

[41]Phelps betont am Ende seines kurzen Artikels, dass „discrimination is no less damaging to its victims for being statistical. And it is no less important for social policy to counter" (1972, S. 661). Insofern es sich bei jenem Organisationshandeln um statistische Diskriminierung handelt, kann Sozialpolitik z. B. durch Ausbau von Kinderbetreuungsmöglichkeiten die „statistische Erfahrung" von Unternehmen und damit deren geschlechtsspezifische Erwartungshaltung in Bezug auf kinderbedingte Ausfallzeiten verändern – was der personalpolitischen Diskriminierung von Frauen in Unternehmen nachhaltig entgegenwirkt.

5.3 „Normal-Lebenslauf" und De-Standardisierung des Lebenslaufs

> Peters Lebenslauf miteinander: welche Gemeinsamkeiten gibt es? An welchen Punkten gibt es abweichende Vorstellungen? Diskutieren Sie diese Abweichungen. Überlegen Sie, warum Ihre Entwürfe von Peters Leben bei bestimmten Aspekten divergieren und in bestimmten anderen Punkten übereinstimmen.
> - Nehmen Sie statt Peter eine Petra (die familialen Rahmendaten bleiben dieselben).
> - Variieren Sie die Rahmendaten: Würde Peters bzw. Petras Leben anders verlaufen sein, wenn der Vater Maurer wäre? Oder wenn die Familie in einem Dorf im Hunsrück wohnte? Oder in Berlin? Wie würde Peters bzw. Petras Leben wohl verlaufen sein, wenn er bzw. sie einen anderthalb Jahre jüngeren Bruder gehabt hätte? Oder einen älteren Bruder? Etc. etc.
> - Wie würde Peters bzw. Petras Leben verlaufen sein, wenn er bzw. sie im Jahr 1900 oder 1915 oder 1930 geboren wäre? Und wie, wenn er bzw. sie 1960 oder 1975 geboren wäre?

Wie sah nun der institutionalisierte Lebenslauf während seiner Blütezeit von Mitte der 1950er bis gegen Ende der 1970er Jahre in (West-)Deutschland aus? Anders als das eine nur rudimentäre chronologische Standardisierung aufweisende und von Diskontinuitäten, d. h. Unsicherheiten, Risiken, Unwägbarkeiten geprägte Lebenslaufmuster, das in der frühen Industriegesellschaft und bis in die 1930er Jahre hinein (dem Ende der Weltwirtschaftskrise) vorgeherrscht hatte, zeichneten sich die Lebensläufe in diesen Blütejahren durch ausgeprägte chronologische Standardisierung sowie Kontinuität, Sicherheit und Plan- und Erwartbarkeit aus.[42] Die dreigliedrige Grundstruktur des modernen Lebenslaufs war in ihren distinkten Phasen von (Aus-)Bildung, Erwerbsarbeit und Ruhestand

---

[42]Lebensläufe im Nationalsozialismus, Zweiten Weltkrieg sowie der unmittelbaren Nachkriegszeit bis in die 1950er Jahre hinein werden hier nicht thematisiert. Mayer zufolge zeichneten sich Lebensläufe im unmittelbaren Nachkriegsdeutschland durch „Unordnung ohne Normveränderung" (1998, S. 441) aus. Dass Lebensläufe in diesen Jahren „unordentlich" waren (und nicht traditionellen Bahnen folgten), ist angesichts der Kriegsfolgen und Zerstörungen in allen Gesellschafts- und Lebensbereichen verständlich und quasi als notgedrungen zu sehen; dies führte jedoch „nicht zu dauerhaft veränderten Lebensverlaufsmustern, sondern – als die äußeren Umstände dies zuließen – zu einer Rückkehr zur Normalität" (ebd., S. 442).

klar ausgebildet und für die Männer etabliert, während die Frauen nach der der Geburt des ersten Kindes die *homemaker*-Rolle übernahmen. Im Zuge der institutionellen Reform und Expansion des Bildungssystems, gerade der höheren und der beruflichen Bildung, und veränderter Bildungskonzeptionen etablierte sich ein „differenziertes Muster von Bildungsverläufen historisch erstmalig – auch für Frauen" (Mayer 1998, S. 442). Bislang hatten die weitaus meisten Schüler die Volksschule (ab 1964: Hauptschule) besucht, danach eine berufliche Lehre absolviert. Im Gefolge jener Bildungsreformen wechselte allmählich eine Mehrzahl der Schüler im Anschluss an die vierjährige Grundschule auf eine weiterführende Schule: entweder auf die Realschule (bis 1964: Mittelschule) oder – anfangs noch in geringerer Zahl – das Gymnasium. Dem Realschulabschluss der Mittleren Reife, die man nach sechs Jahren erlangte, folgte in den allermeisten Fällen eine qualifizierte Berufsausbildung, auf das nach neun Jahren erworbene gymnasiale Abitur ein Studium an einer Hochschule. Die Phase der (Aus-)Bildung war im Alter von etwa 17–19 bzw. für Akademiker zwischen Mitte und Ende 20 abgeschlossen. Für die Männer folgte der (im Rahmen der zu jener Zeit noch herrschenden Wehrpflicht abzuleistende) ein- bis anderthalbjährige Wehrdienst oder aber der Zivildienst; Abiturienten leisteten ihren Dienst zumeist vor Beginn des Studiums ab.

Das Schulsystem war differenziert in drei Schularten, deren Abschlüsse weitere distinkte Bildungsverläufe und Berufs- und Lebenschancen ermöglichten bzw. generierten. Unterschiede im Bildungsgang und -status der Individuen wurden zum wichtigsten Faktor sozialer Differenzierung und fungierten als Selektionskriterium für berufliche Karrieren wie auch in anderen Lebensbereichen. Das (Aus-)Bildungssystem war (mit Ausnahme des quartären Sektors) chronologisch durchstandardisiert, wobei die Standardisierung im universitären Bereich weniger strikt war. Die interne Differenzierung und chronologischen Standardisierung des (Aus-)Bildungssystems machte Bildungsverläufe – samt den damit verbundenen Anschlussoptionen – in einem hohen Maße plan- und erwartbar.

Nach der drei- bis vierjährigen beruflichen Ausbildung erfolgte ein schneller und problemloser Übergang in das Erwerbsarbeitssystem. Auch für die Hochschulabsolventen verlief der Arbeitsmarkteintritt bis Mitte der 1970er Jahre unproblematisch. Die weiteren Erwerbsverläufe zeichneten sich durch hohe Beschäftigungssicherheit und große Kontinuität aus. Arbeitslosigkeitsphasen waren sehr selten; befristete Arbeitsverträge stellten eine Ausnahme dar. Unbefristete Vollzeiterwerbstätigkeit, und zwar in einem ausbildungsadäquaten Beruf, war die Regel. Berufs- oder Betriebswechsel erfolgten eher selten, und wenn, dann meist von den Beschäftigten selbst initiiert. Es entstanden sowohl

5.3 „Normal-Lebenslauf" und De-Standardisierung des Lebenslaufs

in der Industrie und im Handwerk wie auch im Kontext der Tertiarisierung zunehmend qualifizierte Arbeitsplätze. Maßnahmen der beruflichen Fort- und Weiterbildung wurden staatlich gefördert und innerbetrieblich Karrierepfade etabliert. Berufliche Aufstiege waren weit verbreitet. Die Reallöhne und -gehälter stiegen kontinuierlich. Im Erwerbsleben ging es, kurz gesagt, stetig aufwärts.[43]

Anders als dieses völlig erwerbszentrierte männliche Lebenslaufmodell war das der Frauen noch stark familienbezogen. Weil in Zuge der Bildungsexpansion auch Frauen in wachsender Zahl höhere Bildungsabschlüsse erwarben und zunehmend qualifizierte Ausbildungen absolvierten, nahmen auch immer mehr Frauen eine qualifizierte Erwerbstätigkeit auf (vor allem im expandierenden Öffentlichen Dienst gab es solche Stellen und Karrieremöglichkeiten für Frauen). Zwar nicht bereits mit der Heirat, aber mit der Geburt des ersten Kindes unterbrachen die meisten Frauen jedoch ihre Berufstätigkeit für längere Zeit. Als Mutter von kleinen Kindern erwerbstätig zu sein, war gesellschaftlich inakzeptabel (eine Haltung, die sich erst seit den 1970er Jahren langsam änderte). Nach der Kinderphase – aus erwerbszentrierter Sicht ein Karriereknick – nahm nur ein Teil der Frauen wieder eine Erwerbstätigkeit auf, die dann oft in Teilzeitform bzw. nicht mehr ausbildungsadäquat im erlernten Beruf ausgeübt wurde. Die anderen Frauen verblieben dauerhaft in der *female homemaker*-Rolle (und damit in materieller Abhängigkeit vom Ehemann).

Ein großes Lebensziel stellte in jener Phase eine eigene Familie dar: zu heiraten und Kinder zu haben war das normale, nahezu umfassend verbreitete Lebensmodell. Das (Erst-)Heiratsalter sank bis Anfang der 1970er Jahre stetig, ebenso wie sich das Alter bei Geburt des ersten Kindes verringerte, d. h. Heirat und Elternschaft erfolgten relativ früh im Lebenslauf (bei den Frauen zwischen Anfang und Mitte 20). Zwei Kinder oder auch Mehrkindfamilien waren der Regelfall; nach dem „Baby-Boom" Mitte der 1960er Jahre sackten die Geburtenziffern allerdings drastisch ab („Pillen-Knick"). Bis zu ihrer Einschulung im sechsten Lebensjahr lebten die Kinder weitestgehend im Schonraum der Familie, vornehmlich unter der Obhut der Mutter. Die Familie fungierte als zentrale

---

[43]In diesem Kontext sei auch auf das sog. Normalarbeitsverhältnis und dessen vieldiskutierte Erosion seit den 1980er Jahren hingewiesen (Mückenberger 1985; Osterland 1990; Kress 1998; Bosch 2013). Das Normalarbeitsverhältnis fungierte, obwohl es in (West-)Deutschland „nie eine empirische Realität der ausschließlichen oder auch nur vorherrschenden Form der Verrichtung von Arbeit" (Mückenberger 1989, S. 211) war, lange Zeit als Bezugspunkt (arbeits-)rechtlicher Regelungen und Auslegungen und ist – gerade vor dem Hintergrund der seitherigen Flexibilisierung und Prekarisierung von Erwerbsarbeit – teilweise bis heute normatives Leitbild für ein Beschäftigungsverhältnis geblieben.

Instanz der Kindererziehung und -betreuung; faktisch war dies vornehmlich Sache der Mutter. Kindergärten spielten in Bezug auf die Erziehung und Betreuung der Kinder allenfalls eine ergänzende Nebenrolle. In zunehmendem Maße waren Familien in der Lage, sich den Traum vom eigenen Haus – neben der eigenen Familie das zweite große Lebensziel jener Jahre – zu erfüllen oder wenigstens eine eigene Wohnung zu erwerben. Die Familien waren, jedenfalls formal, äußerst stabil, weil Scheidungen gesellschaftlich verpönt waren und weil sie aufgrund des *male breadwinner/female homemaker*-Modells und dessen institutionell-rechtlichen Verankerungen gravierende materielle Folgeprobleme nach sich gezogen hätten.

Die Regelaltersgrenze für den Übergang aus dem Arbeitsleben in den Ruhestand lag generell bei 65 Jahren, Frauen konnten bereits mit 60 Altersrente beziehen. Die Rentenreform 1972 ermöglichte langjährig Versicherten den Bezug der Altersrente ab 63. Im Rahmen der Rentenreform 1957 wurde beschlossen, die Rentenhöhe an die Entwicklung der Arbeitseinkommen anzupassen – was eine enorme Erhöhung der Renten zur Folge hatte. Infolge dieser dynamischen Kopplung des Rentenniveaus an die in jenen Jahren stetig gestiegene Bruttolohnentwicklung gewährleistete die Gesetzliche Rentenversicherung einen hohen Lebensstandard auch im Alter, wobei die Frau finanziell primär über ihren Ehemann abgesichert war. Hatte das Renteneintrittsalter der Männer in die Altersrente durchschnittlich zunächst noch leicht über der Regelaltersgrenze gelegen, sank es im Gefolge dieser Reform bis zum Ende des Jahrzehnts auf 62,5 Jahre (Frauen: 61,9). Nimmt man nicht nur die Altersrente, sondern die Versichertenrenten insgesamt, berücksichtigt also zusätzlich die Renten wegen verminderter Erwerbsfähigkeit, lag 1980 das durchschnittliche Zugangsalter nur noch bei 58,5 Jahren (Frauen: 59,8).[44]

Zusammenfassend kann man sagen, dass die Lebensläufe der Individuen seit den frühen 1950er Jahren „stetiger (wurden), in ihrer zeitlichen Gliederung differenzierter und im Hinblick auf die Ausbreitung und Altersstreuung bei Übergangsereignissen homogener und standardisierter" (ebd.). Für die folgenden zweieinhalb bis drei Jahrzehnte lässt sich von einem in seiner Differenzierung erwerbszentrierten und chronologisch standardisierten „Normal-Lebenslauf" sprechen. In seiner institutionellen Verankerung und seinen politisch-rechtlichen Regelungen war dieses Konzept des dreigliedrigen „Normal-Lebenslaufs"

---

[44]Deutsche Rentenversicherung Bund (Hg.): Rentenversicherung in Zeitreihen (Okt. 2016, S. 138).

5.3 „Normal-Lebenslauf" und De-Standardisierung des Lebenslaufs

allein auf den Mann, den *male breadwinner* hin ausgerichtet. Die Lebensläufe der Frauen wurden in diesem institutionalisierten Lebenslaufregime umstandslos im Sinn der davon abhängigen Komplementärrolle als *female homemaker* implizit mitgedacht. In Bezug auf individuelle Lebensläufe ist der erwerbszentrierte männliche Standardlebenslauf insofern um den familienfokussierten weiblichen Standardlebenslauf zu ergänzen. Sowohl der „Normal-Lebenslauf" bzw. männliche Standardlebenslauf wie auch der „abgeleitete" weibliche Standardlebenslauf zeichneten sich in jener Blütezeit des institutionalisierten Lebenslaufs durch große Stabilität, Kontinuität und Erwartbarkeit aus. Subjektiv-biographisch erlebten und interpretierten die Individuen ihre Lebensläufe als Aufwärtsentwicklung, d. h. als kontinuierliche Verbesserung des Lebensstandards, stetes Voranschreiten ihres materiellen Wohlstands und sozialer Sicherheit.

Wie war dieser chronologisch standardisierte „Normal-Lebenslauf" möglich? Was war die gesellschaftliche Voraussetzung und Basis dieses geschlechtsspezifischen Familien- und Lebenslaufmodells? Was machte Lebensläufe von Individuen zu doch recht homogenen, in ihrer Kontinuität vorhersehbaren typisch männlichen bzw. weiblichen Standardlebensläufen? Die entscheidende gesellschaftsstrukturelle Grundlage dafür war eine spezifische polit-ökonomische[45] Situation und Entwicklung: der enorme Wirtschafts-Boom, der (nicht nur) in Europa kurz nach dem Zweiten Weltkrieg begonnen hatte und für den sich in Bezug auf (West-)Deutschland der Begriff des „Wirtschaftswunders" eingebürgert hat. Diese spezifische gesellschaftshistorische Phase zeichnete sich durch ein kontinuierliches ökonomisches Wachstum samt wohlfahrtsstaatlicher Flankierung aus. Der stabile Wirtschaftsaufschwung basierte auf einer industriellen Massenproduktion standardisierter Konsumgüter und Massenkonsum. Die Entwicklung der Löhne und Gehälter war an die Entwicklung der Produktivität gekoppelt. Das steigende Bildungsniveau und qualifizierte Beschäftigung, die in

---

[45]Eine kulturelle Fundierung besaß das *male breadwinner/female homemaker*-Familien- und Lebenslaufmodell in der – aufgrund der vorangegangenen Erfahrungen mehr als verständlich – herrschenden materiellen sowie an Ruhe, Ordnung und Sicherheit orientierten Mentalität der Bevölkerung (als emblematische Zeitgeistquelle s. dazu etwa Wahlplakate und -slogans wie „Wohlstand für alle" oder „Kein Risiko!", mit denen die Unionsparteien 1957 in den Wahlkampf gingen und die absolute Mehrheit im 3. Deutschen Bundestag erlangten).

zunehmendem Maß entstand, garantierten recht sichere und gut bezahlte Arbeitsplätze. Es herrschte Vollbeschäftigung, Aufwärtsmobilität war weit verbreitet, und die Reallöhne stiegen kontinuierlich. Der expandierende Wohlfahrtsstaat federte Risiken im Lebenslauf ab und sorgte über die materielle Existenzsicherung hinaus für ein hohes Maß an sozialer Absicherung. Das Verhältnis von Kapital, Arbeit und Politik war nicht von antagonistischen Interessen bestimmt, sondern kooperativ orientiert: Unternehmen, Arbeitgeberverbände, Gewerkschaften und der Staat agierten in wirtschafts-, arbeitsmarkt-, beschäftigungs-, bildungs- und sozialpolitischen Belangen weitestgehend koordiniert.

In (West-)Deutschland endete der skizzierte ökonomische Nachkriegs-Boom – trotz einer ersten kleinen Rezession 1967 – im Gefolge des „Ölpreisschocks" gegen Mitte der 1970er Jahre. Diese durch die historisch einmaligen Rahmenbedingungen des „Wirtschaftswunders" geprägte Phase bzw. das in dieser spezifischen gesellschaftsgeschichtlichen Phase gegebene Lebenslaufregime wird in der Lebenslaufforschung als „fordistisch" bezeichnet. Der Begriff „fordistisch" bzw. „Fordismus" wird in der Lebenslaufliteratur also nicht nur im ökonomischem Sinn zur Bezeichnung einer spezifischen Produktionsweise (Massenproduktion: standardisierte Herstellung von Gütern) verwendet, sondern – viel weitergehend – als polit-ökonomischer Begriff verstanden, der auch den Aspekt des Massenkonsums, zunehmender Wohlfahrtsstaatlichkeit und eben auch eines spezifischen Lebenslaufregimes umfasst. „As a mode of societalization, Fordism refers to a distinctive pattern of social cohesion and integration, a social way of life" (Myles 1992, S. 172). Jene zweieinhalb bis drei Jahrzehnte während Blütezeit des institutionalisierten Lebenslaufs fällt zeitlich in eins mit der fordistischen Phase; der chronologisch standardisierte „Normal-Lebenslauf" bzw. männliche und weibliche Standardlebenslauf fällt in eins mit dem fordistischen Lebenslaufregime.

In der langfristigen historischen Betrachtung der Institutionalisierung des Lebenslaufs werden nach den bisherigen Ausführungen vier gegeneinander abgrenzbare Lebenslaufregime sichtbar. Mayer bezeichnet diese in seiner schematischen Zusammenfassung der in der Literatur genannten Periodisierungen als traditional, industriell, fordistisch und post-fordistisch (2001, S. 92 ff.). Zunächst wurde demzufolge das bis gegen Ende des 19. Jh. vorherrschende traditionale Lebenslaufmuster von einem industriellen Lebenslaufregime abgelöst, das gegen Mitte der 1950er Jahre dem (gerade ausführlicher dargestellten) fordistischen Lebenslaufmodell Platz machte, welches wiederum spätestens seit Anfang der 1980er Jahre einem post-fordistischen Lebenslaufregime weiche. Auf diese Periodisierung des Wandels von Lebenslaufregimen bzw. Lebensläufen wird hier nicht

5.3 „Normal-Lebenslauf" und De-Standardisierung des Lebenslaufs

weiter eingegangen. Eine solche Periodisierung mag einen gewissen heuristischen Nutzen haben, ist aber mit einem gravierenden konzeptionellen Problem behaftet, weil die Lebensläufe der Individuen in ihrer zeitlichen Spanne über die Periodengrenzen hinausreichen. Um das am Beispiel der fordistischen Phase zu konkretisieren: diese gilt als prägende Periode für die Lebensläufe der Geburtskohorten zwischen Ende der 1930er und Mitte der 1950er Jahre. Ein z. B. 1938 Geborener hat aber vor dieser fordistischen Phase schon Kriegsjahre, eine „unordentliche" direkte Nachkriegszeit und die frühe Wiederaufbauphase erlebt und danach noch etliche Jahre in der post-fordistischen Periode gelebt und diese erfahren. Und die Geburtskohorten der frühen 1950er Jahre haben den weitaus größten Teil ihres Lebens nicht in fordistischen Verhältnissen, sondern unter post-fordistischen Bedingungen gelebt. Das Beispiel verdeutlicht, dass die Lebensläufe der Individuen jenen – wie alle Periodisierungen: theoretisch konstruierten – gesellschaftsgeschichtlichen Perioden zeitlich nicht korrespondieren. Individuen durchleben normalerweise nicht nur eine, sondern verschiedene gesellschaftshistorische Phasen und werden davon geprägt.

Das jener Periodisierung immanente Problem würde nur dann nicht auftreten, wenn eine gesellschaftshistorische Periode zeitlich den gesamten Lebenslauf eines Individuums umspannen würde – was in den seltensten Fällen der Fall ist. Ansonsten muss man entweder persönlichkeits- und entwicklungspsychologisch mit der Annahme eines formativen, d. h. lebenslange Prägewirkung entfaltenden Jugend- und jungen Erwachsenenalters operieren (eine Unterstellung, die aber, wie in Kap. 4 bereits diskutiert, umstritten ist). Oder man nimmt in soziologischer Perspektive eine Art „Lebens-Pfadabhängigkeit" an: im Jugend- und jungen Erwachsenenalter liegen – zeitlich zusammengeballt – das Ende der (Aus-)Bildung, der Berufseintritt bzw. die Aufnahme einer Erwerbstätigkeit, der Auszug aus dem Elternhaus, die Heirat/Gründung einer eheähnlichen Gemeinschaft sowie Elternschaft. Alle diese Ereignisse sind weichenstellende Momente im Lebenslauf, an die gesellschaftsstrukturell verankerte und institutionell präformierte Anschlussoptionen gekoppelt sind. So ergeben sich z. B. aus der beruflichen Erstplatzierung gravierende Strukturierungsfolgen für den gesamten weiteren Erwerbsverlauf (Blossfeld 1989; Mayer und Blossfeld 1990).[46] In Bezug auf die Geburtsjahrgänge von Ende der 1930er bis Mitte der 1950er Jahre ist festzuhalten, dass all jene weichenstellenden Ereignisse des Jugend- und jungen

---

[46]Lebenslauftheoretisch wäre das empirische Phänomen der „Lebens-Pfadabhängigkeit" mit dem von Mayer so benannten, allerdings nicht weiter ausgearbeiteten Konzept des Lebenslaufs als „endogener Kausalzusammenhang" (Mayer 1990, S. 11) zu fassen.

Erwachsenenalters in die wirtschafts-, bildungs- und arbeitsmarktstrukturell wie auch sozialpolitisch günstige – und folglich auch: begünstigende fordistische „Wirtschaftswunder"-Phase fielen.[47]

Die Blütezeit des institutionalisierten Lebenslaufs in Form des chronologisch standardisierten „Normal-Lebenslaufs" begann gegen Mitte der 1950er und endete Anfang der 1980er Jahre. Dieses fordistische Lebenslaufregime umfasste gerade einmal fünfundzwanzig bis dreißig Jahre. Im Vergleich dazu sind post-fordistische Lebensläufe weniger standardisiert und erwartbar, sondern diskontinuierlich und unsicher. Selbstverständlich kann man die fordistische Phase als Referenz- und Bewertungsrahmen für heutige Lebensläufe heranziehen. Man sollte sich dabei nur im Klaren darüber sein, dass man dann eine gesellschaftsgeschichtliche Ausnahmesituation als normativen Bezugspunkt verwendet (und sich vielleicht fragen, wie sinnvoll es ist, diesen – um den treffenden Titel des 1984 erschienenen Buchs von Lutz erneut aufzugreifen – „kurzen Traum immerwährender Prosperität" gegen jede Realität weiterträumen zu wollen). Das fordistische Lebenslaufregime bzw. dessen gesellschaftsstrukturelle, insbesondere ökonomische Grundlage war in der langen Geschichte der industriegesellschaftlichen Erwerbsarbeit (und der gesellschaftlichen Moderne überhaupt) jedenfalls eine Ausnahme und unsichere, diskontinuierliche Lebensläufe die Normalität. Insofern kann der seit Anfang der 1980er Jahre feststellbare Übergangsprozess vom fordistischen zu einem post-fordistischen Lebenslaufregime – je nach gewähltem Bezugsrahmen – in unterschiedlichem Licht erscheinen: fungiert nur die fordistische (Ausnahme-)Phase als Bezugsrahmen, wäre diese Transformation als ein epochaler, negativ zu bewertender Strukturwandel individueller Lebensläufe zu sehen, während sie in einem gesellschaftsgeschichtlich größeren Referenzrahmen eher als eine „Rückkehr" oder Fortsetzung der erwerbsgesellschaftlichen Normalität und ihrer unsicheren, diskontinuierlichen Lebensläufe einzuordnen wäre.

---

[47]Dieses Argument macht z. B. die (beruflichen) Karrieren gerade der 1940er Jahrgänge plausibel. Die Geburtskohorten der zweiten Hälfte der 1920er Jahre dagegen, die zu Beginn der fordistischen Phase bereits im Erwachsenenalter waren, blieben infolge ihrer schlechteren Ausbildungs- und insbesondere Berufseintrittsbedingungen trotz des „Wirtschaftswunders" in ihren Lebensläufen relativ benachteiligt (Mayer 1988; Blossfeld 1989) – ein Befund, der das Argument ebenfalls empirisch stützt (zu den nach Mitte der 1950er Jahre Geborenen s. das folgende Unterkapitel).

Eine Erkenntnis der großen interkulturellen Vergleichsstudie „Project AGE" zur Bedeutung der Kategorie „Alter" (Keith et al. 1994) lautete, dass unsere theoretischen „ideas about the life course were not appropriate for non-industrialized communities ... or for those marginal to industry (...) The life course as we know it is but one variant of life courses" (Fry 2002, S. 283 f.). Dies ist schon offenkundig, wenn man nur an das problematische Phänomen der Kinderarbeit denkt. Eine Kindheits- und Bildungsphase, wie die fortgeschrittenen (westlichen) Industriegesellschaften sie kennen, existiert in vielen Teilen der Welt bis heute nicht. 2012 lebten weltweit 10,6 % aller 5–17jährigen (168 Mio.) bzw. 9,9 % der 5–14jährigen (über 120 Mio.) bzw. 8,5 % der 5–11jährigen (73 Mio.) als Kinderarbeiter. Ca. die Hälfte bzw. ein Drittel bzw. ein Viertel davon arbeitet unter Bedingungen „directly endangering their health, safety and moral development" (International Labour Organisation 2013, S. 15).

- Wo auf der Welt ist Kinderarbeit besonders stark verbreitet? Wie ist die Datenlage zum Thema „Kinderarbeit" zu beurteilen?
- Informieren Sie sich darüber, ob es auch in Europa noch (oder auch: wieder) Kinderarbeit gibt.

Auch eine institutionalisierte, abgesicherte Ruhestandsphase ist für viele Teile der Welt nicht existent; dies trifft nicht nur für die Entwicklungsländer, sondern selbst für Schwellenländer wie China – noch – zu (Leisering 2002). Selbst wenn man nur auf die dreigliedrige Grundstruktur des institutionalisierten Lebenslaufs abstellt: „the empirically observable life course patterns of the greater share of the earth's human population are – from childhood onward – quite different from the prevailing Eurocentric notions of either ‚normal human development,' or of an institutionalized life course with sustained periods of schooling and retirement" (Dannefer 2002, S. 261).

- Wie denken Sie angesichts dieses Sachverhalts über folgende Aussage: „the desription of life course patterns and other central preoccupations of the life course literature are largely irrelevant to the empirical reality of the existence of the majority of the present human population of the earth" (ebd., S. 259)?

Unstrukturierte Lebensläufe gibt es nicht. Allerdings erfolgt eine Institutionalisierung des Lebenslaufs – wie schon am Beispiel der Tuareg, für die das Lebensalter des Individuums nicht als wichtigster Strukturierungsfaktor fungiert, und der auch in Europa bis zum 19. Jh. verbreiteten Unkenntnis des eigenen Alters gezeigt (s. Abschn. 3.1) – nicht unbedingt in der für die moderne Industriegesellschaft charakteristischen Form der chronologischen Standardisierung. Auch in den fortgeschrittenen (westlichen) Industriegesellschaften von heute existieren Subpopulationen, deren Lebenslauf ganz anders strukturiert ist.

Der Bestseller „Do or die" (Bing 1991) ist eine Insider-Reportage über die brutale Welt und das Leben der beiden verfeindeten *streetgangs* der *Crips* und *Bloods* („America's most notorious teenage gangs" – so der Untertitel) in den 1970/80er Jahren. Dannefer (2002, S. 261) zitiert daraus die folgende Sequenz aus einem Gespräch zwischen dem 15jährigen *Tiny Vamp* und dem gleichaltrigen *G-Roc:*

Tiny Vamp: You still a little homie, or what?
G-Roc: Li'l Homie. I ain't probably gonna reach the O.G. stage for awhile yet. I got outta baby homie when I was like thirteen and a half. How 'bout you?
Tiny Vamp: I'm still a Tiny. In my set you get a rep by straight killin'. I been on drive-bys and I been stabbed.

Und auf der folgenden Seite: *It's like when I got jumped in – all my homeboys and my cousins told me „You in now, man ... Either you be down for it or get out now." Cause you KNOW you gonna have to go to jail.*[48]

---

[48]Die Kriminal- und Devianzforschung hat für die USA „incarceration as a new stage in the life course of young low-skill black men" (Pettit/Western 2004, S. 151) identifiziert: ca. ein Drittel dieser Männer „had gone to prison by their mid-thirties. Among black male high school dropouts, the risk of imprisonment had increased to 60 %, establishing incarceration as a normal stopping point on the route to midlife. (...) Imprisonment now rivals or overshadows the frequency of military service and college graduation for recent cohorts of African American men. For black men in their mid-thirties at the end of the 1990 s, prison records were nearly twice as common as bachelor's degrees. In this same birth cohort of non-college black men, imprisonment was more than twice as common as military service" (ebd., S. 164).

> *You KNOW you might end up gettin' killed, gettin' stabbed, gettin' shot. You know all this. My homeboy, Li'l Lazy, just got killed, and he only sixteen.*
>
> - Welche Abschnitte im Lebenslauf eines *gang member* können Sie anhand dieser Äußerungen identifizieren? Wie sieht dessen biographische Lebensplanung aus und unter welchem zeitlichen Horizont steht sie? Was strukturiert einen *gang member*-Lebenslauf?

5.3.2 „De-institutionalisierende" Individualisierung des Lebenslaufs?

Wie im vorigen Unterkapitel bereits gesagt, ist seit Ende der 1970er Jahre die Rede von einer zunehmenden Individualisierung des Lebenslaufs. Als empirische Indizien für die zunehmende Erosion des institutionalisierten, chronologisch standardisierten Lebenslaufs werden z. B. angeführt, dass die Heirat und Elternschaft in den jüngeren Geburtskohorten zeitlich aufgeschoben werden; dass die Familiengründung sich zunehmend in alternativen Lebensformen vollzieht (oder gar nicht mehr erfolgt); dass flexiblere Übergänge und häufigere Wechsel zwischen Erwerbstätigkeit und Bildung (mit zunehmend eingestreuten Phasen von Sozialleistungsbezug) statt einer strikten Dreiteilung des Lebenslaufs zu konstatieren seien; dass eine steigende Zahl von Erwerbstätigen in Teilzeitbeschäftigung arbeitet; dass prekäre Arbeitsverhältnisse zunehmen; dass normative Vorstellungen altersangemessenen Verhaltens an Bedeutung verlieren. Angesichts dieser empirischen Befunde hatte Kohli zum Schluss seines grundlegenden Aufsatzes zur Institutionalisierung des Lebenslaufs selbst schon die Frage aufgeworfen, ob es sich dabei um Anzeichen eines erneuten Strukturwandels des Lebenslaufs handle.

Die Deutung und Bewertung solcher empirischer Befunde erfolgte zunächst in Form zweier konträrer Extrempositionen: während die eine Seite nur noch Erosionsanzeichen des institutionalisierten, chronologisch standardisierten Lebenslaufs wahrnahm und dessen Ende postulierte, kritisierte die Gegenseite diese Position als eine sich bloß „zeitgeistheischender Aufgeregtheit" (Wohlrab-Sahr 1992, S. 1) verdankende Auffassung und nahm in den Lebensläufen der Individuen eher Kontinuität als Tendenzen einer „De-Institutionalisierung" wahr. Mittlerweile haben sich zwar beide Extrempositionen als unhaltbar erwiesen und werden in dieser polarisierenden Zuspitzung auch nicht mehr vertreten. Allerdings – an der Frage „Institutionalisierung oder Individualisierung des Lebenslaufs?" (ebd.) scheiden sich die soziologischen Geister weiterhin. Obwohl die einschlägige Literatur kaum noch zu überschauen ist, ergibt sich aber bis heute kein einheitliches Bild in dem Sinn, dass sich die empirischen Befunde und statistischen Daten zu einer eindeutigen und weitestgehend akzeptierten Trendaussage pro bzw. kontra Individualisierung oder Institutionalisierung zusammenfügen (lassen). Vielmehr werden empirische Indizien sowohl für eine – die chronologische Standardisierung auflösende – Individualisierung von Lebensläufen als auch für die Kontinuität des institutionalisierten Lebenslaufs festgestellt (Brückner und Mayer 2005; Scherger 2007).[49] Und zweitens sprechen empirische Befunde nicht umstandslos für sich, sondern gewinnen ihre Aussagekraft im Licht theoretischer Perspektiven – was bedeutet, dass ein empirisches Ergebnis unter Umständen sowohl Indiz für eine Erosion als auch der Kontinuität des institutionalisierten Lebenslaufs sein kann. Insofern werden im Folgenden nicht einzelne empirische Befunde oder Studien über Lebensläufe nach der fordistischen Phase referiert, die für bzw. gegen die These der Institutionalisierung oder aber der Individualisierung des Lebenslaufs ins Feld geführt werden. Anders gesagt: es geht im Folgenden nicht darum, eine dieser Thesen als zutreffend (oder plausibler als die andere) auszuweisen. Vielmehr werden hier nur einige Ergebnisse und Einsichten präsentiert, die empirisch ausreichend fundiert und in der Lebenslaufforschung weitestgehend Konsens sind.

Individuelle Lebensläufe als Resultate komplexer *structure-agency*-Zusammenspiele über die Zeit können nicht unverändert bleiben, wenn sich die strukturellen Rahmenbedingungen deutlich verändern. Dass sich im Gefolge der gesellschaftsstrukturellen – insbesondere ökonomisch bedingter, aber auch (sozial-)politischer und kultureller – Veränderungen nach dem Ende des „Wirtschaftswunders" die Lebensläufe der Individuen verändert haben, liegt insofern auf der Hand. Seit den späten 1970er Jahren haben die stabilitätsverbürgenden und in jeder Hinsicht (be)günstigen(den) Rahmenbedingungen der fordistischen „Wirtschaftswunder"-Phase ökonomischen Rezessionen und einer generellen Verschlechterung der Wirtschaftslage, arbeitsmarktstrukturellen und beschäftigungspolitischen Problemen, wachsendem Globalisierungsdruck, einem rapidem

---

[49]Weitere wichtige Arbeiten zu Lebensläufen auch nach der fordistischen Phase sind z. B. Konietzka und Huinink 2003; Hillmert und Mayer 2004; Blossfeld et al. 2005; Fussel und Furstenberg 2005; Hillmert 2005; Macmillan 2005; Blossfeld und Hofmeister 2006; Blossfeld et al. 2006; Elchardus und Smits 2006; Elzinga und Liefbroer 2007; Buchholz 2008; Konietzka 2011; Simonson et al. 2011; Mortimer und Moen 2016.

5.3 „Normal-Lebenslauf" und De-Standardisierung des Lebenslaufs

technologischen und gravierendem berufs- und branchenstrukturellen Wandel, wohlfahrtsstaatlich folgenreichen demographischen Verschiebungen, katastrophalen Finanzmarktkrisen, postmaterialistischen Werthaltungen und den Folgen der Wiedervereinigung Platz gemacht. Diese post-fordistischen Rahmenbedingungen haben die Lebensläufe der Individuen im Vergleich zur fordistischen Phase tendenziell diskontinuierlicher und folglich weniger plan- und erwartbar gemacht. Die generelle Aussage, dass es seit Ende der 1970er Jahre einen Wandel individueller Lebensläufe in diese Richtung gibt, ist völlig unstrittig – Dissens herrscht, wie gesagt, nur im Hinblick auf dessen Ausmaß und qualitative Tragweite.

Die historisch jeweils gegebenen gesellschaftsstrukturellen Verhältnisse und institutionellen Rahmenbedingungen treffen Menschen in unterschiedlichen Phasen des Lebenslaufs. Wie Elder gezeigt hatte (s. Abschn. 2.1), sind die aus gesellschaftlichen Kontexten oder Veränderungen resultierenden Lebenslaufeffekte ganz wesentlich (auch) davon abhängig, in welcher Lebens- oder Altersphase ein Individuum jeweils ist. Von der generell (be)günstigen(den) fordistischen „Wirtschaftswunder"-Phase konnten – wie im vorigen Unterkapitel schon gesagt – insbesondere die Geburtsjahrgänge der End-1930er und der 1940er Jahre profitieren. Infolge der Ballung lebenslaufrelevanter Ereignisse im Jugend- und jungen Erwachsenenalter und der daraus resultierenden „Lebens-Pfadabhängigkeit" müssten sich die ungünstige(re)n post-fordistischen Rahmenbedingungen in den Lebensläufen der seit etwa Mitte der 1960er Jahre Geborenen niederschlagen. Die Geburtsjahrgänge ab Anfang der 1990er Jahre stellen dabei eine „Aktualitätsgrenze" für empirische Lebenslaufforschung dar: die Lebensläufe z. B. 1995 Geborener können heute (d. h. 2017) nur bis zum Alter von 22 Jahren erhoben und analysiert werden. Über die Lebensläufe der seit 1990 Geborenen nach der (Aus-)Bildungsphase und den ersten Erwerbstätigkeitsjahren, d. h. über den weitaus größten Teil ihrer Leben, lässt sich also empirisch fundiert kaum etwas sagen.[50] Insofern beziehen sich die folgenden Bemerkungen im Kern auf die Geburtskohorten ab etwa Mitte der 1960er bis Anfang der 1990er

---

[50]In der groß angelegten „Deutschen Lebensverlaufsstudie" (GLHS) sind als jüngste Geburtskohorten die Jahrgänge 1964 und 1971 vertreten, deren Lebensläufe bis Ende der 1990er Jahre erhoben wurden (Hillmert und Mayer 2004); die jüngere der beiden Kohorten wurde 2004/2005 erneut (und zusätzlich auch qualitativ) befragt (Mayer und Schulze 2009). Das heißt, dass die Lebensläufe der Mitglieder selbst dieser beiden frühen bzw. älteren post-fordistischen Kohorten nur bis zum Alter von 35 Lebensjahren analysiert wurden – der zeitlich größere Teil der gesamten Lebensspanne, wichtige erwerbs- und familienbiographische Ereignisse im weiteren Lebenslauf und der Übergang aus dem Erwerbs- in das Alterssicherungssystem konnten gar nicht erfasst werden.

Jahre, die heute in ihren frühen fünfziger Jahren bzw. in der zweiten Hälfte ihrer zwanziger Jahre sind. Was lässt sich – über die generelle Aussage einer größer gewordenen Diskontinuität individueller Lebensläufe hinaus – über deren Lebensläufe im Post-Fordismus empirisch gesichert sagen? Fakt ist, dass der Übergang vom Bildungs- in das Erwerbssystem zeitlich länger und auch gebrochener, komplizierter, flexibler, vielfältiger geworden ist (Konietzka 2002; Buchholz 2008). Zum einen erfolgt nach Ausbildungsabschluss seltener der Eintritt in ein stabiles Beschäftigungsverhältnis; befristete Arbeitsverträge, Zeitarbeit, Teilzeitarbeit, geringfügige und prekäre Beschäftigungen, auch Scheinselbständigkeit haben zugenommen. Zweitens ist die Diskrepanz zwischen Wunsch- bzw. Ausbildungsberuf und der ersten Arbeitsstelle gewachsen. Um berufsbiographische Ziele realisieren zu können, sind häufiger weitere Bildungsanstrengungen erforderlich, was sich in einer wachsenden Zahl von Zweit- bzw. Mehrfachausbildungen niederschlägt, die zumeist nah an der ersten beruflichen Ausbildung liegen und diese „fortsetzen" (Jacob 2004). Drittens erfahren Absolventen einer beruflichen Ausbildung zunehmend nicht nur eine kurze Phase der Sucharbeitslosigkeit, sondern durchleben eine längere Arbeitslosigkeitsphase. Die gewachsenen Unsicherheiten und Probleme beim Übergang vom Bildungs- in das Erwerbssystem treffen vor allem Schul- oder Ausbildungsabbrecher, gering Qualifizierte, Jugendliche mit Migrationshintergrund und Ausländer und junge Frauen. Mit Blick auf die post-fordistische *school-to-work transition* lassen sich grob drei Gruppen von Personen bzw. Lebensläufen unterscheiden. Einer ersten Gruppe gelingt der Übergang in das Erwerbssystem und Einstieg in eine stabile Erwerbskarriere weiterhin recht problemlos. So waren etwa 70 % derjenigen, die 2010 und 2012 eine berufliche Ausbildung abgeschlossen hatten (im Kern also der Geburtskohorten der frühen 1990er Jahre), bereits nach einem Monat wie auch zwei Jahre später, d. h. nach einer gewissen Konsolidierung des Erwerbsstatus, sozialversicherungspflichtig voll- oder teilzeiterwerbstätig (Autorengruppe Bildungsberichterstattung 2016, S. 116).[51] Hochschulabsolventen waren „überwiegend abschlussadäquat beschäftigt. Unterschiede zeigen sich nach der Art des Abschlusses, der

---

[51] Während diesbezüglich fast keine geschlechtsspezifischen Unterschiede existierten, gab es erhebliche Diskrepanzen zwischen deutschen und ausländischen Absolventen: nach einem Monat waren nur etwa 55 % der ausländischen Absolventen erwerbstätig (die Diskrepanz zwischen deutschen und ausländischen Absolventen hatte sich allerdings nach zwei Jahren weitgehend reduziert; Autorengruppe Bildungsberichterstattung 2016, S. 116).

5.3 „Normal-Lebenslauf" und De-Standardisierung des Lebenslaufs

besuchten Hochschule und der Fachrichtung (...) Nach dem Masterabschluss an einer Universität besteht ein sehr hohes Maß an Beschäftigungsadäquanz" (ebd., S. 134 f.; Leuze 2010).[52] Eine zweite Gruppe schafft den Übergang in Beschäftigung und Einstieg in eine Erwerbskarriere ebenfalls, allerdings nur mit zeitlicher Verzögerung und auf Umwegen. Auch bei dieser Gruppe bleibt die Passung von Ausbildung und Beruf bzw. eine hohe Berufsbindung gewahrt (Hillmert 2002). Während Übergangsprobleme für diese Gruppe erst nach Ausbildungsabschluss, d. h. an der zweiten Schwelle entstehen, hat eine dritte Gruppe oft schon große Probleme, überhaupt einen Ausbildungsplatz zu finden, d. h. schon bei der Bewältigung der ersten Schwelle. Viele dieser Jugendlichen durchlaufen im (mittlerweile als eine dritte Säule des Berufsausbildungssystems etablierten) sog. „Übergangssystem" Maßnahmen unterhalb einer qualifizierten Berufsausbildung – oder stecken in solchen (Aus-)Bildungsangeboten, die nicht auf den Erwerb eines anerkannten Ausbildungsabschlusses zielen, sondern auf die Bearbeitung individueller Kompetenzdefizite, um die Teilnehmer überhaupt erst zur Aufnahme einer beruflichen Ausbildung zu befähigen, fest (Lex und Geier 2010; Kohlrausch 2012). Der prozentuale Anteil derjenigen Jugendlichen, die nach der Schule in das Übergangssystem münden, an allen Neuzugängen im Berufsbildungssystem ist bis 2005 kontinuierlich auf 36,3 % angewachsen und lag 2015, trotz der eingetretenen Entspannung auf dem Ausbildungsmarkt, noch immer bei 28,3 % (Autorengruppe Bildungsberichterstattung 2016, S. 102). Diese Gruppe schafft den Einstieg in das Beschäftigungssystem und eine einigermaßen stabile Erwerbskarriere nicht bzw. nur mit größten Schwierigkeiten.

> Arbeitgebervertreter und –verbände klagen seit Jahren darüber, dass immer mehr Schulabsolventen nicht ausbildungsfähig seien und mittlerweile etwa jede dritte Lehrstelle nicht besetzt werden könne. Seit 2008 übersteigt die Zahl der Ausbildungsplätze die Zahl der Ausbildungsbewerber; 2016 war die Zahl der unbesetzten Ausbildungsplätze (43478) mehr als doppelt groß wie die Zahl der unversorgten Bewerber (20550; Quelle: www.statista.com/statistik/daten/studie/36101/umfrage/freie-ausbildungsplaetze-vs-unversorgte-bewerber-seit-dem-jahr-1992/).

---

[52]Von der alarmistisch ausgerufenen „Generation Praktikum" kann also, wenn überhaupt, nur fachspezifisch die Rede sein, nicht aber als Massenphänomen.

> - Informieren Sie sich über die (Aus-)Bildungsangebote des Übergangssystems und überlegen Sie die möglichen Auswirkungen einer (wiederholten) Teilnahme an solchen Maßnahmen auf die Lebensläufe der Teilnehmer.
> - Die Maßnahmen des Übergangssystems bearbeiten individuelle (Kompetenz-)Defizite – was bedeutet, dass sie die Ursachen für Probleme bei der *school-to-work transition* in (Kompetenz-)Defiziten der Jugendlichen sehen. Diskutieren Sie diese individualisierende Problemsicht.
> - Wie denken Sie angesichts des vieldiskutierten Fachkräftemangels über die seit der Bildungsreform immer weiter zunehmende Akademisierung (mit Blick auf unterschiedliche – z. B. biographische, ungleichheitsstrukturelle oder volkswirtschaftliche – Aspekte dieser Akademisierung)?

Nach dem Übergang in Beschäftigung sind – auch das ist Konsens – unter den post-fordistischen Rahmenbedingungen die Erwerbsverläufe stärker von (branchenspezifischen) konjunkturellen Schwankungen abhängig geworden. Zwar sind Erwerbsverläufe insgesamt diskontinuierlicher und unsicherer geworden, das aber in sehr unterschiedlichem Ausmaß für unterschiedliche soziale Gruppen. Die Erwerbsverläufe der Männer erwiesen sich als nach wie vor recht stabil; berufliche Diskontinuitäten waren bis Ende der 1990er Jahre eher vorübergehender Natur. Erst nach der Jahrtausendwende wurden auch die Erwerbskarrieren der Männer, vor allem – infolge befristeter Arbeitsverträge – in ihrem frühen Stadium, instabiler (Diewald und Sill 2004). Anders bei den Frauen: in den weiblichen Erwerbsverläufen sind Diskontinuität und Unsicherheit zu einem Dauerzustand bzw. permanenten Problem geworden. Erwerbsinstabilitäten sind auch und vor allem ein Problem der gering Qualifizierten (Solga 2005; Buchholz u. a. 2012) sowie von Personen mit Migrationshintergrund. Für diese Gruppen bzw. deren Erwerbsverläufe ist nach der fordistischen Phase in der Tat eine „Erosion des Kontinuitätsparadigmas" (Brose et al. 1993, S. 37) festzustellen. Zwar haben befristete Beschäftigungsverhältnisse, Betriebs- und Berufswechsel sowie Arbeitslosigkeitsphasen oder sonstige Erwerbsunterbrechungen tendenziell zugenommen. Das Phänomen einer nur prekären Inklusion in den Arbeitsmarkt oder gar dauernden Exklusion aus dem Erwerbssystem bleibt aber, ebenso wie das inadäquater Beschäftigung, auf bestimmte soziale Gruppen beschränkt. Die in den Massenmedien häufig zu findende dramatisierende Vorstellung der völligen Erwerbsunsicherheit und grenzenlosen Flexibilisierung von Erwerbsverläufen,

5.3 „Normal-Lebenslauf" und De-Standardisierung des Lebenslaufs

die gar zur Prekarisierung des Großteils der Bevölkerung führe – symptomatisch Bourdieu: „Prekarität ist überall" (1998)[53] –, ist empirisch falsch und irreführend. Betriebswechsel und auch berufliche Mobilität haben zwar zugenommen, nach wie vor aber ist die Betriebs- und vor allem Berufsbindung hoch, und auch das Arbeitslosigkeitsrisiko hat sich in Grenzen gehalten (Erlinghagen 2004; Giesecke und Heisig 2010; Mayer et al. 2010). Die Arbeitslosenquote war seit 1980 (3,3 %) tendenziell, jedoch mit großen Schwankungen (und vor allem der Wiedervereinigung), gestiegen, erreichte 2005 ihren Höhepunkt mit 11,7 % (9,9 % in West- vs. 18,7 % in Ostdeutschland) und sank danach rasch und deutlich ab; 2016 lag sie bei 6,1 % (5,6 % vs. 8,5 %).[54] Bei den Männern der im Rahmen der „Deutschen Lebensverlaufsstudie" (GLHS) befragten Geburtskohorte 1971 schwankte die Arbeitslosenquote im Alter von 25–34 Jahren, d. h. im Zeitraum 1995–2005, zwischen 3–5 % in West- und 5–10 % in Ostdeutschland, bei den Frauen zwischen 5–10 % bzw. 10–15 % (Mayer und Schulze 2009, S. 140 ff.).

Ein weiterer empirisch fundierter Sachverhalt ist, dass post-fordistische Lebenslaufveränderungen vor allem im privaten bzw. Familienbereich stattgefunden haben. Im Vergleich zu den – jedenfalls bis zur Jahrtausendwende – eher moderaten Veränderungen im (Aus-)Bildungs- und Erwerbssystem ist der Wandel von Lebensläufen im Familienbereich deutlich stärker ausgeprägt. Seit den 1980er Jahren ist ein Prozess der Pluralisierung von Lebensformen zu konstatieren (Bien und Marbach 2003; Wagner 2008; Wagner und Valdés Cifuentes 2014). Diese Pluralisierung resultiert nicht aus strukturell neuartigen Lebensformen (als neue Formen haben sich seit den 1960er Jahren nur gleichgeschlechtliche Lebensgemeinschaften und das *living-apart-together* etablieren können), sondern vielmehr aus einer erheblich veränderten Verteilung der Bevölkerung über die vorhandenen Strukturformen (z. B. leben auch zunehmend Ältere in nichtehelichen Lebensgemeinschaften; Schneider 2001). Dabei hat vor allem das Lebensmodell der 1950er und 1960er Jahre (Ehe, zwei Kinder, männlicher

---

[53]Zur Prekaritätsforschung s. Castel und Dörre 2009 oder Motakef 2015; wohlfahrtsstaat- und politiktheoretisch interessant auch Neilson/Rossiter: „Precarity appears as an irregular phenomenon only when set against a Fordist or Keynesian norm. (…) If we look at capitalism in a wider historical and geographical scope, it is precarity that is the norm and not Fordist economic organization. Thus, in regulatory contexts where the social state has maintained less grip … precarity has not seemed an exceptional condition that can spark social antagonism" (2008, S. 54).

[54]Quelle: www.bpb.de/nachschlagen/zahlen-und-fakten/soziale-situation-in-deutschland/61718/arbeitslose-und-arbeitslosenquote).

Alleinverdiener) stark an Bedeutung verloren, während nichteheliche Lebensgemeinschaften und Einpersonenhaushalte stark zugenommen haben (Klein und Lauterbach 1999; Lengerer 2011). Zugenommen hat auch die Zahl Alleinerziehender sowie der Haushalte ohne Kind (Konietzka und Kreyenfeld 2007; Krätschmer-Hahn 2012). Trotz der rückläufigen Eheschließungs- und steigenden Scheidungszahlen ist die Ehe auch heute noch die verbreitetste Lebensform im Erwachsenenalter und haben Partner- bzw. Lebensgemeinschaften an Bedeutung nicht verloren (Klein et al. 2002). Bei den Haushalten mit minderjährigen Kindern ist die Ehe nach wie vor die mit Abstand häufigste Lebensform: bei diesen Zwei-Generationen-Haushalten lag 2014 der Anteil der Ehepaare bei 69 %, während nichteheliche Lebensgemeinschaften 10 % und Alleinerziehende 20 % ausmachten (Statistisches Bundesamt u. a. 2016, S. 51).

Unstrittig ist auch der Sachverhalt des wesentlich stärkeren Wandels der Lebensläufe der Frauen gegenüber den Lebenslaufveränderungen bei den Männern seit den späten 1970er Jahren. Diese „quiet revolution" (Goldin 2006) weiblicher Lebensläufe hängt vor allem damit zusammen, dass die Mädchen und jungen Frauen die „Gewinner" der Bildungsexpansion der 1960er Jahre waren, d. h. von den gewachsenen Bildungsmöglichkeiten erheblich mehr profitieren und ihre Bildungschancen besser nutzen konnten als die Jungs und jungen Männer. Da sich der Trend zu einer qualifizierten Ausbildung und höherer Bildung generell bis heute ungebrochen fortgesetzt hat, ist die Zahl der Frauen mit qualifizierten Berufsausbildungen und höheren allgemeinbildenden Schul- und Hochschulabschlüssen stark angestiegen. Dadurch haben sich das Selbst- und Rollenverständnis sowie die (berufs-)biographischen Planungen der Frauen verändert (Geissler und Oechsle 1996): sie wollen ihr erworbenes Bildungskapital auch angemessen verwerten. Erwerbstätigkeit – und zwar nicht im Sinn eines bloßen „Zuverdienst-Jobs", sondern einer Berufskarriere – ist für Frauen „normal" geworden. Das heißt nicht nur, dass der Eintritt in den Arbeitsmarkt für Frauen nahezu universell geworden ist, sondern auch, dass ihre berufsbiographischen Planungen einen größeren Zeithorizont umspannen und dass ihre Erwerbsverläufe länger wurden. Das *male breadwinner*-Modell hat einem *dual earner*-Modell Platz gemacht (Blossfeld und Drobnič 2001). Der Wandel hin zu diesem Doppelverdiener-Modell bedeutet aber nicht, dass weibliche und männliche Lebensläufe konvergieren, stetig einander immer ähnlicher werden. Zwar hat, wie gerade gesagt, im Blick auf Bildungsverläufe und auch bei der Erwerbsbeteiligung eine Angleichung stattgefunden. Gleichzeitig jedoch ist nicht nur ein Fortbestehen geschlechtsspezifischer Unterschiede (z. B. in Bezug auf Teilzeitbeschäftigung) festzustellen, sondern auch, dass sich die – in Relation zur fordistischen Phase – „ungünstigen" post-fordistischen Rahmenbedingungen auf die Lebensläufe, vor

5.3 „Normal-Lebenslauf" und De-Standardisierung des Lebenslaufs

allem die Erwerbsverläufe der Frauen generell negativer auswirken als auf männliche Erwerbskarrieren (Levy und Widmer 2013; Blossfeld et al. 2015; McMunn et al. 2015; Hofferth und Goldscheider 2016).

Soweit zu den empirisch belegbaren Wandlungstrends von Lebensläufen seit Ende der 1970er Jahre. Zum Übergang aus dem Erwerbssystem in den Ruhestand lässt sich für die Geburtskohorten seit Mitte der 1960er Jahre – aus dem weiter oben genannten Grund – empirisch fundiert noch nichts sagen. Schwer einzuschätzen und alles andere als unstrittig sind die Auswirkungen der post-fordistischen Rahmenbedingungen auf die biographische Deutungsebene und die Lebensplanung der Individuen. Eine Position vertritt die Auffassung, die nach der fordistischen Phase stetig gewachsenen Diskontinuitäten und Unsicherheiten, insbesondere im Erwerbsleben, hätten für immer mehr Individuen, gerade aus bestimmten sozialen Gruppen, die alltagsweltliche Kontinuitätserwartung als Voraussetzung eigener Lebensplanung[55] zerstört, zumindest aber brüchig werden lassen. Die post-fordistische Unsicherheit wirkt dieser Position zufolge biographisch wie „ein Virus, der das Alltagsleben durchdringt, die sozialen Bezüge auflöst und die psychischen Strukturen der Individuen unterminiert" (Castel 2005, S. 8; Sennett 1998).[56] Dem wird entgegengehalten, dass Diskontinuität auf der Ebene der „äußeren" Lebensverlaufsgestalt nicht zwangsläufig dazu führt, dass der institutionalisierte Lebenslauf auf der „inneren" Ebene der Biographie seine Orientierungsfunktion verliert, weil die beiden Lebenslaufebenen eine „widersprüchliche Einheit" (Brose et al. 1993, S. 170) bilden, also nicht in einem Entsprechungsverhältnis stehen müssen (wie schon in Abschn. 2.2 und 3.2 betont wurde).[57] Empirische Studien zur biographischen Bearbeitung post-fordistischer Diskontinuitäten und Unsicherheit verweisen oft auf problematische Konsequenzen für die Identität und Lebensplanung des Individuums, die daraus resultieren (Wohlrab-Saar 1993; Behringer 1998). Allerdings arbeiten diese Studien häufig mit einer identitätstheoretischen Perspektive, der Unsicherheit von vornherein als problematisch gilt. Gibt man dieses fixe Identitätskonzept bzw.

---

[55]Für eine Zukunftsorientierung ist die „Und so weiter"-Idealisierung über die Konstanz der Lebenswelt grundlegend (Schütz und Luckmann 1979, S. 42).

[56]Die Problematik ist vor allem am Beispiel von Arbeitslosigkeit bzw. Arbeitslosigkeitserfahrung untersucht worden (Rogge 2013; klassisch die Mariental-Studie von Jahoda et al. 1933).

[57]Biographisch bzw. lebensplanerisch muss die „empirische Erosion der Regelmäßigkeiten des Lebensablaufs nicht zur Auflösung normativer Orientierungen führen, die weiterhin an der kontrafaktischen Aufrechterhaltung des Modells eines durch Kontinuität geprägten Lebensentwurfs festhalten können" (Brose et al. 1993, S. 170).

eine identitätsfokussierte Untersuchungsperspektive überhaupt auf und untersucht stattdessen in einer konstruktivistischen *doing biography*-Perspektive, wie die Individuen Unsicherheit in die eigenen Biographien und Lebensplanungen integrieren, also das Problem der biographischen Herstellung von (Erwartungs-)Sicherheit, entfällt auch die jenem Identitätskonzept immanente Negativbewertung bzw. der Bewertungsaspekt überhaupt.[58] Empirisch zeigen sich in einer solchen Perspektive unterschiedliche biographische „Strategien", mit denen die Individuen für sich (Erwartungs-)Sicherheit und die Vorstellung einer Lebensplanbarkeit herstellen (Mutz 1997; Zinn und Eßer 2003; Wenzel 2008). Die verschiedenen Strategiemuster dieses *doing biography* sind immer nur empirisch festzustellen und bewegen sich zwischen den Polen eines resignativen Aufgebens und innovativen Neubeginns (und die Frage des „Scheiterns" oder „Gelingens" ist letztlich nur vom jeweiligen Individuum selbst, d. h. aus dessen biographischer Bilanzierungsperspektive heraus zu beantworten).[59]

> Das vorige Unterkapitel endete mit dem Hinweis, dass die postfordistischen Unsicherheiten und Diskontinuitäten in einer historisch langfristigen, über bzw. hinter die fordistische (Ausnahme-)Phase hinaus- bzw. zurückgehenden Perspektive als eine „Rückkehr" oder Fortsetzung der erwerbsgesellschaftlichen Normalität unsicherer, diskontinuierlicher Lebensläufe zu sehen sind. Bezüglich dieser „normalen" Lebenslaufunsicherheit gibt es Kohli zufolge aber einen gravierenden Unterschied zwischen den Zeiten vor und nach der fordistischen Phase: „Soweit wir heute wieder eine Destandardisierung des Lebenslaufs feststellen, kann sie ... auf strukturell ganz unterschiedlichen Gründen beruhen, nämlich Zwang

---

[58]Denn während jenes fixe Identitätskonzept (kritisch dazu Keupp u. a. 1999; Keupp und Hohl 2006) Unsicherheit per se negativ bewertet und als ein zu beseitigendes Problem begreift, gilt der konstruktivistischen *doing biography*-Perspektive (nicht-wertend) Unsicherheit als normal, als lebensweltlich allgegenwärtiger Handlungskontext und -aspekt.

[59]Eine biographische Strategie, die z. B. nach mehreren Arbeitslosigkeitsphasen nicht zur Fortsetzung der eingeschlagenen Berufs- und Erwerbskarriere, sondern auf einen mit finanziellen und Prestigeverlusten verbundenen anderen Lebensweg führt, mögen andere als „Scheitern" einordnen, das Individuum selbst aber als „Gelingen" (z. B. im Sinn einer Befreiung aus beruflichen oder Erwerbszwängen und eines Zugewinns an Selbstbestimmung und Lebenszufriedenheit).

5.3 „Normal-Lebenslauf" und De-Standardisierung des Lebenslaufs

oder Wahl. Der Zwang ist die Folge davon, dass die Kontinuitätsgarantien des Arbeitsmarkts und des wohlfahrtsstaatlichen Sicherungssystems teilweise außer Kraft gesetzt sind. Daraus entsteht eine situationale Lebensform, die auch in der Tiefenstruktur eine Rückkehr ins 19. Jahrhundert ist – wenn auch über einem sozialen Netz (in Form der Sozialhilfe), das eine unmittelbare materielle Existenzgefährdung ausschließt. Die Wahl dagegen setzt eine entsprechende materielle und kulturelle Grundlage voraus. Materiell ist dabei über die Einkommenssicherung hinaus vor allem die Individualisierungstendenz in der Arbeitsorganisation von Belang, ... eine Entwicklung zu einer ganzheitlichen[60] Nutzung der Arbeitskraft, in der individualisiertes Arbeitsverhalten im Sinn von Mitdenken und eigenständigem Einsatz von Kompetenz gefordert und prämiert wird" (1986a, S. 202).

- Verdeutlichen Sie sich den Bedeutungsgehalt des Kohli-Zitats zunächst anhand konkreter Beispiele.
- Diskutieren Sie dann, ob man Kohlis Aussage dahin gehend zuspitzen kann, dass im Post-Fordismus „an die Stelle des ökonomischen Zwangs ... die individuelle Wahl getreten" (ebd.) sei.

Die biographische Kontinuitätserwartung als notwendige Voraussetzung eigener Lebensplanung (s. o.) „verhindert nicht berufliche Beweglichkeit und individuelle Initiative, sie führt nicht zu einem Leben ohne Brüche und Veränderungen – im Gegenteil: das Wissen um potenzielle Instabilität ist Teil reflexiver Lebensplanung. Die Verknüpfung zwischen Lebenslaufmustern und individueller Lebensplanung läuft also über die Erwartungssicherheit im Hinblick auf materielle und symbolische Unterstützungsleistungen der Institutionen: das Lebenslaufmuster kann nur dann normativ als ‚Orientierungsschema' wirken und die biographischen Entscheidungen fundieren, wenn die Individuen darauf vertrauen, dass mögliche Kontinuitätsbrüche verhindert bzw. überbrückt werden" (Geissler 2004, S. 116). Mit der Transformation des fürsorgenden zum aktivierenden (Wohlfahrts-)Staat seit den 1990er Jahren „werden zentrale Kontinuitätsmechanismen geschwächt. (...) Die Krise der subjektiven Kontinuitäts-

---

[60] Zur Einführung in diese (unter den einprägsamen Schlagworten vom „Arbeitskraftunternehmer", der „Ich-AG" oder dem „unternehmerischen Selbst" geführten) Diskussion um die Entgrenzung von Arbeit s. Voß/Pongratz 1998; Diewald 2004; Bröckling 2007; Hardering 2011.

> erfahrung bzw. des Vertrauens in die Überbrückung von Diskontinuität ist nicht zu übersehen" (ebd., S. 119).
>
> - Diskutieren Sie, ob die aktivierende Sozial- und Arbeitsmarktpolitik, die auch in krisenhaften Lebensphasen die Aufrechterhaltung bzw. Wiederherstellung von Erwartungssicherheit und Kontinuität im Lebenslauf „stärker als bisher in die Verantwortung der Individuen zurück(gibt)" (ebd., S. 121), dazu führt, dass mit dem schwindenden Vertrauen in wohlfahrtsstaatlich gewährleistete Erwartungssicherheit und Kontinuität eine Grundlage biographischer Lebensplanung und damit letztlich die Möglichkeit von Lebensplanung überhaupt für das Individuum schwindet.

Die Skizzierung der empirisch feststellbaren Tendenzen eines post-fordistischen Lebenslaufwandels zeigt erhebliche Unterschiede zwischen unterschiedlichen sozialen Gruppen, die „cast doubt on the validity of referring to de-standardization as a homogenous reality" (Widmer und Ritschard 2009, S. 37). Der post-fordistische Lebenslaufwandel ist kein „monolithischer" Prozess, der sich uniform auf die Lebensläufe der Individuen auswirkt, sondern vielmehr im Plural: im Sinn vieler und vielfältiger Lebenslaufveränderungen zu denken, die sich z. B. für Hochschul- und Hauptschulabsolventen, Frauen und Männer, Facharbeiter und Ungelernte, Deutsche und Ausländer bzw. Personen mit Migrationshintergrund unterschiedlich darstellen. Aus diesem Grund wird – wie Berger und Sopp schon vor fünfundzwanzig Jahren zu Recht betonten – die Lebenslaufforschung „sich noch stärker auf die Herausarbeitung charakteristischer Mischungsverhältnisse von Stabilität und Instabilität für bestimmte soziale Gruppen, für historische Phasen und für (Teile von) Nationalgesellschaften konzentrieren müssen" (1992, S. 181).

Ehe – das Kapitel abschließend – noch darauf eingegangen wird, wie Prozesse einer Erosion des institutionalisierten Lebenslaufs empirisch feststellbar sind, sei noch kurz angemerkt, dass dieses hier zur Diskussion stehende Phänomen unter einer ganzen Reihe von Begriffen gefasst wird. Das Konzept der „Individualisierung" fungiert dabei als eine Art allgemein-theoretischer Oberbegriff; der Begriff der „Flexibilisierung" wird vor allem in der Arbeitsmarkt- und Berufsforschung verwendet[61] (Kress 1998; Szydlik 2008); der Begriff der „Pluralisierung" wird

---

[61]S. in diesem Zusammenhang auch die Diskussion um die sog. „flexicurity", ein Konzept, in dem (die Begriffe) „flexibility" und „security" miteinander verschmelzen (Kronauer und Linne 2005).

5.3 „Normal-Lebenslauf" und De-Standardisierung des Lebenslaufs

bevorzugt in der Familien- und Lebensstilforschung verwendet (Huinink und Wagner 1998; Brüderl 2004; Groß 2008, S. 89 ff.); manchmal wird auch von der „Diversifizierung" oder „Differenzierung" oder „Desintegration" (Buchmann 1989b, S. 101; Buchmann und Sacci 1995; Konietzka 1999, S. 133 ff.) geredet. Im – im engeren Sinne – lebenslauftheoretischen Diskurs ist die Rede von der „Entstrukturierung" (Hurrelmann 2003; Amrhein 2004), der „De-Institutionalisierung" (Held 1986) oder „De-Standardisierung" (Guillemard 1991; Konietzka und Huinink 2003) des Lebenslaufs. Hier soll nun nicht versucht werden, diese oft auch synonym verwendeten Begriffe theoretisch-konzeptionell zu klären und trennscharf zu definieren.[62] Nur die drei letztgenannten Begriffe erfordern eine kurze Kommentierung. Wenn man den Begriff der „Entstrukturierung" theoretisch ernst nimmt und von seinem empirischen Fluchtpunkt – dem unstrukturierten Lebenslauf – her denkt, wird klar, dass dieses Konzept nicht sinnvoll, sondern fragwürdig ist, weil Lebensläufe immer durch die soziokulturellen Formationen, in denen die Individuen leben, präformiert sind. Entstrukturierte Lebensläufe hätten zur Voraussetzung, dass es gar keine soziokulturellen Formationen mehr gibt, in denen die Individuum sich bewegen, sondern nur noch atomisierte, isolierte Individuen – eine mehr als fragwürdige Vorstellung.

Das Konzept der „De-Institutionalisierung" ist der direkte Gegenbegriff zum institutionalisierten Lebenslauf und stellt insofern die Existenz – und für die soziologische Lebenslaufforschung konstitutive Idee – des Lebenslaufs als Institution radikal infrage. Der institutionalisierte Lebenslauf ist (wie schon in Abschn. 2.2 und Kap. 3 gesagt) eine notwendige Begleiterscheinung des gesellschaftlichen Individualisierungsprozesses der Moderne, der die Menschen zunehmend aus ihren traditionalen Einbindungen in soziale Kollektive freigesetzt hat. Mit dieser wachsenden Freisetzung geht uno actu die Notwendigkeit der Reintegration der freigesetzten Individuen einher: die brüchig gewordene Integrationsleistung der kategorialen, d. h. an den tradierten und stabilen Zugehörigkeiten der Individuen zu sozialen Kollektiven ansetzenden Vergesellschaftung muss kompensiert werden – was in modernen, individualisierten Gesellschaften nicht mehr durch den kategorialen, sondern nur durch einen an den Individuen selbst ansetzenden Vergesellschaftungsmodus erfolgen kann. Als potenzielle Ansatzpunkte dafür können nur Merkmale fungieren, die jedem Individuum eignen. Ein solches, allen Individuen gemeinsames Moment ist das

---

[62]Für einen solchen Versuch s. Brückner und Mayer 2005 oder auch Scherger 2007, S. 93 ff.

Altern: alle Individuen haben eine („laufende") Lebenszeit. Eben daran ansetzend hat sich im gesellschaftlichen Strukturwandel der letzten zweihundertfünfzig Jahre der institutionalisierte Lebenslauf als ein temporaler Vergesellschaftungsmodus formiert: der Lebenslauf als Institution ist ein eigenständiges Regelsystem der zeitlichen Dimension des Lebens. Er konstituiert ein lebenszeitliches Ablaufprogramm, das Lebensläufe strukturiert und präformiert und an dem die Individuen sich orientieren. Insofern wäre die Rede von der „De-Institutionalisierung" des Lebenslaufs nur angebracht, wenn dabei auch die Frage beantwortet – oder wenigstens mitbedacht – würde, welcher Vergesellschaftungsmodus dann an die Stelle des institutionalisierten Lebenslaufs tritt bzw. treten könnte.

Demgegenüber impliziert der Begriff der „De-Standardisierung" diese grundsätzliche Problematik nicht. Dieser Begriff bezieht sich nämlich auf die zeitliche Strukturierung von Lebensläufen, ohne dabei die vergesellschaftende Funktion des institutionalisierten Lebenslaufs bzw. den Lebenslauf als Institution infrage zu stellen. Mit dem Konzept der „De-Standardisierung" können insofern post-fordistische Lebenslaufveränderungen begrifflich angemessen gefasst werden. Das Kapitel abschließend geht es im Folgenden um die Frage, wie eine De-Standardisierung von Lebensläufen empirisch festzustellen ist. Dazu werden beispielhaft einige für empirische Untersuchungen zu De-Standardisierungsprozessen relevante Dimensionen und Indikatoren kurz vorgestellt (Konietzka und Huinink 2003; Brückner und Mayer 2005).

Prozesse einer De-Standardisierung können sich z. B. in der Dimension der Universalität zeigen, dann nämlich, wenn nur noch ein immer kleiner werdender Teil einer Population bestimmte Ereignisse, Zustände, Übergänge oder spezifische Ereignisabfolgen im Leben durchläuft. In der Universalitätsdimension sind mengenrelationale Indikatoren relevant, d. h. empirisch wird erhoben, ob sich der Grad der Verbreitung eines Ereignisses, Zustands oder Übergangs oder einer spezifischen Ereignisabfolge reduziert. Als Beispiel kann hier die sinkende Zahl an Eheschließungen und lebenslangen Ehen dienen. In diesem Zusammenhang sei darauf hingewiesen, dass Prozesse der De-Standardisierung durchaus mit Re-Standardisierungen einhergehen können (Billari und Liefbroer 2010; Huinink 2013): z. B. hat sich im Kontext der De-Standardisierung der Heirat gleichzeitig die nichteheliche Lebensgemeinschaft als erste Form partnerschaftlichen Zusammenlebens als normale Standardphase im Lebenslauf etabliert.

Eine weitere für die empirische Erhebung von De-Standardisierungsprozessen wichtige Dimension ist die der Uniformität, die sich auf die lebenszeitliche Verortung von Ereignissen oder Übergängen bezieht und in der folglich mit zeitbezogenen Indikatoren operiert wird. Ist in einer gegebenen Population für ein bestimmtes Ereignis eine ausgeprägte Altersgradierung feststellbar, indiziert

5.3 „Normal-Lebenslauf" und De-Standardisierung des Lebenslaufs

dieser Sachverhalt eine Standardisierung – wenn hingegen das Alter der Individuen bei diesem Ereignis stark streut, verweist diese Altersheterogenität auf eine De-Standardisierung. In der Uniformitätsdimension werden Prozesse der De-Standardisierung empirisch über Streuungsmaße (wie z. B. Standardabweichung, Interquartilsabstand) erhoben bzw. statistisch gemessen. Das sei am Beispiel des finalen Auszugsalters der Frauen aus dem Elternhaus kurz illustriert: für die Geburtskohorte 1919–21 betrug die Quartilsdifferenz (drittes minus erstes Quartil) 8,3 Jahre; dieser Abstand hat sich über die nachfolgenden Geburtskohorten hinweg kontinuierlich (und insbesondere seit der Kohorte 1939–41) bis zu den Mitte der 1950er Jahre geborenen Frauen bis auf 3,8 Jahre reduziert (Konietzka und Huinink 2003, S. 297). Die kleiner gewordene Quartilsdifferenz belegt die wachsende Standardisierung des Auszugsalters während der ersten beiden Nachkriegsjahrzehnte. Bei den Frauengeburtskohorten seit Mitte der 1950er Jahre ist die Quartilsdifferenz dann wieder leicht angestiegen und lag für die 1975–78 geborenen Frauen bei 4,3 Jahren (ebd.) – was eine leichte De-Standardisierungstendenz beim Auszugsalter seit den späten 1970er Jahren anzeigen könnte.[63]

Ebenfalls relevant für die empirische Erhebung von De-Standardisierungstendenzen ist die Dimension der zeitlichen Verkopplung von (zwei oder mehr) Ereignissen. Eine Steigerung des Kopplungsgrads verweist auf Standardisierung, seine Abschwächung indiziert De-Standardisierung. Veränderungen im Grad der Kopplung von zwei Ereignissen lassen sich messen, indem man die Entwicklung des zeitlichen Abstands zwischen den Medianaltern bei diesen beiden Ereignissen bestimmt. Wächst dieser Abstand, bedeutet das, dass der Grad der Verknüpfung der beiden Ereignisse sich abschwächt und d. h.: De-Standardisierung. Am Beispiel der Verkopplung der Ereignisse „Auszug aus dem Elternhaus" und „Heirat" lässt sich das illustrieren: bei den Männern der Geburtskohorten zwischen 1919 und 1941 war der Abstand der Medianalter für die beiden Ereignisse äußerst gering, d. h. diese waren sehr eng verkoppelt; seither ist der Abstand stetig und erheblich gewachsen (in der Kohorte 1959–61 auf über sieben Jahre; ebd., S. 298), d. h. es hat ein De-Standardisierungsprozess stattgefunden. Auf

---

[63] Konietzka und Huinink betonen jedoch zu Recht, dass „der Quartilsabstand auch bei den jüngeren Kohorten mit etwas mehr als 4 Jahren auf einem vergleichsweise niedrigen Niveau" (2003, S. 296) blieb, d. h. jener leichte Anstieg der Quartilsdifferenz überzeugt als De-Standardisierungsbeleg noch nicht – dafür müsste der Quartilsabstand erst noch deutlich größer werden.

ganz ähnliche Weise lässt sich mit Quartilsabständen operieren, indem man z. B. die Quartilsdifferenz zwischen „Heirat" (drittes Quartil) und „Auszug aus dem Elternhaus" (erstes Quartil) misst; dabei zeigt sich, dass diese Quartilsdifferenzen bei den zwischen 1919 und 1941 geborenen Männern relativ konstant waren, dann aber mit den Geburtskohorten nach dem Ende des 2. Weltkriegs deutlich zugenommen und sich bei den Mitte der 1950er Jahre geborenen Männern gegenüber der ältesten Kohorte nahezu verdoppelt haben (12,8 vs. 6,5 Jahre; ebd., S. 300), d. h. der Grad der Verkopplung hat sich deutlich abgeschwächt und mithin eine De-Standardisierung stattgefunden. Eine weitere Möglichkeit, Veränderungen im Kopplungsgrad zweier Ereignisse zu bestimmen, ist die Schätzung ereignis- oder zustandsbedingter Übergangsraten für ein Ereignis in Abhängigkeit vom zeitlichen Abstand zu dem anderen Übergangsereignis; man kann z. b. über die Kohortenabfolge hinweg untersuchen, ob sich für unterschiedliche Zeitintervalle signifikante Veränderungen der Wahrscheinlichkeit eines Auszugs aus dem Elternhaus in Abhängigkeit etwa vom Ereignis „Heirat" ergeben (ebd., S. 302).

Eine weitere für die empirische Erhebung von De-Standardisierungstendenzen relevante Dimension ist die der Verlaufsstandardisierung von Ereignissen oder Übergängen.[64] Dabei geht es um den Verbreitungsgrad bestimmter Reihenfolgen in einer Population: werden die feststellbaren Ereignis- oder Übergangsabfolgen von nur wenigen Verlaufsmustern (gar von nur einem nahezu universell verbreiteten Muster) abgedeckt – oder existiert vielmehr eine Vielzahl unterschiedlicher Abfolgemuster? Für die drei Ereignisse „Erwerbstätigkeit", „Heirat" und „Elternschaft" z. B. sind theoretisch sechs Abfolgemuster denkbar. Empirisch zeigt sich jedoch bei mindestens 85 % bzw. 75 % der zwischen 1920 und 1979 geborenen Männer bzw. Frauen die Reihenfolge „Erwerbstätigkeit → Heirat → Elternschaft" (Scherger 2007, S. 173), d. h. im Hinblick auf diese drei Ereignisse existiert ein hoch standardisiertes Verlaufsmuster. Je mehr Ereignisse berücksichtigt werden, desto größer wird die Zahl theoretisch möglicher Abfolgen (bei fünf Ereignissen sind schon 120 Kombinationen denkbar) und insofern die Wahrscheinlichkeit, dass selbst die meistverbreiteten Verlaufsmuster

---

[64]In diesem Zusammenhang ist manchmal von der „Reversibilität" von Lebensereignissen und Übergängen die Rede. Allerdings: eine Reversibilität von Lebensereignissen und Übergängen samt deren Folgen ist streng genommen aufgrund des in einer Richtung verlaufenden Zeitpfeils nicht möglich (so referiert z. B. sowohl der Status „geschieden" wie auch der Status „ledig" auf unverheiratete Individuen, die biographische und gesellschaftliche Bedeutung der beiden Status ist aber nicht identisch).

5.3 „Normal-Lebenslauf" und De-Standardisierung des Lebenslaufs

deutlich kleinere Populationsanteile repräsentieren als im eben genannten Beispiel. Hinsichtlich der fünf relevanten Ereignisse der *transition to adulthood* z. B. galt die Reihenfolge „Ausbildung → Berufseinstieg/Erwerbstätigkeit → finaler Auszug aus dem Elternhaus → Heirat → Familiengründung" bis in die 1970er Jahre als das normale Verlaufsmuster. Am verbreitetsten war diese Reihenfolge bei den 1939–41 geborenen Männern – von denen allerdings nur ein Drittel (33,8 %) diese Abfolge durchlief (in der Geburtskohorte 1919–21 lag der entsprechende Anteil bei 17,5 % und bei den 1959–61 geborenen Männern nur bei 5,7 %; Konietzka und Huinink 2003, S. 304; s. dazu auch die wichtige frühe Studie über „disorder in the life course" von Rindfuss et al. 1987).

In einer – in Relation zur verbreiteten ereignisanalytischen Orientierung – stärker holistischen Perspektive wird De-Standardisierung als wachsende Heterogenität (Diversität, Pluralisierung) von Lebensläufen operationalisiert. Um abnehmende Ähnlichkeit von Lebensläufen bzw. größeren Lebenslaufsequenzen festzustellen, kann man z. B. für mehrere Geburtskohorten transversal die Entropie der Verteilung von Status (Zuständen) zwischen Individuen zu jedem chronologischen Alter bestimmen. Oder man kann sequenzmusteranalytisch die durchschnittliche Unterschiedlichkeit von, d. h. die Diversität in den Lebensläufen bzw. in größeren Lebenslaufsequenzen der Individuen messen, indem für unterschiedliche Geburtskohorten paarweise alle Lebensläufe miteinander verglichen werden (auf Basis solcher Distanzmaße werden mittels einer Clusteranalyse anschließend sehr oft Lebenslauftypen gebildet).[65]

Soweit zu einigen für die empirische Erhebung von De-Standardisierungsprozessen relevanten Dimensionen und methodischen Möglichkeiten. Schon am Anfang dieses Unterkapitels wurde gesagt, dass sich die Frage „Institutionalisierung oder Individualisierung des Lebenslaufs?" empirisch fundiert – jedenfalls bis heute – nicht eindeutig beantworten lässt. Vielleicht ist es für eine abschließende Beantwortung dieser Frage einfach noch zu früh: ob die Veränderungen in den Lebensläufen der Individuen seit den späten 1970er Jahren einen erneuten Strukturwandel des Lebenslaufs (im Sinn einer de-institutionalisierenden Individualisierung), d. h. eine historische Zäsur darstellen, ist vielleicht nicht schon während dieser Umbruchsphase (und von den darin verstrickten Zeitgenossen),

---

[65]Eine Einführung in die und empirische Beispiele für die methodisch komplexen Verfahren einer holistischen Perspektive bieten z. B. Erzberger 2001; Elzinga und Liefbroer 2007; Widmer und Ritschard 2009; Aisenbrey und Fasang 2010; Anyadike-Danes und McVicar 2010; Robette 2010; Scherer und Brüderl 2010; Jäckle 2017; Zimmermann 2018.

sondern erst aus einer größeren historischen Distanz zu beurteilen. Vielleicht ist aber die Frage „Institutionalisierung oder Individualisierung des Lebenslaufs?" auch gar nicht sinnvoll gestellt, weil die realen Lebenslaufveränderungen insgesamt nicht der darin implizierten Entwicklungslogik eines „entweder – oder", sondern der eines „sowohl – als auch" folgen. Zumindest sind Optionen jenseits bzw. zwischen den beiden konträren Extrempositionen denkbar: Veränderungen könnten z. B. nur bestimmte gesellschaftliche Milieus betreffen oder nur vorübergehende, relativ kurzlebige Phänomene sein. Veränderungen könnten z. B. den institutionalisierten Lebenslauf zwar faktisch, aber nur in geringem Maß und eben nicht weitgehend erodieren, weil es sich dabei um eher „kleinere" Abweichungen oder Varianten innerhalb des Rahmens der etablierten Lebenslaufmuster handelt.[66] Und Veränderungen könnten sich – das wurde schon kurz angedeutet – z. B. in einer De-Standardisierung und gleichzeitigen Re-Standardisierung neuer Lebenslaufmuster niederschlagen. Anstatt auf eine Großdeutung à la entweder Institutionalisierung oder Individualisierung des Lebenslaufs – mit möglicherweise nur geringem Realitätsgehalt – abzuzielen, sollte die Lebenslaufforschung jene „Mischungsverhältnisse von Stabilität und Instabilität" (von denen schon die Rede war) und die sie bedingenden Faktoren und Kausalitäten empirisch überzeugend und präzise herauszuarbeiten. Es geht um „a more careful look at the life course as it is actually lived, not as we wish it to be for the sake of order in research" (ebd., S. 799).

---

[66] Als Beispiel mag die skizzierte Verlängerung der Übergangsphase von der Ausbildung in Beschäftigung bzw. bis zur ersten Festanstellung dienen: mit Blick auf den Gesamterwerbsverlauf eines Individuums handelt es sich dabei um eine eher kleine Abweichung vom fordistischen Lebenslaufmuster.

Lebenslaufforschung – eine konzeptionelle Perspektive

6

In den vorangegangenen Kapiteln ging es um den Lebenslauf als einen – sozial konstruierten – Forschungsgegenstand, der soziologisch aus unterschiedlichen Perspektiven betrachtet und analysiert werden kann. So gesehen ist die Lebenslaufforschung eine Bindestrich-Soziologie unter anderen, wie z. B. auch die Bildungs-, Wirtschafts-, Organisations-, Religions- oder Familiensoziologie. Allerdings wurde im Zusammenhang mit der in diesem Buch entwickelten substanziellen Lebenslaufdefinition bereits darauf hingewiesen (s. Abschn. 2.2.1), dass Lebenslaufforschung konzeptionell quer zu den etablierten Bindestrich-Soziologien liegt. Die soziologische Lebenslaufforschung ist also auch noch etwas anderes oder mehr als eine Bindestrich-Soziologie: „There are basically two views social scientists hold when talking about life course research which can be labelled ‚object-view' and ‚paradigm-view'" (Wingens et al. 2011, S. 4; Mortimer und Shanahan 2003; George 2003). Der Lebenslauf ist für die Soziologie also nicht nur als Forschungsobjekt von Interesse, sondern auch im Sinn einer Forschungskonzeption relevant.[1] Um eben dieses Verständnis des Lebenslaufs im Sinne einer konzeptionellen Perspektive für die empirische

---

[1]Vom Lebenslauf nicht als Forschungsobjekt, sondern einer Forschungskonzeption zu reden, irritiert: Termini wie „Bildung", „Wirtschaft", „Organisation", „Religion" oder „Familie" bezeichnen üblicherweise Forschungsobjekte bzw. -felder, d. h. werden ontologisch verwendet, um spezifische Gegenstandsbereiche zu benennen; sie werden im normalen Sprachgebrauch eben nicht methodologisch verwendet, bezeichnen also nicht Forschungskonzeptionen. In der englischsprachigen Fachliteratur ist die Rede vom „life course as a theoretical orientation" (Elder et al. 2003, S. 4), „as a paradigm" (Mortimer und Shanahan 2003, S. XI) oder als ein „imaginative framework" (Shanahan und Macmillan 2008, S. XIII) jedoch gang und gäbe.

Forschung geht es im vorliegenden Kapitel. „As a paradigm," – so die Herausgeber des *Handbook of the Life Course* – „the life course refers to an imaginative framework comprised of a set of interrelated presuppositions, concepts, and methods" (Mortimer und Shanahan 2003, S. XI). Im Folgenden wird zunächst das Set an lebenslauftheoretischen Grundannahmen dargestellt (Abschn. 6.1). Anschließend werden analytische Konzepte der Lebenslaufforschung erörtert (Abschn. 6.2; Methoden der Lebenslaufforschung werden – wie im ersten Kapitel schon gesagt – in diesem Buch nicht behandelt).

6.1 Prinzipien der Lebenslaufforschung

So wie bildungs- oder familiensoziologische Theorien konzeptionelle Perspektiven für die soziologische Bildungs- oder Familienforschung darstellen, fungierten lebenslaufsoziologische Theorien als konzeptionelle Perspektiven für die soziologische Lebenslaufforschung. Allerdings – eine Lebenslauftheorie, die diese Bezeichnung verdiente, existiert bis heute nicht.[2] Zwar wird in der einschlägigen Literatur nicht selten von *life course theory* (bzw. Lebenslauftheorie) gesprochen. Bezeichnenderweise wird dieser Terminus aber gerade nicht verwendet, wenn es darum geht, die Rede vom Lebenslauf als Forschungskonzeption semantisch zu präzisieren. Wenn es also um die Bedeutung und ein Verständnis dieser Rede, d. h. um eine Definition und Charakterisierung des Lebenslaufs als Forschungskonzeption geht, taucht der Terminus *life course theory* (bzw. Lebenslauftheorie) seltsamerweise nicht auf. Vielmehr heißt es diesbezüglich, der Lebenslauf (als Forschungskonzeption) „is fundamentally an imaginative framework" (Shanahan und Macmillan 2008, S. XIII), „a paradigm" (Mortimer und Shanahan 2003, S. XI) oder eine „theoretical orientation" (Elder et al. 2003, S. 4). Es gibt offenkundig keine hinreichend elaborierte (soziologische) Lebenslauftheorie, die leisten könnte, was Theorien generell halt tun: nämlich eine konzeptionelle Perspektive für empirische Forschungen, in diesem Fall: die empirische Lebenslaufsoziologie bieten (s. dazu auch das Schlusskapitel).

---

[2] „Life course study is typically described as a 'perspective' or 'approach' rather than a scientific theory in the conventional sense of linked hypotheses deduced from postulates tested by empirical evidence" (Bynner 2016, S. 27; s. dazu auch die Bemerkung zu Elders Theoretisierungsversuch in Abschn. 2.1).

6.1 Prinzipien der Lebenslaufforschung

Da es nun einmal keine Lebenslauftheorie(n) gibt: Wie ist jene Rede vom Lebenslauf als Paradigma[3] zu verstehen? Worin besteht jene *theoretical orientation* der Lebenslaufforschung? Was sind deren konzeptionell-theoretische Grundannahmen? Diese werden in Form von „paradigmatic principles" (ebd., S. 10; s. schon Abschn. 2.1) propagiert. Formuliert wurden diese basalen konzeptionellen Prinzipien der Lebenslaufforschung von Elder, und zwar als theoretische Generalisierungen empirischer Befunde seiner Arbeit über die „Children of the Great Depression" (1999, S. 302 ff.) sowie weiterer empirischer Lebenslaufstudien. Elder zufolge sind es fünf Prinzipien, „that collectively define the analytical scope of life-course theory" (Elder und Shanahan 2006, S. 689):

- *life-span development,*
- *human agency,*
- *timing,*
- *linked lives* und
- *historical time and place.*

Das *life-span development*-Prinzip besagt, dass „human development and aging are lifelong processes" (ebd., S. 692). Es richtet sich gegen eine Einteilung des Lebenslaufs in eine Abfolge von Entwicklungs- und Altersstufen (grob: Kindheit, Jugend, Erwachsenenalter, Alter), die – was bis in die 1960er Jahre üblich war – separiert betrachtet und analysiert werden. Dagegen wird betont, dass entwicklungspsychologische und Verhaltensänderungen über die gesamte Lebensspanne erfolgen (können). Die Individual- und Persönlichkeitsentwicklung ist ein lebenslanger Prozess, die Sozialisation nicht mit dem Ende der Jugend zu Ende. Der Lebenslauf ist demnach „auch ein endogener Kausalzusammenhang. Spätere Ergebnisse, aber auch Zielsetzungen und Erwartungen, sind zu verstehen und zu erklären aus Bedingungen, Entscheidungen, Ressourcen und Erfahrungen der vorausgegangenen Lebensgeschichte" (Mayer 1990, S. 11). Eine der größten Herausforderungen der Lebenslaufforschung besteht darin, Effekte der

---

[3]Der hochproblematische, viel diskutierte Begriff des Paradigmas, der in der epistemologischen und wissenschaftshistorischen und -soziologischen Diskussion mittlerweile aus guten Gründen aufgegeben wurde, ist hier nicht weiter zu erörtern. In der Lebenslaufforschung wird dieser Begriff schlicht in dem Sinn verwendet, dass Paradigmen, „unlike theories, … are not comprised of statements that are interrelated according to the rules of logic. Rather, paradigms are ideas, concepts, models, and analytic strategies that loosely fit together" (Shanahan und Macmillan 2008, S. 7).

vorangegangenen Lebensgeschichte, z. B. bestimmter Deprivationserfahrungen während der Kindheit, auf Zustände, Einstellungen, Verhalten und Erwartungen zu deutlich späteren Zeitpunkten im Lebenslauf zu bestimmen und überzeugend nachzuweisen (was vor allem im Hinblick auf kumulative Auswirkungen gilt[4]).

Das *human agency*-Prinzip[5] besagt, dass „individuals construct their own life course through choices and actions they take within the opportunities and constraints of history and social circumstance" (Elder und Shanahan 2006, S. 692). Bezeichnenderweise beziehen sich die anschließenden Erläuterungen dieses Prinzips ausschließlich auf die strukturellen Gelegenheiten und Einschränkungen, unter denen das Individuum seine *agency* realisiert, während dieser Begriff selbst nicht weiter konkretisiert wird. *Agency* scheint als ein jedem Individuum innewohnendes, durch sein Menschsein gegebenes Vermögen verstanden zu werden, sein Leben – im Rahmen gegebener Umstände – selbst aktiv und eigenen Vorstellungen folgend gestalten zu können. *Agency* ist also nicht gleichzusetzen mit den Handlungsmotiven oder -intentionen eines Individuums oder dessen konkreten Handlungen, sondern vielmehr ein allen Individuen prinzipiell eignendes Vermögen zu selbstgesteuertem Handeln. Das *human agency*-Prinzip ist insofern lediglich eine – von Hitlin und Elder bezeichnenderweise auch als „existential agency" (2007, S. 176) titulierte[6] – anthropologische Hintergrundannahme ohne jedes Erklärungspotential. Dieses in der Lebenslaufforschung vorherrschende Verständnis impliziert und erzeugt zudem einen Dualismus bzw. Gegensatz von *agency* vs. *structure,* sodass deren faktische Verschränkung und Wechselbeziehung – weder gibt es ein Handeln jenseits jeglicher Struktur noch irgendeine Struktur, die nicht permanent durch Handeln (re-)produziert werden müsste – dann konzeptionell wieder eingeholt werden muss (Settersten und Gannon

---

[4]Empirische Belege und Überlegungen zu Prozessen von *cumulative advantage/disadvantage* im Lebenslauf finden sich z. B. bei Sampson und Laub 1997; Dannefer 2003; Elman und O'Rand 2004; DiPrete und Eirich 2006; Willson et al. 2007; O'Rand 2009; Schafer et al. 2011.

[5]*Agency* ist nicht nur ein viel-, sondern auch höchst kontrovers diskutierter Begriff in der Sozialtheorie (s. dazu z. B. Giddens 1984; Collins 1992; Emirbayer und Mische 1998; Archer 2000; Barnes 2000; Meyer und Jepperson 2000; Fuchs 2001; Sewell 2001) Auf diese allgemein- bzw. sozialtheoretische Diskussion wird hier nicht weiter eingegangen; hier geht es nur um *agency* in der Lebenslaufforschung.

[6]*Agency* ist in diesem Verständnis eine Art Pendant zum philosophischen Konzept des freien Willens.

6.1 Prinzipien der Lebenslaufforschung

2005).[7] In diesem lebenslauftheoretisch gängigen Verständnis von *agency* fungiert diese als eine Art bloßer Residualkategorie für das, was durch strukturelle Faktoren nicht erklärt werden kann.[8]

In der empirischen Lebenslaufforschung wird das *human agency*-Prinzip zumeist mittels etablierter psychologischer Kontrollkonstrukte wie z. B. *self-efficacy, locus of control, mastery* oder *coping* operationalisiert (Crockett 2002; einen – entlang der *agent-means-end*-Beziehungen systematisierenden – Überblick bietet Skinner 1996). Ein weiteres in der Lebenslaufforschung zur Messung von *agency* benutztes psychologisches Konzept ist *planful competence* (Clausen 1991, 1993), d. h. die Fähigkeit, biographisch relevante, insbesondere längerfristig folgenreiche Entscheidungen reflektiert treffen zu können. Es liegt auf der Hand, dass die beiden Messkonstrukte jenes *agency*-Verständnis nicht bruchlos bzw. umfassend operationalisieren. Die psychologischen Kontrollkonstrukte messen nämlich nicht *agency* wie definiert, sondern vielmehr die Selbsteinschätzung eines Individuums in Bezug auf das eigene agentische Vermögen (die selbstverständlich handlungsrelevant ist).[9] Und *planful competence* ist nur ein (wenn auch wichtiges) Moment von *agency*. Um die (lange vernachlässigte) essenzielle Zeitlichkeit von *agency* (Emirbayer und Mische 1998; Hitlin und Elder 2007)[10] – die für die Lebenslaufforschung, für die

---

[7]Die Arbeit von Settersten und Gannon ist dafür typisch: zunächst werden die Modelle einer *structure without agency* bzw. *agency without structure* präsentiert, um diese beiden „Strohmann"-Modelle dann als fragwürdig zu kritisieren und durch realitätsangemessene „blended models of agency within structure" (2005, S. 36) zu ersetzen.

[8]So auch Marshall: „In a way, agency functions in this theoretical perspective in the same way that 'unexplained variance' functions in statistical models: if behavior is not patterned structurally, then it must reflect resistance to structure" (2005, S. 63).

[9]*Self-efficacy* etwa meint die „beliefs in one's capabilities to organize and execute the courses of action required to produce given attainments" (Bandura 1997, S. 3).

[10]Die theoretisch elaborierteste Konzeption der grundlegenden Zeitlichkeit von *agency* findet sich bei Emirbayer und Mische, die letztere definieren „as the temporally constructed engagement by actors of different structural environments – the temporal-relational contexts of action – which, through the interplay of habit, imagination, and judgment, both reproduces and transforms those structures in interactive response to the problems posed by changing historical situations" (1998, S. 970). Es gibt demnach drei – nur analytisch unterscheidbare – „constitutive elements of human agency: iteration, projectivity, and practical evaluation. In broad terms, these correspond to … forms of action that are more oriented (respectively) toward the past, the future, and the present. (…) The iterational element … refers to the selective reactivation by actors of past patterns of thought and action, as routinely incorporated in practical activity, thereby giving stability and order to social universes and helping to sustain identities, interactions, and institutions over time. The projective element … encompasses the imaginative generation by actors of possible future trajectories of

die Zeit-Dimension ja konstitutiv ist (s. Abschn. 2.2.2), besonders wichtig ist – zu erfassen, müssen entweder jene psychologischen Kontrollkonstrukte und ihre Items temporalisiert, d. h. so formuliert werden, dass sowohl ein Gegenwarts- als auch ein Vergangenheits-und Zukunftsbezug möglich ist (Pearlin et al. 2007). Oder es müssen noch andere, spezifische Konstrukte zur Operationalisierung der Zeitlichkeit von *agency* formuliert werden wie z. B. *optimism* (Hitlin und Elder 2006) oder *life course expectations* (Hitlin und Johnson 2015) für den Zukunftsbezug.

> „'s heißt ja immer: man kann alles schaffen, wenn man will. Hm ... (Schulterzucken), weiß nich'. Wie gesagt: das mit der Umschulung hat ja nich' geklappt, weil ... ich war ja zu alt, ne. Da läufste gegen 'ne Wand, kannst halt nix machen. (Schweigen) Und jetzt muss ich halt sehn, was kommt, ne, ob sich was ergibt so. Tja, muss ja irgendwie über die Runden kommen."
>
> - Ist diese Äußerung (die aus einem Interview mit einer seit längerer Zeit arbeitslosen Person stammt) dahin gehend zu interpretieren, dass die betreffende Person nur über eine geringe *agency* verfügt oder gar: gar keine *agency* besitzt? Begründen Sie Ihre Antwort bzw. Position.
> - Diskutieren Sie Ihre Positionen und machen Sie sich dabei Ihr Verständnis von *agency*, an dem Sie die zitierte Äußerung messen, bewusst.

---

action, in which received structures of thought and action may be creatively reconfigured in relation to actors' hopes, fears, and desires for the future. The practical-evaluative element ... entails the capacity of actors to make practical and normative judgments among alternative possible trajectories of action, in response to the emerging demands, dilemmas, and ambiguities of presently evolving situations" (ebd., S. 970 f.; Hitlins und Elders Typologisierungsversuch kann vor dem Hintergrund der Überlegungen Emirbayers und Misches theoretisch nicht überzeugen).

Es sei noch darauf hingewiesen, dass Emirbayer und Mische keine – wie in der Lebenslaufforschung verbreitet – individualistische, sondern eine relationale Konzeption von *agency* vertreten; s. dazu auch die Kritik des individualistischen *agency*-Verständnisses von Raithelhuber (2011), der im Durchgang durch die allgemein- und sozialtheoretische *agency*-Diskussion versucht, das Konzept für die Lebenslaufforschung nutzbar zu machen.

6.1 Prinzipien der Lebenslaufforschung

- Reflektieren Sie Ihre Diskussion vor dem Hintergrund eines Aufsatzes über „Soziale Bedingungen von Agency" (Scherr 2012, insb. S. 110 ff.; s. auch Hoggett 2001).

Die moderne Gesellschaft verlangt vom Individuum *agency:* sich selbst als (zumindest: Mit-)Gestalter des eigenen Lebenslaufs zu begreifen (s. Abschn. 3.2).[11] Deren Fehlen wurde im Transformationsprozess der „realsozialistischen Gesellschaften" nach dem Zusammenbruch der UdSSR als Transformationshindernis postuliert. So hieß es z. B. in Bezug auf u. a. die DDR und deren Bürger: „Von den Personen, die in einer perfekt integrierten Gesellschaft aufwuchsen und festen externen Kontrollen unterworfen waren, wurde zugleich erwartet, dass sie nur als Mitglieder eines Kollektivs handeln und fühlen sollten. Dadurch haben sie nicht gelernt, autonom zu handeln, aus freien Stücken Verantwortung zu übernehmen und sich auf innere Direktiven zu verlassen, anstatt sich durch die Drohungen externer Sanktionen leiten zu lassen – allesamt Faktoren, welche die Anpassung an die neue Situation der Freiheit erschweren" (Mayntz 1992, S. 23).

- Finden Sie dieses Argument überzeugend? Begründen Sie Ihre Meinung. Diskutieren Sie die empirische Studie von Wingens über den „gelernten DDR-Bürger" (1999, insb. S. 265–276) im Blick auf die *agency*-Frage.
- Goffman zufolge gilt selbst für totale Institutionen (wie z. B. die von ihm untersuchten psychiatrischen Einrichtungen): „whenever worlds are laid on, underlives develop" (1961, S. 305) – wie denken Sie über diese Aussage?

Das *timing*-Prinzip besagt, dass die „developmental antecedents and consequences of life transitions, events, and behaviour patters vary according to timing in a life course" (Elder und Shanahan 2006, S. 694). Elder hatte in seiner bekannten Studie über die „Children of the Great Depression" gezeigt, dass die Auswirkungen selbst eines derart massiven Ereignisses wie der Weltwirtschaftskrise

---

[11]In diesem Zusammenhang ist auch das „Lebensführungs"-Konzept interessant (Voß 1991; Kudera und Voß 2000).

auf die Lebensläufe der Individuen auch davon abhingen, in welchem Alter ein Individuum davon getroffen wurde (s. Abschn. 2.1): obwohl zwischen den beiden untersuchten Kohorten nur eine Altersdifferenz von wenigen Jahren lag, wirkte die *Great Depression* bis weit ins Erwachsenenalter deutlich negativer auf Lebensläufe und Persönlichkeitsentwicklung der Mitglieder der Berkeley-Kohorte (geb. 1928/29) als bei der nur acht Jahre älteren Oakland-Kohorte. Auch biographische Statusübergänge wie z. B. in Elternschaft oder Arbeitslosigkeit können je nach Alter bzw. Lebensphase, in der sie erfolgen, divergierende Verlaufs- und Entwicklungsmuster initiieren. Elternschaft bereits im Teenageralter ist *off-time*, entspricht also zeitlich nicht dem normativ und institutionell bzw. gesellschaftsstrukturell verankerten „Normal-Lebenslauf"-Modell (s. Abschn. 5.2) und zieht insofern zumeist negative Konsequenzen, die – sich wechselseitig verstärkend – im weiteren Lebenslauf häufig kumulieren, nach sich. In Relation zu *on-time*-Eltern sind Teenager-Eltern, insbesondere Teenie-Mütter, lebenslaufstrukturell benachteiligt. Die biographische Bedeutung des Eintretens von Arbeitslosigkeit ist für einen Dreißigjährigen eine andere als für einen Mittfünfzigjährigen.

Das *linked lives*-Prinzip besagt, dass „lives are lived interdependently and socio-historical influences are expressed through this network of shared relationships" (ebd., S. 695). Es verweist auf den grundlegend sozialen Charakter der Lebensläufe der Individuen: darauf, dass das Individuum sein Leben nicht allein, als ein „isolierter Robinson" quasi, lebt, sondern immer in vielen und vielfältigen Beziehungen zu anderen Menschen (als Individuen wie auch als Mitglieder sozialer Gruppen und Organisationen) steht. Diese unhintergehbare soziale Interdependenz bedeutet, dass die Handlungen einer Person (fast) immer Auswirkungen auch auf andere Individuen haben. Wer z. B. im Alter von 16 Jahren Mutter oder Vater wird, macht seine eigenen Eltern zu Großeltern – was für diese problematisch sein kann, weil die mit dem Großeltern-Status verbundenen Verhaltenserwartungen mit dem (Alters-)Selbstbild und den Lebensvorstellungen von Frauen und Männern, die in ihren vierziger Jahren sind, nicht zusammenpassen. Dass die Leben(släufe) der Individuen „verlinkt" sind, ist eine Alltagserfahrung: ich weiß, dass ich mich etwa im Hinblick auf einen gemeinsamen Urlaub mit meiner Partnerin/meinem Partner oder meiner Freundesclique abstimmen sollte, weil eine „einsame" Entscheidung meinerseits über den Urlaubsort mit ziemlicher Sicherheit in einem (Beziehungs-)Konflikt enden würde. Dass Menschen prinzipiell in soziale Relationsgeflechte eingebunden sind bedeutet – „umgekehrt" – auch, dass das Individuum lebenslaufstrukturell davon beeinflusst wird. Wer z. B. in zerrütteten Familienverhältnissen, städtischen Problemzonen bzw. problematischen Nachbarschaften oder Kontakt mit kriminalitätsaffinen Jugendbanden aufwächst, wird mit größerer Wahrscheinlichkeit selbst auf die „schiefe Bahn" geraten als jemand, der in einer intakten Familie, gut situierten Wohngegend und nicht-devianten *peer groups* heranwächst. Auch die biographische Bedeutung eines Ereignisses für das Individuum ist durch dessen soziales Beziehungsgefüge vermittelt: entlassen und arbeitslos zu werden z. B. dürfte für eine Person, die über enge Familienbande und einen Kreis guter Freunde verfügt, also eingebettet in ein Netzwerk von *strong ties* lebt, weniger problematisch als für eine Person, die weder über enge familiale Bindungen verfügt noch tiefe Freundschaftsbeziehungen pflegt.[12]

Das *historical time and place*-Prinzip sagt, dass der „individual life course is embedded in and shaped by historical times and places over a lifetime" (ebd., S. 697). Menschliches Leben jenseits von Raum und Zeit gibt es nicht – insofern leben alle Individuum in einem je spezifischen Hier und Jetzt und sind Lebensläufe notwendigerweise eingebettet in und geprägt von spezifischen historischen und gesellschaftlichen Kontexten. Die strukturellen Kontexte der ökonomischen, politischen und kulturellen Gegebenheiten unterschiedlicher gesellschaftsgeschichtlicher Phasen oder Situationen eröffnen den Individuen jeweils spezifische Möglichkeiten der Lebensgestaltung bzw. erlegen ihnen dabei spezifische Restriktionen auf. Die Lebensläufe z. B. von um 1950 Geborenen unterscheiden sich deutlich danach, ob jemand in Westdeutschland oder in der DDR lebte. Und Erwerbskarrieren z. B. in Westdeutschland unterscheiden sich deutlich danach, ob der Berufseintritt zu Beginn der 1960er Jahre, also während der „Wirtschaftswunder"-Phase, oder aber Anfang der 1980er Jahre, also in einer Rezessionsphase mit anschließend sich verfestigender Sockelarbeitslosigkeit, erfolgte.

- Verdeutlichen Sie sich Elders fünf *paradigmatic principles* der Lebenslaufforschung anhand konkreter Beispiele aus beliebigen Lebens- und Gesellschaftsbereichen.
- Beziehen Sie in einem zweiten Schritt Ihre Beispiele nicht auf verschiedene Bereiche, sondern auf ein und dasselbe (Forschungs-)Feld, z. B. die Integration von Migranten: Was zeigt dabei die Bedeutung von *time and place?* Welche Sachverhalte verweisen auf das *linked lives*-Prinzip? Wie manifestiert sich das *timing*-Prinzip? Woran zeigt sich *human agency?* Wie ist die Relevanz des *life-span development*-Prinzips zu erkennen?

---

[12]Lebenslaufstrukturell wiederum können für die erneute Aufnahme einer Erwerbstätigkeit *weak-tie*-Beziehungen eine vorteilhaftere Ressource sein als *strong-tie*-Netzwerke (Granovetter 1973).

Elders fünf Prinzipien werden, wenn es um die *theoretical orientation* der Lebenslaufforschung geht, seit einem Vierteljahrhundert gebetsmühlenartig wiederholt (lediglich deren Anzahl und Bezeichnung variiert in der Literatur etwas). Man muss konstatieren, dass die Lebenslaufforschung sich weitestgehend – und äußerst produktiv – auf ein empirisches Arbeiten konzentriert, lebenslauftheoretische Arbeit dabei aber ausgeblendet und (fast) völlig vernachlässigt hat (die Konsequenz dieser theoretischen „Selbstgenügsamkeit" der Lebenslaufforschung für die Lebenslaufforschung wird im Schlusskapitel noch thematisiert). Die von Elder formulierten *paradigmatic principles* sind – wie schon gesagt – keine Lebenslauftheorie. Wie aber steht es um ihre paradigmatische Qualität: verfügen sie über ein entsprechendes Potential, d. h. vermögen sie, der empirischen Lebenslaufforschung *theoretical orientation* zu bieten? Die Fülle an empirischen Studien, die für sich eine Lebenslaufperspektive reklamieren, scheint das jedenfalls zu bestätigen. Und in der Tat: die konzeptionelle Berufung auf Elders *paradigmatic principles*[13] geht über einen bloß methodischen Verweis auf ein mikroanalytisches Längsschnittdesign – der zwar verbreitet ist, die Lebenslaufforschung aber nicht definieren kann (s. Abschn. 2.2) – hinaus und verleiht diesen empirischen Studien eine gewisse theoretische Grundierung.

Auch der Umstand, dass diese Prinzipien, um die Funktion einer *theoretical orientation* überhaupt erfüllen zu können, selbst auf „Theorieimporte" angewiesen sind – z. B. funktioniert das *human agency*-Prinzip in empirischen Studien nur durch Rückgriff auf eine Handlungstheorie; das *linked lives*-Prinzip bedarf einer netzwerk- oder sozialkapitaltheoretischen Über- bzw. Umsetzung –, spricht nicht gegen ihre paradigmatische Qualität.

Problematisch ist allerdings, dass die von Elder postulierten *paradigmatic principles* kaum mehr als soziologische Selbstverständlichkeiten formulieren. Nicht nur Lebensläufe, sondern alle sozialen Phänomene und Prozesse sind in jeweils spezifische raum-zeitliche Kontexte eingebettet und werden davon beeinflusst *(historical time and place)*. Nicht nur Lebensläufe, sondern alle sozialen Phänomene und Prozesse weisen Interdependenzen auf – das ist sozusagen das „Wesen" des Sozialen und macht eine „Sozio-Logik" (bzw. Soziologie) aus *(linked lives)*. Nicht nur in Lebensläufen, sondern für alle sozialen Phänomene und Prozesse spielt der Zeitpunkt, zu dem etwas getan oder erfahren wird, eine Rolle für den weiteren Gang der Dinge *(timing)*. Nicht nur Lebensläufe, sondern alle

---

[13]Wobei diese empirischen Studien zumeist nicht alle fünf, sondern nur bestimmte Prinzipien verwenden, deren jeweilige Kombination von der Fragestellung der Studie abhängig ist.

sozialen Phänomene und Prozesse sind nicht total strukturdeterminiert, sondern immer auch durch das Handeln von Akteuren mitgestaltet *(human agency)*. Und dass – wie das *life-span development*-Prinzip sagt – die menschliche (Individual-) Entwicklung und das Altern lebenslange Prozesse sind, ist wohl wahr. Wenn bzw. weil aber diese von Elder postulierten *paradigmatic principles* letztlich soziologische Selbstverständlichkeiten sind, können sie auch kein eigenständiges Feld namens „Lebenslaufforschung" begründen, oder anders gesagt: keine dafür spezifische *theoretical orientation* sein. Als soziologische Selbstverständlichkeiten sind diese Prinzipien nämlich nicht nur für die Lebenslaufforschung paradigmatisch, sondern für die empirische Sozialforschung generell.

Man muss (sich) nur einmal zu fragen, ob z. B. die soziologische Ungleichheits-, Familien-, Devianz-, Bildungs- oder Mobilitätsforschung z. B. unterschiedliche Altersarmutsrisiken, die Entscheidung für ein Kind, kriminelle Verhaltensmuster bei Jugendlichen, die schulischen Leistungen von Kindern mit Migrationshintergrund oder den geringeren Anteil von Frauen in Führungspositionen angemessen erklären können, ohne jene Prinzipien in Rechnung zu stellen. Weil Elders *paradigmatic principles* eben keine spezifischen Prinzipien – „exklusiv" – für die Lebenslaufforschung sind, sondern für die empirische Sozialforschung generell, für alle Bindestrich-Soziologien gelten, konnte unter ihrer *theoretical orientation* jene Fülle empirischer Studien entstehen. Gerade die konzeptionelle „Un-Spezifität" bzw. Offenheit dieser Prinzipien ermöglichte es jeder empirischen Arbeit, die sich darauf berief (und dann noch mit mikroanalytischen Längsschnittdaten arbeitete), unter dem Label „Lebenslaufforschung" zu segeln. Viele dieser empirischen Arbeiten hätten – um die eben genannten Beispiele wieder aufzugreifen – genauso gut (und weiterhin) als Ungleichheits- oder Armuts-, Familien- oder Fertilitäts-, Devianz-, Bildungs- oder Migrations-/Integrations- oder Mobilitätsforschung in der Soziologie firmieren können (und werden das wohl auch zunehmend wieder tun; s. dazu das Schlusskapitel). Insofern ist noch sehr viel lebenslauftheoretische Arbeit zu leisten, ehe wirklich von einer *theoretical orientation* der Lebenslaufforschung (oder gar einer elaborierten Lebenslauftheorie) die Rede sein kann.

6.2 Analytische Konzepte der Lebenslaufforschung

Elder hat nicht nur den „theoretischen" Rahmen der Lebenslaufforschung mit seinen *paradigmatic principles* abgesteckt, sondern in einem für empirische Arbeiten wichtigen, richtungsweisenden Beitrag auch deren analytische Grundkonzepte formuliert: „The concepts of trajectory and transition are central themes in contemporary studies of life course dynamics .... They represent both the long and short view on analytic scope" (1985, S. 31). Für Elder unterscheiden die beiden Konzepte sich nur in zeitlicher Hinsicht: das *trajectory* (Trajekt) verfolgt eine langfristige Analyseperspektive, nimmt also Lebenslaufdynamiken über einen längeren Zeitraum in den Blick – die *transition* (Übergang) fokussiert auf recht kurze Zeiträume, erfasst also kurzzeitige Lebenslaufdynamiken. Elder sieht keinen Unterschied hinsichtlich der forschungslogischen Relevanz der beiden Konzepte: für ihn sind *trajectory* und *transition* gleichwertige Analysekonzepte. Wie schon bei ihrem bloß repetitiven Umgang mit jenen *paradigmatic principles* hat die Lebenslaufforschung Elders Definition dieser beiden Grundkonzepte weitgehend unhinterfragt übernommen. Wie die folgende Erörterung zeigt, erweisen sich Elders begriffliche Bestimmungen jedoch theoretisch als unklar und implizieren konzeptionell Widersprüchlichkeiten. Die Erörterung zeigt darüber hinaus, dass die zwei von Elder als fundamental benannten Analysekonzepte um ein drittes analytisches Grundkonzept, das des *turning point* (Wendepunkt), zu erweiterten sind.[14]

Elder bestimmt das *transition*-Konzept in unmittelbarem Zusammenhang mit einem weiteren Begriff: *life event* (Ereignis)[15] und definiert Übergänge wie auch Ereignisse als „changes in state that are more or less abrupt" (1985, S. 31 f.). Zunächst ist zu klären, was unter einem „change in state" zu verstehen ist. Die wörtliche und in der deutschsprachigen Lebenslaufforschung übliche Übersetzung meint einen Zustandswechsel. Dabei handelt es sich allerdings um einen formal-technischen Terminus[16], unter den auch soziologisch irrelevante Veränderungen im Leben subsumiert werden können. Wer z. B. nüchtern auf eine Party und betrunken wieder nach Hause geht, hat einen soziologisch irrelevanten Zustandswechsel erlebt. Auch der Kauf einer Quietscheente für die Badewanne z. B. wäre für die soziologische Lebenslaufforschung nicht von Interesse. Zustandswechsel ereignen sich im Leben eines Individuums ununterbrochen

---

[14]Die folgende Erörterung basiert auf Sackmann und Wingens 2001; Wingens und Reiter 2011; Wingens et al. 2011, S. 13 ff. und entwickelt dort formulierte Überlegungen weiter.

[15]In diesem Zusammenhang (das sei nur angemerkt) muss man konstatieren, dass der *life event*- bzw. Ereignis-Begriff – trotz seiner Bedeutung für die Lebenslaufforschung (man denke z. B. an die wichtige Methode der Ereignisanalyse bzw. *life event analysis*) – lebenslauftheoretisch bis heute so gut wie gar nicht thematisiert wurde (s. aber Hoerning 1987).

[16]Man denke etwa an die Aggregatzustände des Wassers und dessen Zustandswechsel (fest – flüssig – gasförmig).

6.2 Analytische Konzepte der Lebenslaufforschung

und in allen nur möglichen Hinsichten[17] – nur ein Teil davon ist aber soziologisch relevant. Von Interesse und relevant für die soziologische Lebenslaufforschung sind diejenigen Zustandswechsel, die in Form sozial definierter – und zumeist institutionell gerahmter – Übergänge bzw. Ereignisse erfolgen. Für den eben erwähnten Alkoholpegelanstieg trifft das nicht zu, wohl aber für Übergänge bzw. Ereignisse wie Arbeitslosigkeit, Elternschaft, Einschulung, Betriebswechsel, Scheidung, Invalidität, Verwitwung, etc. Um nun solche *transitions* bzw. *life events* von dem breiten Strom lebenslaufsoziologisch irrelevanter Veränderungen im Leben eines Individuums abzugrenzen, wird „change in state" hier (wie generell in diesem Buch) nicht einfach mit „Zustandswechsel", sondern als „Statuswechsel"[18] übersetzt und verstanden.

> Jeder Kaufakt – sei es der Kauf nur einer kleinen Badewannenquietscheente oder aber eines teuren Segelboots – ist ein sozial definiertes und auch institutionell gerahmtes Ereignis. Insofern wäre – folgt man der oben vorgenommenen Ab- bzw. Eingrenzung lebenslaufsoziologisch (ir-)relevanter Übergänge und Ereignisse – auch der eben erwähnte Kauf einer Quietscheente für die soziologische Lebenslaufforschung von Interesse. Wie denken Sie darüber? Macht es für die lebenslaufsoziologische Relevanz einen Unterschied, ob es sich um den Kauf einer Quietscheente oder einer Segelyacht handelt? Warum bzw. warum nicht?

Es geht bei der obigen Eingrenzung auf sozial definierte (und institutionell gerahmte) Statuswechsel um lebenslaufsoziologische Relevanz: einen schweren Verkehrsunfall z. B. unversehrt zu überleben, ist sicherlich eine gravierende biographische Erfahrung – als solche für die soziologische Lebenslaufforschung aber nicht von Interesse. Diese biographische Erfahrung kann selbstverständlich lebenslaufsoziologisch relevante Folgen haben: der Betreffende könnte das Erlebte z. B. im Sinn eines ihm „geschenkten zweiten Lebens" interpretieren und,

---

[17] Für innerpsychische Zustände des Individuums ist das evident, gilt aber für Veränderungen im Leben generell: so stellt z. B. jeder Kauf, ob nun eines teuren Segelboots oder nur einer Quietscheente, einen Zustandswechsel im Leben des Käufers bezüglich seiner finanziellen und Besitzverhältnisse dar.

[18] Um einer Irritation vorzubeugen: der Begriff „Statuswechsel" (bzw. „Status") wird hier also nicht in der in der Soziologie üblichen ungleichheitstheoretischen (hierarchischen) Bedeutung verwendet, sondern – wie oben gesagt – im Sinn eines sozial definierten, meist institutionell gerahmten Zustandswechsels im Lebenslauf.

um dieses „neue" Leben auch leben zu können, seine nur noch „Gewohnheitsehe" sowie seinen „60-Stunden-Woche"-Job aufgeben – (erst) diese Scheidung bzw. Kündigung stellt einen soziologisch relevanten „change in state" dar. Elder zufolge unterscheidet der Übergang sich vom Ereignis in zeitlicher Hinsicht. Er präzisiert seine „mehr oder weniger abrupt"-Formulierung dahin gehend, dass ein Statuswechsel in Form der *transition* „may take place over a substantial period of time" (ebd., S. 32), während er als *life event* „would be dated according to when the new state is reached" (ebd.). Das Übergangs-Konzept ist also prozessual gefasst, der Ereignis-Begriff punktuell. Ehe der Übergangs- und Ereignis-Begriff weiter erörtert werden, sei kurz auf eine theoretische Unklarheit hinsichtlich der beiden analytischen Grundkonzepte Elders hingewiesen, die aus seiner gerade zitierten zeitlichen Bestimmung der *transition* resultiert. Angesichts der zitierten Bestimmung ist nämlich zu fragen, inwiefern sich die „substantial period of time" einer *transition* unterscheidet von der „extended span of time" (ebd., S. 31) eines Trajekts. Dass die Frage: wo bzw. wie die zeitliche Grenze zwischen einer „substantial period of time" und einer „extended span of time", also zwischen seinen beiden analytischen Grundkonzepten zu ziehen wäre, ein theoretisches Problem für deren von ihm propagiertes Verständnis darstellt, scheint Elder nicht bewusst zu sein – jedenfalls wird diese Frage von ihm (oder auch seinen Adepten) nicht erörtert, geschweige denn beantwortet. Eine solche Erörterung ist aber unabdingbar, weil die beiden Charakterisierungen eines Zeitraums als „substantial period" und „extended span" im normalen Sprachverständnis als semantisch weitgehend äquivalent aufgefasst werden. Wenn die zwei als „substantial period" bzw. „extended span" charakterisierten Zeiträume aber in etwa gleich lang sind, unterminiert die oben zitierte Bestimmung Elders frühere definitorische Unterscheidung des *trajectory*- und *transition*-Konzepts mittels des Kriteriums eines „long and short view on analytic scope" bzw. im Sinn eines Analysefokus auf längerfristige oder aber kurzzeitige Lebenslaufdynamiken.

Zurück zum (prozessualen) Übergangs- und (punktuellen) Ereignis-Begriff. Ein Beispiel für ein *life event* wäre die Verwitwung infolge eines tödlichen Unfalls des Ehegatten (punktueller Statuswechsel). Als Beispiel für eine *transition* nennt Elder die Scheidung einer Ehe, weil einer Scheidung eine gewisse, zumeist längere Zeit des Sich-Auseinanderlebens vorausgeht (prozessualer Statuswechsel). Gleichzeitig stellt die Scheidung als Rechtsakt aber einen punktuellen Statuswechsel dar, ist also auch als ein *life event* zu begreifen. Wie die Beispiele zeigen, ist das Verhältnis von *transition* und *life event* komplizierter, als Elders nur zeitliche Unterscheidung suggeriert. Die „Verwitwung" steht als Ereignis für sich, während die „Scheidung" sowohl als ein eigenständiges

6.2 Analytische Konzepte der Lebenslaufforschung

life event wie auch als Teilmoment eines Übergangs – und zwar als das den Übergangsprozess abschließende Moment – verstanden werden kann. Im einen Fall ist der Ereignis-Begriff forschungslogisch dem Übergangs-Konzept gleichwertig, im anderen Fall diesem unterzuordnen. Darüber hinaus macht das Beispiel der Scheidung deutlich, dass punktuell gefasste Ereignisse durchaus auch eine Vorgeschichte haben können – und insofern vielleicht sinnvoller als Übergänge, also in einer prozessualen Perspektive zu analysieren wären. In den quantitativen Lebensverlaufsstudien, die in der Lebenslaufforschung vorherrschen, geschieht das zumeist nicht. Zwar ist es methodisch durchaus möglich, z. B. für das Ereignis „Scheidung" einen vorangehenden Zeitraum beliebiger Dauer zu modellieren; meist jedoch wird eine Scheidung – entgegen Elders Bestimmung – methodisch nicht prozessual als Übergang, sondern punktuell als Ereignis behandelt.[19] Das ist unproblematisch, wenn die Vorgeschichte der Scheidung soziologisch irrelevant wäre.

Diese Frage, ob die Vorgeschichte eines Ereignisses soziologisch von Interesse oder aber nur subjektiv-biographisch relevant ist, soll hier am Beispiel „Heirat" thematisiert werden. Dazu eine Kurz-Liebesgeschichte (aus der Prä-*tinder*-Ära): Svenja und Martin haben am 03.09.2002 standesamtlich geheiratet. Kennengelernt hatten die beiden sich schon fünfeinhalb Jahre vorher, als Svenja nach Studienabschluss eine Stelle in derselben Abteilung eines Unternehmens antrat, in der Martin schon seit einigen Jahren arbeitete. Näher kennengelernt haben die beiden sich erst zwei Jahre später. Zu welchem Anlass bzw. in welchem Kontext auch immer es „gefunkt" hat (Betriebsfeier, Dienstreise, zufällig beim Joggen oder einem Open-Air-Konzert): sie fanden sich „auf einmal" sympathisch und Interesse aneinander. Der ersten Verabredung folgten bald weitere, aus Sympathie wurde Verliebtheit. In der Folgezeit entstand daraus eine tiefe Zuneigung und erfüllende Beziehung. Mitte 2001 zogen die beiden zusammen. Da ihre Beziehung und Liebe nicht unter den profanen Erfordernissen der gemeinsamen Haushaltsführung litt, entwickelte sich bei ihnen die vertrauensvolle Vorstellung einer gemeinsamen Zukunft, d. h. gemeinsam alt werden zu können, sowie allmählich auch ein Kinderwunsch. Und so kam es denn, dass Svenja und Martin am 03.09.2002 vor dem Standesbeamten standen (und – wer weiß – das „verflixte

---

[19]Wenn – im Sinne eines Übergangs – verschiedene Zeiträume für das Scheidungsereignis modelliert werden, bliebe das Problem, dass diese inhaltlich „leer" sind, d. h.: man weiß nicht, was sich in diesen Zeiträumen ereignet und schließlich zur Scheidung geführt hat.

siebte Jahr" glücklich überstanden haben und noch immer „im siebten Himmel" leben[20]).

Svenjas und Martins Heirat ist ein sozial definierter und auch institutionell gerahmter Zustandswechsel (ledig → verheiratet). Als ein rechtlicher Akt erfolgt dieser zu genau dem Zeitpunkt, zu dem der Standesbeamte die Heirat beurkundet. Svenjas und Martins Heirat war insofern ein *life event,* das am 03.09.2002 stattfand. Sind die diesem Ereignis vorangegangenen fünfeinhalb Jahre für die Lebenslaufforschung von Interesse oder nur für Svenja und Martin relevant? Und – falls dieser Zeitraum nicht nur subjektiv-biographisch von Belang ist –: worin liegt dessen soziologische Relevanz? Die ersten zwei Jahre nach Svenjas Dienstantritt in Martins Abteilung dürften für die soziologische Lebenslaufforschung uninteressant sein, weil die beiden nur „nebeneinanderher gelebt" haben. Dagegen ist der Einzug in die gemeinsame Wohnung bzw. die Gründung des gemeinsamen Haushalts offenkundig von soziologischem Interesse, weil dies ein sozial definierter, mit sozialen Folgen verbundener „change in state" ist; methodisch kann dieser Statuswechsel wieder problemlos als Ereignis behandelt werden. Was aber ist mit dem Zeitraum oder besser: „Geschehen" zwischen Frühjahr 1999 und Mitte 2001? Ein erstes Date, dem weitere, schließlich regelmäßig Verabredungen folgen; erste Küsse, der erste Sex, dem weitere, schließlich regelmäßig körperliche Intimitäten folgen; einige Kurztrips in angesagte Städte und ein längerer Urlaub in einem Romantikhotel; Unternehmungen mit Svenjas bzw. Martins Freundeskreis; das zunächst betont neutrale Verhalten am Arbeitsplatz; Heiligabend bei Svenjas, am ersten Weihnachtsfeiertag bei Martins Eltern; etc. – die Auflistung des meist völlig unspektakulären (Svenja und Martin mögen das anders sehen) Geschehens in diesem Zeitraum ließe sich leicht weiterspinnen. Vieles davon ist soziologisch nicht relevant, einiges schon.

Soziologisch irrelevant ist all das, was sich in einer vor den Anderen abgeschirmten „Svenja & Martin-Privatwelt" abspielt. Sobald die beiden aber diese ihre abgeschirmte „Privatwelt" (sei es freiwillig oder weil sie sich genötigt fühlen[21])

---

[20]Die meisten Scheidungen des Heiratsjahrgangs 2001 (für Svenjas und Martins Heiratskohorte 2002 waren keine statistischen Daten zu finden) erfolgten nach sechs Ehejahren (www.bib.bund.de/DE/Fakten/Fakt/L133-Scheidungsziffer-Ehedauer-Westdeutschland-ab-1991.html). Berücksichtigt man das rechtlich vorgeschriebene Trennungsjahr und die der Beantragung der Scheidung zumeist vorausgehende längere Krisenphase, ist nicht die siebte, sondern eher das dritte oder vierte das „verflixte" Ehejahr.

[21]Sei es also, weil die beiden ihre Liebesbeziehung vor anderen nicht länger „verstecken" wollen oder gezwungenermaßen, weil z. B. zwei Arbeitskollegen ihren Mallorca-Urlaub zufällig im selben Hotel wie Svenja und Martin verbracht haben.

6.2 Analytische Konzepte der Lebenslaufforschung

verlassen, wird für die Außenwelt: die Anderen sichtbar, dass sie ein Liebespaar sind. Und das hat soziale Folgen – und ist deshalb auch soziologisch von Interesse und relevant. Dass ein solches „Outing" in der Tat soziale Folgen hat, wird beim viel diskutierten Thema „Liebe am Arbeitsplatz" (ein für die betreffenden Personen wie auch Unternehmen bzw. Arbeitgeber vielschichtiges Problem) besonders deutlich. Aber schon im Freundeskreis, in dem eine Liebesbeziehung wahrscheinlich als erstes „öffentlich" wird – der jeweilige Freundeskreis dürfte sich relativ bald fragen, warum er bzw. sie fast nur noch zusammen mit ihr bzw. ihm auftaucht –, zeitigt das Sichtbar-Werden, dass Svenja und Martin ein Liebespaar sind (und deren Sichtbar-Machen: schaut – wir sind ein Paar), soziale und insofern soziologisch relevante Folgen. Svenja und Martin verhalten sich anders, präsentieren sich den Anderen als Paar – und auch das Verhalten der Anderen Svenja und Martin gegenüber verändert sich. Ihre Freunde, Bekannten, Kollegen nehmen die beiden in einer neuen Rolle wahr, und sie schreiben ihnen neue Rollen zu: Svenja und Martin erfahren einen „Rollenwechsel"[22] mit sozial bedeutsamen Folgen, der als ein soziologisch relevanter „change in state" zu verstehen ist. Aber wann in jenem Zeitraum zwischen Frühjahr 1999 und Mitte 2001 ist dieser „change in state" erfolgt? Und lässt sich überhaupt ein exakter Zeitpunkt angeben, an dem aus Svenja und Martin ein Liebespaar wurde? Falls sich ein genauer Zeitpunkt dafür festmachen ließe, wäre automatisch auch das auslösende, dafür ursächliche Ereignis[23] benannt, und der Zustandswechsel der „Paar-Werdung" könnte methodisch wieder problemlos als solches behandelt werden. Vielleicht aber wüssten die beiden – würde ein Soziologe sie danach fragen – selbst nicht zu sagen, wann genau sie „ein Paar geworden" sind; es könnte auch sein, dass die beiden sich auf zwei unterschiedliche Zeitpunkte bzw. Ereignisse beziehen (was für den Soziologen nur ein messtechnisches Problem darstellt, für Svenja und Martin aber u. U. zu einem Beziehungsproblem werden könnte). Verlässt man Svenjas und Martins subjektiv-biographische Sichtweise und nimmt eine externe Perspektive ein, wird es sicherlich nicht nur einen

---

[22]Eine der strukturfunktionalistisch-rollentheoretischen Perspektive verhaftete, deskriptiv aber interessante Untersuchung von Rollenwechseln ist Ebaughs Studie über den Prozess des „Becoming an Ex" (1988), in der sie u. a. ehemalige Polizisten, Strafgefangene, Alkoholiker, Nonnen sowie Transsexuelle zu ihrem *role exit* und der Formierung einer neuen Rollenidentität interviewt hat.

[23]Das mag in Svenjas und Martins subjektiv-biographischer Sicht z. B. ihre zweite oder die fünfte Verabredung sein, als sie zum ersten oder zum vierten Mal Sex hatten oder ihr erster Urlaub zu zweit. In der Außenperspektive, also aus Sicht der Anderen könnte das z. B. der Antrittsbesuch bei den Eltern des Partners oder der Tag sein, an dem eine Kollegin sie händchenhaltend spazieren gehen sieht.

Zeitpunkt ihrer „Paar-Werdung" geben, sondern mehrere, vom jeweiligen sozialen Kontext (z. B. Freundeskreis, Eltern, Verwandtschaft, Arbeitsplatz) abhängige Zeitpunkte, die für die Anderen den Übergang beider in den „Paar-Zustand" markieren. Vielleicht ist also – um damit die Überlegungen zum Verhältnis von *transition* und *life event* abzuschließen – nicht nur für den soziologisch relevanten Zustandswechsel der „Paar-Werdung" Svenjas und Martins, sondern auch im Hinblick auf eine mögliche Kausalitätskonstruktion bezüglich ihrer am 03.09.2002 erfolgten Heirat kein spezifischer Zeitpunkt bzw. singuläres Ereignis relevant, sondern vielmehr der ganze Zeitraum zwischen Frühjahr 1999 und Mitte 2001: der im Lauf dieser gut zwei Jahre sich vollziehende – intern wie extern motivierte – Prozess ihrer „Paar-Werdung" in seiner Gesamtheit bzw. das in ihrem „Paar-Status" resultierende kumulierende und konsolidierende gesamte Geschehen während dieser Zeit.

Ungeachtet der skizzierten Problematik gilt das *transition*-Konzept bzw. dessen empirische Grundlage des Statuswechsels in der Lebenslaufforschung als klar definiert.[24] Auch ist das Übergangs-Konzept leicht zu operationalisieren – jedenfalls, sofern man solche Statuswechsel nicht prozesshaft als zeitlich gestreckte Transitionen, sondern (umstandslos) punktförmig als *life events* begreift. Das lässt sich an der empirisch oft untersuchten *transition to adulthood* gut illustrieren: dieser Übergangsprozess wird in der Lebenslaufforschung nämlich analysiert als „a series of transition events" (Buchmann und Kriesi 2011, S. 482).[25] Der Übergangsprozess in den Erwachsenenstatus, der als Prozess nicht einfach operationalisierbar ist, wird also konzeptionell zerlegt bzw. methodisch untergliedert in punktuelle und insofern leicht zu operationalisierende Ereignisse, die als *markers of adulthood* fungieren. Die – scheinbar problemlose – leichte Operationalisierbarkeit des Übergangs-Konzepts und vor allem seine direkte methodische Übersetzbarkeit in das mächtige Instrument der Ereignisanalyse haben dazu geführt, dass die empirische Lebenslaufforschung, genauer: die diese dominierende quantitative Lebensverlaufsforschung zumeist Übergangsforschung (oder eigentlich: Ereignisforschung) ist. Diese Konzentration auf einzelne Über-

---

[24]Diese konzeptionelle Aussage steht nicht im Widerspruch zu der empirischen Beobachtung, dass im Zuge wachsender De-Standardisierungstendenzen Übergänge diffuser, unklarer, reversibel werden (s. Abschn. 5.3.2; zu „entstandardisierten" Übergängen s. auch das von Schröer u. a. 2013 herausgegebene – sozialpädagogisch orientierte – „Handbuch Übergänge" sowie Stauber et al. 2007.
[25]Und gilt traditionell als „complete when an individual has experienced all events" (Buchmann und Kriesi 2011, S. 482; zu diesem Übergang und seinen „transition events" s. den entsprechenden Absatz in Abschn. 5.2.1).

6.2 Analytische Konzepte der Lebenslaufforschung

gänge (und Ereignisse) auf Kosten der Analyse längerer Trajekte war zunächst gar nicht zu vermeiden, denn größere Zeiträume bzw. Trajekte erfassende Längsschnittdatensätze und statistische Analyseverfahren dafür fehlten.[26] „The data and data-anaysis techniques currently at our disposal" – so Hagestad Anfang der 1990er Jahre in ihrem Überblicksartikel – „are more likely to improve our understanding of transitions than they are to produce significant new knowledge about life trajectories" (1991, S. 31; George 1993). Mittlerweile gibt es jedoch eine ganze Reihe entsprechender Längsschnittdatensätze und methodischer Innovationen für die Analyse von Lebenslaufdynamiken über längere Zeiträume. Das heißt: der Sachverhalt, dass die Lebenslaufforschung noch heute überwiegend Übergangsforschung ist, lässt sich (mit jenem daten- und methodentechnischen Argument) nicht länger legitimieren. Gleichwohl sind Untersuchungen von Lebenslaufdynamiken über lange Zeiträume, also holistische Analysen von *trajectories* oder gar gesamter Lebensläufe bis heute ganz überwiegend in der (qualitativen) Biographieforschung zu finden, während die Lebenslaufforschung weitestgehend singuläre *transitions* und *life events* untersucht. Zwar hat es in den letzten Jahren wichtige methodische Fortschritte hinsichtlich der Erfassung auch längerer Lebenslaufphasen gegeben, allerdings handelt es sich auch bei dieser „zweiten Welle" sequenzmusteranalytischer Verfahren (Aisenbrey und Fasang 2010) um deskriptiv-explorative, nicht aber kausalanalytische Methoden.[27]

Manche *transitions* und *life events* sind erwartbar – und können deshalb von den Individuen in ihre Lebensplanungen einbezogen werden –, manche Statuswechsel ereignen sich unerwartet. Ein unerwarteter Statuswechsel liegt z. B. vor, wenn ein Berufstätiger infolge eines Unfalls berufs- oder gar erwerbsunfähig wird oder wenn er infolge einer epiphanischen Erfahrung (Bekehrungserlebnis) in

---

[26]Hingewiesen sei in diesem Zusammenhang noch auf das – zwischen dem *transition*- und *trajectory*-Konzept angesiedelte – Sequenztypen-Konzept von Sackmann und Wingens (2001, S. 32 ff., 2003), das zwar keine längeren Lebenslaufphasen, aber doch mehr als singuläre Ereignisse und Übergänge zu analysieren erlaubt. Das Konzept umfasst mindestens zwei Statuswechsel (z. B. die Abfolge „erwerbstätig → arbeitslos → in Umschulung") und lässt sich mit Blick auf den Zusammenhang der jeweiligen Status formal typisieren. Empirisch hat z. B. Brzinsky-Fay (2007) mit den von Sackmann und Wingens vorgeschlagenen formalen Sequenztypen gearbeitet.

[27]Zur Möglichkeit einer Kombination von Sequenzmuster- und Ereignisanalyse bzw. einer holistischen Lebenslaufanalyse s. jüngst Piccarreta und Studer 2019; Han und Moen (1999) haben anhand der Abhängigkeit des Renteneintrittsalters von unterschiedlichen Erwerbsverlaufstypen schon früh gezeigt, dass sequenzmusteranalytisch erhobene Verlaufstypen als eine erklärende Variable in kausalanalytische Methoden eingebunden werden können.

eine klösterliche Ordensgemeinschaft eintritt. Ein erwartbarer Statuswechsel ist erwartbar, weil es sich dabei um einen alters- oder zeitabhängigen Übergang handelt: man wird z. B. im Alter von sechs Jahren eingeschult oder geht (ab Geburtsjahrgang 1964) im Alter von 67 Jahren regulär in Rente; ein zeitabhängiger Statuswechsel ist z. B. mit dem einzuhaltenden Trennungsjahr vor einer Ehescheidung gegeben. Die Alters- bzw. Zeitabhängigkeit und damit die Erwartbarkeit bestimmter Statuswechsel resultiert letztlich aus deren institutioneller Rahmung wie auch ihrer Eingebettetheit in gesellschaftsstrukturell präformierte Verlaufspfade (s. Kap. 5 und Abschn. 2.2.1).

Manche *transitions* und *life events* erweisen sich als äußerst folgenreich für den weiteren Lebenslauf, weil sie bestimmte Anschlussoptionen bzw. Folgeverläufe nahelegen, andere anschließende Verlaufssequenzen dagegen unwahrscheinlich machen oder gar ausschließen. Solche Übergänge stellen in ihren Auswirkungen nur schwer revidierbare Momente im Leben(slauf) des Individuums dar. Blossfeld spricht in diesem Zusammenhang von „sensiblen Phasen" des Lebenslaufs – wie z. B. dem Übergang in eine der weiterführenden Schulen der Sekundarstufe I – und hat für den Bildungsbereich gezeigt, dass es infolge der institutionellen Differenzierung des deutschen Bildungs- bzw. Schulsystems „im Laufe einer Bildungskarriere ‚sensible' und ‚weniger sensible' Phasen gibt, in denen verschiedene Geburtskohorten von historisch jeweils aktuellen Einflüssen unterschiedlich betroffen werden" (1988, S. 60; in Bezug auf die Phase des Eintritts in das Erwerbsleben s. Scherer 2004). Dass manche Übergänge und Ereignisse einen solch weichenstellenden, Lebensläufe in bestimmte Bahnen lenkenden Effekt haben, resultiert aus dem Sachverhalt, dass die mit ihnen verbundenen Optionen und Folgeverläufe gesellschaftsstrukturell verankert und vorprogrammiert sind. Oder anders gesagt: resultiert letztlich aus der Eingebettetheit individueller Statuswechsel bzw. *transitions* und *life events* (Mikroebene) in gesellschaftsstrukturell präformierte Verlaufsmuster (Makroebene). Diese sozialstrukturell, insbesondere institutionell, vorgeprägten „social pathways" (Shanahan und Macmillan 2008, S. 66) können zwar prinzipiell, faktisch allerdings nur mit erheblichen individuellen Anstrengungen verlassen werden.

> Ehe das *trajectory*-Konzept erörtert wird, ist noch eine kurze Bemerkung zu einem mit dem *transition*-Konzept verwandten Begriff angebracht: dem Begriff „Statuspassage". Ursprünglich in der Ethnologie entwickelt, wurde dieser Begriff in der Soziologie vor allem durch das gleichnamige

6.2 Analytische Konzepte der Lebenslaufforschung

> Buch von Glaser und Strauss (1971) populär (deren Versuch einer Kategorisierung von Eigenschaften von Statuspassagen zwecks Entwicklung einer formalen Statuspassagentheorie sich jedoch als lebenslauftheoretisch nicht überzeugend erwiesen hat). In der Lebenslaufforschung avancierte das Statuspassagen-Konzept zum Leitbegriff eines DFG-Sonderforschungsbereichs mit dem Titel „Statuspassagen und Risikolagen im Lebensverlauf" (Sfb 186; 1988–2001). In dessen Verständnis bezeichnet dieser Begriff nicht nur einen individuellen Statuswechsel, sondern bezieht sich auch auf die gesellschaftsstrukturelle Einbettung und institutionelle Rahmung eines solchen Übergangs. Statuspassagen – so Heinz – „link institutions and actors …. On the micro level status passages are constructed by biographical actors …. On the macro level status passages refer to institutional resources and guidelines for life course transitions" (1996, S. 58 f.). Während also das *transition*-Konzept allein auf der Mikroebene individuellen Handelns angesiedelt ist, bezieht sich der Statuspassagen-Begriff des Sfb 186 sowohl darauf als auch auf die Makroebene gesellschaftlicher Strukturen.
>
> - Was meinen Sie ist sinnvoller: die beiden Ebenen bzw. individuelle Übergänge und gesellschaftliche Übergangsstrukturen analytisch getrennt zu halten oder sie in einem Begriff (Statuspassage) zusammenzuziehen? Welche Vor- und Nachteile sehen Sie jeweils?

Elders *trajectory*-Konzept ist schon auf den ersten Blick unklar und nur vage definiert. Was unter einem *trajectory* zu verstehen ist, bestimmt er nämlich eher en passant im Kontext einer Äußerung zum in der Soziologie von Beginn an etablierten Begriff „Karriere" *(career*[28]*)*, dessen sämtliche Verwendungen „all … fall within the more inclusive definition of a life trajectory, a pathway defined by the aging process or by movement across the age structure" (1985, S. 31). Zunächst sei, um ein mögliches Missverständnis zu vermeiden, klargestellt, dass die von Elder zur Bestimmung eines Trajekts herangezogene „Pfad"-Umschreibung

---

[28]Der Karriere-Begriff wurde schon von der *Chicago School* – im Rahmen ihres *life history approach* – in ihren Untersuchungen (im weitesten Sinn) abweichenden Verhaltens verwendet, wie schon der Titel von Shaws Studie über „The natural history of a delinquent career" (1931) zeigt; erst gegen Ende der 1950er Jahre setzte sich der primäre Bezug des Karriere-Begriffs auf den Arbeits- und Berufsbereich durch (Barley 1989).

nicht mit dem im vorigen Absatz erwähnten Begriff „social pathway" identisch ist. Dieser bezeichnet gesellschaftsstrukturell vorgestanzte Verlaufspfade, ist also ein makrosoziologisches Konzept; Elders Beschreibung eines Trajekts als eines „Pfads" *(pathway)* hingegen ist mikrosoziologisch aus der Akteursperspektive der ihre Leben lebenden Individuen gedacht. Dieses mikrosoziologische Begriffsverständnis wird klar, wenn Elder methodisch erläutert, dass „life trajectories can be charted by linking states across successive years, the states of employment, for example" (ebd.). Das *trajectory*-Konzept bezeichnet auch nicht einen Lebenslauf in seiner Gesamtheit. Vielmehr begreift Elder den Lebenslauf insgesamt als aus einer ganzen Reihe von Trajekten bestehend: ein Lebenslauf „entails multiple, interlocking trajectories" (ebd., S. 45), z. B. ein Bildungs-, Erwerbstätigkeits-, Familientrajekt, etc. Ein Trajekt bezeichnet also sich über einen längeren Zeitraum erstreckende Lebenslaufdynamiken in einem bestimmten Bereich des Lebens; so stellt z. B. das Berufstrajekt den beruflichen Verlauf bzw. die beruflichen Veränderungen im Lebenslauf eines Individuums dar. Trajekte stellen bereichsspezifische „Teil-Lebensläufe" im Gesamtlebenslauf eines Individuums dar.[29] Die weitaus meisten Trajekte sind jedoch nicht nur bereichsspezifische, sondern in doppeltem Sinn: inhaltlich und auch zeitlich begrenzte „Teil-Lebensläufe". So bezieht sich z. B. das Berufs- oder Heiratstrajekt eines Individuums nicht auf dessen gesamte Lebensspanne. Dieser Aspekt der zeitlichen Abgrenzung eines Trajekts wird später noch aufgegriffen; hier geht es zunächst nur um die Bereichsspezifik bzw. inhaltliche Abgrenzung eines Trajekts.

Eine erste theoretische Widersprüchlichkeit der Ausführungen Elders resultiert schon aus seiner beiläufig-metaphorischen Bestimmung des *trajectory* als eines durch den Prozess des Alterns definierten Pfads: dieser Alternsprozess differenziert als solcher, allein aus sich heraus, nämlich keine inhaltlich spezifischen (und auch keine zeitlich begrenzten) „Teil-Lebensläufe" aus. Der Prozess des Alterns eines Individuums produziert keine unterschiedlichen Trajekte – allein aus dem Altern der Individuen resultieren nur deren Gesamtlebensläufe von der Geburt bis zum Tod. Das heißt: die Vorstellung Elders, der zufolge der Lebenslauf eines Individuums aus einer ganzen Reihe von mehr oder weniger interdependenten Trajekten besteht, ist mit seiner Definition des Trajekts als eines durch den Prozess des Alterns konstituierten Pfads nicht kompatibel und sein Verständnis des *trajectory*-Konzepts damit schon in sich widersprüchlich – eine theoretische

---

[29]Dass die diversen Trajekte, die einen Lebenslauf ausmachen, mehr oder weniger miteinander verschränkt sind, ist in den vorangegangenen Kapiteln deutlich geworden und muss hier nicht mehr erläutert werden.

6.2 Analytische Konzepte der Lebenslaufforschung

Ungereimtheit, die von der Lebenslaufforschung nicht wahrgenommen (oder einfach ignoriert) worden ist.

Formal ist – so Elder – jedes Trajekt „marked by a sequence of life events and transitions" (ebd., S. 31), also jener mehr oder weniger abrupten Statuswechsel im Leben des Individuums. So könnte z. B. ein Heiratstrajekt aus der Statuswechselabfolge „ledig → verheiratet → geschieden → *living apart together* → wiederverheiratet → verwitwet" bestehen. Wenn nun – wie Elder bestimmt – ein Trajekt aus einer Abfolge von Ereignissen und Übergängen besteht, diese also konstitutiv für Trajekte sind, kommt dem *transition*-Konzept konstitutionslogische Priorität gegenüber dem – dann sekundären, abgeleiteten – *trajectory*-Konzept zu. Die Lebenslaufforschung benötigt dann theoretische Vorstellungen, wie Ereignisse und Übergänge sich zu einem Trajekt formieren bzw. zusammengefügt werden. Entsprechende lebenslauftheoretische Überlegungen zur Konstitution von Trajekten bleibt Elder allerdings schuldig. Mehr noch: Elders weitere Ausführungen zu Trajekten führen zu einem theoretischen Widerspruch hinsichtlich des forschungslogischen Verhältnisses seiner beiden analytischen Grundkonzepte. Er behauptet nämlich auch, dass „transitions are always embedded in trajectories that give them distinctive form and meaning" (ebd.). Das ist unmittelbar einleuchtend: so macht es z. B. einen erheblichen Unterschied, ob eine verheiratete 30jährige Frau oder aber ein 15jähriges Mädchen Mutter wird oder ob jemand zum ersten oder zum vierten Mal heiratet oder als 55jähriger oder 25jähriger arbeitslos wird. Wenn aber – wie Elder behauptet – Ereignisse und Übergänge ihre distinkte Form und Bedeutung erst durch das Trajekt, in das sie eingebettet sind, erhalten, impliziert diese Aussage konstitutionslogisch eine Priorität des *trajectory*-Konzepts gegenüber dem *transition*-Konzept. Insofern steckt in Elders Ausführungen zu seinen beiden lebenslaufanalytischen Grundkonzepten eine konzeptionelle Widersprüchlichkeit hinsichtlich der forschungslogischen Beziehung zwischen *trajectory* und *transition*.[30]

> Elders zuletzt zitierte Aussage verweist – wie gerade gesagt (und wie auch Mayers ebenfalls theoretisch nicht weiter ausgearbeitete Rede vom Lebenslauf als endogenem Kausalzusammenhang) – auf eine empirische

---

[30]Was Elder nicht bewusst zu sein scheint (jedenfalls gibt es in seinen Arbeiten keine Anzeichen dafür) – und weil die Lebenslaufforschung seine Konzepte einfach, d. h. unkritisch übernommen hat, ist auch dieses lebenslauftheoretische Problem bis heute auch so gut wie nicht thematisiert worden.

und forschungslogische Priorität des *trajectory* gegenüber *life events* und *transitions*.

- Wie denken Sie mit Blick auf die empirische Ebene realer individueller Lebensläufe darüber?
- Diskutieren Sie, ob dem *trajectory*-Konzept mit seiner (tendenziell) holistischen Analyseperspektive forschungslogische Priorität, d. h. größere analytische Relevanz zukommt als dem *transition*-Konzept und warum bzw. warum nicht.

Aus Elders zuletzt zitierter Äußerung resultiert ein weiteres lebenslauftheoretisches Problem. Um nämlich Übergängen eine distinkte Form und Bedeutung verleihen zu können, müssen Trajekte selbst eine je distinkte Form und Bedeutung haben – und muss folglich geklärt werden, worin diese besteht und wie sie entsteht. Zu dieser lebenslauftheoretisch zentralen Frage finden sich bei Elder allerdings keine weiteren Ausführungen (wie auch schon im Fall der konstitutionslogischen Priorität des *transition*-Konzepts). Die – theoretisch auf die unkritische Übernahme der *life course principles* und analytischen Grundkonzepte Elders beschränkte – empirische Lebenslaufforschung verwendet das Trajekt-Konzept ganz pragmatisch. Welche Ereignisse und Übergänge im Leben eines Individuums (in ihrer Aufeinanderfolge) als „Trajekt" definiert und behandelt werden, hängt von der jeweiligen Forschungsfrage ab. In Abhängigkeit davon bestimmt der Forscher aus dem Gesamt der *life events* und *transitions* im Leben eines Individuums eine Teilmenge: nämlich die Ereignisse und Übergänge, die dieses in dem für die Fragestellung der empirischen Studie relevanten Lebensbereich erfährt. Sind z. B. die *life events* und *transitions* der Individuen im Lebensbereich „Bildung" von Interesse, ist die Rede von einem Bildungstrajekt; geht es um Veränderungen der Gesundheitsstatus im Leben eines Individuums, wird von einem Gesundheitstrajekt gesprochen. Im Prinzip kann jeder soziologisch sinnvoll abgrenzbare Lebensbereich, oder genauer gesagt: die Abfolge der Ereignisse und Übergänge eines Individuums darin, als Trajekt definiert werden: so kann man z. B. Bildungs-, Gesundheits-, Heirats-, Erwerbstätigkeits-, Einkommens-, Berufs-, Betriebs-, Familien- oder Wohntrajekte, etc. definieren und analysieren. Welche – und wie viele – Trajekte den Gesamtlebenslauf eines Individuums ausmachen, ist nicht generell bzw. a priori zu bestimmen, sondern variiert individuell. In Bezug auf jemanden, der z. B. sein ganzes Leben lang in derselben Wohnung wohnt(e), kann man nicht sinnvoll von einem *housing-trajectory* reden; von einem

6.2 Analytische Konzepte der Lebenslaufforschung

Heiratstrajekt kann, streng genommen, nur mit Blick auf Personen gesprochen werden, die zumindest einmal geheiratet haben. Allerdings werden unter einem Heiratstrajekt häufig nicht nur die ehelichen Beziehungen eines Individuums verstanden, sondern auch dessen nicht-eheliche Partnerschaften darunter subsumiert. Deshalb muss jede empirische Arbeit zu diesem Lebensbereich klar machen und begründen, ob und selbstverständlich: warum sie zwischen einem „Heirats-" und „Partnerschaftstrajekt" unterscheidet oder ob diese Bezeichnungen als bedeutungsäquivalent aufgefasst und nur aus Gründen stilistischer Abwechslung verwendet werden (Gleiches gilt z. B. auch im Hinblick auf das Berufs- oder Erwerbstätigkeitstrajekt oder für das Einkommens- und Vermögenstrajekt).

Es wurde bereits gesagt, dass Trajekte nicht nur inhaltlich, d. h. auf je spezifische Lebensbereiche bezogene, sondern in den allermeisten Fällen auch zeitlich begrenzte „Teil-Lebensläufe" darstellen (wie z. B. das Berufs- oder Heiratstrajekt verdeutlichen). Dass die weitaus meisten Trajekte nicht die gesamte Lebensspanne umfassen, sondern zeitlich begrenzt sind, ist offenkundig. Interessant wird die Frage der zeitlichen Abgrenzung eines Trajekts aber, wenn sie sich auf die (Abfolge der) *life events* und *transitions* der Individuen innerhalb eines spezifischen Lebensbereichs richtet. Wenn man also fragt, ob die längerfristigen Lebenslaufdynamiken in einem inhaltlich abgegrenzten Lebensbereich durch ein, d. h. nur und genau ein Trajekt erfasst und repräsentiert werden. Gibt es für jeden inhaltlich abgegrenzten „Teil-Lebenslauf" eines Individuums nur ein einziges Trajekt – oder sind innerhalb dieser spezifischen Lebensbereiche mehrere Trajekte möglich? Die Frage soll anhand zweier fiktiver Beispiele, einem Familien- und einem Erwerbstätigkeitstrajekt, erörtert werden.

Der 1960 geborene Sven heiratet, nachdem er seine Ausbildung zum Zahntechniker abgeschlossen und eine Stelle im ortsansässigen Dentallabor angetreten hat, 1987 seine gleichaltrige Jugendliebe Martina; im Jahr darauf kommt ihre erste, wieder ein Jahr später die zweite Tochter zur Welt; seit 1995 beginnt es – aus welchen Gründen auch immer – in Svens und Martinas Ehe immer stärker zu kriseln; 2003 trennen die beiden sich schließlich; ein Jahr später zieht Sven mit der zehn Jahre jüngeren Marie zusammen, mit der er vor seiner Scheidung eine kurze Affäre hatte; als Marie 2005 schwanger wird, heiraten die beiden, ein Jahr später bekommen sie ein zweites Kind; Svens und Maries Ehe hat bis heute Bestand. Soweit das Beispiel. Die Frage ist, ob angesichts dieser Ereignis- und Übergangsabfolge mit Blick auf Sven von nur einem Familientrajekt zu sprechen ist – oder aber ob diese Abfolge von *life events* und *transitions* zwei Familientrajekte in Svens Leben repräsentiert.

Dasselbe Problem stellt sich z. B. auch bei Erwerbstätigkeitstrajekten. Offenkundig ist das bei einem radikalen Tätigkeitswechsel: wenn z. B. eine Sozialpädagogin, die über viele Jahre an einer Brennpunktschule gearbeitet hat, diese Stelle bzw. ihren Beruf – warum auch immer – aufgibt und ihren Lebensunterhalt danach als z. B. Physiotherapeutin, Yogalehrerin oder Pferdewirtin verdient. Aber auch bei nicht derart radikalen Tätigkeitsveränderungen im Erwerbsleben stellt sich die Frage, ob diese unter einem oder aber mehr als nur einem Erwerbstätigkeitstrajekt gefasst werden (sollten). Dazu folgendes Beispiel: Frau Meyer (geb. 1950) tritt – nach Abschluss ihres Lehramtsstudiums „Deutsch/Geschichte für Sekundarstufe II" – 1975 eine Stelle als Lehrerin an einer der damals noch neuen Gesamtschulen an; 1988 wird sie dort stellvertretende Schulleiterin; sechs Jahre später erhält sie eine Anfrage aus dem Kultusministerium, ob sie Interesse habe, die Leitung des Referats „Qualitätsentwicklung" in der Kultusbehörde zu übernehmen – ein Angebot, das Frau Meyer 1995 annimmt; als Referatsleiterin verantwortet sie aber nicht nur die Qualitätsentwicklung der Schulen, sondern betreibt daneben die Einrichtung eines Referats „Inklusion", dessen Leitung sie 2000 übernimmt; vier Jahre später verlässt Frau Meyer – warum auch immer – die Kultusbehörde und macht sich, mit 54 Jahren, als Organisationsberaterin (Fokus „Change Management in Bildungseinrichtungen") selbstständig; diese Tätigkeit übt sie aus, bis eine Krankheit sie 2016 arbeitsunfähig macht. Die Frage ist, ob diese Tätigkeiten von Frau Meyer angemessen im Sinn nur eines Erwerbstätigkeitstrajekts zu fassen sind – oder ob es „angemessener" wäre, in deren Abfolge doch mehr als nur ein Erwerbstätigkeitstrajekt zu sehen.

> Was meinen Sie: gibt es für jeden inhaltlich abgegrenzten „Teil-Lebenslauf" eines Individuums nur ein einziges Trajekt oder kann es innerhalb eines solch spezifischen Lebensbereichs auch mehrere Trajekte geben? Diskutieren Sie die Gründe für bzw. gegen die beiden Positionen.

Wenn man Letzteres bejaht und – allgemein gesprochen – davon ausgeht, dass die Abfolge der *life events* und *transitions* innerhalb eines inhaltlich abgegrenzten „Teil-Lebenslaufs" eines Individuums nicht immer nur ein Trajekt darstellt bzw. als ein einziges Trajekt zu fassen ist, sondern dass die Abfolge der Ereignisse und Übergänge in einem spezifischen Lebensbereich durchaus auch zwei oder mehr Trajekte formieren kann, stellt sich lebenslauftheoretisch die Frage nach dem Anfang und Ende eines Trajekts. Genauer – weil der Beginn des ersten Trajekts unproblematisch ist (in den beiden Beispielen wäre das Svens Heirat 1987 bzw. Frau Meyers Stellenantritt 1975) –: das Problem, das Ende eines Trajekts (und damit der Anfang eines neuen Trajekts) zu bestimmen. Im Hinblick auf diese Frage gewinnt – worauf schon zu Beginn des Unterkapitels hingewiesen wurde – das Konzept des *turning point* (Wendepunkt) analytische

6.2 Analytische Konzepte der Lebenslaufforschung

und lebenslauftheoretische Relevanz. Elder erwähnt das *turning point*-Konzept kurz im Rahmen einiger Bemerkungen über den (endogenen Kausal-) Zusammenhang zeitlich weit auseinanderliegender *life events* und *transitions* im Leben: „Another way of phrasing such interconnections over the life course is to say that events and transitions modify life trajectories. Some events are important turning points in life – they redirect paths" (ebd., S. 35). Wie aber lassen sich die „lifetime effects of ordinary events and turning points" (ebd.) erfassen, also „normale" *life events* und *transitions* von Wendepunkten unterscheiden? Dazu sagt Elder nur, dass neben den biographischen Ressourcen, Erfahrungen und Plänen des Individuums *(agency)* und der strukturellen Einbettung bzw. Definition der Situation *(structure)* auch „the nature of the event or transition" (ebd.) in Betracht zu ziehen sei. Auf die dann zentrale Frage, welche immanenten Eigenschaften *life events* und *transitions* haben müssen, um nicht nur „ordinary", also „normale" Ereignisse und Übergänge im Leben zu repräsentieren, sondern als richtungsändernde *turning points* fungieren und gelten zu können, gibt Elder keine Antwort.

Ereignisse bzw. Übergänge anhand einer immanenten Qualität als *turning point* klassifizieren und identifizieren zu wollen, dürfte aber auch ein vergebliches Unterfangen sein. Zu Recht haben Hareven und Masaoka schon früh betont, dass „all transitions are potential turning points" (1988, S. 274), d. h. jedes Ereignis und jeder Übergang kann ein Wendepunkt sein, muss es aber nicht. Dass es keine Ereignisse oder Übergänge gibt, die per se Wendepunkte wären, zeigt schon ein kurzer Blick auf empirische Studien: ob dramatisch oder unscheinbar, positiv oder negativ, selbst initiiert oder extern induziert, erwartbar oder unerwartet, abrupt oder allmählich, etc. – das eine Mal sind entsprechende *life events* und *transitions* ein Wendepunkt, ein andermal nicht.[31] Dieser empirische Sachverhalt hat lebenslauftheoretisch zur Folge, dass „there is little agreement" (Settersten 1999, S. 139) über das, was einen *turning point* ausmacht und wie er zu definieren ist. Ein theoretisch bedeutsamer Unterschied besteht zwischen den diversen Auffassungen über das Wendepunkt-Konzept dahin gehend, ob dieses auf der Ebene der biographischen Erfahrungen eines Individuums oder auf der Ebene der „äußeren" Verlaufsgestalt seines Lebens angesiedelt ist. Oder anders gesagt: ob das *turning point*-Konzept auf die „subjektive" Lebensgeschichte des Individuums oder auf dessen „objektiven" Lebensverlauf referiert.

---

[31] S. neben Hareven und Masaoka 1988 z. B. Elder 1986; Clausen 1995; Rutter 1996; Sampson und Laub 1993, 1996; Wheaton und Gotlib 1997; Uggen 2000; Roos 2002; Wethington et al. 2003.

Das lebensgeschichtliche *turning point*-Verständnis verankert Wendepunkte in einer identitätstheoretischen Perspektive: Wendepunkte markieren Transformationen des Selbst, der Identität eines Individuums.[32] Diese konzeptionelle Grundierung ist schon Ende der 1950er Jahre bei Strauss zu finden, der Wendepunkte definiert als „critical incidents that ... force a person to recognize that ‚I am not the same person as I was, as I used to be'" (1959, S. 93). Die Existenz eines *turning point* ist in diesem Verständnis unabdingbar an die Erfahrung und Deutung biographischer (Dis-)Kontinuitäten durch das Individuum selbst geknüpft: jenseits des selbstreflexiv-biographischen Bewusstseins eines Individuums, unabhängig davon, gibt es keine *turning points*. Methodisch heißt das, dass Wendepunkte im Rahmen und anhand der Lebensgeschichte eines Individuums zu erfassen sind. Prototypisch dafür steht der *life story approach*[33], dem zufolge „identity formation ... is largely about formulating a story for one's life ... that selectively reconstructs the past and imagines the future as an integrated temporal whole, to provide life with meaning" (McAdams 2005, S. 243). Wendepunkte fungieren in einer solch lebensgeschichtlichen Narration als quasi „kausales" Scharnier oder Verbindungsstück zwischen divergenten Ereignissen, Übergängen und Trajekten im Leben. Sie dienen der Herstellung eine gewissen narrativen und das bedeutet: lebensgeschichtlichen Kohärenz[34] (und sind insofern biographisch kontinuitäts- und identitätsstiftend). Die folgenden vier Anmerkungen sind nicht im Sinn einer ablehnenden Kritik des lebensgeschichtlichen *turning point*-Konzepts zu verstehen: biographisch bzw. identitätstheoretisch konzipierte Wendepunkte stellen sehr wohl einen interessanten Objektbereich in der Lebenslaufforschung dar, der Relevanz und eigenständige Berechtigung hat.

Die erste Bemerkung referiert darauf, dass die *life story* eines Individuums prinzipiell keine definitive Version hat, sondern einem fortlaufenden (Re-)Konstruktionsprozess unterliegt. Jedes Individuum macht permanent neue biographische Erfahrungen und Pläne, die es in seine *life story* einarbeitet – und dabei verändert es diese fortlaufend. Die Individuen erzählen über die

---

[32]Was erklärt, dass dieses *turning point*-Verständnis grundlegend und vorherrschend in einschlägigen Studien der *life span development*- und Entwicklungspsychologie ist.

[33]S. dazu Bertaux 1981; Harrison 2009; Goodson 2016. Die Rede vom *life story approach* suggeriert einen Grad an konzeptioneller Einheitlichkeit, der bei dessen Vertretern nicht gegeben ist; der Begriff meint eher eine Forschungsperspektive, unter deren Dach diverse theoretische Akzentuierungen und methodische Ausprägungen zu finden sind.

[34]Man bedenke aber Geertz bekannte Warnung, dass „there is nothing so coherent as a paranoid's delusion or a swindler's story" (1973, S. 18).

6.2 Analytische Konzepte der Lebenslaufforschung

Lebensspanne immer wieder neue (meist nur leicht, manchmal aber auch deutlich revidierte) Versionen ihrer Lebensgeschichten. Worum es hier geht, ist, dass sich die biographische Bedeutung eines *turning points* je nach der erzählten *life story*-Version ändern kann: das Individuum mag eine Transition mit geringem zeitlichem Abstand als gravierenden Wendepunkt darstellen, zwanzig Jahre später davon aber nur noch im Sinn einer marginalen Unterbrechung oder Abweichung innerhalb eines Trajekts erzählen.[35] Eine zweite Anmerkung betrifft den Sachverhalt, dass Befragte oft erwartbare (z. B. Auszug aus dem Elternhaus, Heirat) oder sogar gesellschaftsstrukturell, vor allem institutionell vorprogrammierte Transitionen (z. B. Ausbildungsabschluss, Berufseintritt, Verrentung) als *turning point* bezeichnen. Das ist insofern verständlich, als mit solchen Statuswechseln ein Wandel im Selbstbild des Individuums, das für die Narration seiner *life story* auf die in der Gesellschaft kulturell gegebenen Erzähl- und Deutungsschemata zurückgreift, einhergeht.[36] Allerdings verliert dabei der Wendepunkt (bzw. das *turning point*-Konzept) seine Distinktheit gegenüber „normalen" *life events* und *transitions*. Eine weitere Anmerkung hängt mit dem gerade Gesagten zusammen. Oft werden in lebensgeschichtlichen Narrationen „nicht-normale" Ereignisse und Übergänge (z. B. der Unfall eines Freundes, eine spirituelle Erfahrung, der Aufenthalt in einer fremden Kultur) erst – und nur – dann als biographische Wendepunkte genannt, wenn dem befragten Individuum viel Raum für detaillierte Erzählungen gegeben wird oder der Forscher intensiv nachfragt. Hier sind empirische Studien in der Gefahr, das Individuum zu einer übermäßigen Benennung lebensgeschichtlich (schein-)relevanter *turning points* zu motivieren, methodisch also Wendepunkt-Artefakte zu produzieren. Die vierte und letzte Bemerkung bezieht sich darauf, dass im lebensgeschichtlichen *turning point*-Verständnis auch Ereignisse und Übergänge als Wendepunkt gelten können, die entgegen der gängigen Semantik des Wortes keine biographische Diskontinuität markieren. Im Gegenteil: „sometimes continuity accentuated is seen as a turning point" (Clausen

---

[35] Was – dies sei hier betont – nicht im Sinne eines retrospektiven Erinnerungsfehlers zu verstehen ist: solche Bias kann es im Rahmen des *life story approach* (anders als in retrospektiven Erhebungen von Lebensverlaufsdaten; Reimer 2003) gar nicht geben.

[36] Um das zu illustrieren: die verbreitete (vor allem bei Abiturfeiern strapazierte) Redensart vom „Ernst des Lebens", der – je nach Anlass der Rede – mit der Einschulung oder dem Studienbeginn oder dem Berufseintritt anfängt, legt dem Individuum nahe, sein Selbstbild der neuartigen Rolle und Lebensphase, die die entsprechende Transition markiert, anzupassen – und diese biographische Veränderung ist der Grund dafür, dass der mit dem Schul-, Studien- oder Berufseintritt verbundene Statuswechsel vom Individuen auch als lebensgeschichtlicher Wendepunkt erfahren und dargestellt wird.

1995, S. 369). Auch wenn das in dieser Wendepunkt-Konzeption schlüssig ist[37] – vielleicht wäre es besser, im Hinblick auf solche *life events* und *transitions* statt von Wendepunkten bzw. *turning points* von (sowohl eine Kontinuität als auch Veränderungen konnotierenden) „Fortentwicklungs-Punkten" bzw. „advancing points" zu sprechen.

Das auf die „äußere" Verlaufsgestalt des Lebens bezogene Wendepunkt-Verständnis behält die gängige Semantik des Wortes bei: „What defines a turning point as such is the fact that" – so fasst Abbott, der wohl die avanciertesten Überlegungen zu diesem Konzept[38] formuliert hat, seine Erörterung der logischen und formalen Charakteristika von Wendepunkten definitorisch zusammen – „the turn that takes place within it contrasts with a relative straightness outside (both before and after). Thus, ... what matters is the separation of relatively smooth patterns by a turn that is by comparison abrupt" (1997, S. 89). Abbotts Definition macht klar, dass zwischen einem Wendepunkt und dem vorangehenden wie auch nachfolgenden Verlaufsmuster, d. h.: Trajekt, ein konstitutiver bzw. logischer Zusammenhang besteht.[39] Aus eben diesem Grund sind die beiden analytischen Grundkonzepte Elders – *transition* und *trajectory* – nicht nur unter einer empirisch-pragmatischen Perspektive (wie am fiktiven Beispiel von Svens Familien- und Frau Meyers Erwerbstätigkeitstrajekt illustriert), sondern vielmehr theoretisch zwingend um das *turning point*-Konzept zu ergänzen.

Im Unterschied zu jenem lebensgeschichtlichen Verständnis, in dem die Existenz von Wendpunkten im selbstreflexiv-biographischen Bewusstsein der Individuen verankert und davon abhängig ist, existieren *turning points* in Abbotts „objektivem" Verständnis unabhängig von lebensgeschichtlichen Interpretationsleistungen der Individuen. Sein auf „objektive" Lebensverläufe bezogenes

---

[37]Grundlegend ist – wie schon das Zitat von Strauss besagte – die identitätstheoretisch-biographische Erfahrung, nicht mehr dieselbe Person wie bisher zu sein – für das Individuum ist keine biographische Diskontinuität im Sinn einer Richtungsänderung seines Lebens(laufs) erforderlich „to feel that a turning point has occurred. But one must have a feeling that new meanings have been acquired, whether or not life experiences are much changed" (Clausen 1995, S. 371).

[38]Abbott thematisiert *turning points* nicht nur in lebenslauftheoretischer Perspektive, sondern in ihrer allgemein-soziologischen und sozialtheoretischen Relevanz; die Lebenslaufliteratur dient ihm nur als Aufhänger für seine Überlegungen.

[39]So auch Wheaton und Gotlib: „Indeed, the essential characteristic of a turning point is that it changes the direction of a trajectory. The concepts of trajectories and turning points require each other in order to be understood" (1997, S. 1).

6.2 Analytische Konzepte der Lebenslaufforschung

turning point-Konzept ist struktutaler Art – Wendepunkte haben einen „social structural character" (ebd., S. 93). Dieses Verständnis bestreitet weder die Relevanz biographischer Erfahrungen und Deutungen von Wendepunkten noch die Tatsache und Notwendigkeit, dass *turning points* überhaupt erst mikrosoziologisch durch das Handeln der Individuen real werden. Es betont aber methodisch, dass *turning points* nicht anhand der lebensgeschichtlichen Narrationen der Individuen selbst zu identifizieren sind. Wie aber können in Abbotts „objektivem" bzw. strukturalem *turning point*-Verständnis Wendepunkte identifiziert und damit das Ende eines alten und der Anfang eines neuen Trajekts festgestellt werden?

Wie der erste Teil dieses Terminus sagt, geht es um einen „turn", d. h.: die durch einen Wendepunkt separierten Trajekte „differ in direction ... or in nature (one is ‚trajectory-like', the other is random)" (ebd., S. 94). Dass eine solche Richtungsänderung[40] im Lebensverlauf stattgefunden hat, lässt sich aber erst nach Ablauf einer gewissen Zeit feststellen. Ob ein Ereignis bzw. Übergang bloß eine marginale Abweichung innerhalb eines Trajekts darstellt oder aber die Verlaufsrichtung dieses Trajekts ändert, also einen Wendepunkt darstellt, ist in dem Augenblick, in dem das Ereignis bzw. der Übergang stattfindet, nicht zu bestimmen – das ist in diesem Moment logisch unmöglich zu sagen „since it is the arrival and establishment of a new trajectory ... that defines the turning point itself" (ebd., S. 95). Ein Wendepunkt kann prinzipiell und immer nur retrospektiv bestimmt werden: erst, nachdem eine Richtungsänderung im Lebensverlauf erkennbar geworden ist. Der Sachverhalt, dass ein Wendepunkt das ihm vorangehende von einem ihm nachfolgenden Trajekt separiert, also zwischen zwei Trajekten liegt, impliziert ein weiteres Charakteristikum: *turning points* weisen zwei zeitliche Bezugspunkte (zum vorangehenden und zum nachfolgenden Trajekt) auf. Indem sie sowohl auf die Vergangenheit als auch auf die Zukunft referieren, verknüpfen *turning points* Vergangenheit, Gegenwart und Zukunft. Sie separieren Trajekte und verketten sie gleichzeitig. Die beiden genannten Wendepunkt-Charakteristika verbindet Abbott in der anschaulichen Äußerung, dass, „if ...turning points could be identified merely with reference to the past and the immediate present, algorithms locating turning points could beat the stock mar-

---

[40]Die Differenz „in nature" zwischen vorangehendem und nachfolgendem Trajekt wird hier – weil der hier interessierende Aspekt sprachlich dann einfacher und platzsparender darzustellen ist – mit unter den Begriff der Richtungsänderung subsumiert. Das ist durchaus gerechtfertigt, weil Abbot damit entweder den „turn" von einem stabilen Verlaufsmuster zu zufälligen Ereignis- und Übergangsabfolgen – in diesem Fall spricht er von einem „randomizing turning point" (1997, S. 94) – oder aber die umgekehrte Wende – in diesem Fall spricht er von einem „focal turning point" (ebd.) – meint.

ket. It is precisely the ‚hindsight' character of turning points – their definition in terms of future as well as past and present – that forbids this" (ebd., S. 89).

Eine letzte, besonders wichtige Eigenschaft eines Wendepunkts ist, dass dieser (anders als der zweite Teil des Terminus irreführend suggeriert) nicht punktuell, sondern prozessual zu denken ist: „turning points in fact have extension in time" (ebd., S. 96).[41] Empirisch ist der Sachverhalt, dass ein Wendepunkt letztlich kein ausdehnungsloser Zeitpunkt ist, sondern eine gewisse zeitliche Dauer hat, leicht einzusehen: man stelle sich z. B. eine Person vor, die (beseelt von der Idee der Weltverbesserung) ein Soziologiestudium aufnahm, ihr mehrmonatiges Pflichtpraktikum in einem sozialen Projekt in einem Entwicklungsland machte, dabei bemerkte, dass Ingenieure die Welt stärker verändern als Soziologen, das Soziologiestudium aufgab und fortan „Maschinenbau" studierte und erfolgreich abschloss. Ein *turning point* in diesem Verlaufsbeispiel wäre (nur) einfach zu bestimmen, wenn man jener irreführenden punktuellen Konnotation folgt: das wäre dann schlicht das Datum des Fachwechsels. Aber – war das wirklich der Wendepunkt für den Studienverlauf dieser Person? Kann man deren Fachwechsel ursächlich überhaupt auf einen Zeitpunkt, also auf einen bestimmten Augenblick während des Praktikums zurückführen? Oder ist es nicht vielmehr eine ganze Reihe von (Erfahrungs-)Momenten oder gar die Gesamtheit aller während des Praktikums gemachten Erfahrungen, die dazu geführt haben?[42] Dass die Frage nach dem „turn", der zwei Trajekte trennt, nicht einfach zu beantworten ist, hat einen einfachen Grund: *turning points* sind faktisch eben keine auf einen

---

[41]Denn: „Indeed, if we follow a causal theory of the social world, of whatever sort, it seems necessary to believe in this duration. Without it, we would have to assume that the social process sometimes took on new directions instantaneously. But then, there would be no source, in some sense, for change. It would simply arise de novo" (ebd., S. 96).

Abbott sieht sehr wohl, dass sich dieses „Problem des Anfang" auch für prozessual gedachte Wendepunkte stellt: „this issue of instants actually arises even if we allow for turning points with finite duration. That beginning is either instantaneous or extended, and if extended, must have a beginning, and so forth. (...) The problem, again, is how it is that change begins. In particular, if turning points are the embodiment or extended process of change, how is it that they get started? This start must take place at a moment, and yet it would seem that given normal ideas about causality, an instant cannot see the production of enduring change" (ebd., S. 96 f.). Seine Überlegungen zur „Lösung" dieses generellen sozialtheoretischen Problems sind hier nicht weiter relevant.

[42]Eine vergleichbare Problematik zeigte sich schon in der fiktiven Liebesgeschichte Svenjas und Martins: die Frage nach dem Zeitpunkt, dem einen Moment, in dem sie ein Paar wurden, war nicht einfach bzw. nicht unabhängig vom jeweiligen Fragekontext zu beantworten, d. h. es gab nicht nur eine „objektive" Antwort darauf.

Augenblick zusammengeschrumpfte *life events* oder *transitions*, sondern vielmehr als Prozesse zu begreifen, denen eine gewisse zeitliche Dauer eignet. Auch wenn *turning points* vergleichsweise – nämlich in Relation zu den beiden durch sie separierten Trajekten – abrupt sind: sie besitzen eine zeitliche Dauer, haben einen Anfang und ein Ende.[43] Genau darin liegt die Problematik der Bestimmung eines Wendepunkts: „turning points – if extended – may have little trajectories in them. This fractal interpenetration will make identification difficult" (ebd., S. 103). Ob nun ein bestimmtes Ereignis oder ein spezifischer Übergang als Beginn eines *turning (point)*-Prozesses bzw. in dessen Anfangsphase zu verorten ist oder aber noch in der Endphase des vorangehenden Trajekts liegt – und ebenso: ob ein bestimmtes Ereignis oder ein spezifischer Übergang noch in der Endphase eines Wende(punkt)-Prozesses bzw. als dessen Ende zu verorten oder aber bereits in der Anfangsphase des nachfolgenden Trajekts liegt – ist logischerweise nur ex post feststellbar: erst, nachdem der gesamte *turning (point)*-Prozess abgeschlossen und eine neue Verlaufsrichtung etabliert und erkennbar geworden ist.

- Welche *turning points* hat es in Ihrem bisherigen Leben schon gegeben und welcher Art waren diese Wendpunkte?
- Reflektieren Sie die biographische und die soziale Bedeutung, die diese Wendepunkte hatten (oder noch haben).

Zwischen Wendepunkten und Trajekten besteht – darauf wurde schon hingewiesen – ein konstitutiver Zusammenhang. Oder anders gesagt: das *turning point*-Konzept und das *trajectory*-Konzept sind logisch nicht unabhängig voneinander, sondern bedingen sich theoretisch wechselseitig. Was bedeutet das skizzierte Wendepunkt-Verständnis für das (von Elder nur vage und vor allem: problematisch definierte) Trajekt-Konzept? Abbot definiert Wendepunkte als relativ abrupte „turns" zwischen relativ friktionslosen sowie geradlinigen Verlaufsmustern („relatively smooth patterns" einer jeweiligen „relative straightness"). Diese Verlaufsmuster bzw. Trajekte bestehen aus einer ganzen Reihe von *life*

---

[43]Selbstverständlich darf die zeitliche Dauer eines *turning point* nicht „überdehnt", d. h. so weit gefasst werden, dass der Unterschied zu sozialen Veränderungsprozessen, die über längere Zeiträume erfolgen, verschwimmt – eben darin besteht ja überhaupt der Sinn des Wendepunkt-Konzepts: „that is the point of having a concept of turning point, as opposed to simply one of change or causality or succession, all of which would cover a turning point of this extremely gradual kind" (ebd., S. 104).

events und *transitions*. Würden die diversen *life events* und *transitions* additiv einfach bloß beliebige, d. h. nur disparate und diskontinuierliche Ereignis- und Übergangsabfolgen darstellen, könnte von einem Verlaufsmuster bzw. Trajekt keine Rede sein. Um ein Trajekt zu formieren, müssen *life events* und *transitions* vielmehr eine doppelte Kontinuität (re-)produzieren: nämlich eine Entwicklungs- („smooth") wie auch eine – sich selbstverstärkende – Richtungskontinuität („straightness") aufbauen und aufrechterhalten. Diese doppelte Kontinuität ist für Trajekte fundamental, das sie bestimmende Charakteristikum. In prozessualer Perspektive kann man (statt von der Kontinuität) auch von der grundlegenden Trägheit eines Trajekts sprechen. Was ein Trajekt ausmacht, ist das ihm inhärente Trägheitsmoment: theoretisch entscheidend ist der „inertial, historicist character of the trajectories. These are life episodes with a capacity for self-regeneration and self-perpetuation. (…) What makes the trajectories trajectories is their inertial quality, their quality of enduring large amounts of minor variation without any appreciable change in overall direction" (ebd., S. 92 f.).

Woher kommt diese es definierende „inertial quality" des Trajekts? Was bewirkt seine Trägheit (bzw. doppelte Kontinuität)? Wie kommt es, dass *life events* und *transitions* nicht einfach bloß diskontinuierliche, disparate Ereignis- und Übergangsabfolgen bilden, sondern vielmehr eine Entwicklungs- und vor allem: Richtungskontinuität produzieren? Schon zu Beginn der Erörterung des *trajectory*-Konzepts wurde gesagt, dass die Lebenslaufforschung eine theoretische Vorstellung davon benötigt, wie *life events* und *transitions* sich zu Trajekten formieren bzw. formiert werden. Abbotts Antwort auf diese zentrale lebenslauftheoretische Frage ist – wie auch sein *turning point*-Konzept – strukturaler Art: als sich „selbst-regenerierende und selbst-perpetuierende" Lebenslaufepisoden sind Trajekte „widely programmed into our social institutions" (ebd., S. 92). Das ist z. B. im Blick auf das Bildungssystem evident: so ist etwa der gymnasiale Bildungsgang nach der Primarstufe eine solch institutionell vorprogrammierte Lebenslaufepisode, ebenso wie die berufliche Ausbildung im dualen System oder ein Hochschulstudium nach der Sekundarstufe I bzw. II. Auch die z. B. im öffentlichen Dienst oder in großen Betrieben gegebenen internen Arbeitsmärkte bzw. Karrierepfade verdeutlichen die gesellschaftsstrukturelle Vorprogrammierung von zeitlich begrenzten Teilen von Lebensläufen (ausführlich zu diesen sozialstrukturellen, insbesondere institutionellen, Präformierungen von Lebenslaufepisoden s. Abschn. 5.2). Schon bei der Erörterung des *transition*-Konzept wurde – diese abschließend – die Eingebettetheit der diversen *life events* und *transitions* in gesellschaftliche Kontexte betont (s. dazu auch schon die Ausführungen zur theoretischen Konzeption der Lebenslaufforschung bzw. zu einer substanziellen Definition des Begriffs „Lebenslauf" in Abschn. 2.2). Mit dieser sozialstruk-

6.2 Analytische Konzepte der Lebenslaufforschung

turellen Eingebettetheit von Ereignissen und Übergängen werden den Individuen bestimmte Anschlussoptionen für ihre Lebensläufe nahelegt, andere hingegen unwahrscheinlich gemacht, d. h. diese Eingebettetheit stellt – vor allem in der Form institutionell verankerter „social pathways" – eine Vorprogrammierung von Lebenslaufphasen dar, von der die Individuen nur schwer, unter erheblichen individuellen Anstrengungen und Kosten, abweichen können. Die Trajekte charakterisierende Trägheit resultiert aus eben dieser gesellschaftlichen Eingebettetheit der sie konstituierenden *life events* und *transitions* bzw. der damit einhergehenden sozialstrukturellen Präformierung von Lebenslaufphasen.

Diese sozialstrukturelle Eingebettetheit der *life events* und *transitions,* gerade in der Form institutionell vorgestanzter „social pathways", präformiert zwar den Lebenslauf eines Individuums – allerdings nicht im Sinn einer deterministischen Verkettung von Ereignissen und Übergängen zu Trajekten. Trajekte formieren sich vielmehr – so die theoretische Grundannahme der Lebenslaufforschung (s. Abschn. 2.2.2) – in einem immer kontingenten Prozess eines komplexen *structure-agency*-Zusammenspiel über die Zeit: indem die Individuen unter jeweils gegebenen sozialstrukturellen Rahmenbedingungen, vor allem im Rahmen vorgestanzter „social pathways", bestimmte *life events* und *transitions* (aktiv) herbeiführen und (passiv) erfahren, wobei deren „Verknüpfung" – ob nun anfangs biographisch geplant oder durch strukturelle *constraints* aufgenötigt – über die Zeit eine sich selbstverstärkende Pfadabhängigkeit (bzw. Richtungskontinuität) erzeugt.[44] Diese zeitlich parallelen, sukzessiven und sich teilweise überlappenden Trajekte wiederum verknüpft das Individuum – dabei wieder zwischen den Polen biographischer Selbststeuerung bzw. aktiver Gestaltung des eigenen Lebens einerseits und bloßem Reagieren auf und eher passivem „Prozediert-Werden" durch externe Faktoren andererseits changierend – zur spezifischen Gesamtheit seines Lebenslaufs. Dieser spielt sich weitgehend in Trajekten ab, d. h. das Leben eines Individuums verläuft zumeist in relativ stabilen, stetigen Bahnen. Gelegentlich jedoch sieht das Individuum sich durch biographisch motivierte oder extern

---

[44]Es ist wichtig, stets im Auge zu behalten, dass diese Pfadabhängigkeit bzw. Richtungskontinuität zu jedem Zeitpunkt kontingent ist, weil der Begriff „Trajekt" in seiner alltagssprachlichen Verwendung die Flugbahn eines Geschosses bezeichnet – würde man dieses aus der Ballistik kommende Verständnis auf die Lebenslaufforschung übertragen, wären Trajekte durch ein verlaufsprägendes Anfangsmoment bestimmt. Diese deterministische Vorstellung ist mit der theoretischen Grundannahme der Lebenslaufforschung nicht zu vereinbaren (s. auch die kritische Erörterung der Annahme einer Individuen lebenslang prägenden „formativen Phase" im Kohorten- und Generationsansatz in Kap. 4).

induzierte *turning points* gezwungen, seine gewohnte Bahn (bzw. sein gewohntes Trajekt) zu verlassen und „leap to a new steady trajectory" (ebd.).[45]

Soweit zu den – nicht nur zwei, sondern – drei analytischen Grundkonzepten der Lebenslaufforschung, mit deren präsentierter Erörterung das Kapitel zur Lebenslaufforschung als einer konzeptionellen Perspektive abgeschlossen ist.

> Im Zusammenhang mit seinem strukturalen Verständnis des *trajectory-* und *turning point*-Konzepts hat Abbott auf eine interessante methodische und theoretische Konsequenz hingewiesen. Die für Trajekte charakteristische doppelte Kontinuität bzw. die ihnen eignende Trägheit verleiht dem Trajekt – so Abbott – einen „causal character, in particular their comprehensibility under the image of cause implicit in regression thinking" (1997, S. 93). Das bedeutet, dass das kausalanalytische Instrumentarium der Soziologie auf Trajekte anwendbar ist (und in der Tat sind Kausalrelationen zwischen *life events* und *transitions* innerhalb eines Trajekts und zwischen Trajekten von der Lebenslaufforschung empirisch vielfach analysiert und festgestellt worden, wobei vor allem die zeitliche Binnenstruktur von Trajekten in ihren Aspekten von *timing, sequencing, spacing, density* und *duration* relevant ist[46]). Im Unterschied dazu stellen Wendepunkte „‚random' periods" (ebd.) im Leben eines Individuums dar, sind „chaotic" (ebd.). Methodisch folgt daraus für Abbott, dass das kausalanalytische Methodenarsenal der Soziologie auf Wendepunkte nicht anwendbar ist.
>
> Diese methodische Konsequenz, dass Trajekte kausalanalytisch fassbar sind, Wendepunkte dagegen nicht, ist insofern besonders interessant, weil das Verhältnis von *trajectory-* und *turning point*-Konzept auch eine theoretisch-konzeptionell relevante Konsequenz impliziert: zwar verläuft – wie schon gesagt – das Leben eines Individuums weitgehend in geregelten Bahnen, d. h. Trajekten. Aber: „paradoxically, individual actors experience the

---

[45] Als Beispiel dafür sei die Scheidung einer langjährigen Ehe und das Eingehen einer neuen Zweierbeziehung bzw. der erfolgreiche Studien- oder berufliche Ausbildungsabschluss und die Einmündung in eine entsprechende Erwerbstätigkeit genannt.

[46] „Timing ... refers to the age at which experiences occur. Sequencing refers to the order in which experiences occur, spacing to the amount of time between two or more ordered experiences, and density to the compression of transitions within a bounded period of time. Duration refers to the length of time spent in any particular role or 'state'" (Settersten 1999, S. 138).

6.2 Analytische Konzepte der Lebenslaufforschung

causally comprehensible trajectories as less important and less consequential than the less comprehensible turning points" (ebd., S. 102). Dass aus der biographischen Sicht des Individuums die kausal nicht (bzw. schlecht) fassbaren *turning points* wichtiger und folgenreicher als die Trajekte sind, resultiert daraus, dass Wendepunkte „give rise to changes in overall direction or regime, and do so in a determinate fashion. Thus, while we may want to think of them as ‚abrupt' and ‚chaotic,' and indeed we may discover them because they appear as irregularities in what has hitherto been a stable trajectory or regime, in fact they are the crucial sites of determination in the overall structure of a life course ... because they change its parameters" (ebd., S. 93).

- Diskutieren Sie Abbots methodisches wie auch sein theoretisch-konzeptionelles Argument.

7 Lebenslaufforschung, quo vadis?

Die Geschichte der Lebenslaufforschung seit den 1970er Jahren ist ohne Frage eine Erfolgsgeschichte. Lebenslaufstudien haben eine Fülle an empirischen Ergebnissen und Erkenntnissen produziert. Zum einen im Blick auf den Lebenslauf selbst und seine gesellschaftlich wie biographisch kontinuitätsstiftende Funktion als Institution, seine moderne Struktur, deren Herausbildung, wichtige Strukturierungsfaktoren, aktuelle Veränderungstendenzen, gruppenspezifische Lebenslaufmuster und historische und interkulturelle Variationen. In einem zweiten – und zahlenmäßig deutlich größeren – Strang der Lebenslaufforschung wurden mittels der Analyse (aggregierter) individueller Lebensläufe Probleme, Phänomene und Entwicklungen in allen möglichen gesellschaftlichen Bereichen (wie z. B. Bildung, Arbeitsmarkt, Familie, Ungleichheit, Sozialpolitik, Gesundheit, Migration, etc.). untersucht. Über Analysen bereichsspezifischer gesellschaftlicher Themen und Entwicklungen hinaus hat das Forschungsfeld empirisch fundierte Erkenntnisse über Prozesse sozialen Wandels generell produziert.

Konzeptionell ist dabei die prominente Rolle der Lebenslaufforschung für eine dynamische Analyse sozialer Phänomene zu betonen. Das allgemein-theoretische „time matters" (Abbott 2001), d. h. die Einsicht, dass eine Untersuchung sozialer Phänomene bzw. des grundlegenden *structure-agency*-Zusammenspiels konzeptionell immer eine zeitsensible Analyseperspektive verfolgen und anwenden muss, wurde von diesem Forschungsfeld ernst genommen und erfolgreich umgesetzt: die Lebenslaufforschung „has brought a fresh perspective to many classical domains of sociology … by demonstrating the temporality of what had long been conceptualized as positions and states" (Kohli 2007, S. 253).

In diesem Zusammenhang hat die Lebenslaufforschung wichtige methodische Innovationen wie etwa die Ereignisanalyse oder sequenzmusteranalytische

Verfahren stimuliert (Lebenslaufforschungs-Methoden wurden im Rahmen dieses Buches nicht behandelt – diesbezüglich sei auf die entsprechende Methodenliteratur verwiesen). Eine unverzichtbare Voraussetzung und Grundlage für die zeitsensiblen Analysen des dynamischen Lebenslaufansatzes sind mikroanalytische Längsschnittdaten. Der Auf- und Ausbau entsprechender Datensätze sowie internationaler Kooperationen wurde durch die Lebenslaufforschung enorm vorangetrieben (Bynner 2016). Heute gehören mikroanalytisch fundierte Längsschnittanalysen zum Standardrepertoire der empirischen Sozialforschung.

Seit 2009 verfügt die Lebenslaufforschung mit der „Society for Longitudinal and Life Course Studies (SLLS)" über eine eigene internationale Fachgesellschaft, die durch jährliche internationale Konferenzen und das Journal „Longitudinal and Life Course Studies" die wissenschaftsinterne wie -externe Relevanz der Lebenslaufforschung vorantreibt. Eine zweite Fachzeitschrift für dieses Forschungsfeld: die „Advances in Life Course Research" erscheinen bereits seit 2000. Die Lebenslaufforschung – so kann man zusammenfassend sagen – ist ein etablierter und weiter wachsender Bereich der empirischen Sozialforschung bzw. Soziologie. Angesichts der zunehmenden Zahl an Lebenslaufpublikationen – die seit 1990 eine quadratische Wachstumsrate aufweisen (Shanahan et al. 2016, S. 1)[1] – kann man davon ausgehen, dass diese Erfolgsgeschichte sich auch in Zukunft fortschreiben wird.

Zu dieser Erfolgsgeschichte der Lebenslaufforschung gehört aber auch ein nicht unproblematischer Aspekt. Vier Jahrzehnte nach Cains systematischem Überblick über die frühe Lebenslaufforschung und drei Jahrzehnte nach Elders wegweisender Studie über die „Children of the Great Depression" erschien 2003 das *Handbook of the Life Course*. In ihrem Vorwort thematisierten die Herausgeber, dass die Lebenslaufforschung mittlerweile in sämtliche Bereiche der empirischen Sozialforschung und in andere Disziplinen diffundiere.[2] Sie führen dieses Diffundieren auf die „generalized nature of this paradigm" (Mortimer und Shanahan 2003, S. XI) also darauf zurück, dass das Forschungsfeld über keine

---

[1]2013 erschienen fast vierhundert lebenslaufsoziologische Arbeiten allein in Zeitschriften (nimmt man lebenslaufpsychologische und biomedizinisch-epidemiologische Zeitschriftenartikel dazu, steigt dieser Wert auf über 900; Shanahan et al. 2016, S. 2); dazu kommen noch die lebenslaufsoziologischen Beiträge in Sammelbänden (deren Zahl erheblich sein dürfte) sowie Monographien.

[2]Das von ihnen in Anführungszeichen benutzte Wort „dissipate" (Mortimer und Shanahan 2003, S. XI f.) besitzt auch die Bedeutung „ausufern" bzw. „verzetteln", also eine negative Konnotation (hier wird das neutrale Wort „diffundieren" verwendet).

elaborierte(n) Lebenslauftheorie(n), sondern nur so etwas wie ein *imaginative framework*, eine *theoretical orientation* verfügt (s. Abschn. 6.1). Das zunehmende Diffundieren der Lebenslaufforschung belege zwar deren Nützlichkeit und Relevanz, stelle Lebenslaufforscher aber auch vor das Problem „to maintain a core identity and to evaluate the development of their field" (ebd.). Mit Blick auf diese Frage nach dem Lebenslaufforschung als ein distinktes Forschungsfeld auszeichnenden (und überhaupt erst konstituierenden) intellektuellen Kern waren die Herausgeber optimistisch und der Meinung, dass „a common core of generalized concepts and premises is now taking hold and giving definite form to the life course paradigm" (ebd.). Als dessen intellektueller Kern wurden – man muss sagen: wieder einmal und nur – die von Elder propagierten Lebenslaufprinzipien präsentiert.[3] Die *paradigmatic principles* Elders sind aber – wie in Abschn. 6.1 dargelegt – als *theoretical orientation* der Lebenslaufforschung aufgrund ihrer lebenslauftheoretischen „Un-Spezifität" unzureichend – und können insofern auch nicht als distinkter intellektueller Kern dieses Forschungsfeldes fungieren.

Knapp anderthalb Jahrzehnte später erschien das *Handbook of the Life Course, Volume II* (2016). Auch dessen Einleitungsartikel thematisiert den Zusammenhang zwischen dem zunehmenden Diffundieren der Lebenslaufforschung, vor allem „in fields beyond sociology" (Shanahan et al. 2016, S. 1), samt dem damit einhergehenden Problem eines „coherent, paradigmatic core" (ebd.) mit jenem lebenslauftheoretisch unzureichenden „status of the life course as a paradigm" (ebd., S. 3). D. h.: wieder konstatieren die Herausgeber, dass dieses *paradigm*, sprich: die Lebenslaufprinzipien Elders keine klar definierte Forschungsperspektive und keinen distinkten intellektuellen Kern der Lebenslaufforschung bieten, sondern im Gegenteil ein „Ausfransen" dieses Forschungsfeldes befördern. Die Lebenslaufforschung scheint sich aber bei der Bestimmung ihres intellektuellen Kerns noch immer in den *paradigmatic principles* Elders zu erschöpfen. Jedenfalls enthält das zweite Handbuch keinen Beitrag, der diesbezüglich einen Fortschritt, d. h. einen lebenslauftheoretisch elaborierte(re)n intellektuellen Kern für dieses Forschungsfeld dokumentiert.[4] Dieser Sach-

---

[3]Der Darstellung des intellektuellen (Paradigma-)Kerns diente die „The Life Course Perspective" betitelte erste Sektion des Handbuchs: diese enthielt nur einen Artikel (Elder et al. 2003) und ging – wie auch andere, jene Frage des intellektuellen Kerns von Lebenslaufforschung streifende Beiträge – lebenslauftheoretisch nicht über die Wiederholung der *paradigmatic principles* Elders hinaus.
[4]Mehr noch: während das erste Handbuch neben Reviewartikeln zum Forschungsstand eines spezifischen Problems bzw. Gebiets auch methodische sowie konzeptionelle Beiträge enthält, findet sich im zweiten Handbuch überhaupt kein theoretisch-konzeptioneller

verhalt ist – ebenso wie das Ergebnis einer thematischen Durchsicht der in den beiden Fachzeitschriften des Forschungsfeldes publizierten Artikel: nicht einer führt den Begriff „life course theory" (bzw. das entsprechende Adjektiv) im Titel – ein Indiz dafür, dass die Lebenslaufforschung sich bis heute weitestgehend beschränkt auf „conducting empirical studies, theoretically accompanied by a prayer-wheel like reeling off of Elder's life course principles" (Wingens und Reiter 2011, S. 188).

Die Herausgeber des zweiten Handbuchs beschreiben das Verhältnis zwischen dem zunehmenden Diffundieren der Lebenslaufforschung und ihrem lebenslauftheoretisch unzureichenden Kern als polare Alternative: „the coherent core versus interdisciplinary diffusion" (Shanahan et al. 2016, S. 3). Das bedeutet: ihnen zufolge steht die Lebenslaufforschung an einem Scheideweg. Obwohl ihre Diagnose einer polaren Alternative eine starke Behauptung darstellt, erörtern die Herausgeber ihr „Entweder-oder"-Szenario der weiteren Entwicklung dieses Forschungsfeldes nicht näher. Mehr noch – und das ist mehr als unbefriedigend –: sie scheinen sich nicht einmal um eine kurze Begründung ihres Gegensatz-Szenarios zu bemühen, sondern delegieren kurzerhand alles Nachdenken darüber mit der netten Aufforderung: „we invite readers to consider this tension between cohesiveness and cross-pollination" (ebd.). Die in den beiden vorherigen Absätzen aufgeworfene Problematik soll im Folgenden – und das vorliegende Buch abschließend – wenigstens kurz thematisiert werden (dass der Leser sich seine eigene Meinung bilden soll, ist selbstverständlich).

Diese Problematik beschreiben die Herausgeber des zweiten Handbuchs – wie gesagt – antagonistisch: als Spannungsverhältnis zwischen den konträren Polen einer „challenge of intellectual cohesiveness" (ebd.) einerseits und der „opportunities for intellectual cross-pollination" (ebd.) andererseits. Begreift und beschreibt dieses antagonistische Verständnis die hier zu erörternde Problematik angemessen und sinnvoll? Steht die Lebenslaufforschung wirklich vor den beiden gegensätzlichen Optionen eines kohärenten intellektuellen Kerns einerseits oder (versus!) eines wechselseitig befruchtenden Diffundierens in alle möglichen Bereiche der empirischen Sozialforschung und andere Disziplinen? Diese antagonistische Sichtweise wurzelt in der zutreffenden Beobachtung, dass die lebenslauftheoretische „Un-Spezifität" des *life course paradigm* in Form der *paradigmatic principles* Elders ein solches Diffundieren nicht nur befördert, sondern zwangs-

---

Beitrag mehr (und wird das Problem in einem Beitrag en passant einmal berührt, bleibt es beim Aufsagen bzw. kurzen Referieren von Elders Lebenslaufprinzipien).

läufig produziert. Aus diesem Sachverhalt lässt sich aber kein Gegensatz ableiten zwischen einem elaborierten intellektuellen Kern von Lebenslaufforschung und deren Diffundieren (samt *cross-pollination*). Aus dieser Tatsache lässt sich logisch nicht folgern, dass ein theoretisch-konzeptionell elaborierter Kern von Lebenslaufforschung deren fruchtbares Diffundieren unmöglich mache. Logisch ist eine solche Folgerung nicht zwingend, also falsch; empirisch ist sie damit zumindest problematisch und müsste erst noch belegt werden – was aber nicht geht, weil dieser intellektuelle Kern bislang nicht existiert. Insofern begreift und beschreibt jene antagonistische Alternative (intellektueller Kern versus fruchtbares Diffundieren) die Problematik der Lebenslaufforschung nicht angemessen, sondern auf problematische Weise. Gegenüber dieser fragwürdigen antagonistischen Sicht konzentrieren sich die folgenden Ausführungen auf das Fehlen eines intellektuellen Kerns als des zentralen Problems für die Lebenslaufforschung. Über den Umstand, dass diese über keine elaborierte(n) Lebenslauftheorie(n) verfügt, besteht Konsens. Was aber bedeutet dieses lebenslauftheoretische Defizit des Fehlens eines intellektuellen Kerns für das Forschungsfeld?

Auf einen solchen theoretisch-konzeptionellen Kern könnte die Lebenslaufforschung nur verzichten, wenn sie sich allein auf den Lebenslauf selbst als ihren „eigentlichen" Forschungsgegenstand fokussierte. In dieser Fokussierung würde die Lebenslaufforschung sich (nur) als eine Bindestrich-Soziologie begreifen. Das Feld der Lebenslaufforschung wäre dann, wie jede Bindestrich-Soziologie, ontologisch über (s)einen Gegenstand bzw. Gegenstandsbereich definiert – und die methodologische Frage nach einem das Forschungsfeld definierenden (und überhaupt erst konstituierenden) intellektuellen Kern hinfällig. In diesem Fall könnte sich die Lebenslaufforschung, wie alle Bindestrich-Soziologien, des gesamten Fundus soziologischer Theorien und Konzepte bedienen und diese, ebenso wie auch selbst entwickelte Thesen und bereichsspezifische Theorieansätze, in empirischen Untersuchungen anwenden, ohne dabei Gefahr zu laufen, als distinktes Forschungsfeld unkenntlich zu werden. Allerdings – eine solche Fokussierung (bzw. massive Selbst-Begrenzung) ist zwar möglich, angesichts der faktischen Entwicklung des Forschungsfeldes in den letzten fast fünf Jahrzehnten jedoch eine äußerst unwahrscheinliche Option. Hier geht es primär aber nicht darum, wie wahrscheinlich diese Option – oder ein anderes Szenario – ist (und noch weniger darum, normativ eine wünschenswerte Entwicklungsrichtung zu propagieren wie z. B. die Überwindung des in Abschn. 2.2.1 kritisierten Grabens zwischen Lebensverlaufs- und Biographieforschung); hier geht es vielmehr darum, ob diese Option – oder ein anderes Szenario – überhaupt möglich, denkbar ist.

Lebenslaufforschung im Sinn einer Bindestrich-Soziologie ist auch in Zukunft durchaus denkbar. Zwar ist der Lebenslauf selbst als Forschungsgegenstand mittlerweile gut erforscht und existiert eine Fülle an empirischen Ergebnissen und Erkenntnissen über die integrative Funktion des modernen Lebenslaufs, seine Struktur und Strukturierungsfaktoren, seine Herausbildung und gesellschaftsgeschichtlichen sowie interkulturellen Variationen, gruppenspezifische Lebenslaufmuster und aktuelle Veränderungen. Gleichwohl wird der Lebenslauf selbst auch zukünftig ein relevantes soziologisches Forschungsobjekt bleiben. Zum einen gibt es nach wie vor Fragen und Probleme, die einer genaueren empirischen Analyse bedürfen (wie etwa das Thema der langfristigen Folgen früh im Leben eingetretener Ereignisse und Prägungen und ihrer Revidierbarkeit in späteren Lebenslaufphasen oder das Thema der diversen institutionellen Lebenslaufeffekte und ihrer Wechselwirkungen). Darüber hinaus – und zweitens – unterliegen Gesellschaften einem permanenten und beschleunigten sozialen Wandel. Da Lebensverläufe und Biographien ein Teil davon sind, bleibt die schon in Kohlis grundlegendem Artikel zur Institutionalisierung des Lebenslaufs aufgeworfene Frage eines erneuten Strukturwandels des Lebenslaufs aktuell und ein interessantes Forschungsthema.

Die Lebenslaufforschung wollte allerdings schon immer mehr sein als (nur) eine Bindestrich-Soziologie: sie verstand sich von Anfang an auch im Sinn einer Forschungskonzeption, d. h. als ein *paradigm* oder eine *theoretical orientation* für die empirische Sozialforschung generell. Die Entwicklung dieses Forschungsfeldes seit den 1970er Jahren ist entsprechend, d. h. als (auch interdisziplinäres) Diffundieren verlaufen. Insofern spricht vieles für ein Fortsetzungs-Szenario eines weiteren und zunehmenden – auch interdisziplinären – Diffundierens. Was bedeutet jenes lebenslauftheoretische Defizit des Fehlens eines intellektuellen Kerns für diese Option? In dieser Frage kann man zwei Positionen vertreten.

Die eine Position wurde prägnant schon 2003 in Georges Beitrag für die „The Future of the Life Course" betitelte Schlusssektion des ersten Handbuchs vertreten. George sieht künftig innovative Erkenntnispotentiale der Lebenslaufforschung weniger in deren Verständnis als einer Bindestrich-Soziologie. Deren Zukunft liege vielmehr in der „integration of life course principles with the total range of theoretical and substantive themes of social and behavioral research" (2003, S. 673). Für dieses Szenario sei jenes Fehlen eines elaborierten lebenslauftheoretisch-konzeptionellen Kerns aber gar kein Problem. Im Gegenteil – George konzediert diesen unstrittigen Sachverhalt nicht nur, sondern begrüßt ihn sogar: ihr zufolge gibt es „basic principles that characterize life course perspectives,[5] but there is not an integrated theory of the life course; nor … should there be one"

---

[5]Dabei handelt es sich George zufolge um die *paradigmatic principles* Elders.

(ebd., S. 671). Dieses normative Postulat wird durch Georges Diffundierens-Szenario argumentativ allerdings nur gestützt, wenn implizit jene fragwürdige antagonistische Alternative „intellektueller Kern vs. Diffundieren" unterstellt wird. Einmal abgesehen von dieser argumentationslogischen Schwäche: interessanter ist hier die Konsequenz, die George aus ihrem Diffundierens-Szenario für das Feld der Lebenslaufforschung zieht. Sie spricht nämlich klar aus, dass für deren fruchtbares Diffundieren ein Preis zu zahlen ist: „As this happens, life course research will become increasingly less distinctive. And that will be a marker of its success rather than its failure" (ebd., S. 678). Lebenslaufforschung wird demzufolge in dem Maß, in dem sie erfolgreich diffundiert, als solche unkenntlich, löst sich als distinktes Forschungsfeld auf. Ein letaler Erfolg, sozusagen. Man kann diese Position wohl vertreten; nur kann man dann nicht mehr sagen, man betreibe Lebenslaufforschung.[6]

Die zweite Position begreift das lebenslauftheoretische Defizit des Fehlens eines intellektuellen Kerns als fundamentales Problem für eine diffundierende Lebenslaufforschung.[7] Aus dieser Position heraus haben Bernardi, Huinink und Settersten jüngst den verdienstvollen Versuch unternommen, die längst überfällige lebenslauftheoretische Diskussion jenseits der unzulänglichen *paradigmatic principles* Elders anzustoßen und „to provide a theoretical foundation to guide the development of interdisciplinary life course research and help to integrate and unify the field" (2019, S. 2). Die Autoren sehen diese grundlegende lebenslauftheoretische Perspektive in einer „dynamic ... theory of agency" (ebd.).[8] Diese Theorie basiere auf der axiomatischen Annahme, dass Individuen nach Verbesserung – zumindest dem Erhalt – ihres physischen und psychischen Wohlergehens streben. Als zentrale Aspekte dabei benennen die Autoren kurz

---

[6]Konsequenterweise schlägt Bynner, dem eine solche Überwindung disziplinärer Perspektiven in der Lebenslaufforschung: eine Fusion von „life course sociology, life span psychology and human biology" (2016, S. 50) – darüber hinaus nennt Bynner noch Demographie, Epidemiologie, Kriminologie, Geschichte und Geographie (ebd., S. 28); auch Ökonomie und Anthropologie sollte man als einschlägigen Disziplinen nicht vergessen – vorschwebt, vor, diese integrativ-holistische Forschungsperspektive als „applied developmental science" (ebd., S. 50) zu bezeichnen.

[7]„Precisely because life course scholarship is a multidisciplinary and interdisciplinary enterprise, there is a great need to integrate our disparate and complex research area" (Bernardi et al. 2019, S. 2).

[8]Da verwundert es dann schon, dass die theoretisch elaborierteste Konzeption von *agency* und deren grundlegender Zeitlichkeit, nämlich Emirbayer und Misches Aufsatz „What is agency?" (1998; s. dazu auch die entsprechenden Bemerkungen in Abschn. 6.1), von den Autoren nicht einmal erwähnt wird.

die Suche der Individuen nach Handlungsgewissheit und die Relevanz ihrer bisherigen Lebensgeschichten wie auch Zukunftserwartungen. Lebenslauftheoretisch bleibt es zunächst dabei – „a concise and comprehensive dynamic theory of agency over the life course has yet to be formulated" (ebd.). Insofern bleibt (nur) abzuwarten, ob der skizzierte Ansatz – sofern er irgendwann einmal in einer lebenslauftheoretisch elaborierten Form vorliegt – als integrativ-holistischer intellektueller Kern einer interdisziplinären Lebenslaufforschung fungieren kann und wird.

Statt die postulierte fundamentale *agency*-Theorie lebenslauftheoretisch auszuarbeiten, präsentieren Bernardi, Huinink und Settersten in ihrem Aufsatz im Wesentlichen eine synthetische Repräsentation des Lebenslaufs als komplexes Interdependenzen-Set in Form ihres titelgebenden „life course cube" (ebd., S. 3 ff.). Die drei Achsen des Lebenslaufwürfels stehen für die Dimensionen von Zeit, Lebensbereichen und Lebenslaufebenen, d. h. sie repräsentieren die drei „first-order interdependencies" (ebd., S. 3) zwischen Vergangenheit, Gegenwart und Zukunft, zwischen unterschiedlichen Lebensbereichen (wie z. B. Beruf, Familie, Gesundheit, Freizeit, etc.) und zwischen intra-individuellen, individuellen und supra-individuellen Faktoren. Daraus resultieren die drei „second-order interdependencies" (ebd., S. 6) zwischen der Zeit-Dimension und den unterschiedlichen Lebensbereichen, zwischen der Zeit-Dimension und der Mehr-Ebenen-Struktur und zwischen der Mehr-Ebenen-Struktur und den diversen Lebensbereichen. Und schließlich wird die Stufe der „third-order interdependencies" (ebd., S. 7), also der wechselseitigen Relationen aller drei Dimensionen erreicht, die letztlich entscheidend ist, denn „this means understanding how such interdependencies work in combination" (ebd.) – man kann dann verstehen bzw. erklären, wie Lebensläufe sich formieren und warum sie sich so formieren, wie sie sich formieren.

Ob dem so ist, sei hier dahingestellt. Auch das konstruktionslogische Problem dieses Lebenslaufwürfels in Gestalt der analytischen Differenz zwischen der Zeit-Dimension und den beiden anderen Dimensionen ist hier nicht weiter relevant.[9] Und auch, dass der „life course cube" selbst offenkundig keine

---

[9]Deutlich dazu aber Mayer: „Time … is just a marker, it is empty. Levels and domains are substantive; time is not, or at least not in the same way. A first order time-related life course dependency is always one in at least one domain. One cannot formulate a life course research question or hypothesis without specifying at least one substantive domain plus time. Time might therefore be more fruitfully constructed as the basis of all first order interdependencies. (…) That fault could easily be corrected: as first order interdependencies, then, we should denote changes in any given domain on the individual level,

Lebenslauftheorie formuliert, sondern vielmehr als Schema oder Instrument zur „Verortung"[10] von Arbeiten aus dem Feld der Lebenslaufforschung fungiert, ist hier nicht von Interesse (wobei betont sei, dass dieses Ordnungsschema indirekt lebenslauftheoretisch produktiv ist, weil es Fragen aufwirft wie z. B. woran es liegt, dass die Ergebnisse empirischer Studien, die im selben Sektor des Lebenslaufwürfels zu verorten sind, divergieren). Hier geht es allein um eine lebenslauftheoretisch aufschlussreiche argumentative Wendung, die Bernardi, Huinink und Settersten mit ihrem Lebenslaufwürfel vollziehen. Dieser Punkt, um den es hier geht, lässt sich in die Frage nach dem lebenslauftheoretischen Verhältnis zwischen der von den Autoren zunächst propagierten dynamischen *agency*-Theorie und ihrem „life course cube" kleiden. Hatten die Autoren zunächst für eine (wenn auch erst noch auszuarbeitende) dynamische *agency*-Theorie als fundamentale lebenslauftheoretische Perspektive argumentiert, postulieren sie im Schlussteil ihres Aufsatzes, es sei „seemingly impossible to develop a single and complete life course theory" (ebd., S. 8) – womit sie lebenslauftheoretisch wieder ein Stück zurückrudern. Gleichzeitig aber soll ihr „life course cube" einen lebenslauftheoretischen Beitrag jenseits jener „guiding principles that some scholars might argue approximate theory" (ebd.) leisten. Zu diesem Zweck müssen sie den Lebenslaufwürfel, weil dieser zugestandenermaßen selbst keine Lebenslauftheorie ist, theoretisch aufwerten. Das machen sie, indem sie die darin erfassten und zum Ausdruck gebrachten Interdependenzen unvermittelt als Mechanismen deklarieren: „The life course cube provides a parsimonious set of basic mechanisms" (ebd.). Die – äußerst knapp gehaltene – Argumentation, mit der die Autoren die plötzliche Verwandlung von Interdependenzen in erklärungshaltige Mechanismen zu rechtfertigen versuchen, ist nicht überzeugend. Interessant ist aber die Folgerung, die sie aus ihrer Überlegung ziehen: „When we study and explain the outcomes of particular life course dynamics, which are necessarily entangled in the interdependencies of the cube, we need to employ additional, specific theories from different disciplines" (ebd.). Die inter- und transdisziplinäre Lebenslaufforschung ist also – so das Fazit der Autoren – auf elaborierte disziplinäre Theorien angewiesen.

---

the intra-individual level and the collective level …. Consequently, second order interdependencies can then be formulated as inter-domain effects across life time, and inter-level interaction across life time" (2019, S. 1 f.).

[10]Was Bernardi, Huinink und Settersten selbst so sehen und sagen: der Lebenslaufwürfel „serves as an ordering structure into which all specific mechanisms relevant to study life course dynamics can be integrated" (2019, S. 8).

Vielleicht sollte man die Vorstellung einer Disziplinen übergreifenden, präziser: fusionierenden integrativ-holistischen Lebenslauftheorie aufgeben. Vielleicht ist die heutzutage generell populäre Vorstellung einer vereinheitlichten Forschungsperspektive als Resultat inter- bzw. transdisziplinärer Konvergenz nicht nur schwer, sondern unmöglich zu realisieren. Illustrativ ist dazu die schon jahrzehntealte Forderung, soziologische Lebenslauf- und psychologische *life span development*-Forschung zu integrieren – ein Versuch, der trotz der relativ großen Nähe beider Perspektiven bis heute nicht gelungen ist. Im Gegenteil: „life span psychology and life course sociology, with few exceptions, did not come together at all but now seem to stand further apart than in the 1970s" (Diewald und Mayer 2009, S. 5). Es ist absolut unstrittig, dass es gemeinsame Interessen, Überschneidungen und Möglichkeiten einer fruchtbaren Zusammenarbeit dieser beiden Forschungsperspektiven gibt; ebenso ist es völlig unstrittig – und auch selbstverständlich –, dass solche Kooperationspotentiale besser als bislang genutzt werden sollten. Lebenslaufsoziologie und *life span development psychology* zu einer (holistischen) Forschungsperspektive integrieren zu wollen, bedeutet aber etwas anderes und viel mehr als eine derartige sinnvolle Zusammenarbeit. Dass eine Integration bzw. genauer: eine Fusion von soziologischer Lebenslauf- und psychologischer *life span development*-Perspektive trotz aller Gemeinsamkeiten bisher nicht gelungen ist (und wohl auch zukünftig nicht gelingen wird), ist nämlich kein kontingenter Sachverhalt, sondern hat einen – von den Herolden der Inter- und Transdisziplinarität übersehenen bzw. ignorierten – systematischen bzw. epistemologischen Grund.

Die Erkenntnis- und Wissenschaftstheorie zeigt – wie schon in Kap. 1 gesagt –, dass es keine a-theoretische Beobachtung und Erkenntnis gibt und ein Forschungsobjekt oder -problem nicht einfach „an sich" gegeben ist, sondern überhaupt erst in einer (je bestimmten) theoretischen Perspektive zu einem (je spezifischen) solchen wird. Insofern sind also soziologische Lebenslauf- und psychologische *life span development*-Forschung „quite distinct in both the main explananda and the prevailing explanatory factors" (Diewald und Mayer 2009, S. 5; Mayer 2003; Dannefer und Daub 2009; Settersten 2005, 2009). Anders – und eine Formulierung aus dem ersten Kapitel variierend – gesagt: soziologische Lebenslaufforschung begreift und erklärt ihr jeweiliges Forschungsobjekt bzw. -problem „sozio-logisch" und eben nicht „psycho-logisch" (während für die *life span development psychology* keine „Sozio-Logik", sondern eine „Psycho-Logik" konstitutiv ist). Diese grundlegenden disziplinären Perspektiven lassen sich ebenso wenig fusionieren wie ein Elektro- und ein Verbrennungsmotor (was – um das noch einmal zu betonen – nicht heißt, dass es keine sinnvollen interdisziplinären Kooperationen geben kann: selbstverständlich lässt sich ein Elektro- und ein

Verbrennungsmotor zu einem Hybridantrieb „integrieren" – aber auch in einem solchen Hybridantrieb ist der Elektromotor ein Elektromotor und bleibt der Verbrennungsmotor Verbrennungsmotor).

Bernardis, Huininks und Setterstens verdienstvoller Anstoß einer lebenslauftheoretischen Diskussion steht dezidiert in einer interdisziplinären Perspektive. Im vorliegenden Buch geht es – wie in Kap. 1 dargelegt – allein um die soziologische Lebenslaufforschung. Diesbezüglich kam Mayer vor zehn Jahren zu einem ähnlichen, allerdings weniger apodiktischen Schluss, wie jene Autoren im Schlussteil ihres Aufsatzes: „Indeed, because there is not just one mechanism underlying the social structuring of human lifes, but rather manifold mechanisms operating on the individual, meso, and macro levels, one might contend that a simple, unified sociological theory of the life course is not possible" (2009, S. 423). Das lässt Raum für Hoffnung – zumal nirgendwo geschrieben steht, dass es eine „simple theory" oder nur eine (einzige) „unified theory" sein muss. Für die soziologische Lebenslaufforschung wäre es schon ein großer theoretischer Schritt nach vorn, wenn sie elaborierte, robuste lebenslaufsoziologische Theorien zu spezifischen Aspekten des Lebenslaufs erarbeiten und darüber – Disziplinen wie der Psychologie oder Ökonomie vergleichbar – verfügen würde. Aber auch über solche „Teil-Theorien" hinausgehende allgemein lebenslauftheoretische Arbeit – endlich! – zu beginnen, wäre angebracht. Vielleicht könnte man Mayers Konzept des Lebenslaufs als eines endogenen Kausalzusammenhangs ausarbeiten. Oder die von Bernardi, Huinink und Setterstern zunächst verfolgte Idee einer dynamischen *agency*-Theorie zu einer soziologischen Lebenslauftheorie ausbauen. Eine solch dynamische handlungstheoretische Perspektive ist sicherlich ein vielversprechender, vielleicht gar der aussichtsreichste Ansatz für eine generelle soziologische Lebenslauftheorie. Diese muss sich nicht – wie Bernardi, Huinink und Setterstern vorschlagen – im Rahmen von Theorien rationaler Entscheidung bzw. eines Modells des Individuums als eines „resourceful, restricted, evaluating, expecting, maximizing man"[11] und seiner sozialen Produktionsfunktionen bewegen (ein solcher Ansatz hätte allerdings den Vorteil, auf einer elaborierten theoretischen Grundlage aufbauen zu können). Sie könnte auch – Emirbayer und Mische (1998) folgend – im Sinn eines relationalen *agency*-Konzepts ausgearbeitet werden, das die Beziehung von *structure* und *agency* als wechselseitiges Konstitutionsverhältnis – Struktur also nicht nur als eine

---

[11]So Lindenbergs soziologische Erweiterung des homo oeconomicus-Modells der klassischen Mikro-Ökonomie (1985, S. 100).

relevante Kontextvariable – begreift, das dynamisch gedacht ist und den unterschiedlichen Zeit-Dimensionen Rechnung trägt (Abbotts „time matters") und das Lebensläufe als endogene Kausalzusammenhänge (Pfadabhängigkeiten) modelliert, ohne Brüche oder Wendepunkte auszuschließen.

In welche Richtungen auch immer theoretische Ansätze und Perspektiven der soziologischen Lebenslaufforschung gehen mögen – Hauptsache, eine ernst zu nehmende, über jene unzureichenden *paradigmatic principles* oder gar die schwammige Rede von einem *imaginative framework* hinausgehende lebenslauftheoretische Diskussion und Arbeit beginnt.

Literatur

Abbott, Andrew. 1997. On the concept of turning point. *Comparative Social Research* 16 (Methodological issues in comparative social science): 85–105.
Abbott, Andrew. 2001. *Time matters. On theory and method*. Chicago: University of Chicago Press.
Abbott, Andrew, und Angela Tsay. 2000. Sequence analysis and optimal matching methods in sociology. Review and prospect. *Sociological Methods & Research* 29 (1): 3–33.
Abels, Heinz, et al. 2008. *Lebensphasen. Eine Einführung*. Wiesbaden: VS.
Advances in Life Course Research (2000ff).
Aisenbrey, Silke. 2000. *Optimal Matching Analyse. Anwendung in den Sozialwissenschaften*. Opladen: Leske + Budrich.
Aisenbrey, Silke, und Anette Fasang. 2010. New life for old ideas: The „second wave" of sequence analysis. Bringing the „course" back into the life course. *Sociological Methods & Research* 38 (3): 420–462.
Alheit, Peter. 1995. Biographizität als Lernpotential: Konzeptionelle Überlegungen zum biographischen Ansatz in der Erwachsenenbildung. In *Erziehungswissenschaftliche Biographieforschung*, Hrsg. H.-H. Krüger und W. Marotzki, 276–307. Opladen: Leske + Budrich.
Alheit, Peter, und Morten Brandt. 2006. *Autobiographie und ästhetische Erfahrung Entdeckung und Wandel des Selbst in der Moderne*. Frankfurt: Campus.
Alheit, Peter, und Bettina Dausien. 2000. Die biographische Konstruktion der Wirklichkeit. Überlegungen zur Biographizität des Sozialen. In *Biographische Sozialisation*, Hrsg. E. Hoerning, 257–283. Stuttgart: Lucius & Lucius.
Allmendinger, Jutta. 1989. Educational systems and labor market outcomes. *European Sociological Review* 5 (3): 231–250.
Allmendinger, Jutta. 1994. *Lebensverlauf und Sozialpolitik. Die Ungleichheit von Mann und Frau und ihr öffentlicher Ertrag*. Frankfurt: Campus.
Alwin, Duane. 1994. Aging, personality and social change. The stability of individual differences over the adult life-span. In *Life-span development and behavior*, Bd. 12, Hrsg. D. Featherman, R. Lerner, und M. Perlmutter, 135–185. Hillsdale: Erlbaum.
Alwin, Duane. 1995. Taking time seriously: Social change, social structure and human lives. In *Examining lives in context: Perspectives on the ecology of human development*,

Hrsg. P. Moen, G. Elder, und K. Lüscher, 211–262. Washington: American Psychological Association.
Alwin, Duane, und Ryan McCammon. 2003. Generations, cohorts, and social change. In *Handbook of the life course*, Hrsg. J. Mortimer und M. Shanahan, 23–49. New York: Kluwer/Plenum.
Amrhein, Ludwig. 2004. Der entstrukturierte Lebenslauf? Zur Vision einer „altersintegrierten" Gesellschaft. *Zeitschrift für Sozialreform* 50 (1–2): 147–169.
Anderson, Nels. 1923. *The Hobo: The sociology of the homeless man.* Chicago: University of Chicago Press.
Anderson, Michael. 1985. The emergence of the modern life cycle in Britain. *Social History* 10 (1): 69–87.
Anyadike-Danes, Michael, und Duncan McVicar. 2010. My brilliant career. Characterizing the early labor market trajectories of British women from Generation X. *Sociological Methods & Research* 38 (3): 482–512.
Archer, Margaret. 2000. *Being human. The problem of agency.* Cambridge: Cambridge University Press.
Ardelt, Monika. 2000. Still stable after all these years? Personality stability theory revisited. *Social Psychology Quarterly* 63 (4): 392–405.
Ariès, Philipp. 1975. *Geschichte der Kindheit.* München: Hanser (frz. Orig.: 1960).
Arnett, Jeffrey. 2000. Emerging adulthood. A theory of development from the late teens through the twenties. *American Psychologist* 55 (5): 469–480.
Autorengruppe Bildungsberichterstattung. 2016. *Bildung in Deutschland 2016. Ein indikatorengestützter Bericht mit einer Analyse zu Bildung und Migration.* Bielefeld: Bertelsmann.
Back, Kurt. 1980. Introduction. In *Life course: Integrative theories and exemplary populations*, Hrsg. K. Back, 1–5. Boulder: Westview Press.
Balsiger, Philipp. 2005. *Transdisziplinarität. Systematisch-vergleichende Untersuchung disziplinenübergreifender Wissenschaftspraxis.* München: Fink.
Baltes, Paul, Ulman Lindenberger, und Ursula Staudinger. 1998. Life-span theory in developmental psychology. In *Theoretical models of human development (Handbook of child psychology; Bd. 1)*, 5. Aufl., Hrsg. R. Lerner, 1029–1143. New York: Wiley.
Bandura, Albert. 1997. *Self-efficacy. The exercise of control.* New York: Freeman.
Barley, Stephen. 1989. Careers, identities, and institutions: The legacy of the Chicago school of sociology. In *Handbook of career theory*, Hrsg. M. Arthur, D. Hall, und B. Lawrence, 41–65. Cambridge: Cambridge University Press.
Barnes, Barry. 2000. *Understanding agency. Social theory and responsible action.* London: Sage.
Baumert, Jürgen, et al. 2001. *PISA 2000. Basiskompetenzen von Schülerinnen und Schülern im internationalen Vergleich.* Opladen: Leske + Budrich.
Beck, Ulrich. 1983. Jenseits von Stand und Klasse? Soziale Ungleichheit, gesellschaftliche Individualisierungsprozesse und die Entstehung neuer sozialer Formationen und Identitäten. In *Soziale Ungleichheiten*, Hrsg. R. Kreckel, 35–74. Göttingen: Schwartz (Soziale Welt-Sonderband 2).
Beck, Ulrich. 1986. *Risikogesellschaft. Auf dem Weg in eine andere Moderne.* Frankfurt: Suhrkamp.
Beck, Ulrich, und Elisabeth Beck-Gernsheim. 1994. Individualisierung in modernen Gesellschaften – Perspektiven und Kontroversen einer subjektorientierten Soziologie. In

Riskante Freiheiten. Individualisierung in modernen Gesellschaften, Hrsg. U. Beck und E. Beck-Gernsheim, 10–39. Frankfurt: Suhrkamp.

Becker, Michael. 2009. *Kognitive Leistungsentwicklung in differenziellen Lernumwelten. Effekte des gegliederten Sekundarschulsystems in Deutschland*. Berlin: MPI für Bildungsforschung.

Becker, Rolf. 2016. Bildungseffekte vorschulischer Erziehung und Elementarbildung. Bessere Bildungschancen für Arbeiter- und Migrantenkinder? In *Bildung als Privileg. Erklärungen und Befunde zu den Ursachen der Bildungsungleichheit*, Hrsg. R. Becker und W. Lauterbach, 145–181. Wiesbaden: Springer VS.

Becker, Rolf, und Wolfgang Lauterbach. 2004. Vom Nutzen vorschulischer Kinderbetreuung für Bildungschancen. In *Bildung als Privileg? Erklärungen und Befunde zu den Ursachen der Bildungsungleichheit*, Hrsg. R. Becker und W. Lauterbach, 127–160. Wiesbaden: VS.

Beckermann, Ansgar (2012): Willensfreiheit – ein Überblick aus kompatibilistischer Sicht. In A. Beckermann, *Aufsätze (Bd. 2)* (S. 267–287). Bielefeld: Universitätsbibliothek Bielefeld (https://pub.uni-bielefeld.de/download/2306223/2306226).

Beekes, Albert. 1990. The development of cohort analysis. In *Life histories and generations*, Hrsg. H. Becker, 547–562. Utrecht: ISOR (Rijksuniversiteit).

Behrens, Johann, und Wolfgang Voges. 1996. Kritische Übergänge. Statuspassagen und sozialpolitische Institutionalisierung. In *Kritische Übergänge. Statuspassagen und sozialpolitische Institutionalisierung*, Hrsg. J. Behrens und W. Voges, 16–42. Frankfurt: Campus.

Behringer, Luise. 1998. *Lebensführung als Identitätsarbeit. Der Mensch im Chaos des modernen Alltags*. Frankfurt: Campus.

Bellenberg, Gabriele. 2012. *Schulformwechsel in Deutschland. Durchlässigkeit und Selektion in den 16 Schulsystemen der Bundesländer innerhalb der Sekundarstufe I*. Gütersloh: Bertelsmann.

Bengtson, Vern, und Robert Harootyan, Hrsg. 1994. *Intergenerational linkages. Hidden connections in American society*. New York: Springer.

Berger, Bennet. 1960. How long is a generation? *British Journal of Sociology* 9 (1): 10–23.

Berger, Peter A. 1996. *Individualisierung. Statusunsicherheit und Erfahrungsvielfalt*. Opladen: Westdeutscher Verlag.

Berger, Peter A., und Ronald Hitzler, Hrsg. 2010. *Individualisierungen. Ein Vierteljahrhundert „jenseits von Stand und Klasse"?* Wiesbaden: VS.

Berger, Peter A., und Peter Sopp. 1992. Bewegtere Zeiten? Zur Differenzierung von Erwerbsverlaufsmustern in Westdeutschland. *Zeitschrift für Soziologie* 21 (3): 166–185.

Berger, Peter L., Brigitte Berger, und Hansfried Kellner. 1975. *Das Unbehagen in der Modernität*. Frankfurt: Campus (am. Orig.: 1973).

Bernardi, Bernardo. 1985. *Age class systems. Social institutions and polities based on age*. Cambridge: Cambridge University Press.

Bernardi, Laura, Johannes Huinink, und Richard Settersten. 2019. The life course cube. A tool for studying lives. *Advances in Life Course Research* 41:100258. https://doi.org/10.1016/j.alcr.2018.11.004.

Bertaux, Daniel, Hrsg. 1981. *Biography and society. The life history approach in the social sciences*. Beverly Hills: Sage.

Bertaux, Daniel, und Martin Kohli. 1984. The life story approach: A continental view. *Annual Review of Sociology* 10:215–237.

Best, Fred. 1980. *Flexible life scheduling. Breaking the education-work-retirement lockstep.* New York: Praeger.

Best, Fred. 1990. Does flexible life scheduling have a future? In *Rethinking worklife options for older persons*, Hrsg. J. Habib und C. Nusberg, 217–242. Washington: International Federation on Ageing.

Best, Heinrich. 2003. Geschichte und Lebensverlauf. Theoretische Modelle und empirische Befunde zur Formierung politischer Generationen im Deutschland des 19. Jahrhunderts. In *Generationswechsel und historischer Wandel*, Hrsg. A. Schulz und G. Grebner, 57–69. München: Oldenbourg.

Bien, Walter, und Jan Marbach, Hrsg. 2003. *Partnerschaften und Familiengründung. Ergebnisse der dritten Welle des Familien-Survey.* Opladen: Leske + Budrich.

Billari, Francesco, und Aart Liefbroer. 2010. Towards a new pattern of transition to adulthood? *Advances in Life Course Research* 15 (2–3): 59–75.

Bing, Leon. 1991. *Do or die (for the first time, members of L.A.'s most notorious teenage gangs – the Crips and the Bloods – speak for themselves).* New York: Harper Collins.

Blau, Peter, und Otis Duncan. 1967. *The American occupational structure.* New York: Wiley.

Blome, Agnes, Wolfgang Keck, und Jens Alber. 2008. *Generationenbeziehungen im Wohlfahrtsstaat. Lebensbedingungen und Einstellungen von Altersgruppen im internationalen Vergleich.* Wiesbaden: VS.

Blossfeld, Hans-Peter. 1985. *Bildungsexpansion und Berufschancen. Empirische Analysen zur Lage der Berufsanfänger in der Bundesrepublik.* Frankfurt: Campus.

Blossfeld, Hans-Peter. 1988. Sensible Phasen im Bildungsverlauf. Eine Längsschnittanalyse über die Prägung von Bildungskarrieren durch den gesellschaftlichen Wandel. *Zeitschrift für Pädagogik* 34 (1): 45–63.

Blossfeld, Hans-Peter. 1989. *Karriereprozesse und Kohortendifferenzierung. Eine Längsschnittstudie über die Veränderung der Bildungs- und Berufschancen im Lebenslauf.* Frankfurt: Campus.

Blossfeld, Hans-Peter, und Sonja Drobnič, Hrsg. 2001. *Careers of couples in contemporary society. From male breadwinner to dual earner families.* Oxford: Oxford University Press.

Blossfeld, Hans-Peter, und Heather Hofmeister, Hrsg. 2006. *Globalization, uncertainty and women's careers.* Cheltenham: Elgar.

Blossfeld, Hans-Peter, und Johannes Huinink. 2001. Lebensverlaufsforschung als sozialwissenschaftliche Forschungsperspektive. Themen, Konzepte Methoden und Probleme. *BIOS* 14 (2): 5–31.

Blossfeld, Hans-Peter, und Götz Rohwer. 1995. *Techniques of event history modeling. New approaches to causal analysis.* Mahwah: Erlbaum.

Blossfeld, Hans-Peter, et al., Hrsg. 2005. *Globalization, uncertainty, and youth in society.* London: Routledge.

Blossfeld, Hans-Peter, Melinda Mills, und Fabrizio Bernardi, Hrsg. 2006. *Globalization, uncertainty and men's careers. An international comparison.* Cheltenham: Elgar.

Blossfeld, Hans-Peter, Thorsten Schneider, und Jörg Doll. 2009. Die Längsschnittstudie Nationales Bildungspanel: Notwendigkeit. *Grundzüge und Analysepotential. Pädagogische Rundschau* 63 (2): 249–259.

Blossfeld, Hans-Peter, Hans-Günther Roßbach, und Jutta von Maurice, Hrsg. 2011. *Education as a lifelong process. The German National Educational Panel Study (NEPS).* Wiesbaden: VS.

Blossfeld, Hans-Peter, et al., Hrsg. 2015. *Gender, education and employment. An international comparison of school-to-work transitions*. Cheltenham: Elgar.

Blossfeld, Hans-Peter, et al., Hrsg. 2016. *Methodological issues of longitudinal surveys. The example of the National Educational Panel Study*. Wiesbaden: Springer VS.

BMBF. 2015. *Weiterbildungsverhalten in Deutschland 2014. Ergebnisse des Adult Education Survey – AES Trendbericht*. Bonn: BMBF.

Born, Claudia. 2001. Modernisierungsgap und Wandel. Angleichung geschlechtsspezifischer Lebensführungen? In *Individualisierung und Verflechtung. Geschlecht und Generation im deutschen Lebenslaufregime*, Hrsg. C. Born und H. Krüger, 29–53. Weinheim: Juventa.

Born, Claudia, und Helga Krüger. 2001. Das Lebenslaufregime der Verflechtung: Orte, Ebenen und Thematisierungen. In *Individualisierung und Verflechtung. Geschlecht und Generation im deutschen Lebenslaufregime*, Hrsg. C. Born und H. Krüger, 11–26. Weinheim: Juventa.

Bosch, Gerhard. 2013. Normalarbeitsverhältnis. In *Lexikon der Arbeits- und Industriesoziologie*, Hrsg. H. Hirsch-Kreinsen und H. Minssen, 376–382. Berlin: edition Sigma.

Bourdieu, Pierre. 1998. Prekarität ist überall. In *Gegenfeuer. Wortmeldungen im Dienste des Widerstands gegen die neoliberale Invasion*, Hrsg. P. Bourdieu, 96–102. Konstanz: UVK.

Brandtstädter, Jochen, und Ulman Lindenberger, Hrsg. 2007. *Entwicklungspsychologie der Lebensspanne. Ein Lehrbuch*. Stuttgart: Kohlhammer.

Bright, Jim, und Joanne Earl. 2011. *Brilliant CV: What employers want to see and how to say it*, 4. Aufl. Harlow: Prentice Hall.

Brim, Orville. 1966. Socialization through the life cycle. In *Socialization after childhood: Two essays*, Hrsg. O. Brim und S. Wheeler, 1–49. New York: Wiley.

Bröckling, Ulrich. 2007. *Das unternehmerische Selbst. Soziologie einer Subjektivierungsform*. Frankfurt: Suhrkamp.

Brose, Hanns-Georg, und Bruno Hildenbrand. 1988. Biographisierung von Erleben und Handeln. In *Vom Ende des Individuums zur Individualität ohne Ende*, Hrsg. H.-G. Brose und B. Hildenbrand, 11–30. Opladen: Leske + Budrich.

Brose, Hanns-Georg, Monika Wohlrab-Sahr, und Michael Corsten. 1993. *Soziale Zeit und Biographie. Über die Gestaltung von Alltagszeit und Lebenszeit*. Opladen: Westdeutscher Verlag.

Brückner, Erika, und Karl Ulrich Mayer. 1998. Collecting life history data. Experiences from the German Life History Study. In *Methods of life course research: Qualitative and quantitative approaches*, Hrsg. J. Giele und G. Elder, 152–181. London: Sage.

Brückner, Hannah, und Karl Ulrich Mayer. 2005. De-standardization of the life course: What it might mean? And if it means anything, whether it actually took place? In *The structure of the life course: Standardized? Individualized? Differentiated?* Hrsg. R. Macmillan, 27–53. Amsterdam: Elsevier.

Brüderl, Josef. 2004. Die Pluralisierung partnerschaftlicher Lebensformen in Westdeutschland und Europa. *Aus Politik und Zeitgeschichte* 54 (19): 3–10.

Brzinsky-Fay, Christian. 2007. Lost in transition? Labour market entry sequences of school leavers in Europe. *European Sociological Review* 23 (4): 409–422.

Buchholz, Sandra. 2008. *Die Flexibilisierung des Erwerbsverlaufs. Eine Analyse von Einstiegs- und Ausstiegsprozessen in Ost- und Westdeutschland*. Wiesbaden: VS.

Buchholz, Sandra, et al. 2012. Sind leistungsschwache Jugendliche tatsächlich nicht ausbildungsfähig? Eine Längsschnittanalyse zur beruflichen Qualifizierung von

Jugendlichen mit geringen kognitiven Kompetenzen im Nachbarland Schweiz. *Kölner Zeitschrift für Soziologie und Sozialpsychologie* 64 (4): 701–727.

Buchmann, Marlis. 1989a. *The script of life in modern society Entry into adulthood in a changing world*. Chicago: University of Chicago Press.

Buchmann, Marlis. 1989b. Die Dynamik von Standardisierung und Individualisierung im Lebenslauf. Der Übertritt ins Erwachsenenalter im sozialen Wandel fortgeschrittener Industriegesellschaften. In *Handlungsspielräume Untersuchungen zur Individualisierung und Institutionalisierung von Lebensläufen in der Moderne*, Hrsg. A. Weymann, 90–104. Stuttgart: Enke.

Buchmann, Marlis, und Irene Kriesi. 2011. Transition to adulthood in Europe. *Annual Review of Sociology* 37:481–503.

Buchmann, Marlis, und Stefan Sacci. 1995. Zur Differenzierung von Berufsverläufen. Ein mehrdimensionaler Kohortenvergleich. In *Sozialstruktur und Lebenslauf*, Hrsg. P. Berger und P. Sopp. 49–64. Opladen: Leske + Budrich.

Büchtemann, Christoph, Jürgen Schupp, und Dana Soloff. 1993. Übergänge von der Schule in den Beruf – Deutschland und USA im Vergleich. *Mitteilungen aus der Arbeitsmarkt- und Berufsforschung* 26 (4): 507–520.

Bude, Heinz. 1987. *Deutsche Karrieren. Lebenskonstruktionen sozialer Aufsteiger aus der Flakhelfer-Generation*. Frankfurt: Suhrkamp.

Bude, Heinz. 1995. *Das Altern einer Generation. Die Jahrgänge 1938 bis 1948*. Frankfurt: Suhrkamp.

Bude, Heinz. 2000. Die biographische Relevanz der Generation. In *Generationen in Familie und Gesellschaft*, Hrsg. M. Kohli und M. Szydlik, 19–35. Opladen: Leske + Budrich.

Bude, Heinz. 2005. „Generation" im Kontext Von den Kriegs- zu den Wohlfahrtsstaatsgenerationen. In *Generationen. Zur Relevanz eines wissenschaftlichen Grundbegriffs*, Hrsg. U. Jureit und M. Wildt, 28–44. Hamburg: Hamburger Edition.

Bühler, Charlotte. 1933. *Der menschliche Lebenslauf als psychologisches Problem*. Leipzig: Hirzel.

Bynner, John. 2005. Rethinking the youth phase of the life course. The case for emerging adulthood? *Journal of Youth Studies* 8 (4): 367–384.

Bynner, John. 2016. Institutionalization of life course studies. In *Handbook of the life course*, Hrsg. M. Shanahan, J. Mortimer, und M. Johnson, 27–58. Cham: Springer.

Bynner, John, et al. 2009. Editorial: Longitudinal and life course studies. *Longitudinal and Life Course Studies* 1 (1): 3–10.

Cain, Leonard. 1964. Life course and social structure. In *Handbook of modern sociology*, Hrsg. R. Faris, 272–309. Chicago: Rand McNally.

Caspi, Avshalom, Brent Roberts, und Rebecca Shiner. 2005. Personality development: Stability and change. *Annual Review of Psychology* 56:453–484.

Castel, Robert. 2005. *Die Stärkung des Sozialen. Leben im neuen Wohlfahrtsstaat*. Hamburg: Hamburger Edition.

Castel, Robert, und Klaus Dörre, Hrsg. 2009. *Prekarität, Abstieg, Ausgrenzung. Die soziale Frage am Beginn des 21. Jahrhunderts*. Frankfurt: Campus.

Chanfrault-Duchet, Marie-F. 1995. Biographical research in former West Germany. *Current Sociology* 43 (2): 209–219.

Chudacoff, Howard. 1984. *How old are you? Age consciousness in American culture*. Princeton: Princeton University Press.
Clausen, John. 1986. *The life course. A sociological perspective*. Englewood Cliffs: Prentice-Hall.
Clausen, John. 1991. Adolescent competence and the shaping of the life course. *American Journal of Sociology* 96 (4): 805–842.
Clausen, John. 1993. *Amercan lives. Looking back at the children of the Great Depression*. New York: Free Press.
Clausen, John. 1995. Gender, contexts, and turning points in adults' lives. In *Examining lives in context: Perspectives on the ecology of human development*, Hrsg. P. Moen, G. Elder, und K. Lüscher, 365–399. Washington: American Psychological Association.
Collins, Randall. 1992. The romanticism of agency/structure versus the analysis of micro/macro. *Current Sociology* 40 (1): 79–97.
Comte, Auguste. 1974. *Die Soziologie. Die positive Philosophie im Auszug*, 2. Aufl. Stuttgart: Kröner (frz. Orig.: 1839).
Cornwell, Benjamin. 2015. *Social sequence analysis. Methods and applications*. Cambridge: Cambridge University Press.
Corsten, Michael. 2001. Biographie, Lebenslauf und das „Problem der Generation". *BIOS* 14 (2): 32–59.
Cressey, Paul. 1932. *The taxi-dance hall: A sociological study in commercialized recreation and city life*. Chicago: University of Chicago Press.
Crockett, Lisa. 2002. Agency in the life course. Concepts and processes. In *Agency, motivation, and the life course*, Hrsg. L. Crockett, 1–29. Lincoln: University of Nebraska Press.
Cunningham, Hugh. 2006. *Die Geschichte des Kindes in der Neuzeit*. Düsseldorf: Artemis&Winkler.
Dannefer, Dale. 2002. Whose life course is it, anyway? Diversity and „linked lives" in global perspective. In *Invitation to the life course. Toward new understandings of later life*, Hrsg. R. Settersten, 259–268. Amityville: Baywood.
Dannefer, Dale. 2003. Cumulative advantage/disadvantage and the life course. Cross-fertilizing age and social science theory. *Journal of Gerontology (Social Sciences)* 58B (6): 327–337.
Dannefer, Dale. 2011. Age, the life course, and the sociological imagination: Prospects for theory. In *Handbook of aging and the social sciences*, Hrsg. R. Binstock und L. George, 3–16. Amsterdam: Elsevier.
Dannefer, Dale, und Antje Daub. 2009. Extending the iterrogation: Life span, life course, and the constitution of human aging. *Advances in Life Course Research* 14 (1–2): 15–27.
Dannefer, Dale, und Jessica Kelley-Moore. 2009. Theorizing the life course: New twists in the paths. In *Handbook of theories of aging*, 2. Aufl., Hrsg. V. Bengtson et al., 389–411. New York: Springer.
Dannefer, Dale, und Peter Uhlenberg. 1999. Paths of the life course: A typology. In *Handbook of theories of aging*, Hrsg. V. Bengtson und K. Schaie, 306–326. New York: Springer.
Diewald, Martin. 2004. Die neue Arbeitsgesellschaft als ICH-AG. In *Das individualisierte Ich in der modernen Gesellschaft*, Hrsg. G. Nollmann und H. Strasser, 110–129. Frankfurt: Campus.
Diewald, Martin. 2006. Spirals of success and failure? The interplay of control beliefs and working lives in the transition from planned to market economy. In *After the fall of the*

wall. Life courses in the transformation of East Germany, Hrsg. M. Diewald, A. Goedicke, und K. U. Mayer, 214–236. Stanford: Stanford University Press.

Diewald, Martin, und Karl Ulrich Mayer. 2009. The sociology of the life course and life span psychology: Integrated paradigm or complementing pathways? *Advances in Life Course Research* 14 (1–2): 5–14.

Diewald, Martin, und Stephanie Sill. 2004. Mehr Risiken, mehr Chancen? Trends in der Arbeitsmarktmobilität seit Mitte der 1980er Jahre. In *Beschäftigungsstabilität im Wandel?* Hrsg. O. Struck und C. Köhler, 39–62. München: Hampp.

Diewald, Martin, Heike Solga, und Anne Goedicke. 2006. Old assets, new liabilities? How did personal characteristics contribute to labor market success or failure after 1989? In *After the fall of the wall. Life courses in the transformation of East Germany*, Hrsg. M. Diewald, A. Goedicke, und K. U. Mayer, 65–88. Stanford: Stanford University Press.

Dilthey, Wilhelm. 1961. Über das Studium der Geschichte der Wissenschaften vom Menschen, der Gesellschaft und dem Staat. In *Gesammelte Schriften*, Bd. V, 3. Aufl., Hrsg. W. Dilthey, 31–73. Stuttgart: Teubner (Orig.: 1875).

DiPrete, Thomas. 2002. Life course risks, mobility regimes, and mobility consequences. A comparison of Sweden, Germany, and the United States. *American Journal of Sociology* 108 (2): 267–309.

DiPrete, Thomas, und Gregory Eirich. 2006. Cumulative advantage as a mechanism for inequality. A review of theoretical and empirical developments. *Annual Review of Sociology* 32:271–297.

Dobischat, Rolf. 2010. Schulische Berufsbildung im Gesamtsystem der beruflichen Bildung. Herausforderungen an der Übergangspassage von der Schule in den Beruf. In *Das Berufsbildungssystem in Deutschland Aktuelle Entwicklungen und Standpunkte*, Hrsg. G. Bosch, S. Krone, und D. Langer, 101–131. Wiesbaden: VS.

Easterlin, Richard. 1980. *Birth and fortune: The impact of numbers on personal welfare*. New York: Basic Books.

Ebaugh, Helen. 1988. *Becoming an ex. The process of role exit*. Chicago: University of Chicago Press.

Eisenstadt, Shmuel. 1956. *From generation to generation: Age groups and social structure*. Glencoe: Free Press.

Elchardus, Mark, und Wendy Smits. 2006. The persistence of the standardized life cycle. *Time & Society* 15 (2/3): 303–326.

Elder, Glen. 1974. *Children of the Great depression. Social change in life experience*. Chicago: University of Chicago Press.

Elder, Glen. 1975. Age differentiation and the life course. *Annual Review of Sociology* 1:165–190.

Elder, Glen. 1979. Historical change in life patterns and personality. In *Life-span development and behavior*, Bd. 2, Hrsg. P. Baltes und O. Brim, 117–159. New York: Academic Press.

Elder, Glen. 1985. Perspectives on the life course. In *Life course dynamics: Transitions and trajetories, 1968-1980*, Hrsg. G. Elder, 23–49. Ithaca: Cornell University Press.

Elder, Glen. 1986. Military times and turning points in men's lives. *Developmental Psychology* 22 (2): 233–245.

Elder, Glen. 1999. *Children of the Great depression. Social change in life experience*, (25th anniversary) Aufl. Bolder: Westview Press.

Elder, Glen, und Avsholm Caspi. 1990. Die Entstehung der Lebensverlaufsforschung. In *Lebensverläufe und sozialer Wandel*, Hrsg. K. U. Mayer, 22–57. Opladen: Westdeutscher Verlag (KZfSS-Sonderheft 31).
Elder, Glen, und Michael Shanahan. 2006. The life course and human development. In *Theoretical models of human development (Handbook of child psychology; Bd. 1)*, 6. Aufl., Hrsg. R. Lerner, 665–715. Hoboken: Wiley.
Elder, Glen, Monica Johnson, und Robert Crosnoe. 2003. The emergence and development of life course theory. In *Handbook of the life course*, Hrsg. J. Mortimer und M. Shanahan, 3–19. New York: Kluwer/Plenum.
Elias, Norbert. 1992a. Entwurf zu einer Theorie der Zivilisation. In *Über den Prozess der Zivilisation. Soziogenetische Soziogenetische und psychogenetische Untersuchungen*, Bd. 2, 17. Aufl., Hrsg. N. Elias, 312–454. Frankfurt: Suhrkamp (Orig.: 1939).
Elias, Norbert. 1992b. *Über den Prozess der Zivilisation. Soziogenetische und psychogenetische Untersuchungen*, Bd. 2, 17. Aufl. Frankfurt: Suhrkamp (Orig.: 1939).
Elman, Cheryl, und Angela O'Rand. 2004. The race is to the swift. Socioeconomic origins, adult education, and wage attainment. *American Journal of Sociology* 110 (1): 123–160.
Elwert, Georg, und Martin Kohli. 1990. Einleitung. In *Im Lauf der Zeit*, Hrsg. G. Elwert, M. Kohli, und H. Müller, 3–9. Saarbrücken: Breitenbach.
Elwert, Georg, Martin Kohli, und Harald Müller, Hrsg. 1990. *Im Lauf der Zeit. Ethnologische Studien zur gesellschaftlichen Konstruktion von Lebensaltern*. Saarbrücken: Breitenbach.
Elzinga, Cees, und Aart Liefbroer. 2007. De-standardization of family-life trajectories of young adults. A cross-national comparison using sequence analysis. *European Journal of Population* 23 (3/4): 225–250.
Emirbayer, Mustafa, und Ann Mische. 1998. What is agency? *American Journal of Sociology* 103 (4): 962–1023.
Erikson, Erik. 1959. *Identity and the life cycle: Selected papers*. New York: International University Press.
Erlinghagen, Marcel. 2004. *Die Restrukturierung des Arbeitsmarktes. Arbeitsmarktmobilität und Beschäftigungsstabilität im Zeitverlauf*. Wiesbaden: VS.
Erzberger, Christian. 2001. Sequenzmusteranalyse als fallorientierte Analysestrategie. In *Strukturen des Lebenslaufs. Übergang – Sequenz – Verlauf*, Hrsg. R. Sackmann und M. Wingens, 135–162. Weinheim: Juventa.
Esping-Anderson, Gøsta. 1990. *The three worlds of welfare capitalism*. Cambridge: Polity Press.
Ette, Andreas, Kerstin Ruckdeschel, und Rainer Unger, Hrsg. 2010. *Potenziale intergenerationaler Beziehungen. Chancen und Herausforderungen für die Gestaltung des demografischen Wandels*. Würzburg: Ergon.
Falk, Susanne. 2005. *Geschlechtsspezifische Ungleichheit im Erwerbsverlauf. Analysen für den deutschen Arbeitsmarkt*. Wiesbaden: VS.
Feller, Gisela. 2002. Leistungen und Defizite der Berufsfachschule als Bildungsgang mit Berufsabschluss. In *Bildung und Beruf Ausbildung und berufsstruktureller Wandel in der Wissensgesellschaft*, Hrsg. M. Wingens und R. Sackmann, 139–157. Weinheim: Juventa.
Fietze, Beate. 2009. *Historische Generationen. Über einen sozialen Mechanismus kulturellen Wandels und kollektiver Kreativität*. Bielefeld: transcript.
Fischer, Wolfram, und Martin Kohli. 1987. Biographieforschung. In *Methoden der Biographie- und Lebenslaufforschung*, Hrsg. W. Voges, 25–49. Opladen: Leske + Budrich.

Fischer-Rosenthal, Wolfram. 1990. Von der „biographischen Methode" zur Biographieforschung: Versuch einer Standortbestimmung. In *Biographieforschung Eine Zwischenbilanz in der deutschen Soziologie*, Hrsg. P. Alheit, W. Fischer-Rosenthal, und E. Hoerning, 11–32. Bremen: Universität Bremen.

Flaherty, Michael, und Gary Fine. 2001. Present, past, and future. Conjugating George Herbert Mead's perspective on time. *Time & Society* 10 (2/3): 147–161.

Fogt, Helmut. 1982. *Politische Generationen. Empirische Bedeutung und theoretisches Modell*. Opladen: Westdeutscher Verlag.

Foner, Anne, und David Kertzer. 1978. Transitions over the life course: Lessons from age-set societies. *American Journal of Sociology* 83 (5): 1081–1104.

Friebel, Harry, et al. 2000. *Bildungsbeteiligung: Chancen und Risiken. Eine Längsschnittstudie über Bildungs- und Weiterbildungskarrieren in der „Moderne"*. Opladen: Leske + Budrich.

Fry, Christine. 2002. The life course as a cultural construct. In *Invitation to the life course. Toward new understandings of later life*, Hrsg. R. Settersten, 269–294. Amityville: Baywood.

Fuchs, Werner. 1983. Jugendliche Statuspassage oder individualisierte Jugendbiographie? *Soziale Welt* 34 (3): 341–371.

Fuchs, Stephan. 2001. Beyond agency. *Sociological Theory* 19 (1): 24–40.

Fuchs-Heinritz, Werner. 1998. Soziologische Biographieforschung: Überblick und Verhältnis zur allgemeinen Soziologie. In *Biographische Methoden in den Humanwissenschaften*, Hrsg. G. Jüttemann und H. Thomae, 3–23. Weinheim: Beltz.

Fuchs-Heinritz, Werner. 2009. *Biographische Forschung: Eine Einführung in Praxis und Methoden*, 4. Aufl. Wiesbaden: VS.

Fussel, Elizabeth, und Frank Furstenberg. 2005. The transition to adulthood during the twentieth century. Race, nativity, and gender. In *On the frontier of adulthood. Theory, research, and public policy*, Hrsg. R. Settersten, F. Furstenberg, und R. Rumbaut, 29–75. Chicago: University of Chicago Press.

Gamoran, Adam, und Robert Mare. 1989. Secondary school tracking and educational inequality. Compensation, reinforcement, or neutrality? *American Journal of Sociology* 94 (5): 1146–1183.

Geertz, Clifford. 1973. Thick description. Toward an interpretive theory of culture. In *The interpretation of cultures selected essays*, Hrsg. C. Geertz, 3–30. New York: Basic Books.

Geissler, Birgit. 2004. Das Individuum im Wohlfahrtsstaat. *Lebenslaufpolitikund Lebensplanung. Zeitschrift für Sozialreform* 50 (1–2): 105–125.

Geißler, Rainer. 2004. Die Illusion der Chancengleichheit im Bildungssystem – von PISA gestört. *Zeitschrift für Soziologie der Erziehung und Sozialisation* 24 (4): 362–380.

Geissler, Birgit, und Mechthild Oechsle. 1996. *Lebensplanung junger Frauen. Zur widersprüchlichen Modernisierung weiblicher Lebensverläufe*. Weinheim: Deutscher Studien-Verlag.

George, Linda. 1993. Sociological perspectives on life transitions. *Annual Review of Sociology* 19:353–373.

George, Linda. 2003. Life course research. Achievements and potential. In *Handbook of the life course*, Hrsg. J. Mortimer und M. Shanahan, 671–680. New York: Kluwer/Plenum.

Gestrich, Andreas. 1999. *Geschichte der Familie im 19. und 20. Jahrhundert*. München: Oldenbourg.
Giddens, Anthony. 1984. *The constitution of society. Outline of the theory of structuration*. Cambridge: Polity Press.
Giele, Janet, und Glen Elder. 1998. Life course research: Development of a field. In *Methods of life course research: Qualitative and quantitative approaches*, Hrsg. J. Giele und G. Elder, 5–27. London: Sage.
Giesecke, Johannes, und Jan Heisig. 2010. Destabilisierung und Destandardisierung, aber für wen? Die Entwicklung der westdeutschen Arbeitsplatzmobilität seit 1984. *Kölner Zeitschrift für Soziologie und Sozialpsychologie* 62 (3): 403–435.
Gillis, John. 1980. *Geschichte der Jugend*. Weinheim: Beltz.
Glaser, Barney, und Anselm Strauss. 1971. *Status passage: A formal theory*. Chicago: Aldine-Atherton.
Glenn, Norval. 1977. *Cohort analysis*. Beverly Hills: Sage.
Glenn, Norval. 2003. Distinguishing age, period, and cohort effects. In *Handbook of the life course*, Hrsg. J. Mortimer und M. Shanahan, 465–476. New York: Kluwer/Plenum.
Goffman, Erving. 1961. *Asylums. Essays on the social situation of mental patients and other inmates*. Chicago: Aldine.
Goldin, Claudia. 2006. The quiet revolution that transformed women's employment, education, and family. *American Economic Review* 96 (2): 1–21.
Goodson, Ivor, Hrsg. 2016. *The Routledge international handbook on narrative and life history*. Milton: Taylor and Francis.
Gottschall, Karin. 2000. *Soziale Ungleichheit und Geschlecht. Kontinuitäten und Brüche, Sackgassen und Erkenntnispotentiale im deutschen soziologischen Diskurs*. Opladen: Leske + Budrich.
Granovetter, Mark. 1973. The strength of weak ties. *American Journal of Sociology* 78 (6): 1360–1380.
Groß, Martin. 2008. *Klassen, Schichten, Mobilität. Eine Einführung*. Wiesbaden: VS.
Guillemard, Anne-Marie. 1991. Die Destandardisierung des Lebenslaufs in den europäischen Wohlfahrtsstaaten. *Zeitschrift für Sozialreform* 37 (10): 620–639.
Hagestad, Gunhild. 1991. Trends and dilemmas in life course research: An international perspective. In *Theoretical advances in life course research*, Hrsg. W. Heinz, 23–57. Weinheim: Deutscher Studien-Verlag.
Hall, Anja. 2012. Lohnen sich schulische und duale Ausbildung gleichermaßen? Bildungserträge von Frauen und Männern im Vergleich. In *Soziologische Bildungsforschung*, Hrsg. R. Becker und H. Solga, 281–301. Wiesbaden: Springer VS (KZfSS-Sonderheft 52).
Hall, Peter, und David Soskice. 2001. An introduction to varieties of capitalism. In *Varieties of capitalism. The institutional foundations of comparative advantage*, Hrsg. P. Hall und D. Soskice, 1–68. Oxford: Oxford University Press.
Han, Shin-Kap, und Phyllis Moen. 1999. Clocking out. Temporal patterning of retirement. *American Journal of Sociology* 105 (1): 191–236.
Hardach, Gerd. 2006. *Der Generationenvertrag – Lebenslauf und Lebenseinkommen in Deutschland in zwei Jahrhunderten*. Berlin: Duncker&Humblot.
Hardering, Friedericke. 2011. *Unsicherheiten in Arbeit und Biographie. Zur Ökonomisierung der Lebensführung*. Wiesbaden: VS.

Hareven, Tamara. 1982. *Family time and indiustrial time. The relationship between the family and work in a New England industrial community.* Cambridge: Cambridge University Press.

Hareven, Tamara, und Kanji Masaoka. 1988. Turning points and transitions. Perceptions of the life course. *Journal of Family History* 13 (3): 271–289.

Harrison, Barbara, Hrsg. 2009. *Life story research (Bd. 1-4).* Los Angeles: Sage.

Hausen, Karin. 1976. Die Polarisierung der „Geschlechtscharaktere" – eine Spiegelung der Dissoziation von Erwerbs- und Familienleben. In *Sozialgeschichte der Familie in der Neuzeit Europas: Neue Forschungen,* Hrsg. W. Conze, 363–393. Stuttgart: Klett-Cotta.

Havighurst, Robert. 1948. *Developmental tasks and education.* Chicago: University of Chicago Press.

Heckhausen, Jutta. 1990. Erwerb und Funktion normativer Vorstellungen über den Lebenslauf. Ein entwicklungspsychologischer Beitrag zur sozio-psychischen Konstruktion von Biographien. In *Lebensverläufe und sozialer Wandel,* Hrsg. K.U. Mayer, 251–373. Opladen: Westdeutscher Verlag.

Heckhausen, Jutta. 1999. *Developmental regulation in adulthood. Age-normative and sociostructural constraints as adaptive challenges.* Cambridge: Cambridge University Press.

Heinz, Walter. 1996. Status passages as micro-macro linkages in life course research. In *Society and biography. Interrelations between social structure, institutions and the life course,* Hrsg. A. Weymann und W. Heinz, 51–65. Weinheim: Deutscher Studien-Verlag.

Heinz, Walter. 2000. Selbstsozialisation im Lebenslauf. Umrisse einer Theorie biographischen Handelns. In *Biographische Sozialisation,* Hrsg. E. Hoerning, 165–186. Stuttgart: Lucius & Lucius.

Heinz, Walter. 2003a. From work trajectories to negotiated careers. The contingent work life course. In *Handbook of the life course,* Hrsg. J. Mortimer und M. Shanahan, 185–204. New York: Kluwer/Plenum.

Heinz, Walter. 2003b. Introduction. In *Social dynamics of the life course. Transitions, institutions, and interrelations,* Hrsg. W. Heinz und V. Marshall. New York: Aldine de Gruyter.

Heinz, Walter, und Helga Krüger. 2001. Life course: Innovations and challenges for social research. *Current Sociology* 49 (2): 29–45.

Heinz, Walter, et al. 2009. General introduction. In *The life course reader. Individuals and societies across time,* Hrsg. W. Heinz et al., 15–30. Frankfurt: Campus.

Held, Thomas. 1986. Institutionalization and deinstitutionalization of the life course. *Human Development* 29 (3): 157–162.

Hendricks, Jon. 2001. It's about time. In *Aging and the meaning of time,* Hrsg. S. McFadden und R. Atchley, 21–50. New York: Springer.

Herbert, Ulrich. 2003. Drei politische Generationen im des 20. Jahrhunderts. In *Generationalität und Lebensgeschichte im 20. Jahrhundert,* Hrsg. J. Reulecke, 95–114. München: Oldenbourg.

Hesse, Jürgen, und Hans Schrader. 2007. *Praxismappe: So schreiben Sie einen überzeugenden Lebenslauf.* Frankfurt: Eichborn.

Hillmert, Steffen. 2001. *Ausbildungssysteme und Arbeitsmarkt. Lebensverläufe in Großbritannien und Deutschland im Kohortenvergleich.* Wiesbaden: Westdeutscher Verlag.

Hillmert, Steffen. 2002. Stabilität und Wandel des „deutschen Modells". Lebensverläufe im Übergang zwischen Schule und Beruf. In *Bildung und Beruf Ausbildung und berufsstruktureller Wandel in der Wissensgesellschaft*, Hrsg. M. Wingens und R. Sackmann, 65–82. Weinheim: Juventa.

Hillmert, Steffen. 2005. From old to new structures. A long-term comparison of the transition to adulthood in West and East Germany. In *The structure of the life course: Standardized? Individualized? Differentiated?* Hrsg. R. Macmillan, 151–173. Amsterdam: Elsevier.

Hillmert, Steffen, und Marita Jacob. 2003. Bildungsprozesse zwischen Diskontinuität und Karriere: Das Phänomen der Mehrfachausbildungen. *Zeitschrift für Soziologie* 32 (4): 325–345.

Hillmert, Steffen, und Karl Ulrich Mayer, Hrsg. 2004. *Geboren 1964 und 1971. Neuere Untersuchungen zu Ausbildungs- und Berufschancen in Westdeutschland*. Wiesbaden: VS.

Hitlin, Steven, und Glen Elder. 2006. Agency – An empirical model of an abstract concept. *Advances in Life Course Research* 11:33–67.

Hitlin, Steven, und Glen Elder. 2007. Time, self, and the curiously abstract concept of agency. *Sociological Theory* 25 (2): 170–190.

Hitlin, Steven, und Monica Johnson. 2015. Reconceptualizing agency within the life course. The power of looking ahead. *American Journal of Sociology* 120 (5): 1429–1472.

Hoerning, Erika. 1987. Lebensereignisse Übergänge im Lebenslauf. In *Methoden der Biographie- und Lebenslaufforschung*, Hrsg. W. Voges, 231–259. Opladen: Leske + Budrich.

Hofäcker, Dirk. 2015. In line or odds with active ageing policies? Exploring patterns of retirement preferences in Europe. *Ageing & Society* 35 (7): 1529–1556.

Hofferth, Sandra, und Frances Goldscheider. 2016. Family heterogeneity over the life course. In *Handbook of the life course*, Bd. II, Hrsg. M. Shanahan, J. Mortimer, und M. Johnson, 161–178. Cham: Springer.

Hogan, Dennis. 1978. The variable order of events in the life course. *Annual Sociological Review* 43 (4): 573–586.

Hogan, Dennis. 1980. The transition to adulthood as a career contingency. *Annual Sociological Review* 45 (2): 261–276.

Hogan, Dennis, und Nan Astone. 1986. The transition to adulthood. *Annual Review of Sociology* 12:109–130.

Hoggett, Paul. 2001. Agency, rationality and social policy. *Journal of Social Policy* 30 (1): 37–56.

Honig, Michael. 1999. *Entwurf einer Theorie der Kindheit*. Frankfurt: Suhrkamp.

Huinink, Johannes. 1995. *Warum noch Familie? Zur Attraktivität von Partnerschaft und Elternschaft in unserer Gesellschaft*. Frankfurt: Campus.

Huinink, Johannes. 2013. De-standardisation or changing life course patterns? Transition to adulthood from a demographic perspective. In *The demography of Europe*, Hrsg. G. Neyer et al., 99–118. Dordrecht: Springer.

Huinink, Johannes, und Michael Wagner. 1998. Individualisierung und die Pluralisierung der Lebensformen. In *Die Individualisierungs-These*, Hrsg. J. Friedrichs, 85–106. Opladen: Leske + Budrich.

Huinink, Johannes, Karl Ulrich Mayer, et al. 1995. *Kollektiv und Eigensinn. Lebensverläufe in der DDR und danach*. Berlin: Akademie.

Hurrelmann, Klaus. 2003. Der entstrukturierte Lebenslauf. Die Auswirkungen der Expansion der Jugendphase. *Zeitschrift für Soziologie der Erziehung und Sozialisation* 23 (2): 115–126.

Imhof, Arthur. 1984a. Von der unsicheren zur sicheren Lebenszeit. Ein folgenschwerer Wandel im Verlaufe der Neuzeit. *Vierteljahresschrift für Sozial- und Wirtschaftsgeschichte* 71 (2): 175–198.

Imhof, Arthur. 1984b. *Die verlorenen Welten. Alltagsbewältigung durch unsere Vorfahren – und weshalb wir uns heute so schwer damit tun*. München: Beck.

Imhof, Arthur. 1988. *Von der unsicheren zur sicheren Lebenszeit. Fünf historisch-demographische Studien*. Darmstadt: Wissenschaftliche Buchgesellschaft.

International Labour Organisation. 2013. *Marking progress against child labour*. Geneva: ILO.

Jäckle, Sebastian. 2017. Sequenzanalyse. In *Neue Trends in den Sozialwissenschaften. Innovative Techniken für qualitative und quantitative Forschung*, Hrsg. S. Jäckle, 333–363. Wiesbaden: Springer VS.

Jacob, Marita. 2004. *Mehrfachausbildung in Deutschland: Karriere, Collage, Kompensation?* Wiesbaden: VS.

Jaeger, Hans. 1977. Generationen in der Geschichte. Überlegungen zu einer umstrittenen Konzeption. *Geschichte und Gesellschaft* 3 (4): 429–452.

Jahoda, Marie, Paul Lazarsfeld, und Hans Zeisel. 1933. *Die Arbeitslosen von Marienthal. Ein soziographischer Versuch über die Wirkungen langdauernder Arbeitslosigkeit*. Leipzig: Hirzel.

Joerissen, Peter, und Cornelia Will. 1984. *Die Lebenstreppe Bilder der menschlichen Lebensalter*. Köln: Verlag Rheinland.

Junge, Matthias. 2002. *Individualisierung*. Frankfurt: Campus.

Jungert, Michael, et al., Hrsg. 2010. *Interdisziplinarität. Theorie, Praxis, Probleme*. Darmstadt: Wissenschaftliche Buchgesellschaft.

Jureit, Ulrike. 2006. *Generationenforschung*. Göttingen: Vandenhoeck & Ruprecht.

Kaufmann, Franz-Xaver. 1993. Generationenbeziehungen und Generationenverhältnisse im Wohlfahrtsstaat. In *Generationenbeziehungen in „postmodernen" Gesellschaften*, Hrsg. K. Lüscher und F. Schultheis, 95–108. Konstanz: Universitätsverlag.

Kaufmann, Franz-Xaver. 2002. *Sozialpolitik und Sozialstaat. Soziologische Analysen*. Opladen: Leske + Budrich.

Keith, Jennie, et al. 1994. *The aging experience. Diversity and commonality across cultures*. Thousand Oaks: Sage.

Kerckhoff, Alan. 2003. From student to worker. In *Handbook of the life course*, Hrsg. J. Mortimer und M. Shanahan, 251–267. New York: Kluwer/Plenum.

Kertzer, David. 1983. Generation as a sociological problem. *Annual Review of Sociology* 9:125–149.

Kertzer, David, und Jennie Keith, Hrsg. 1984. *Age and anthropological theory*. Ithaka: Cornell University Press.

Keupp, Heiner, und Joachim Hohl, Hrsg. 2006. *Subjektdiskurse im gesellschaftlichen Wandel. Zur Theorie des Subjekts in der Spätmoderne*. Bielefeld: transcript.

Keupp, Heiner, et al. 1999. *Identitätskonstruktionen. Das Patchwork der Identitäten in der Spätmoderne*. Reinbek: Rowohlt.
Klein, Hugh. 1990a. Adolescence, youth, and young adulthood. Rethinking current conceptualizations of life stage. *Youth and Society* 21 (4): 446–471.
Klein, Julie. 1990b. *Interdisciplinarity: History, theory, and practice*. Detroit: Wayne State University Press.
Klein, Thomas, und Wolfgang Lauterbach, Hrsg. 1999. *Nichteheliche Lebensgemeinschaften. Analysen zum Wandel partnerschaftlicher Lebensformen*. Opladen: Leske + Budrich.
Klein, Thomas, Andrea Lengerer, und Michaela Uzelac. 2002. Partnerschaftliche Lebensformen im internationalen Vergleich. *Zeitschrift für Bevölkerungswissenschaft* 27 (3): 359–379.
Kocka, Jürgen, Hrsg. 1987. *Interdisziplinarität. Praxis – Herausforderung – Ideologie*. Frankfurt: Suhrkamp.
Koebner, Thomas, Rolf-Peter Janz, und Frank Trommler, Hrsg. 1985. *„Mit uns zieht die neue Zeit" – der Mythos Jugend*. Frankfurt: Suhrkamp.
Kohli, Martin, Hrsg. 1978a. *Soziologie des Lebenslaufs*. Darmstadt: Luchterhand.
Kohli, Martin. 1978b. Erwartungen an eine Soziologie des Lebenslaufs. In *Soziologie des Lebenslaufs*, Hrsg. M. Kohli, 9–31. Darmstadt: Luchterhand.
Kohli, Martin. 1980. Lebenslauftheoretische Ansätze in der Sozialisationsforschung. In *Handbuch der Sozialisationsforschung*, Hrsg. K. Hurrelmann und D. Ulich, 299–317. Weinheim: Beltz.
Kohli, Martin. 1981. Wie es zur „biographischen Methode" kam und was daraus geworden ist. *Zeitschrift für Soziologie* 10 (3): 273–293.
Kohli, Martin. 1983. Thesen zur Geschichte des Lebenslaufs als sozialer Institution. In *Gerontologie und Sozialgeschichte. Wege zu einer historischen Betrachtung des Alters*, Hrsg. C. Conrad und H. -J. von Kondratowitz, 133–147. Berlin: DZA.
Kohli, Martin. 1985. Die Institutionalisierung des Lebenslaufs. Historische Befunde und theoretische Argumente. *Kölner Zeitschrift für Soziologie und Sozialpsychologie* 37 (1): 1–29.
Kohli, Martin. 1986a. Gesellschaftszeit und Lebenszeit. Der Lebenslauf im Strukturwandel der Moderne. In *Die Moderne – Kontinuitäten und Zäsuren*, Hrsg. J. Berger, 183–208. Göttingen: Schwartz.
Kohli, Martin. 1986b. Social organization and subjective construction of the life course. In *Human development and the life course: Multidisciplinary perspectives*, Hrsg. A. Sørensen, F. Weinert, und L. Sherrod, 271–292. Hillsdale: Erlbaum.
Kohli, Martin. 1986c. The world we forgot. A historical review of the life course. In *Later life. The social psychology of aging*, Hrsg. V. Marshall, 271–303. Beverly Hills: Sage.
Kohli, Martin. 1988. Normalbiographie und Individualität. Zur institutionellen Dynamik des gegenwärtigen Lebenslaufregimes. In *Vom Ende des Individuums zur Individualität ohne Ende*, Hrsg. H.-G. Brose und B. Hildenbrand, 33–53. Opladen: Leske + Budrich.
Kohli, Martin. 2007. The institutionalization of the life course: Looking back to look ahead. *Research in Human Development* 4 (3–4): 253–271.
Kohli, Martin, und Marc Szydlik, Hrsg. 2000. *Generationen in Familie und Gesellschaft*. Opladen: Leske + Budrich.

Kohlrausch, Bettina. 2012. Das Übergangssystem – Übergänge mit System? In *Handbuch Bildungs- und Erziehungssoziologie*, Hrsg. U. Bauer, U. Bittlingmayer, und A. Scherr, 595–609. Wiesbaden: Springer VS.

Konietzka, Dirk. 1999. *Ausbildung und Beruf. Die Geburtsjahrgänge 1919–1961 auf dem Weg von der Schule in das Erwerbsleben*. Opladen: Westdeutscher Verlag.

Konietzka, Dirk. 2002. Die soziale Differenzierung der Übergangsmuster in den Beruf. Die „zweite Schwelle" im Vergleich der Berufseinstiegskohorten 1976–1995. *Kölner Zeitschrift für Soziologie und Sozialpsychologie* 54 (4): 674–693.

Konietzka, Dirk. 2010. *Zeiten des Übergangs. Sozialer Wandel des Übergangs in das Erwachsenenalter*. Wiesbaden: VS.

Konietzka, Dirk. 2011. Die Verkopplung und Ordnung von Statusübergängen. Der Übergang in das Erwachsenenalter in kohortenvergleichender Perspektive. *BIOS* 24 (1): 3–28.

Konietzka, Dirk. 2016. Berufliche Ausbildung und der Übergang in den Arbeitsmarkt. In *Bildung als Privileg. Erklärungen und Befunde zu den Ursachen der Bildungsungleichheit*, 5. Aufl., Hrsg. R. Becker und W. Lauterbach, 315–344. Wiesbaden: Springer VS.

Konietzka, Dirk, und Johannes Huinink. 2003. Die De-Standardisierung einer Statuspassage? Zum Wandel des Auszugs aus dem Elternhaus und des Übergangs in das Erwachsenenalter in Westdeutschland. *Soziale Welt* 54 (3): 285–312.

Konietzka, Dirk, und Michaela Kreyenfeld, Hrsg. 2007. *Ein Leben ohne Kinder. Kinderlosigkeit in Deutschland*. Wiesbaden: VS.

Koselleck, Reinhart. 1979. „Erfahrungsraum" und „Erwartungshorizont" – zwei historische Kategorien. In *Vergangene Zukunft. Zur Semantik geschichtlicher Zeiten*, Hrsg. R. Koselleck, 349–375. Frankfurt: Suhrkamp.

Krätschmer-Hahn, Rabea. 2012. *Kinderlosigkeit in Deutschland. Zum Verhältnis von Fertilität und Sozialstruktur*. Wiesbaden: VS.

Kress, Ulrike. 1998. Vom Normalarbeitsverhältnis zur Flexibilisierung – Ein Literaturbericht. *Mitteilungen aus der Arbeitsmarkt- und Berufsforschung* 31 (3): 488–505.

Kron, Thomas, Hrsg. 2000. *Individualisierung und soziologische Theorie*. Opladen: Leske+Budrich.

Kronauer, Martin, und Gudrun Linne, Hrsg. 2005. *Flexicurity – Die Suche nach Sicherheit in der Flexibilität*. Berlin: Edition Sigma.

Krüger, Helga. 1995. Prozessuale Ungleichheit. Geschlecht und Institutionenverknüpfungen im Lebenslauf. In *Sozialstruktur und Lebenslauf*, Hrsg. P. Berger und P. Sopp, 133–153. Opladen: Leske + Budrich.

Krüger, Helga. 1996. Die andere Bildungssegmentation. Berufssysteme und soziale Ungleichheit zwischen den Geschlechtern. In *Die Wiederentdeckung der Ungleichheit. Aktuelle Tendenzen in Bildung und Arbeit*, Hrsg. A. Bolder et al., 252–274. Opladen: Leske + Budrich.

Krüger, Helga. 2001. Geschlecht, Territorien, Institutionen. Beitrag zu einer Soziologie der Lebenslauf-Relationalität. In *Individualisierung und Verflechtung. Geschlecht und Generation im deutschen Lebenslaufregime*, Hrsg. C. Born und H. Krüger, 257–299. Weinheim: Juventa.

Krüger, Helga. 2003. The life-course regime. Ambiguities between interrelatedness and individualization. In *Social dynamics of the life course. Transitions, institutions, and interrelations*, Hrsg. W. Heinz und V. Marshall, 33–56. New York: Aldine de Gruyter.

Krüger, Helga, und René Levy. 2000. Masterstatus, Familie und Geschlecht. Vergessene Verknüpfungslogiken zwischen Institutionen des Lebenslaufs. *Berliner Journal für Soziologie* 10 (3): 379–401.
Kudera, Werner, und Gerd Voß, Hrsg. 2000. *Lebensführung und Gesellschaft. Beiträge zu Konzept und Empirie alltäglicher Lebensführung*. Opladen: Leske + Budrich.
Künemund, Harald, und Marc Szydlik, Hrsg. 2009. *Generationen Multidisziplinäre Perspektiven*. Wiesbaden: VS.
Lange, Andreas, und Frank Lettke, Hrsg. 2006. *Generationen und Familien. Analysen – Konzepte – gesellschaftliche Spannungsfelder*. Frankfurt: Suhrkamp.
Lauterbach, Wolfgang. 1994. *Berufsverläufe von Frauen. Erwerbstätigkeit, Unterbrechung und Wiedereintritt*. Frankfurt: Campus.
Leggewie, Claus. 1995. *Die 89er. Portrait einer Generation*. Hamburg: Hoffmann und Campe.
Leisering, Lutz. 2000. Wohlfahrtsstaatliche Generationen. In *Generationen in Familie und Gesellschaft*, Hrsg. M. Kohli und M. Szydlik, 59–76. Opladen: Leske + Budrich.
Leisering, Lutz. 2002. Ein moderner Lebenslauf in der Volksrepublik China? Zur Generalisierbarkeit eines Forschungsprogramms. In *Lebenszeiten. Erkundungen zur Soziologie der Generationen*, Hrsg. J. Wolf und G. Burkhart, 25–40. Opladen: Leske + Budrich.
Leisering, Lutz. 2003. Government and the life course. In *Handbook of the life course*, Hrsg. J. Mortimer und M. Shanahan, 205–225. New York: Kluwer/Plenum.
Leisering, Lutz, und Karl Schumann. 2003. How institutions shape the German life course. In *Social dynamics of the life course. Transitions, institutions, and interrelations*, Hrsg. W. Heinz und V. Marshall, 193–209. New York: Aldine de Gruyter.
Lengerer, Andrea. 2011. *Partnerlosigkeit in Deutschland. Entwicklung und soziale Unterschiede*. Wiesbaden: VS.
Leuze, Kathrin. 2010. *Smooth path or long and winding road? How institutions shape the transition from higher education to work*. Opladen: Budrich UniPress.
Levy, Jonah. 2010. Welfare retrenchment. In *The Oxford handbook of the welfare state*, Hrsg. F. Castles et al., 552–568. Oxford: Oxford University Press.
Levy, René, und Eric Widmer, Hrsg. 2013. *Gendered life courses between standardization and individualisation. A European approach applied to Switzerland*. Zürich: Lit.
Lex, Tilly, und Boris Geier. 2010. Übergangssystem in der beruflichen Bildung. Wahrnehmung einer zweiten Chance oder Risiken des Ausstiegs? In *Das Berufsbildungssystem in Deutschland. Aktuelle Entwicklungen und Standpunkte*, Hrsg. G. Bosch, S. Krone, und D. Langer, 165–187. Wiesbaden: VS.
Liebau, Eckart, Hrsg. 1999. *Das Generationenverhältnis. Über das Zusammenleben in Familie und Gesellschaft*. Weinheim: Juventa.
Lindenberg, Siegwart. 1985. An assessment of the new political economy. Its potential for the social sciences and for sociology in particular. *Social Theory* 3 (1): 99–114.
Linton, Ralph. 1940. A neglected aspect of social organization. *American Journal of Sociology* 45 (6): 870–886.
Linton, Ralph. 1942. Age and sex categories. *American Sociological Review* 7 (5): 589–603.
Longitudinal and Life Course Studies (2009ff).

Lucas, Samuel. 1999. *Tracking inequality. Stratification and mobility in American high schools*. New York: Teachers College Press.
Lucas, Samuel. 2001. Effectively maintained inequality. Education transitions, track mobility, and background effects. *American Journal of Sociology* 106 (6): 1642–1690.
Luhmann, Niklas. 1989. Individuum, Individualität, Individualismus. In *Gesellschaftsstruktur und Semantik Studien zur Wissenssoziologie der modernen Gesellschaft*, 3. Aufl., Hrsg. N. Luhmann, 149–258. Frankfurt: Suhrkamp.
Luhmann, Niklas, und Karl-Eberhard Schorr. 1979. *Reflexionsprobleme im Erziehungssystem*. Stuttgart: Klett-Cotta.
Lüscher, Kurt, und Ludwig Liegle. 2003. *Generationenbeziehungen in Familie und Gesellschaft*. Konstanz: UVK.
Lüscher, Kurt, und Franz Schultheis, Hrsg. 1993. *Generationenbeziehungen in „postmodernen" Gesellschaften*. Konstanz: Universitätsverlag.
Lutz, Burkart. 1984. *Der kurze Traum immerwährender Prosperität. Eine Neuinterpretation der industriell-kapitalistischen Entwicklung im Europa des 20 Jahrhunderts*. Frankfurt: Campus.
Maase, Kaspar. 2005. Farbige Bescheidenheit. Anmerkungen zum postheroischen Generationsverständnis. In *Generationen. Zur Relevanz eines wissenschaftlichen Grundbegriffs*, Hrsg. U. Jureit und M. Wildt, 220–242. Hamburg: Hamburger Edition.
Maatz, Kai, Jürgen Baumert, und Ulrich Trautwein. 2009. Genese sozialer Ungleichheit im institutionellen Kontext der Schule. Wo entsteht und vergrößert sich soziale Ungleichheit? In *Bildungsentscheidungen*, Hrsg. J. Baumert, K. Maatz, und U. Trautwein, 11–46. Wiesbaden: VS.
Macmillan, Ross, Hrsg. 2005. *The structure of the life course: Standardized? Individualized? Differentiated?* Amsterdam: Elsevier.
Macmillan, Ross, und Scott Eliason. 2003. Characterizing the life course as role configurations and pathways. A latent structure approach. In *Handbook of the life course*, Hrsg. J. Mortimer und M. Shanahan, 529–554. New York: Kluwer/Plenum.
Macunovich, Diane. 2002. *Birth quake. The baby boom and its aftershocks*. Chicago: University of Chicago Press.
Mannheim, Karl. 1964. Das Problem der Generationen. In *Wissenssoziologie. Auswahl aus dem Werk*, Hrsg. K. Mannheim, 509–565. Neuwied: Luchterhand (Orig.: 1928).
Marini, Margaret. 1984. Age and sequencing norms in the transition to adulthood. *Social Forces* 93 (1): 229–244.
Marshall, Victor. 2005. Agency, events, and structure at the end of the life course. In *Towards an interdisciplinary perspective on the life course*, Hrsg. R. Levy et al., 57–91. Amsterdam: Elsevier.
Marshall, Victor, und Margaret Mueller. 2003. Theoretical roots of the life-course perspective. In *Social dynamics of the life course. Transitions, institutions, and interrelations*, Hrsg. W. Heinz und V. Marshall, 3–32. New York: Aldine de Gruyter.
Mason, Karen, et al. 1973. Some methodological issues in cohort analysis of archival data. *American Sociological Review* 38 (2): 242–258.
Matthes, Joachim. 1985. Karl Mannheims „Das Problem der Generationen", neu gelesen. Generationen-„Gruppen" oder „gesellschaftliche Regelung von Zeitlichkeit"? *Zeitschrift für Soziologie* 14 (5): 363–372.

Matthes, Britta, Maike Reimer, und Ralf Künster. 2007. Techniken und Werkzeuge zur Unterstützung der Erinnerungsarbeit bei der computergestützten Erhebung retrospektiver Längsschnittdaten. *Methoden – Daten – Analysen* 1 (1): 69–92.
Mayer, Christine. 1992. „... und dass die staatsbürgerliche Erziehung des Mädchens mit der Erziehung zum Weibe zusammenfällt" – Kerschensteiners Konzept einer Mädchenerziehung. *Zeitschrift für Pädagogik* 38 (5): 771–791.
Mayer, Karl Ulrich. 1986. Structural constraints on the life course. *Human Development* 29 (3): 163–170.
Mayer, Karl Ulrich. 1987. Lebenslaufforschung. In *Methoden der Biographie- und Lebenslaufforschung*, Hrsg. W. Voges, 51–73. Opladen: Leske+Budrich.
Mayer, Karl Ulrich. 1988. German survivors of World War II. The impact on the life course of the collective experience of birth cohorts. In *Social structures and human lifes*, Hrsg. M. Riley, 229–246. Newbury Park: Sage.
Mayer, Karl Ulrich. 1990. Lebensverläufe und sozialer Wandel. Anmerkungen zu einem Forschungsprogramm. In *Lebensverläufe und sozialer Wandel*, Hrsg. K.U. Mayer, 7–21. Opladen: Westdeutscher Verlag (KZfSS-Sonderheft 31).
Mayer, Karl Ulrich. 1996. Lebensverläufe und gesellschaftlicher Wandel. Eine Theoriekritik und eine Analyse zum Zusammenhang von Bildungs- und Geburtenentwicklung. In *Kritische Übergänge. Statuspassagen und sozialpolitische Institutionalisierung*, Hrsg. J. Behrend und W. Voges, 43–72. Frankfurt: Campus.
Mayer, Karl Ulrich. 1997. Notes on a comparative political economy of life courses. *Comparative Social Research* 16:203–226.
Mayer, Karl Ulrich. 1998. Lebensverlauf. In *Handwörterbuch zur Gesellschaft Deutschlands*, Hrsg. B. Schäfers und W. Zapf, 438–451. Opladen: Leske + Budrich.
Mayer, Karl Ulrich. 2001. The paradox of global social change and national path dependencies. Life course patterns in advanced societies. In *Inclusions and exclusions in European societies*, Hrsg. A. Woodward und M. Kohli, 89–110. London: Routledge.
Mayer, Karl Ulrich. 2002. Zur Biographie der Lebensverlaufsforschung. Ein Rückblick auf die letzten zwei Jahrzehnte. In *Lebenszeiten. Erkundungen zur Soziologie der Generationen*, Hrsg. J. Wolf und G. Burkhart, 41–61. Opladen: Leske + Budrich.
Mayer, Karl Ulrich. 2003. The sociology of the life course and lifespan psychology: Diverging or converging pathways? In *Understanding human development. Dialogues with lifespan psychology*, Hrsg. U. Staudinger und U. Lindenberger, 463–481. Boston: Kluwer.
Mayer, Karl Ulrich. 2004. Whose lives? How history, societies, and institutions define and shape life courses. *Research in Human Development* 1 (3): 161–187.
Mayer, Karl Ulrich. 2005. Life courses and life chances in a comparative perspective. In *Analyzing inequality. Life chances and social mobility in comparative perspective*, Hrsg. S. Svallfors, 17–55. Stanford: Stanford University Press.
Mayer, Karl Ulrich. 2009. New directions in life course research. *Annual Review of Sociology* 35:413–433.
Mayer, Karl Ulrich. 2015. The German life history study – An introduction. *European Sociological Review* 31 (2): 137–143.
Mayer, Karl Ulrich. 2019. On heuristics, theoretical foundations, accounting schemes and theories. *Advances in Life Course Research* 41:10027. https://doi.org/10.1016/j.alcr.2019.04.007.

Mayer, Karl Ulrich, und Hans-Peter Blossfeld. 1990. Die gesellschaftliche Konstruktion sozialer Ungleichheiten im Lebensverlauf. In *Lebenslagen, Lebensläufe, Lebensstile*, Hrsg. P. Berger und S. Hradil, 297–318. Göttingen: Schwartz (Soziale Welt-Sonderband 7).

Mayer, Karl Ulrich, und Martin Diewald. 2007. Die Institutionalisierung von Lebensverläufen. In *Entwicklungspsychologie der Lebensspanne. Ein Lehrbuch*, Hrsg. J. Brandtstädter und U. Lindenberger, 510–539. Stuttgart: Kohlhammer.

Mayer, Karl Ulrich, und Johannes Huinink. 1990. Alters-, Perioden- und Kohorteneffekte in der Analyse von Lebensverläufen oder: Lexis ade? In *Lebensverläufe und sozialer Wandel*, Hrsg. K.U. Mayer, 442–459. Opladen: Westdeutscher Verlag.

Mayer, Karl Ulrich, und Johannes Huinink. 1994. Lebensverläufe und gesellschaftlicher Wandel: Von der Kohortenanalyse zur Lebensverlaufsanalyse. In *Mikroanalytische Grundlagen der Gesellschaftspolitik*, Bd. 1, Hrsg. R. Hauser, U. Hochmuth, und J. Schwarze, 92–111. Berlin: Akademie.

Mayer, Karl Ulrich, und Walter Müller. 1986. The state and the structure of the life course. In *Human development and the life course: Multidisciplinary perspectives*, Hrsg. A. Sørensen, F. Weinert, und L. Sherrod, 217–245. Hillsdale: Erlbaum.

Mayer, Karl Ulrich, und Walter Müller. 1989. Lebensverläufe im Wohlfahrtsstaat. In *Handlungsspielräume. Untersuchungen zur Individualisierung und Institutionalisierung von Lebensläufen in der Moderne*, Hrsg. A. Weymann, 41–60. Stuttgart: Enke.

Mayer, Karl Ulrich, und Urs Schoepflin. 1989. The state and the life course. *Annual Review of Sociology* 15:187–209.

Mayer, Karl Ulrich, und Eva Schulze. 2009. *Die Wendegeneration. Lebensverläufe des Jahrgangs 1971*. Frankfurt: Campus.

Mayer, Karl Ulrich, Daniela Grunow, und Natalie Nitsche. 2010. Mythos Flexibilisierung? Wie instabil sind Berufsbiografien wirklich und als wie instabil werden sie wahrgenommen? *Kölner Zeitschrift für Soziologie und Sozialpsychologie* 62 (3): 369–402.

Mayntz, Renate. 1992. Modernisierung und die Logik von interorganisatorischen Netzwerken. *Journal für Sozialforschung* 32 (1): 19–32.

McAdams, Dan. 2005. Studying lives in time. A narrative approach. In *Towards an interdisciplinary perspective on the life course*, Hrsg. R. Levy et al., 237–258. Amsterdam: Elsevier.

McAdams, Dan, und Bradley Olson. 2010. Personality development: Continuity and change over the life course. *Annual Review of Psychology* 61:517–542.

McMunn, Anne, et al. 2015. De-standardization and gender convergence in work-family life courses in Great Britain. A multi-channel sequence analysis. *Advances in Life Course Research* 26:60–75.

Mead, George Herbert. 1932. *The philosophy of the present*. Chicago: Chicago University Press.

Meulemann, Heiner. 1995. *Die Geschichte einer Jugend. Lebenserfolg und Erfolgsdeutung ehemaliger Gymnasiasten zwischen dem 15. und 30. Lebensjahr*. Opladen: Westdeutscher Verlag.

Meulemann, Heiner, und Klaus Birkelbach. 2012. Herausforderungen und Konsolidierungen. Biographische Selbstreflexionen über Jugend und Lebensmitte in einer Kohorte ehemaliger Gymnasiasten. *BIOS* 25 (1): 3–24.

Meulemann, Heiner, Klaus Birkelbach, und Jörg Hellwig, Hrsg. 2001. *Ankunft im Erwachsenenleben. Lebenserfolg und Erfolgsdeutung in einer Kohorte ehemaliger Gymnasiasten zwischen 16 und 43*. Opladen: Leske + Budrich.

Meyer, John. 1986. The self and the life course: Institutionalization and ist effects. In *Human development and the life course: Multidisciplinary perspectives*, Hrsg. A. Sørensen, F. Weinert, und L. Sherrod, 199–216. Hillsdale: Erlbaum.

Meyer, John. 1992. The life course as a professionalized cultural construction. In *Institutions and gatekeeping in the life course*, Hrsg. W. Heinz, 83–95. Weinheim: Deutscher Studien-Verlag.

Meyer, John, und Ronald Jepperson. 2000. The „actors" of modern society: The cultural construction of social agency. *Sociological Theory* 18 (1): 100–120.

Mills, Charles Wright. 1959. *The sociological imagination*. New York: Oxford University Press.

Mills, Melinda. 2011. *Introducing survival and event history analysis*. Los Angeles: Sage.

Mitterauer, Michael. 1986. *Sozialgeschichte der Jugend*. Frankfurt: Suhrkamp.

Modell, John. 1989. *Into one's own. From youth to adulthood in the United States, 1920–1975*. Berkeley: University of California Press.

Moen, Phyllis, und Shin-Kap Han. 2001. Reframing careers: Work, family, and gender. In *Restructuring work and the life course*, Hrsg. V. Marshall et al., 424–445. Toronto: University of Toronto Press.

Möhring, Katja. 2016. Life course regimes in Europe. Individual employment histories in comparative and historical perspective. *Journal of European Social Policy* 26 (2): 124–139.

Mortimer, Jeylan, und Phyllis Moen. 2016. The changing social construction of age and the life course. Precarious identity and enactment of „early" and „encore" stages of adulthood. In *Handbook of the life course*, Bd. II, Hrsg. M. Shanahan, J. Mortimer, und M. Johnson, 111–129. Cham: Springer.

Mortimer, Jeylan, und Michael Shanahan. 2003. Preface. In *Handbook of the life course*, Hrsg. J. Mortimer und M. Shanahan, XI–XVI. New York: Kluwer/Plenum.

Mortimer, Jeylan, Sabrina Oesterle, und Helga Krüger. 2005. Age norms, institutional structures, and the timing of markers of transition to adulthood. In *The structure of the life course: Standardized? Individualized? Differentiated?* Hrsg. R. Macmillan, 175–203. Amsterdam: Elsevier.

Motakef, Mona. 2015. *Prekarisierung*. Bielefeld: transcript.

Mückenberger, Ulrich. 1989. Der Wandel des Normalarbeitsverhältnisses unter Bedingungen einer „Krise der Normalität". *Gewerkschaftliche Monatshefte* 40 (4): 211–223.

Mückenberger, Ulrich. 1985. Die Krise des Normalarbeitsverhältnisses (Teil 1 und 2). *Zeitschrift für Sozialreform 31(7 und 8)*, 415–435 und 457–475.

Müller, Walter, und Markus Gangl, Hrsg. 2003. *Transitions from education to work in Europe. The Integration of youth into EU labour markets*. Oxford: Oxford University Press.

Müller, Walter, und Reinhard Pollak. 2016. Warum gibt es so wenige Arbeiterkinder in Deutschlands Universitäten? In *Bildung als Privileg. Erklärungen und Befunde zu den Ursachen der Bildungsungleichheit*, Hrsg. R. Becker und W. Lauterbach, 345–386. Wiesbaden: Springer VS.

Mutz, Gerd. 1997. Arbeitslosigkeit und gesellschaftliche Individualisierung. In *Individualisierung und Integration. Neue Konfliktlinien und neuer Integrationsmodus?* Hrsg. U. Beck und P. Sopp. 161–179. Opladen: Leske + Budrich.

Myles, John. 1992. Is there a post-fordist life course? In *Institutions and gatekeeping in the life course*, Hrsg. W. Heinz, 171–185. Weinheim: Deutscher Studien-Verlag.

Neilson, Brett, und Ned Rossiter. 2008. Precarity as a political concept, or, fordism as exception. *Theory, Culture & Society* 25 (7–8): 51–72.

Neugarten, Bernice. 1985. Interpretive social science and research on aging. In *Gender and the life course*, Hrsg. A. Rossi, 291–300. Chicago: Aldine Publishing.

Neugarten, Bernice, Joan Moore, und John Lowe. 1965. Age norms, age constraints, and adult socialization. *American Journal of Sociology* 70 (6): 710–717.

Niggl, Günter. 1977. *Geschichte der deutschen Autobiographie im 18. Jahrhundert: Theoretische Grundlegung und literarische Entfaltung.* Stuttgart: Metzler.

Nydegger, Corinne. 1986. Timetables and implicit theory. *American Behavioral Scientist* 29 (6): 710–729.

O'Brien, Robert, Kenneth Hudson, und Jean Stockard. 2008. A mixed model estimation of age, period, and cohort effects. *Sociological Methods & Research* 36 (3): 402–428.

O'Rand, Angela. 2009. Cumulative processes in the life course. In *The craft of life course research*, Hrsg. J. Giele und G. Elder, 121–140. New York: Guilford Press.

O'Rand, Angela, und Margaret Krecker. 1990. Concepts of the life cycle: Their history, meanings, and uses in the social sciences. *Annual Review of Sociology* 16:241–262.

OECD. 1981. *The welfare state in crisis.* Paris: OECD.

Offerhaus, Judith, Janine Leschke, und Klaus Schömann. 2016. Soziale Ungleichheit im Zugang zu beruflicher Weiterbildung. In *Bildung als Privileg. Erklärungen und Befunde zu den Ursachen der Bildungsungleichheit*, Hrsg. R. Becker und W. Lauterbach, 387–420. Wiesbaden: Springer VS.

Osterland, Martin. 1990. „Normalbiographie" und „Normalarbeitsverhältnis". In *Lebenslagen, Lebensläufe, Lebensstile*, Hrsg. P. Berger und S. Hradil, 351–362. Göttingen: Schwartz.

Pampel, Fred, und H. Elizabeth Peters. 1995. The Easterlin effect. *Annual Review of Sociology* 21:163–194.

Parsons, Talcott. 1942. Age and sex in the social structure of the United States. *American Sociological Review* 7 (5): 604–616.

Parsons, Talcott. 1951. *The social system.* Glencoe: Free Press.

Pearlin, Leonard, et al. 2007. The life-course origins of mastery among older people. *Journal of Health and Social Behavior* 48 (2): 146–179.

Pettit, Beckie, und Bruce Western. 2004. Mass imprisonment and the life course. Race and class inequality in U. S. incarceration. *American Sociological Review* 69 (2): 151–169.

Pfeffer, Fabian. 2008. Persistent inequality in educational attainment and its institutional context. *European Sociological Review* 24 (5): 543–565.

Phelps, Edmund. 1972. The statistical theory of racism and sexism. *American Economic Review* 62 (4): 659–661.

Piccarreta, Raffaella, und Matthias Studer. 2019. Holistic analysis of the life course Methodological challenges and new perspectives. *Advances in Life Course Research* 41:100251. https://doi.org/10.1016/j.alcr.2018.10.004.

Pillemer, Karl, und Kurt Lüscher, Hrsg. 2004. *Intergenerational ambivalences. New perspectives on parent-child relations in later life*. Amsterdam: Elsevier.
Pinder, Wilhelm. 1926. *Das Problem der Generation in der Kunstgeschichte Europas*. Berlin: Frankfurter Verlags-Anstalt.
Prins, Adriaan. 1953. *East African age-class systems*. Groningen: Wolters.
Raithelhuber, Eberhard. 2011. *Übergänge und Agency. Eine sozialtheoretische Reflexion des Lebenslaufkonzepts*. Opladen: Budrich UniPress.
Reimer, Maike. 2003. Autobiographisches Erinnern und retrospektive Längsschnittdatenerhebung. Was wissen wir, und was würden wir gerne wissen? *BIOS* 16 (1): 27–45.
Reimer, Maike. 2005. *Autobiografisches Gedächtnis und retrospektive Datenerhebung. Die Rekonstruktion und Validität von Lebensverläufen*. Berlin: Max-Planck-Institut für Bildungsforschung.
Rendtel, Ulrich. 1995. *Lebenslagen im Wandel: Panelausfälle und Panelrepresentativität*. Frankfurt: Campus.
Renn, Heinz. 1987. Lebenslauf – Lebenszeit – Kohortenanalyse. Möglichkeiten und Grenzen eines Forschungsansatzes. In *Methoden der Biographie- und Lebenslaufforschung*, Hrsg. W. Voges, 261–298. Opladen: Leske + Budrich.
Riedel, Manfred. 1969. *Wandel des Generationenproblems in der modernen Gesellschaft*. Düsseldorf: Diederichs.
Riley, Matilda. 1985. Age strata in social systems. In *Handbook of aging and the social sciences*, 2. Aufl., Hrsg. R. Binstock und E. Shanas, 369–411. New York: Van Nostrand Reinhold.
Riley, Matilda. 1988. On the significance of age in sociology. In *Social structures and human lifes*, Hrsg. M. Riley, 24–45. Newbury Park: Sage.
Riley, Mathilda, und John Riley. 1994. Structural lag: Past and future. In *Age and structural lag. Society's failure to provide meaningful opportunities in work, family, and leisure*, Hrsg. M. Riley, R. Kahn, und A. Foner, 15–36. New York: Wiley.
Riley, Matilda, Marilyn Johnson, und Anne Foner, Hrsg. 1972. *Aging and society. Volume three: A sociology of age stratification*. New York: Sage.
Rindfuss, Ronald, Gray Swicegood, und Rachel Rosenfeld. 1987. Disorder in the life course – how common and does it matter? *American Sociological Review* 52 (6): 785–801.
Roberts, Brian. 2011. *Biographical research*. Buckingham: Open University Press.
Roberts, Brent, und Wendy DelVecchio. 2000. The rank-order consistency of personality traits from childhood to old age. A quantitative review of longitudinal studies. *Psychological Bulletin* 126 (1): 3–25.
Roberts, Brent, Kate Walton, und Wolfgang Viechtbauer. 2006. Patterns of mean-level change in personality traits across the life course. A meta-analysis of longitudinal studies. *Psychological Bulletin* 132 (1): 1–25.
Robette, Nicolas. 2010. The diversity of pathways to adulthood in France. Evidence from a holistic approach. *Advances in Life Course Research* 15 (2–3): 89–96.
Rodgers, Willard. 1982. Estimable functions of age, period, and cohort effects. *American Sociological Review* 47 (6): 774–787.
Roenneberg, Till. 2010. *Wie wir ticken. Die Bedeutung der Chronobiologie für unser Leben*. Köln: DuMont.

Rogge, Benedikt. 2013. *Wie uns Arbeitslosigkeit unter die Haut geht. Identitätsprozess und psychische Gesundheit bei Statuswechseln.* Konstanz: UVK.

Roos, Jeja-Pekka. 2002. Life's turning points and generational consciousness. In *Lebenszeiten. Erkundungen zur Soziologie der Generationen*, Hrsg. J. Wolf und G. Burkhart, 119–134. Opladen: Leske + Budrich.

Rosemann, Mark, Hrsg. 1995. *Generations in conflict. Youth revolt and generation formation in Germany 1770–1968.* Cambridge: Cambridge University Press.

Rosenbaum, Heidi, Hrsg. 1978. *Seminar: Familie und Gesellschaftsstruktur. Materialien zu den sozioökonomischen Bedingungen von Familienformen.* Frankfurt: Suhrkamp.

Rosenbaum, Heidi. 1982. *Formen der Familie. Untersuchungen zum Zusammenhang von Familienverhältnissen, Sozialstruktur und sozialem Wandel in der deutschen Gesellschaft des 19. Jahrhunderts.* Frankfurt: Suhrkamp.

Rosenmayr, Leopold. 1978. Die menschlichen Lebensalter in Deutungsversuchen der europäischen Kulturgeschichte. In *Die menschlichen Lebensalter. Kontinuität und Krisen*, Hrsg. L. Rosenmayr, 23–79. München: Piper.

Rosenthal, Gabriele. 2000. Historische und familiale Generationenabfolge. In *Generationen in Familie und Gesellschaft*, Hrsg. M. Kohli und M. Szydlik, 162–178. Opladen: Leske + Budrich.

Rosow, Irving. 1978. What is a cohort and why? *Human Development* 21 (2): 65–75.

Rothermund, Klaus, und Dirk Wentura. 2007. Altersnormen und Altersstereotype. In *Entwicklungspsychologie der Lebensspanne. Ein Lehrbuch*, Hrsg. J. Brandtstädter und U. Lindenberger, 540–568. Stuttgart: Kohlhammer.

Rowntree, Benjamin Seebohm. 1901. *Poverty. A study of town life.* London: Macmillan.

Rustin, Michael. 2000. Reflections on the biographical turn in social science. In *The turn to biographical methods in social science. Comparative issues and examples*, Hrsg. P. J. Chamberlayne, J. Bornat, und T. Wengraf, 33–52. London: Routledge.

Rutter, Michael. 1996. Transitions and turning points in developmental psychopathology – as applied to the age span between childhood and mid-adulthood. *International Journal of Behavioral Development* 19 (3): 603–626.

Ryder, Norman. 1965. The cohort as a concept in the study of social change. *American Sociological Review* 30 (6): 843–861.

Saake, Irmhild. 2006. *Die Konstruktion des Alters. Eine gesellschaftstheoretische Einführung in die Altersforschung.* Wiesbaden: VS.

Sackmann, Reinhold. 1992. Das Deutungsmuster „Generation". In *Analyse sozialer Deutungsmuster. Beiträge zur empirischen Wissenssoziologie*, Hrsg. M. Meuser und R. Sackmann, 199–215. Pfaffenweiler: Centaurus.

Sackmann, Reinhold. 2001. Age and labor market chances in international comparison. *European Sociological Review* 17 (4): 373–387.

Sackmann, Reinhold, und Matthias Wingens. 1995. Individuelle und gesellschaftliche Strukturierung beruflicher Diskontinuität. In *Institution und Biographie. Die Ordnung des Lebens*, Hrsg. E. Hoerning und M. Corsten, 113–130. Pfaffenweiler: Centaurus.

Sackmann, Reinhold, und Matthias Wingens. 1996. Berufsverläufe im Transformationsprozess. In *Zwischenbilanz der Wiedervereinigung. Strukturwandel und Mobilität im Transformationsprozess*, Hrsg. M. Diewald und K. U. Mayer, 11–31. Opladen: Leske + Budrich.

Sackmann, Reinhold, und Matthias Wingens. 2001. Theoretische Konzepte des Lebenslaufs – Übergang Sequenz und Verlauf. In *Strukturen des Lebenslaufs. Übergang – Sequenz – Verlauf*, Hrsg. R. Sackmann und M. Wingens, 17–48. Weinheim: Juventa.

Sackmann, Reinhold, und Matthias Wingens. 2003. From transitions to trajetories – sequence types. In *Social dynamics of the life course. Transitions, institutions, and interrelations*, Hrsg. W. Heinz und V. Marshall, 93–115. New York: Aldine de Gruyter.

Sackmann, Reinhold, Ansgar Weymann, und Matthias Wingens. 2000. *Die Generation der Wende. Berufs- und Lebensverläufe im sozialen Wandel*. Wiesbaden: Westdeutscher Verlag.

Sackmann, Reinhold, Michael Windzio, und Matthias Wingens. 2001. Unemployment and social mobility in East Germany. *International Journal of Sociology and Social Policy* 21 (4/5/6): 92–117.

Sampson, Robert, und John Laub. 1993. *Crime in the making: Pathways and turning points through life*. Cambridge: Harvard University Press.

Sampson, Robert, und John Laub. 1996. Socioeconomic achievement in the life course of disadvantaged men. Military service as a turning point, circa 1940–1965. *American Sociological Review* 61 (3): 347–367.

Sampson, Robert, und John Laub. 1997. A life-course theory of cumulative disadvantage and the stability of delinquency. In *Developmental theories of crime and delinquency*, Hrsg. T. Thornberry, 133–161. New Brunswick: Transaction Publishers.

Schafer, Markus, Kenneth Ferraro, und Sarah Mustillo. 2011. Children of misfortune. Early adversity and cumulative inequality in perceived life trajectories. *American Journal of Sociology* 116 (4): 1053–1091.

Schelsky, Helmut. 1957. Soziologische Bemerkungen zur Rolle der Schule in unserer Gesellschaftsverfassung. In *Schule und Erziehung in der industriellen Gesellschaft*, Hrsg. H. Schelsky, 9–50. Würzburg: Werkbund-Verlag.

Scherer, Stefani. 2004. Sprungbrett oder Falle? Konsequenzen der Position des Erwerbseintritts auf den Karriereverlauf in Westdeutschland, Großbritannien und Italien. In *Mehr Risiken – mehr Ungleichheit? Abbau von Wohlfahrtsstaat, Flexibilisierung von Arbeit und die Folgen*, Hrsg. W. Müller und S. Scherer, 137–165. Frankfurt: Campus.

Scherer, Stefani. 2005. Patterns of labor market entry – long wait or carreer instability? An empirical comparison of Italy, Great Britain and West Germany. *European Sociological Review* 21 (5): 427–440.

Scherer, Stefani, und Josef Brüderl. 2010. Sequenzdatenanalyse. In *Handbuch der sozialwissenschaftlichen Datenanalyse*, Hrsg. C. Wolf und H. Best, 1031–1051. Wiesbaden: VS.

Scherger, Simone. 2007. *Destandardisierung, Differenzierung, Individualisierung. Westdeutsche Lebensläufe im Wandel*. Wiesbaden: VS.

Scherr, Adalbert. 2012. Soziale Bedingungen von Agency. Soziologische Eingrenzungen einer sozialtheoretisch nicht auflösbaren Paradoxie. In *Agency. Qualitative Rekonstruktionen und gesellschaftstheoretische Bezüge von Handlungsmächtigkeit*, Hrsg. S. Bethmann et al., 99–121. Weinheim: Beltz Juventa.

Schimank, Uwe. 2002. *Das zwiespältige Individuum. Zum Person-Gesellschaft-Arrangement der Moderne*. Opladen: Leske + Budrich.

Schmeiser, Martin. 2006. Von der „äußeren" zur „inneren" Institutionalisierung des Lebenslaufs. *Eine Strukturgeschichte. BIOS* 19 (1): 51–92.

Schmich, Dieter. 2013. *Lebenslauf, Anschreiben, Erfahrungsprofil, Arbeitszeugnisse*. Schwetzingen: Dielus.

Schmidt, Manfred. 1998. *Sozialpolitik in Deutschland. Historische Entwicklung und internationaler Vergleich*. Opladen: Leske + Budrich.

Schneider, Norbert. 2001. Pluralisierung der Lebensformen – Fakt oder Fiktion? *Zeitschrift für Familienforschung* 13 (2): 85–90.

Schröer, Wolfgang, et al., Hrsg. 2013. *Handbuch Übergänge*. Weinheim: Beltz Juventa.

Schulz, Andreas, und Gundula Grebner. 2003. Generation und Geschichte. Zur Renaissance eines umstrittenen Forschungkonzepts. In *Generationswechsel und historischer Wandel*, Hrsg. A. Schulz und G. Grebner, 1–35. München: Oldenbourg.

Schümer, Gundel, Klaus Tillmann, und Manfred Weiß. 2002. Institutionelle und soziale Bedingungen schulischen Lernens. In *PISA 2000. Die Länder der Bundesrepublik im Vergleich*, Hrsg. J. Baumert et al., 203–218. Opladen: Leske + Budrich.

Schupp, Jürgen. 2009. 25 Jahre Sozio-oekonomisches Panel – ein Infrastrukturprojekt der empirischen Sozial- und Wirtschaftsforschung in Deutschland. *Zeitschrift für Soziologie* 38 (5): 350–357.

Schurtz, Heinrich. 1902. *Altersklassen und Männerbünde. Eine Darstellung der Grundformen der Gesellschaft*. Berlin: Reimer.

Schütz, Alfred, und Thomas Luckmann. 1979. *Strukturen der Lebenswelt*, Bd. 1. Frankfurt: Suhrkamp.

Scott, Jacqueline, und Duane Alwin. 1998. Retrospective vs. prospective measurement of life histories in longitudinal research. In *Methods of life course research: Qualitative and quantitative approaches*, Hrsg. J. Giele und G. Elder, 98–127. London: Sage.

Sennett, Richard. 1998. *Der flexible Mensch. Die Kultur des neuen Kapitalismus*. Darmstadt: Wissenschaftliche Buchgesellschaft.

Settersten, Richard. 1999. *Lives in time and place. The problems and promises of developmental science*. Amityville: Baywood.

Settersten, Richard. 2003a. Rethinking social policy. Lessons of a life-course perspective. In *Invitation to the life course. Toward new understandings of later life*, Hrsg. R. Settersten, 191–222. Amityville: Baywood.

Settersten, Richard. 2003b. Age structuring and the rhythm of the life course. In *Handbook of the life course*, Hrsg. J. Mortimer und M. Shanahan, 81–98. New York: Kluwer/Plenum.

Settersten, Richard. 2005. Toward a stronger partnership between life-course sociology and life-span psychology. *Research in Human Development* 2 (1–2): 25–41.

Settersten, Richard. 2009. It takes two to tango: The (un)easy dance between life-course sociology and life-span psychology. *Advances in Life Course Research* 14 (1–2): 74–81.

Settersten, Richard, und Lynn Gannon. 2005. Structure, angency, and the space between. On the challenges and contradictions of a blended view of the life course. In *Towards an interdisciplinary perspective on the life course*, Hrsg. R. Levy et al., 35–55. Amsterdam: Elsevier.

Sewell, Willam. 2001. A theory of structure. Duality, agency, and transformation. *American Journal of Sociology* 98 (1): 1–29.

Shanahan, Michael. 2000. Pathways to adulthood in changing societies: Variability and mechanisms in life course perspective. *Annual Review of Sociology* 26:667–692.
Shanahan, Michael, und Ross Macmillan. 2008. *Biography and the sociological imagination: Contexts and contingencies*. New York: Norton.
Shanahan, M., J. Mortimer, und M. Johnson, Hrsg. 2016. *Handbook of the life course*, Bd. II. New York: Kluwer/Plenum.
Shanahan, Michael, Jeylan Mortimer, und Monica Johnson. 2016. Introduction: Life course studies – Trends, challenges, and future directions. In *Handbook of the life course*, Bd. II, Hrsg. M. Shanahan, J. Mortimer, und M. Johnson, 1–23. Cham: Springer.
Shavit, Yossi, und Hans-Peter Blossfeld, Hrsg. 1993. *Persistent inequality. Changing educational attainment in thirteen countries*. Boulder: Westview Press.
Shavit, Yossi, und Walter Müller, Hrsg. 1998. *From school to work. A comparative study of educational qualifications and occupational destinations*. Oxford: Clarendon Press.
Shaw, Clifford. 1930. *The jack-roller: A delinquent boy's own story*. Chicago: University of Chicago Press.
Shaw, Clifford. 1931. *The natural history of a delinquent career*. Chicago: University of Chicago Press.
Sieder, Reinhard. 1987. *Sozialgeschichte der Familie*. Frankfurt: Suhrkamp.
Simonson, Julia, Laura Gordo, und Nadiya Titovy. 2011. Changing employment patterns of women in Germany: How do baby boomers differ from older cohorts? A comparison using sequence analysis. *Advances in Life Course Research* 16 (2): 65–82.
Skinner, Ellen. 1996. A guide to constructs of control. *Journal of Personality and Social Psychology* 71 (3): 549–570.
Solga, Heike. 1995. *Auf dem Weg in eine klassenlose Gesellschaft? Klassenlagen und Mobilität zwischen Generationen in der DDR*. Berlin: Akademie.
Solga, Heike. 2001. Longitudinal surveys and the study of occupational mobility: Panel and retrospective design in comparison. *Quality & Quantity* 35 (3): 291–309.
Solga, Heike. 2005. *Ohne Abschluss in die Bildungsgesellschaft. Die Erwerbschancen gering qualifizierter Personen aus soziologischer und ökonomischer Perspektive*. Opladen: Budrich.
Solga, Heike, und Dirk Konietzka. 2000. Das Berufsprinzip des deutschen Arbeitsmarktes. Ein geschlechtsneutraler Allokationsmechanismus? *Schweizerische Zeitschrift für Soziologie* 26 (1): 111–147.
Specht, Jule, Boris Egloff, und Stefan Schmukle. 2011. Stability and change of personality across the life course. The impact of age and major life events on mean-level and rank-order stability of the big five. *Journal of Personality and Social Psychology* 101 (4): 862–882.
Spéder, Zsolt, Lívia Murinkó, und Richard Settersten. 2013. Are conceptions of adulthood universal and unisex? Ages and social markers in 25 European countries. *Social Forces* 92 (3): 873–898.
Spittler, Gerd. 1990. Lebensalter und Lebenslauf bei den Tuareg. In *Im Lauf der Zeit*, Hrsg. G. Elwert, M. Kohli, und H. Müller, 107–123. Saarbrücken: Breitenbach.
Stambolis, Barbara. 2003. *Mythos Jugend – Leitbild und Krisensymptom. Ein Aspekt der politischen Kultur im 20. Jahrhundert*. Schwalbach: Wochenschau-Verlag.

Stamm, Margit. 2010. Frühkindliche Bildung als Basis von Schulerfolg? Analysen zur Wirksamkeit früher Bildungsförderung. *Die Deutsche Schule – Zeitschrift für Erziehungswissenschaft, Bildungspolitik und pädagogische Praxis* 102 (3): 255–267.

Stauber, Barbara, Axel Pohl, und Andreas Walther, Hrsg. 2007. *Subjektorientierte Übergangsforschung. Rekonstruktion und Unterstützung biographischer Übergänge junger Erwachsener*. Weinheim: Juventa.

Steinmann, Susanne. 2000. *Bildung, Ausbildung und Arbeitsmarktchancen in Deutschland. Eine Studie zum Wandel der Übergänge von der Schule in das Erwerbsleben*. Opladen: Leske + Budrich.

Statistisches Bundesamt, Hrsg. 2016. *Datenreport 2016. Ein Sozialbericht für die Bundesrepublik Deutschland*. Bonn: Bundeszentrale für politische Bildung.

Szydlik, Marc. 2000. *Lebenslange Solidarität. Generationenbeziehungen zwischen erwachsenen Kindern und Eltern*. Opladen: Leske + Budrich.

Szydlik, Marc, Hrsg. 2004. *Generation und Ungleichheit*. Wiesbaden: VS.

Szydlik, Marc, Hrsg. 2008. *Flexibilisierung. Folgen für Arbeit und Familie*. Wiesbaden: VS.

Thomas, William, und Florian Znaniecki. 1918–1920. *The Polish peasant in Europe and America*, Bd. 1–5. Boston: Gorham Press.

Thomas, George, et al. 1987. *Institutional structure. Constituting state, society, and the individual*. Newbury Park: Sage.

Thomson, David. 1989. The welfare state and generation conflict Winners and losers. In *Workers versus pensioners. Intergenerational justice in an ageing world*, Hrsg. P. Johnson, C. Conrad, und D. Thomson, 33–56. Manchester: University Press.

Thomson, David. 1996. *Selfish generations: How welfare states grow old*. Cambridge: White Horse Press.

Trappe, Heike. 2006. Berufliche Segregartion im Kontext. Über einige Folgen geschlechtstypischer berufsentscheidungen in Ost- und Westdeutschland. *Kölner Zeitschrift für Soziologie und Sozialpsychologie* 58 (1): 50–78.

Tremmel, Jörg. 2012. *Eine Theorie der Generationengerechtigkeit*. Münster: Mentis.

Uggen, Christopher. 2000. Work as a turning point in the life course of criminals. A duration model of age, employment, and recidivism. *American Sociological Review* 65 (4): 529–546.

United Nations Children's Fund. 2014. *Ending child marriage. Progress and prospects*. New York: UNICEF.

van Gennep, Arnold. 1909. *Les rites de passage*. Paris: Nourry (dt.: Übergangsriten. Frankfurt: Campus 1986).

Voß, Gerd. 1991. *Lebensführung als Arbeit. Über die Autonomie der Person im Alltag der Gesellschaft*. Stuttgart: Enke.

Voß, Gerd, und Hans Pongratz. 1998. Der Arbeitskraftunternehmer. Eine neue Grundform der „Ware Arbeitskraft"? *Kölner Zeitschrift für Soziologie und Sozialpsychologie* 50 (1): 131–158.

Wagner, Michael. 1989. *Räumliche Mobilität im Lebensverlauf. Eine empirische Untersuchung sozialer Bedingungen der Migration*. Stuttgart: Enke.

Wagner, Michael. 1997. *Scheidung in Ost- und Westdeutschland. Zum Verhältnis von Ehestabilität und Sozialstruktur seit den 30er Jahren*. Frankfurt: Campus.

Wagner, Gert. 2008a. Das Sozio-oekonomisches Panel (SOEP): Multidisziplinäres Haushaltspanel und Kohortenstudie für Deutschland. Eine Einführung (für neue

Datennutzer) mit einem Ausblick (für erfahrene Anwender). *Wirtschafts- und Sozialstatistisches Archiv* 2 (4): 301–328.
Wagner, Michael. 2008b. Entwicklung und Vielfalt der Lebensformen. In *Lehrbuch Moderne Familiensoziologie. Theorien, Methoden, empirische Befunde*, Hrsg. N. Schneider, 99–120. Opladen: Budrich.
Wagner, Michael, und Isabel Valdés Cifuentes. 2014. Die Pluralisierung der Lebensformen – ein fortlaufender Trend? *Comparative Population Studies* 39 (1): 73–98.
Weber, Max. 1980. *Wirtschaft und Gesellschaft. Grundriss der verstehenden Soziologie*, 5. Rev. Aufl. Tübingen: Mohr (Studienausg.; Orig.: 1921/22).
Weigel, Sigrid. 2002. Generation, Genealogie, Geschlecht. Zur Geschichte des Generationskonzepts und seiner wissenschaftlichen Konzeptualisierung seit dem Ende des 18. Jahrhunderts. In *Kulturwissenschaften Forschung – Praxis – Positionen*, Hrsg. L. Musner und G. Wunberg, 161–190. Wien: WUV.
Weigel, Sigrid. 2006. *Genea-Logik: Generation, Tradition und Evolution zwischen Kultur- und Naturwissenschaften*. München: Fink.
Weisbrod, Bernd. 2005. Generation und Generationalität in der Neueren Geschichte. *Aus Politik und Zeitgeschichte* 55 (8): 3–9.
Wenzel, Ulrich. 2008. Fördern und Fordern aus Sicht der Betroffenen. Verstehen und Aneignung sozial- und arbeitsmarktpolitischer Maßnahmen des SGB II. *Zeitschrift für Sozialreform* 54 (1): 57–78.
Wethington, Elaine, Joy Pixley, und Allison Kavey. 2003. Turning points in work careers. In *It's about time. Couples and careers*, Hrsg. P. Moen, 168–182. Ithaca: Cornell University Press.
Weymann, Ansgar. 1989a. Handlungsspielräume im Lebenslauf. Ein Essay zur Einführung. In *Handlungsspielräume. Untersuchungen zur Individualisierung und Institutionalisierung von Lebensläufen in der Moderne*, Hrsg. A. Weymann, 1–39. Stuttgart: Enke.
Weymann, Ansgar, Hrsg. 1989b. *Handlungsspielräume. Untersuchungen zur Individualisierung und Institutionalisierung von Lebensläufen in der Moderne*. Stuttgart: Enke.
Weymann, Ansgar. 1995. Modernisierung, Generationsverhältnisse und die Ökonomie der Lebenszeit. Gesellschaftsformen und Generationen im „Polish Peasant". *Soziale Welt* 46 (4): 369–384.
Weymann, Ansgar. 2003. The life course, institutions, and life-course policy. In *Social dynamics of the life course. Transitions, institutions, and interrelations*, Hrsg. W. Heinz und V. Marshall, 167–191. New York: Aldine de Gruyter.
Wheaton, Blair, und Ian Gotlib. 1997. Trajectories and turning points. Concepts and themes. In *Stress and adversity over the life course. Trajectories and turning points*, Hrsg. I. Gotlib und B. Wheaton, 1–25. Cambridge: Cambridge University Press.
Widmer, Eric, und Gilbert Ritschard. 2009. The de-standardization of the life course. Are men and women equal? *Advances in Life Course Research* 14 (1–2): 28–39.
Willson, Andrea, Kim Shuey, und Glen Elder. 2007. Cumulative advantage processes as mechanisms of inequality in life course health. *American Journal of Sociology* 112 (6): 1886–1924.
Windzio, Michael. 2013. *Regressionsmodelle für Zustände und Ereignisse: Eine Einführung*. Wiesbaden: Springer VS.
Windzio, Michael, und Matthias Wingens. 2000. „Die müssen Marktwirtschaft doch erstmal lernen …". Arbeitsplatzallokationen im ostdeutschen Transformationsprozess.

In *Übergänge. Individualisierung, Flexibilisierung und Institutionalisierung des Lebensverlaufs*, Hrsg. W. Heinz, 109–123. Weinheim: Juventa.

Wingens, Matthias. 1999. Der „gelernte DDR-Bürger": Biographischer Modernisierungsrückstand als Transformationsblockade? Planwirtschaftliche Semantik. *Gesellschaftsstruktur und Biographie. Soziale Welt* 50 (3): 255–280.

Wingens, Matthias, und Reinhold Sackmann. 2000. Evaluation AFG-finanzierter Weiterbildung. Arbeitslosigkeit und Qualifizierung in Ostdeutschland. *Mitteilungen aus der Arbeitsmarkt- und Berufsforschung* 33 (1): 39–53.

Wingens, Matthias, Reinhold Sackmann, und Michael Grotheer. 2000. Berufliche Qualifizierung für Arbeitslose. Zur Effektivität AFG-finanzierter Weiterbildung im Transformationsprozess. *Kölner Zeitschrift für Soziologie und Sozialpsychologie* 52 (1): 60–80.

Wingens, Matthias, et al. 2011. The sociological life course approach and research on migration and integration. In *A life-course perspective on migration and integration*, Hrsg. M. Wingens et al., 1–26. Dordrecht: Springer.

Wissenschaftlicher Beirat für Familienfragen. 2012. *Generationenbeziehungen: Herausforderungen und Potenziale*. Wiesbaden: VS.

Wohl, Robert. 1979. *The generation of 1914*. Cambridge: Harvard University Press.

Wohlrab-Sahr, Monika. 1992. Institutionalisierung oder Individualisierung des Lebenslaufs? Anmerkungen zu einer festgefahrenen Debatte. *BIOS* 5 (1): 1–19.

Wohlrab-Sahr, Monika. 1993. *Biographische Unsicherheit. Formen weiblicher Identität in der „reflexiven Moderne": Das Beispiel der Zeitarbeiterinnen*. Opladen: Leske + Budrich.

Wohlrab-Sahr, Monika. 1997. Individualisierung: Differenzierungsprozess und Zurechnungsmodus. In *Individualisierung und Integration. Neue Konfliktlinien und neuer Integrationsmodus?* Hrsg. U. Beck und P. Sopp. 23–36. Opladen: Leske + Budrich.

Zhou, Xueguang, und Liren Hou. 1999. Children of the Cultural revolution. The state and the life course in the People's Republic of China. *American Sociological Review* 64 (1): 12–36.

Zimmermann, Okka. 2018. *Dimensionen von Destandardisierung. Eine differenzierte sequenzdatenanalytische Betrachtung der Familiengründung*. Wiesbaden: Springer VS.

Zinn, Jens, und Felicitas Eßer. 2003. Die Herstellung biographischer Sicherheit in der reflexiven Moderne. *BIOS* 16 (1): 46–63.

Zinnecker, Jürgen. 2000. Selbstsozialisation – Ein Essay über ein aktuelles Konzept. *Zeitschrift für Soziologie der Erziehung und Sozialisation* 20 (3): 272–290.

Zinnecker, Jürgen. 2003. „Das Problem der Generationen" – Überlegungen zu Karl Mannheims kanonischem Text. In *Generationalität und Lebensgeschichte im 20. Jahrhundert*, Hrsg. J. Reulecke, 33–58. München: Oldenbourg.

Zorbaugh, Harvey. 1929. *The gold coast and the slum: A sociological study of Chicago's near north side*. Chicago: University of Chicago Press.

Zulley, Jürgen, und Barbara Knab. 2003. *Unsere Innere Uhr*. Freiburg: Herder.

The manufacturer's authorised representative in the EU is Springer Nature Customer Service Centre GmbH, Europaplatz 3, 69115 Heidelberg, Germany. If you have any concerns regarding our products, please contact ProductSafety@springernature.com

Printed and bound by CPI Group (UK) Ltd, Croydon, CR0 4YY
23/03/2026
02076744-0007